Q&A 資産税
重要実務事例詳解

梶野 研二 著

令和7年版

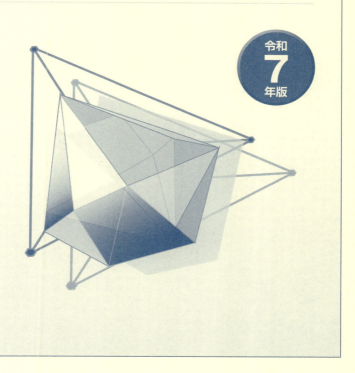

一般財団法人 大蔵財務協会

はしがき

　税金は法令の定めに従い過不足なく計算し、納税しなければなりません。ところが、税法は年々複雑化し、条文を一読しただけその内容を理解することが難しい規定も増えてきました。また、本書で取り扱う資産税は、個人に対する税であり、家族間など限られた者の間で起きた事象の中から、所得税法、相続税法又は租税特別措置法などの税法の適用に必要な事実関係を抽出しなければなりません。しかしながら、一般の納税者は税法を意識しながら日常生活を送っているわけではありませんので、税法の規定に沿うような行動をしてくれるとは限りません。そのため、税の専門家である税理士が納税者から相談を受けた場合、納税者の説明内容をそのまま税法に当てはめることができないこともあり、その説明内容を税法の適用に必要な要件事実に翻訳していく作業が求められます。一方、税法に定められた課税要件を個々の事例に即して、分かりやすい言葉で納税者に伝えることも税の専門家には求められます。

　本書は、そうした納税者からの相談に対して、実務家として、どのように税法に当てはめ、課税関係を整理していくべきなのか、そして、それをいかにして納税者に説明したらよいのかという観点から、「事例」に対する「回答」に加え、「解説」において「事例」から「回答」に至る過程等を丁寧に説明しています。

　本書は、故中川昌泰先生による「Q＆A 資産税重要実務事例詳解」を基に、その後の税法及び民法等の関係法令の改正を踏まえ全面的な見直しを図り、令和2年に「新訂版 Q＆A資産税重要実務事例詳解」として出版させていただいたものです。今般、最近における資産税分野における新たな問題点をも取り込み令和7年版として発行させていただくこととなりました。税務当局の公式見解の示されていない問題点につきましては、個

人的な見解により回答を導かざるを得なかったことをご理解いただきたいと思います。また、著者の理解不足のため本書に収めきれなかった論点も少なくありません。読者からのご指導ご意見をいただき、さらに充実したものにしていきたいと考えています。

　最後に、本書の改訂の機会を与えていただいた一般財団法人大蔵財務協会の木村幸俊理事長をはじめ出版編集部の皆様に心から感謝申し上げます。

　令和7年2月

梶　野　研　二

〔凡　例〕

1　本書で使用する法令・通達の略称は、次のとおりです。
　　（法令）
　　　所法……………………所得税法
　　　所令……………………所得税法施行令
　　　所規……………………所得税法施行規則
　　　措法……………………租税特別措置法
　　　措令……………………租税特別措置法施行令
　　　措規……………………租税特別措置法施行規則
　　　相法……………………相続税法
　　　相令……………………相続税法施行令
　　　相規……………………相続税法施行規則
　　　通則法…………………国税通則法
　　　通則令…………………国税通則法施行令

　　（通達）
　　　所基通…………………所得税基本通達
　　　措通……………………租税特別措置法関係通達
　　　相基通…………………相続税法基本通達
　　　評基通…………………財産評価基本通達

2　法令の引用例は、次のとおりです。
　　（例）
　　　相法12①三……………相続税法第12条第1項第3号

3　本書は、令和6年12月31日現在の法令・通達によっています。

〔目　次〕

(注1　他の税目にも関連するものは、標題末尾に関連税目を □ で表示しました。
　2　他の税目に掲げた標題は、その関連税目にも標題番号を（　）で表示しました。)

【譲渡所得関係】

1　個人が同族会社に土地を低額で譲渡した場合の課税 贈与税 ……………2
2　土地を代償分割し又は換価分割した場合の課税関係 ………………………7
3　底地を取得後にその宅地を譲渡した場合の譲渡所得の計算方法 ………11
4　共同ビルに係る居住用財産の譲渡所得の特別控除 ………………………16
5　土地を現物出資した場合の譲渡所得の課税 …………………………………19
6　土地建物の譲渡代金とともに収受した譲渡後の期間分の固定資産税 …26
7　更地渡しにより土地を譲渡した場合の譲渡費用 …………………………30
8　水路を隔てた土地の譲渡に際し設置した架橋工事費の譲渡費用性 ……34
9　概算取得費控除額及び宅地造成費を土地の取得費とすることの可否 …37
10　概算取得費により譲渡所得を計算した後に実際の取得費が判明した
　　場合 …………………………………………………………………………42
11　一括購入した土地の一部を譲渡する場合の取得費 ………………………48
12　市街地価格指数により取得費を算定した申告 ……………………………52
13　複数回にわたり取得した非上場株式を譲渡した場合の取得費
　　（一部の取得価額が不明の場合） …………………………………………59
14　生計を一にする親族に支払った譲渡費用等 ………………………………65
15　土地の売買契約の解除に際して支払った損害賠償金の譲渡費用性 ……68

目　次

- 16　相続した土地を譲渡した場合の取得費及び譲渡費用 …………… 71
- 17　3人が所有する各土地を交換した場合の交換の特例の適用 ………… 76
- 18　地主と小作人との間の小作地と耕作権との交換 ………………… 80
- 19　借地人に賃貸中の土地の一部を移転し残余の土地の明渡しを受ける場合の交換の特例の適用 ………………………………… 86
- 20　交換の特例の要件の「1年以上有していた固定資産」の判定 ……… 88
- 21　交換の特例における相手方が「交換のために取得したものでないこと」の要件の解釈 …………………………………………… 92
- 22　交換取得資産を譲渡した場合の同一用途供用要件の判定 ………… 96
- 23　宅地と雑種地（青空駐車場）の等価交換 ………………………… 99
- 24　交換後に交換取得資産を売却した場合の所得税法58条の交換の特例 ‥104
- 25　相続により取得した土地に係る交換の特例の適用 ………………… 108
- 26　遺産分割前に土地を譲渡した場合の譲渡所得の申告方法 ………… 111
- 27　相続人が遺産分割前に土地を譲渡して代金を分配した場合の課税 ‥‥114
- 28　離婚に伴う財産分与と慰謝料等の授受についての課税 ………… 117
- 29　20年前にさかのぼった登記により土地の所有名義を訂正した場合 ‥‥123
- 30　売買契約中で手付金のみ収受の土地に係る相続財産の種類と譲渡所得の申告方法 [相続税] …………………………………… 126
- 31　収用等による土地の買取りに伴う各種補償金の課税上の取扱い ……… 131
- 32　収用等による譲渡資産の補償金に対応する代替資産該当性の判定 …… 136
- 33　収用等による譲渡資産が子の営む農業用地である場合の代替資産取得の特例 ………………………………………………… 141
- 34　収用等の代替資産の取得ができない場合における特別控除の特例の適用 ……………………………………………………… 144
- 35　同一年分での収用等の特別控除と居住用財産の買換え等の特例の

　　　　重複適用 …………………………………………………………… 148
36　共有の居住用財産を譲渡した場合の買換え特例の適用 ………… 151
37　買換住宅に生計を一にする母が居住する場合の特定居住用財産の
　　　　買換えの特例 ………………………………………………………… 154
38　共有の自宅と単独所有の敷地を譲渡した場合の特例適用 ……… 158
39　居住用家屋を取り壊してその敷地の一部を譲渡した場合の譲渡
　　　　所得の特別控除等の特例の適用 ………………………………… 161
40　被相続人の居住用財産の譲渡 ………………………………………… 166
41　住居の譲渡が予定される場合の遺産分割の方法 ………………… 174
42　自宅敷地が所有期間の異なる2つの土地等である場合の譲渡所得の
　　　　軽減税率等の特例の適用 ………………………………………… 177
43　居住用財産の譲渡後もその家屋での居住を継続する場合の特別控除
　　　　等の特例の適用 …………………………………………………… 181
44　夫が居住用財産の譲渡契約後に死亡したので、相続人である妻が
　　　　引渡した場合の譲渡所得の特例 ………………………………… 185
45　農業経営を子に譲った父が農地を譲渡し貸家を建築する場合の
　　　　特定事業用資産の買換えの特例の適用 ………………………… 189
46　当年分の譲渡所得の買換資産を翌年分の買換資産とすることの可否 ‥192
47　特定事業用資産の買換えの特例における譲渡資産の事業供用要件 ……196
48　租税特別措置法37条1項の要件を満たさない買換資産を譲渡した
　　　　場合の取得価額 …………………………………………………… 200
49　連帯保証人2人のうち1人が保証債務を履行した場合の譲渡所得
　　　　の特例の適用 ……………………………………………………… 205
50　連帯保証人の1人が自己の負担部分内の保証債務を履行した場合 …… 210
51　生活用自動車の下取りによる譲渡損失の損益通算の可否 ……… 214

52 レジャー用自動車の譲渡損失の損益通算 …………………………………217
53 レジャークラブ会員権の譲渡損失の損益通算 ……………………………220
54 無償返還届出により同族会社に賃貸中の土地を同土地上の会社
　　所有の建物と一括譲渡した場合の代金の配分 …………………………223
55 土地売買契約解除の場合の所得税の更正の請求 ……………………………228
56 相続により取得した非上場株式を発行法人に譲渡した場合 ……………233
57 同族株主が法人に対して非上場株式を譲渡した場合のみなし譲渡
　　課税 ……………………………………………………………………………238
(85) 遺言により同族会社に対する貸付金債権を放棄した場合の
　　　課税関係 相続税 ……………………………………………………347
(123) 遺留分侵害額請求に対して遺贈財産の一部を交付する
　　　こととした場合の課税関係 相続税 ……………………………510
(130) 親子間で土地の低額売買が行われた場合の課税関係 贈与税 ……540
(133) 同族会社に借地権の無償設定をした場合 贈与税 …………………554

【相続税関係】

58 複数の相続関係者が危難に遭遇し死亡の前後が不明の場合の相続
　　関係 ……………………………………………………………………………246
59 被相続人の養子がすでに死亡している場合の代襲相続人の資格
　　（その1）………………………………………………………………………250
60 被相続人の養子がすでに死亡している場合の代襲相続人の資格
　　（その2）………………………………………………………………………253
61 一人っ子に父以外の相続人となるべき者がいない場合に父が
　　養子をする効果 ………………………………………………………………256

62	二重資格の相続人の相続分と相続税の取扱い	259
63	複数養子がいる場合の相続税計算上の養子の数の制限（その１）	262
64	複数養子がいる場合の相続税計算上の養子の数の制限（その２）	265
65	養子の数の制限がある場合の生命保険金の非課税限度額と各人の非課税金額	268
66	養子の数の制限がある場合における相続税の計算上の取扱い	272
67	包括受遺者が財産を取得しない場合の課税関係	276
68	特定の孫に遺産を遺贈する方法と税負担	280
69	土地の共有者の１人が死亡した場合等の共有持分の帰属 [贈与税]	282
70	遺言の対象外となっている相続人名義の預金の取扱い	286
71	被相続人が売却した所有権移転登記未了の土地の取扱い	289
72	死亡保険金を取得する代わりに遺産である財産債務は承継しない合意の実効性	293
73	生命保険金の指定受取人が死亡している場合の保険金受取人及び受領割合	297
74	受取人を「法定相続人」と指定した生命保険金についての各相続人の受領割合	302
75	遺産が未分割で生命保険金の受取人がいる場合の相続税の申告	306
76	相続放棄をした者の受領保険金及び債務控除の取扱い	310
77	死亡保険金の受取人が遺産分割に際しその一部を他の相続人に交付した場合 [贈与税]	314
78	代償分割の代償金に死亡保険金を用いる遺産分割の方法	317
79	遺産が未分割の場合で死亡退職金の支給が未了の場合の相続税の申告	320
80	相続税のみなし課税財産となる退職手当金の範囲	323

目　次

81	取得者が未定の場合の退職手当金及び弔慰金に対する課税	330
82	生命保険金及び生命保険契約に関する権利の課税	333
83	相続開始の年に贈与及び遺贈により財産を取得した者が遺贈の放棄をした場合	336
84	孫に不動産を死因贈与した場合の相続時の課税関係 [贈与税]	342
85	遺言により同族会社に対する貸付金債権を放棄した場合の課税関係 [譲渡所得]	347
86	父と母とが連続して死亡した場合の遺産分割と相続税の申告方法	352
87	相続税の債務控除の範囲	355
88	合名会社の社員が死亡した場合の会社債務の債務控除	358
89	被相続人の所得税の本税及び附帯税の債務控除	361
90	アパート建築資金の借入金に係る連帯債務の債務控除	364
91	代表者が会社の債務につき他の株主とともにした保証債務の債務控除	367
92	相続人が立替払いをした固定資産税の債務控除	372
93	葬式費用―初七日法要・納骨費用	375
94	妻が夫から居住用不動産の贈与を受けた年中に夫が死亡した場合の相続税及び贈与税の取扱い [贈与税]	380
95	特別受益者がおり相続債務が未分割の場合の債務控除	384
96	事業の用に供されていた宅地等の事業継続要件	388
97	被相続人が居住の用に供していた家屋が生計が別の子と共有であった場合	391
98	小規模宅地等の特例における特定居住用宅地等	396
99	共有地の場合の地積規模の大きな宅地の評価と小規模宅地等の限度面積要件 [財産評価]	399

100	特定居住用宅地等の「相続税の申告期限」までの所有継続要件	402
101	亡父が子の所有家屋に1人で居住していた場合の小規模宅地等の特例の適用	407
102	相続人と共有のアパートの敷地に係る小規模宅地等の特例の適用	411
103	相続開始前3年以内に取得し貸付事業の用に供した宅地に係る小規模宅地等の特例の適用	415
104	一時的に空室となっていた部分がある共同住宅の評価及び小規模宅地等の特例	421
105	贈与税の配偶者控除適用後に適用する店舗兼住宅の敷地に係る小規模宅地等の特例	428
106	小規模宅地等の特例の選択特例対象宅地等の選択替え	434
107	相続の放棄をした者及び孫養子に係る相続税の二割加算の取扱い	440
108	配偶者の税額軽減等の適用のため申告書に添付する相続分不存在証明書の適否	444
109	配偶者の税額軽減等の適用対象となる「分割された財産」	449
110	第一次相続と第二次相続の相続人が1人である場合の第一次相続における配偶者の税額軽減等の適用	454
111	養子の数の制限がある場合の相続税の未成年者控除及び障害者控除	461
112	父が遺贈を受けて相続税を納付しその後に子が父からの相続により財産を取得した場合の相次相続控除	464
113	特別受益者がいて遺産が未分割の場合の相続税の申告(その1)	467
114	特別受益者がいて遺産が未分割の場合の相続税の申告(その2)	470
115	相続税の申告期限までに相続人の1人が死亡した場合の申告手続	474
116	相続時精算課税に係る贈与と遺留分侵害額請求	478
117	相続時精算課税適用者が特定贈与者の相続人にならなかった場合	483

118 相続時精算課税に係る贈与財産価額の相続税の課税価格算入方法 ……486

119 相続税の申告後に遺産分割協議が成立した場合の相続税額の
是正方法 ……………………………………………………………………490

120 遺産分割後の土地評価額が減少した場合の更正の請求等 …………495

121 遺言無効の訴訟が解決金授受の和解で解決した場合 ………………500

122 死後認知に関する裁判が確定した場合の相続税の更正の請求等 ……504

123 遺留分侵害額請求に対して遺贈財産の一部を交付することとした
場合の課税関係 ……………………………………………………………510

124 遺産中の土地所有権が他人に帰属すること及び遺産分割が確定した
場合の相続税の更正の請求 ………………………………………………514

(30) 売買契約中で手付金のみ収受の土地に係る相続財産の種類と
譲渡所得の申告方法 譲渡所得 ……………………………………126

【贈与税関係】

125 子が親から無利子で金銭の貸与を受けた場合の取扱い ……………522

126 土地を贈与により取得した場合の贈与税の課税時期 ………………526

127 賃貸中のビルを贈与する場合の預かり保証金等の取扱い …………530

128 祖父が孫に大学入学金資金を贈与した場合の課税 …………………533

129 親子間で行う家屋の無償貸借による経済的利益の課税 ……………536

130 親子間で土地の低額売買が行われた場合の課税関係 ………………540

131 長男が他の相続人の相続税を納付する場合の贈与税の課税の取扱い …546

132 低額譲受益課税の要件の「著しく低い価額の対価」 …………………549

133 同族会社に借地権の無償設定をした場合 譲渡所得 …………………554

134 配偶者が所有する家屋を店舗として使用する場合 ……………………558

135	低廉な家賃での住宅の借受けについての課税関係 …………563
136	夫が購入した土地上に妻がアパートを建築する場合の課税関係……567
137	配偶者居住権の消滅及び放棄があった場合の課税関係 …………572
138	居住用不動産の低額譲受益に配偶者控除を適用することの可否 …575
139	みなし贈与の対象となる受領保険金を原資として居住用不動産を取得した場合の贈与税の配偶者控除の適用 ……………………579
140	自己資金で貸家を建築し夫から住宅建築資金の贈与を受ける場合の贈与税の配偶者控除 …………………………………………582
141	土地の賃貸借契約を更新せず借地権の無償返還を受けた場合 ………586
142	父所有の家屋に子が増築をした場合の課税関係 ………………591
143	未成年者に対する土地の贈与とその贈与税等の納付資金の贈与 …595
144	有利発行の募集株式引受権が株主に与えられずその親族等に与えられた場合の課税 …………………………………………599
145	贈与者に相続が発生しても受贈者に相続税の課税見込みがない場合の贈与財産に係る相続時精算課税の適用 ………………604
146	贈与税の期限後申告書を提出した場合の相続時精算課税の取扱い…608
147	両親共有の自宅の贈与を受け、父からの贈与のみ相続時精算課税を適用した場合 …………………………………………611
148	みなし贈与財産に係る贈与税申告の直前における相続時精算課税の選択 ……………………………………………………617
149	60歳未満の父から浴室等の修繕用資金の贈与を受けた場合の住宅取得等資金に係る相続時精算課税の適用 …………………622
（1）	個人が同族会社に土地を低額で譲渡した場合の課税 譲渡所得 …… 2
（69）	土地の共有者の1人が死亡した場合等の共有持分の帰属 相続税 …………………………………………………………282

(77) 死亡保険金の受取人が遺産分割に際しその一部を他の相続人に
交付した場合 [相続税] ……………………………………………………314

(84) 孫に不動産を死因贈与した場合の相続時の課税関係 [相続税] ………342

(94) 妻が夫から居住用不動産の贈与を受けた年中に夫が死亡した
場合の相続税及び贈与税の取扱い [相続税] ………………………380

【財産評価関係】

150 宅地の評価単位の判定基準 ……………………………………………626
151 基準容積率が400％未満の場合の地積規模の大きな宅地の評価………630
152 貸地の評価（借地権の及ぶ範囲1・店舗の敷地等）………………635
153 貸地の評価（借地権の及ぶ範囲2・中古車展示場等）……………639
154 子の居住用となっている被相続人所有の土地家屋の評価 …………646
155 夫所有の土地上に夫婦共有のアパートを建築した場合の敷地の評価‥649
156 他人が無断で使用している土地の評価方法 …………………………651
157 借地権の無償返還届出書が提出されている場合の宅地等の評価 ……654
158 配偶者居住権等の評価 …………………………………………………658
159 遺産である株式が未分割の場合の評価方法 …………………………667
160 直後期末の数値による取引相場のない株式の評価 …………………672
161 役員の死亡に伴い支払いを受けた生命保険金で退職金を支払った
場合の株式の評価 ………………………………………………………677
162 株式等保有特定会社と判定されることを回避するための評価会社の
資産構成の変更 …………………………………………………………681
163 評価対象会社が法人税の税務調査を受け申告漏れが判明した場合の
株式の評価額の是正 ……………………………………………………688

(99) 共有地の場合の地積規模の大きな宅地の評価と小規模宅地等の
　　　限度面積要件 [相続税] ……………………………………………399
(104) 一時的に空室となっていた部分がある共同住宅の評価及び
　　　小規模宅地等の特例 [相続税] ………………………………………421

譲渡所得関係

譲渡所得関係

1　個人が同族会社に土地を低額で譲渡した場合の課税

事例

　甲は、同族会社A社の社長です。A社の発行済株式の総数に占める各株主の所有株式数の割合（持株割合）及び同株式に係る議決権総数に占める各株主の議決権数の割合（議決権割合）は、いずれも、甲が50％、甲の妻でA社の役員である乙が10％、甲及び乙の長男でA社の役員である丙が20％で、その他親族関係のない従業員株主が2人で各10％です。甲は、A社の経営基盤強化のため、A社に対し、会社業務の拡大に利用可能な市街地のP土地をできるだけ安い価額で売却したいと考えています。

　しかしながら、土地などを法人に対して著しく低い対価（時価の2分の1未満の対価）で譲渡した場合には、時価による譲渡があったとみなしてその譲渡所得に所得税が課されてしまいます。甲は、この課税を受けたくないので、P土地の時価の2分の1に相当する金額を若干上回る程度の代金で譲渡することにします。

　このようにすれば、A社側の課税はともかく、甲及び他の個人株主に対する課税関係には問題が生じないでしょうか。

回答

　甲がA社に対し、P土地をその時価の2分の1以上の価額の対価で譲渡すれば、甲が行った譲渡について時価による譲渡があったとするみなし譲渡所得課税は行われません。

なお、税務署長は、甲がＡ社を相手方として時価よりも安価な対価によってＰ土地の譲渡をしたために、甲の所得税の負担を不当に減少させる結果となると認めるときは、税務署長の認定によって所得金額等を計算し、甲に所得税の更正等を行うこともあります。

　また、甲のＡ社に対するＰ土地の低額譲渡が行われたことにより、甲の親族でありＡ社の株主である乙及び丙の所有する株式の価額が増加した場合には、乙及び丙に対して、所有する株式の価額のうち増加部分の金額を甲からの贈与により取得したものとみなして贈与税が課税されます。

解　説

　甲がＡ社に対し、Ｐ土地をその時価の２分の１以上の価額の対価で譲渡した場合には、甲の譲渡所得の課税上、時価による譲渡があったとするみなし譲渡所得課税の適用はなく、時価の２分の１以上の価額である実際の対価の額を譲渡収入金額とするＰ土地の譲渡益を対象に譲渡所得課税が行われます。

　なお、その土地の譲渡が時価の２分の１以上の価額の対価による譲渡であっても、譲渡先が同族会社であり、その譲渡行為を容認した場合にはその法人の株主である土地の譲渡者の所得税の負担を不当に減少させる結果となると税務署長が認めるときは、同族会社であるその法人の行為又は計算にかかわらず、税務署長の認定するところにより、所得金額等及び税額等を計算して更正等を行うことがあります（所法157①、所基通59―３）。

　ところで、法人が著しく低い対価で土地等の譲渡を受けた場合にその法人の株式の価額が増加することとなる場合がありますが、個人が同族会社に対して著しく低い価額の対価で土地等の譲渡を行い、その結果、譲渡した者の親族である株主が保有する当該会社の株式の価額が増加した場合に

は、その親族株主はその土地等を譲渡した者から株式の価額のうち増加した部分の贈与を受けたものとみなされて贈与税が課税されることとなります（相基通9－2(2)）。所得税法第59条第1項第2号における「著しく低い価額」は、所得税法施行令第169条により「資産の譲渡の時における価額の2分の1に満たない金額」と定められていますが、相続税法第9条の「著しく低い価額」については特段の定めは設けられていません。したがって、贈与税課税において、資産の譲渡価額が「著しく低い価額」に当たるかどうかは、個別に判断する必要がありますが、一般的には、財産評価基本通達の定めにより評価した金額以上の金額は「著しく低い価額」には該当しないと考えられます。

根拠条文

所法59条（贈与等の場合の譲渡所得等の特例）
① 次に掲げる事由により居住者の有する山林（事業所得の基因となるものを除く。）又は譲渡所得の基因となる資産の移転があった場合には、その者の山林所得の金額、譲渡所得の金額又は雑所得の金額の計算については、その事由が生じた時に、その時における価額に相当する金額により、これらの資産の譲渡があったものとみなす。
　一　贈与（法人に対するものに限る。）又は相続（限定承認に係るものに限る。）若しくは遺贈（法人に対するもの及び個人に対する包括遺贈のうち限定承認に係るものに限る。）
　二　著しく低い価額の対価として政令で定める額による譲渡（法人に対するものに限る。）
② （省略）

所法157条1項（同族会社等の行為又は計算の否認）
　税務署長は、次に掲げる法人の行為又は計算で、これを容認した場合に

はその株主等である居住者又はこれと政令で定める特殊の関係のある居住者（その法人の株主等である非居住者と当該特殊の関係のある居住者を含む。第4項において同じ。）の所得税の負担を不当に減少させる結果となると認められるものがあるときは、その居住者の所得税に係る更正又は決定に際し、その行為又は計算にかかわらず、税務署長の認めるところにより、その居住者の各年分の第120条第1項第1号若しくは第3号から第5号まで（確定所得申告）、第122条第1項第1号から第3号まで（還付等を受けるための申告）又は第123条第2項第1号、第3号、第5号若しくは第7号（確定損失申告）に掲げる金額を計算することができる。
一　法人税法第2条第10号（定義）に規定する同族会社
二　（省略）

相法9条（贈与又は遺贈により取得したものとみなす場合）
　第5条から前条まで及び次節に規定する場合を除くほか、対価を支払わないで、又は著しく低い価額の対価で利益を受けた場合においては、当該利益を受けた時において、当該利益を受けた者が、当該利益を受けた時における当該利益の価額に相当する金額（対価の支払があった場合には、その価額を控除した金額）を当該利益を受けさせた者から贈与（当該行為が遺言によりなされた場合には、遺贈）により取得したものとみなす。（ただし書き　省略）

参考通達　（株式・出資の価額が増加した場合のみなし贈与課税）
　　　　　　（同族会社等に対する低額譲渡の場合の行為計算否認）

相基通9－2（株式又は出資の価額が増加した場合）
　同族会社（法人税法第2条第10号に規定する同族会社をいう。以下同じ。）の株式又は出資の価額が、例えば、次に掲げる場合に該当して増加したときにおいては、その株主又は社員が当該株式又は出資の価額のうち増加した部分に相当する金額をそれぞれ次に掲げる者から贈与によって取得したものとして取り扱うものとする。この場合における贈与による財産の

取得の時期は、財産の提供があった時、(省略) 又は財産の譲渡があった時によるものとする。
(1) 会社に対し無償で財産の提供があった場合　当該財産を提供した者
(2)、(3) (省略)
(4) 会社に対し時価より著しく低い価額の対価で財産の譲渡をした場合　当該財産の譲渡をした者

所基通59―3　(同族会社等に対する低額譲渡)
〈要旨〉
　譲渡所得の基因となる資産を法人に対し時価の2分の1以上の対価で譲渡した場合には、法第59条第1項第2号の規定の適用はないが、時価の2分の1以上の対価による法人に対する譲渡であっても、その譲渡が法第157条の規定に該当する場合には、税務署長の認めるところによって、当該資産の時価に相当する金額により譲渡所得等の金額を計算することができる。

2 土地を代償分割し又は換価分割した場合の課税関係

事例

　甲は、本年4月に死亡しました。相続人は、長男A及び二男Bです。甲は、20年前に妻と死別し、それまで甲夫婦が居住していた自宅及びその敷地を売却してAの住居に移り住み、以後Aと同居してきました。甲の遺産としては、甲が旧自宅及びその敷地の売却代金により購入した郊外の雑種地（本件土地）があります。A及びBは、相続税を納付するために本件土地を本年中に売却することとし、売却見込代金3億円は、Aが1億8,000万円、Bが1億2,000万円をそれぞれ取得することで合意しています。本件土地の存する地域は、周辺の都市開発により地価上昇が顕著であり、本件土地を譲渡した場合には多額の譲渡益が発生します。

　上記の合意に基づき、知人の司法書士に遺産分割の方法につき助言を求めたところ、次の2つの方法が提示されました。税負担を考慮した場合、これらの方法のうちどちらの分割方法が適切ですか。

＜司法書士が提示した本件土地の分割方法＞
① 本件土地の売却直前に遺産分割協議書を作成し、本件土地をAが取得することとしてAが相続登記を経由し、Aがその売却代金中からBに1億2,000万円を支払う旨の代償分割とする。
② 実際には代金を受領してからその代金を分配するので、代金の分配の割合により本件土地の分割を行う換価分割とする遺産分割協議書を作成する。なお、本件土地の売買による所有権移転登記を行う

> に当たっては、A及びBが、法定相続分による各2分の1の相続登記を経由する。

回答

　上記の①の代償分割では、本件土地の譲渡所得の全てがAに帰属しますので、Aが単独でその譲渡所得に係る所得税や住民税の税負担をすることになります。

　これに対し、②の換価分割では、各人は現実に取得した売却代金の額を基にそれぞれ譲渡所得金額を計算し、それぞれの譲渡所得に係る所得税や住民税をそれぞれが負担することになります。

　このように代償分割と換価分割とでは所得税等の負担に相違がありますので、後日のトラブルの原因とならないよう、事前に所得税等の負担額について検討し、例えば、代償債務を負う者の税負担を考慮して代償金の額を決めることなども考えられます。

解説

　遺産分割の方法には、現物分割のほか、代償分割及び換価分割があり、また、特定の財産について当事者数人が合意した各持分により共有する形の取得も、遺産分割の方法として認められています。この持分を相続人全員の法定相続分と同じ割合とする共有もあり得ますが、この場合の共有は、各財産についての未分割時点でのいわゆる「合有」による持分が「財産法（物権法）による共有」（民法249条以下）の関係に移行したとみることができます。

　ところで、「代償分割」とは、共同相続人又は包括受遺者のうちの一人

又は数人が財産の現物を取得し、その現物を取得した者が他の共同相続人又は包括受遺者に対し代償金たる債務を負担する分割方法であり、「換価分割」とは、共同相続した財産を直接分割の対象とはせず、実質的には未分割の状態で換価し、その対価である金銭を共同相続人又は包括受遺者の間で分割する方法であるといわれています。

　遺産分割において代償分割を選択する場合には、現物の財産の取得者にその者の固有財産をもって代償債務を負担させることになりますが、その代償債務の履行に充てるべき金銭ないし金銭債権がないときは、取得した現物の財産を売却することより代償債務弁済のための代償金を調達することがあります。それが司法書士が提示した①の分割方法です。①のように相続財産を換価して金銭等を取得し、その代金の中から代償金を支払う場合には、その代償債務者は、その財産を換価したことにより生じた譲渡所得に係る所得税や住民税を単独で負担することになります。

　本件についてみますと、①の代償分割の場合、本件土地の取得者であるAは、本件土地を単独取得したので、同土地の譲渡により生じた譲渡所得の全部がAに帰属し、所得税や住民税の全部をAが単独負担することになります。なお、Aが支払う代償金は、譲渡所得金額の計算上控除する取得費にも譲渡費用にも該当しません。

　これに対し、②の換価分割の場合では、3億円の譲渡代金のうちAが1億8,000万円、Bが1億2,000万円をそれぞれ取得しますので、その代金受領の割合により本件土地を取得し譲渡したことになりますので所得税や住民税もそれぞれが取得する譲渡代金の割合に応じて負担することとなります。

　なお、換価した本件土地について、A及びBは法定相続分による相続登記をしていますが、この登記は、本件土地の買主への所有権移転登記を

譲渡所得関係

行うための形式的な手続にすぎませんから、この登記上の持分と、遺産分割協議書に記載された譲渡代金の分配の割合とに相違があっても、このことが課税上で問題となることにはなりません。

　一方、相続税においては、代償分割では、Ａはその代償分割で取得することになった本件土地の相続税評価額の全額を課税価格に計上するとともに課税価格から代償債務額を減額しますが、換価分割では、本件土地の５分の３（３億円分の１億8,000万円）相当額をＡが取得し、５分の２（３億円の１億2,000万円）相当額をＢが取得したことになりますから、その換価した本件土地の相続税評価額のうち、Ａが５分の３相当額、Ｂが５分の２相当額をそれぞれ相続税の課税価格に計上することになります。

　このように代償分割と換価分割とでは所得税等及び相続税の負担に相違がありますので、例えば、代償分割においては現物の財産を取得する者の所得税等の負担を考慮して代償金の額を決めることも考えられます。なお、換価分割の場合、現物分割ではないかとの疑義が生じることのないように、換価分割であることを遺産分割協議書中に明確に記載しておくことが必要です。

3　底地を取得後にその宅地を譲渡した場合の譲渡所得の計算方法

事　例

　甲は、本年3月に自己の居住用家屋（建築後25年経過）を取り壊し、その敷地であった宅地（以下「本件土地」という。）を6,500万円で譲渡しました。

　本件土地は、もともとはAの亡父が上記の家屋を建築する際に地主から賃借したものですが、権利金等の授受が行われたかどうかは不明です。甲は、4年前の借地契約更新時の地主との話合いの結果、甲が地主から当該借地権の設定されている土地（底地）を2,000万円で買い取ることとなり、その購入価額は、本件土地の更地としての時価と認識された5,000万円に40％を乗じて算定した2,000万円としました。更地としての時価に乗じた40％の割合（底地割合）は、路線価図に定められていた借地権割合である60％を考慮したものです。

　甲が本件土地の譲渡に際し支出した費用は、仲介手数料180万円、家屋の取壊費用370万円です。なお、この居住用家屋の取壊時点における所得税法第38条第2項第2号に規定する非業務用資産としての取得費の額に相当する金額は、450万円と算出されます。

　甲の本件土地に係る譲渡所得は、どのように計算されますか。

回　答

　本件土地の譲渡所得については、同土地のうち甲が取得した底地に相当

譲渡所得関係

する部分（旧底地部分）は短期譲渡所得となり、その他の部分（旧借地権部分）は長期譲渡所得になるので、その区分ごとに所得金額の計算を行います。

(1) 旧底地部分（短期譲渡所得）

＜譲渡収入＞

　　（総収入金額）　（底地割合）　（旧底地部分の収入金額）
　　6,500万円 × 40％ ＝ 2,600万円 … ①

＜取得費＞ 2,000万円 … ②

＜譲渡費用＞

　　（仲介手数料）（取壊費用）（資産損失）（譲渡費用）
　　180万円 ＋ 370万円 ＋ 450万円 ＝ 1,000万円 … ③

　　③ ×（譲渡収入割合）40％ ＝ 400万円 … ④

＜短期譲渡所得の金額＞

　　① － ② － ④ ＝ <u>200万円</u> … ⑤

　　⑤ － 200万円 ＝ <u>0円</u>（居住用財産を譲渡した場合の特別控除後）… ⑥

(2) 旧借地権部分（長期譲渡所得）

＜譲渡収入＞

　　（総収入金額）　（借地権割合）　（旧借地権部分の収入金額）
　　6,500万円 × 60％ ＝ 3,900万円 … ⑦

＜取得費＞

　　（旧借地権部分の収入金額）（概算取得費率）（取得費）
　　3,900万円 × 5％ ＝ 195万円 … ⑧

＜譲渡費用＞

　　③ ×（譲渡収入割合）60％ ＝ 600万円 … ⑨

＜長期譲渡所得の金額＞

⑦ － ⑧ － ⑨ ＝ 3,105万円 … ⑩

⑩ － 2,800万円 ＝ 305万円（居住用財産を譲渡した場合の特別控除後）… ⑪

上記⑪の305万円に、長期譲渡所得の軽減税率の特例（措法31の3）の適用があります。

解　説

民法は、債権の消滅事由として、弁済、相殺、更改、免除のほか、「混同」を掲げています。民法第520条は、混同について、債権及び債務が同一人に帰属したときは、その債権が第三者の権利の目的であるときを除き、その債権は消滅する旨規定しています。

本件土地については、甲がその土地の賃貸人である地主から底地を取得した時点で、混同により甲が有していた借地権は消滅し、甲は、本件土地の完全所有権を取得したことになります。したがって、その譲渡所得の計算では、もはや旧債権債務関係に立ち戻って借地権と底地の各別に所得金額等を算定すべき根拠はないことになります。

しかし、譲渡所得の課税では、短期譲渡と長期譲渡の区分により税負担が異なること等から、借地権者が底地を取得した後におけるその土地の取得の日については、その底地に相当する部分（旧底地部分）とその他の部分（旧借地権部分）とを各別に判定することとされています（所基通33―10）。また、底地を取得した後にその土地を譲渡した場合の譲渡収入金額等の取扱いについては、その土地のうちの旧底地部分と旧借地権部分とをそれぞれ譲渡したものとして取り扱うことを定め、次のように上記各部分に係る収入金額を算定することとされています（所基通33―11の3）。

譲渡所得関係

(1) 旧底地部分に係る収入金額

　　土地の譲渡対価の額 × $\dfrac{旧底地取得時の旧底地の価額}{旧底地取得時の土地の更地価額}$

　(注)　「旧底地取得時の旧底地の価額」は、その底地の取得につき対価の支払があった場合において、その対価の額が適正であると認められるときは、その対価の額（手数料その他の付随費用の額を含まない。）によることができます。

(2) 旧借地権部分に係る収入金額

　　土地の譲渡対価の額 － (1)の金額

　(注)　底地を取得した後、土地を譲渡した場合等における譲渡所得の金額の計算上控除する取得費の区分については、所得税基本通達38―4の3に定められています。

　本件では、借地権部分について長期譲渡所得の概算取得費控除を適用することができます。また、本件土地上の家屋についての取壊費用の額及び資産損失に相当する金額は、本件土地の譲渡費用に該当します（所基通33―7、33―8）。なお、居住用財産譲渡の特別控除につき、短期譲渡所得からの優先控除ができます（措法35①）。

参考法令　（債権の消滅事由：混同）

民法520条（混同）

　債権及び債務が同一人に帰属したときは、その債権は、消滅する。ただし、その債権が第三者の権利の目的であるときは、この限りでない。

参考通達

所基通33―10（借地権者等が取得した底地の取得時期等）

　借地権その他の土地の上に存する権利（以下「借地権等」という。）を有

する者が当該権利の設定されている土地（以下「底地」という。）を取得した場合には、その土地の取得の日は、当該底地に相当する部分とその他の部分とを各別に判定するものとする。
　底地を有する者がその土地に係る借地権等を取得した場合も、同様とする。

譲渡所得関係

4　共同ビルに係る居住用財産の譲渡所得の特別控除

事　例

　甲、乙及び丙の3人は、15年前に甲が2分の1、乙・丙が各4分の1の持分で共有取得したQ土地180㎡の上にR建物を建築しました。

　R建物は、鉄筋コンクリート造りの3階建で、1階部分は甲が、2階部分は乙が、3階部分は丙が、それぞれ区分所有しています。

　各階の用途区分は、1階は甲が営む事業の店舗用、2階は生計を一にする甲乙夫婦の居住用、3階は甲乙の長男丙（甲乙とは生計が別）の居住用で、各区分所有部分の床面積は、いずれも120㎡です。

（共同ビルR建物）
丙所有
乙所有
甲所有
（共有Q土地）
甲1/2　乙丙各1/4共有

　甲、乙及び丙は、この度、Q土地及びR建物を一括譲渡しました。その譲渡益は、Q土地について、甲が5,000万円、乙及び丙が各2,500万円であり、R建物については、各人とも300万円でした。

　各人の居住用財産を譲渡した場合の譲渡所得の特別控除額は、それぞれいくらになりますか。

回　答

　乙及び丙がQ土地の各共有持分に係る譲渡益及びR建物の各区分所有権に係る譲渡益から控除することができる特別控除額はそれぞれ2,800万

円であり、甲がQ土地の共有持分の譲渡益から控除することができる特別控除額は200万円となります。

解　説

　各人の譲渡資産は、R建物の区分所有権とその敷地であるQ土地の共有持分です。乙及び丙は、それぞれが居住の用に供している家屋（居住用家屋）を譲渡しましたので、租税特別措置法第35条第1項に規定する居住用財産を譲渡した場合の特別控除の特例（以下「本件特例」といいます。）を適用し、R建物の区分所有権に係る譲渡益300万円及びにその敷地であるQ土地の共有持分に係る譲渡益2,500万円の合計額に相当する2,800万円を特別控除額として控除をすることができます。

　一方、甲は、自己の居住の用に供している家屋の譲渡をしていませんので、同項の規定上、本件特例を適用することはできません。しかしながら、譲渡家屋の所有者とその敷地の所有者とが、例えば、夫と妻又は父と子といった親族関係にあり、かつ、これらの者がその家屋に同居し、生計を一にしているときは、その家屋とその敷地は、一の生活共同体の居住用財産とみて特例制度を運用するのが実情に即していると考えられることから一定の要件を満たしている場合には、家屋を有しておらず土地のみを譲渡した者の譲渡所得から特別控除額の控除をする取扱いが認められています（措通35−4）。事例の場合、甲は、生計を一にする配偶者乙の居住用家屋を乙と共に自己の居住の用に供しており、甲が共有持分を有するQ土地の一部は、乙の居住用家屋の敷地となっています。乙がその譲渡益からその全額に相当する金額（2,800万円）を特別控除額として控除しても、本件特例における特別控除額の上限である3,000万円には達しません。甲は、その達しない部分の金額200万円を甲のQ土地の共有持分に係る譲渡益か

ら控除することができることとなります。

> **参考通達**
>
> 措通35—4 （居住用家屋の所有者と土地の所有者が異なる場合の特別控除の取扱い）
>
> 　居住用家屋の所有者以外の者がその家屋の敷地の用に供されている土地等の全部又は一部を有している場合において、その家屋（その家屋の所有者が有する当該敷地の用に供されている土地等を含む。）の措置法第35条第2項各号に規定する譲渡に係る長期譲渡所得の金額又は短期譲渡所得の金額（以下この項において「長期譲渡所得の金額等」という。）が同条第1項の3,000万円の特別控除額に満たないときは、その満たない金額は、次に掲げる要件のすべてに該当する場合に限り、その家屋の所有者以外の者が有するその土地等の譲渡に係る長期譲渡所得の金額等の範囲内において、当該長期譲渡所得の金額等から控除できるものとする。
> (1) その家屋とともにその敷地の用に供されている土地等の譲渡があったこと。
> (2) その家屋の所有者とその土地等の所有者とが親族関係を有し、かつ、生計を一にしていること。
> (3) その土地等の所有者は、その家屋の所有者とともにその家屋を居住の用に供していること。
>
> （以下(注)1～3省略）

5 土地を現物出資した場合の譲渡所得の課税

> **事 例**
>
> 甲は、同族会社A社の社長です。
>
> A社の近時の業績はよく、受注先の大企業から、加工部品の処理能力の増強のために新工場の建設を行うよう促されています。工場の新設には、土地の取得や建物新築のほか、機械設備にも多額の資金を要し、また、工場新設後の長期の継続した受注の獲得にも確信がもてないところから、甲は、A社の負担を軽減するため亡父から相続した未利用のW土地をその工場用地の土地として甲社に現物出資することにしました。
>
> この場合には、甲にW土地の譲渡に係る譲渡所得課税がされるようですが、現物出資先が同族会社であるため、甲の課税関係については十分に注意をしたいと思っています。
>
> 甲の現物出資に係る譲渡所得について、適正な譲渡収入金額として認められるように、不動産鑑定士が作成したW土地の不動産鑑定評価書に基づく同土地の価額を譲渡収入金額として申告すれば、問題はないでしょうか。

回 答

甲がW土地をA社に現物出資した場合には、甲はW土地の所有権をA社に移転してA社からA社の株式（新株）を取得することになります。

したがって、W土地の現物出資に係る譲渡所得の総収入金額は、A社

から交付を受けたA社株式の交付時の価額ということになります。

この場合のA社株式の価額は、財産評価基本通達による相続税評価額ではなく、所得税基本通達23～35共―9の定めに準じて算定した価額となります。

解説

この取引は、甲がW土地をA社に譲渡し、その対価としてA社からA社株式を取得する有償取引です。

所得税法第36条第1項は、各種所得の金額の計算上総収入金額に算入すべき金額について、「金銭以外の物又は権利その他経済的な利益をもって収入する場合には、その金銭以外の物又は権利その他経済的な利益の価額とする。」と規定しています（所法36①括弧書）。そして、その金銭以外の物又は権利その他経済的利益の価額は、その物又は権利を取得した時、又はその経済的利益を享受した時の価額となります（所法36②）。

したがって、甲のA社に対するW土地の現物出資に係る譲渡所得の収入金額は、甲がA社から交付を受けたA社株式の交付時の価額であって、甲がA社に移転したW土地の価額ではありません。

この場合のA社株式の価額は、財産評価基本通達による相続税評価額ではなく、所得税基本通達23～35共―9の定めに準じ、A社の「1株当たりの純資産価額を参酌して通常取引されると認められる価額」によって算定することになりますが、この価額は、同通達59―6の定めによって算定することが相当であると考えられます。

なお、W土地のA社への現物出資による譲渡収入金額が同土地の時価の2分の1未満であるときは、所得税法第59条第1項第1号の規定により、甲が時価によりW土地を譲渡したものとみなして甲に対して譲渡所得の

課税がされます（所法59①一）。この場合に、その譲渡対価がW土地の時価の2分の1に満たないかどうかの判定や、その満たない場合のみなし譲渡所得課税における譲渡収入金額は、交付を受けた株式の価額でなく、現物出資の対象資産である譲渡資産（W土地）の時価となるので留意してください。

参考判例　（現物出資の場合における譲渡収入金額）

最高裁昭和52年5月27日第三小法廷判決・税務訴訟資料94号649頁
　所得税法36条2項（収入金額）によれば、譲渡等の対価が金銭以外の物又は権利である場合には、その収入金額は、「当該物若しくは権利を取得し、又は当該権利を享受する時における価額」をいうものとされているから、不動産を現物出資という形式で法人に譲渡した場合の収入金額は、取得した株式の発行価額（額面価額）によるべきでなく、その物又は権利の客観的価値、すなわち、Xが取得した会社の株式の時価によってこれを算定すべきであるとした原審の認定判断は、すべて正当として是認することができる。

参考通達

所基通23～35共―9（令第84条第3項本文の株式の価額）
　令第84条第3項第1号及び第2号に掲げる権利の行使の日又は同項第3号に掲げる権利に基づく払込み若しくは給付の期日（払込み又は給付の期間の定めがある場合には、当該払込み又は給付をした日。以下この項において「権利行使日等」という。）における同条第3項本文の株式の価額は、次に掲げる場合に応じ、それぞれ次による。
(1)　これらの権利の行使により取得する株式が金融商品取引所に上場されている場合　当該株式につき金融商品取引法第130条の規定により公表された最終の価格（同日に最終の価格がない場合には、同日前の同日に最

も近い日における最終の価格とし、2以上の金融商品取引所に同一の区分に属する最終の価格がある場合には、当該価格が最も高い金融商品取引所の価格とする。以下この項において同じ。）とする。
(2)　これらの権利の行使により取得する株式に係る旧株が金融商品取引所に上場されている場合において、当該株式が上場されていないとき　当該旧株の最終の価格を基準として当該株式につき合理的に計算した価額とする。
(3)　(1)の株式及び(2)の旧株が金融商品取引所に上場されていない場合において、当該株式又は当該旧株につき気配相場の価格があるとき　(1)又は(2)の最終の価格を気配相場の価格と読み替えて(1)又は(2)により求めた価額とする。
(4)　(1)から(3)までに掲げる場合以外の場合　次に掲げる区分に応じ、それぞれ次に定める価額とする。
　　イ　売買実例のあるもの　最近において売買の行われたもののうち適正と認められる価額
　　　㊟　その株式の発行法人が、会社法第108条第1項《異なる種類の株式》に掲げる事項について内容の異なる種類の株式（以下「種類株式」という。）を発行している場合には、株式の種類ごとに売買実例の有無を判定することに留意する。
　　ロ　公開途上にある株式で、当該株式の上場又は登録に際して株式の公募又は売出し（以下この項において「公募等」という。）が行われるもの（イに該当するものを除く。）　金融商品取引所又は日本証券業協会の内規によって行われるブックビルディング方式又は競争入札方式のいずれかの方式により決定される公募等の価格等を参酌して通常取引されると認められる価額
　　　㊟　公開途上にある株式とは、金融商品取引所が株式の上場を承認したことを明らかにした日から上場の日の前日までのその株式及び日本証券業協会が株式を登録銘柄として登録することを明らかにした日から登録の日の前日までのその株式をいう。
　　ハ　売買実例のないものでその株式の発行法人と事業の種類、規模、収益の状況等が類似する他の法人の株式の価額があるもの　当該価額に

比準して推定した価額
　ニ　イからハまでに該当しないもの　権利行使日等又は権利行使日等に最も近い日におけるその株式の発行法人の１株又は１口当たりの純資産価額等を参酌して通常取引されると認められる価額
　　１　上記ニの価額について、次によることを条件に、昭和39年４月25日付直資56・直審（資）17「財産評価基本通達」（法令解釈通達）（以下「財産評価基本通達」という。）の178から189―7まで《取引相場のない株式の評価》の例により算定している場合には、著しく不適当と認められるときを除き、その算定した価額として差し支えない。
　　　(1)　当該株式の価額につき財産評価基本通達179の例により算定する場合（同通達189―3の(1)において同通達179に準じて算定する場合を含む。）において、当該株式を取得した者が発行法人にとって同通達188の(2)に定める「中心的な同族株主」に該当するときは、発行法人は常に同通達178に定める「小会社」に該当するものとしてその例によること。
　　　(2)　その株式の発行法人が土地（土地の上に存する権利を含む。）又は金融商品取引所に上場されている有価証券を有しているときは、財産評価基本通達185に定める「１株当たりの純資産価額（相続税評価額によって計算した金額）」の計算に当たり、これらの資産については、権利行使日等における価額によること。
　　　(3)　財産評価基本通達185の本文に定める「１株当たりの純資産価額（相続税評価額によって計算した金額）」の計算に当たり、同通達186―2により計算した評価差額に対する法人税額等に相当する金額は控除しないこと。
　　２　その株式の発行法人が、種類株式を発行している場合には、その内容を勘案して当該株式の価額を算定することに留意する。
　(注)　この取扱いは、令第354条第２項《新株予約権の行使に関する調書》に規定する「当該新株予約権を発行又は割当てをした株式会社の株式の１株当たりの価額」について準用する。

所基通59―6 （株式等を贈与等した場合の「その時における価額」）

　法第59条第１項の規定の適用に当たって、譲渡所得の基因となる資産が株式（株主又は投資主となる権利、株式の割当てを受ける権利、新株予約権（新投資口予約権を含む。以下この項において同じ。）及び新株予約権の割当てを受ける権利を含む。以下この項において同じ。）である場合の同項に規定する「その時における価額」は、23～35共―９に準じて算定した価額による。この場合、23～35共―９の(4)ニに定める「１株又は１口当たりの純資産価額等を参酌して通常取引されると認められる価額」については、原則として、次によることを条件に、昭和39年４月25日付直資56・直審（資）17「財産評価基本通達」の178から189―７まで《取引相場のない株式の評価》の例により算定した価額とする。

(1)　財産評価基本通達178、188、188―６、189―２、189―３及び189―４中「取得した株式」とあるのは「譲渡又は贈与した株式」と、同通達185、189―２、189―３及び189―４中「株式の取得者」とあるのは「株式を譲渡又は贈与した個人」と、同通達188中「株式取得後」とあるのは「株式の譲渡又は贈与直前」とそれぞれ読み替えるほか、読み替えた後の同通達185ただし書、189―２、189―３又は189―４において株式を譲渡又は贈与した個人とその同族関係者の有する議決権の合計数が評価する会社の議決権総数の50％以下である場合に該当するかどうか及び読み替えた後の同通達188の(1)から(4)までに定める株式に該当するかどうかは、株式の譲渡又は贈与直前の議決権の数により判定すること。

(2)　当該株式の価額につき財産評価基本通達179の例により算定する場合（同通達189―３の(1)において同通達179に準じて算定する場合を含む。）において、当該株式を譲渡又は贈与した個人が当該譲渡又は贈与直前に当該株式の発行会社にとって同通達188の(2)に定める「中心的同族株主」に該当するときは、当該発行会社は常に同通達178に定める「小会社」に該当するものとしてその例によること。

(3)　当該株式の発行会社が土地（土地の上に存する権利を含む。）又は金融商品取引所に上場されている有価証券を有しているときは、財産評価基本通達185の本文に定める「１株当たりの純資産価額（相続税評価額によって計算した金額）」の計算に当たり、これらの資産については、当該譲

渡又は贈与の時における価額によること。
(4)　財産評価基本通達185の本文に定める「1株当たりの純資産価額（相続税評価額によって計算した金額）」の計算に当たり、同通達186—2により計算した評価差額に対する法人税額等に相当する金額は控除しないこと。

譲渡所得関係

6 土地建物の譲渡代金とともに収受した譲渡後の期間分の固定資産税

事例

　甲は、現住の自宅のほか、隣接するＳ市内に貸家建物とその敷地を所有していました。

　本年5月にＳ市役所から本年度の固定資産税の納税通知書が届いたので、甲は、その1週間後に本年度分の全期分の税額を一括納付しました。

　甲は、本年8月にこの貸家とその敷地を譲渡しましたが、譲渡代金とは別に、買主から、Ｓ市役所に納付した固定資産税のうち本年中の譲渡の日以後の日数に対応する金額を固定資産税の精算金として受領しました。

　この固定資産税精算金について、譲渡所得の収入金額として所得税の課税対象となりますか。

　また、甲は、これまでＳ市役所に一括納付する固定資産税を納付した年分の不動産所得の必要経費として処理してきましたが、本年分の不動産所得については、どのようにすればよいでしょうか。

回答

　甲が受け取った譲渡後の期間に対応する本年度分の固定資産税相当額（固定資産税精算金）は、譲渡資産の譲渡の対価として、譲渡所得の総収入金額に算入します。

また、甲が一括納付した本年度の固定資産税額の全額は、本年分の不動産所得の金額の計算上、必要経費に算入することができます。甲が買主から固定資産税精算金を受領したとしても、甲の不動産所得の必要経費の計上に何ら影響はありません。

解　説

　固定資産税の納税義務者は、一定の固定資産の所有者であり（地方税法343①）、その賦課期日は、その年度の初日の属する年の１月１日とされています（地方税法359）。

　賦課期日である１月１日より後に資産の価値が減少したり所有者に変更があっても固定資産税の納税義務は影響されませんので、賦課期日後に固定資産の所有権が移転しても、賦課期日における所有者の納税義務に何ら変わりはありません。

　つまり、Ｓ市の貸家及びその敷地に係る本年度分の固定資産税の納税義務者は、本年１月１日現在においてＳ市内に所在する当該固定資産の所有者である甲ということになります。

　そして、甲が本年８月にこの貸家及びその敷地を譲渡しても、この貸家及びその敷地の本年度分の固定資産税については、それまでに納付がされたかどうかにかかわらず甲が納税義務者であることに変わりはありません。

　買主が譲渡の日以後の日数に対応する固定資産税相当額を負担することについては、売主側の認識や不動産等の取引慣行から理解できる余地はあっても、その授受に法的根拠があるわけでなく、それは売買当事者間の取引条件として約定されるに過ぎないものであって、譲渡対価に含まれると解するのが相当です。

　したがって、この固定資産税相当額を売主の所得税課税の対象外と解し

たり、譲渡所得の収入金額ではなく一時所得の収入金額と解する見解は、相当ではないといえます。

なお、貸家の土地建物に係る固定資産税については、本年5月に賦課税額の通知を受け納付したものですから、本年分の不動産所得の必要経費に算入することができます。そして、買主から受けた精算金は、買主の固定資産税額を減額するものではないので、この金額を必要経費から減額する必要もありません。

参考法令

地方税法343条（固定資産税の納税義務者等）
①　固定資産税は、固定資産の所有者（括弧書省略）に課税する。
②～⑩（省略）

地方税法359条（固定資産税の賦課期日）
　固定資産税の賦課期日は、当該年度の初日の属する年の1月1日とする。

参考裁決 （売主が収受した未経過固定資産税が譲渡所得の総収入金額に算入されるとされた事例）

国税不服審判所平成14年8月29日裁決・裁決事例集 NO.64―152頁
〈裁決の判断要旨〉
　請求人は、土地の譲渡に際して買受人から収受した、売却後の期間に対応する未経過固定資産税等相当額について、固定資産税等が期間コストの性質を有することを前提に、収受した金員は、実質的には立替金の精算であり、担税力を有するものではなく、このことは、未経過固定資産税等相当額について不当利得返還請求権が発生することからも裏付けられるとして、譲渡所得の総収入金額に算入すべきでない旨主張する。
　しかしながら、固定資産税等は、賦課期日である毎年1月1日現在にお

いて、固定資産台帳に所有者として登録されている者に対して課されるものであり、賦課期日後に所有者の異動が生じたからといって、課税関係に変動を来すものではないから、賦課期日に当該資産の所有者となった者は、固定資産税等の納税義務を負担するものではなく、また、譲渡人は、譲受人に対して未経過固定資産税等の求償権を取得するものでもない。そうすると、未経過固定資産税等相当名目での金員の授受は、当事者の契約によって初めて生じる債権債務関係に基づいてなされるものであり、その性質は売買条件の一つにほかならず立替金の精算とはいい得ない。

　また、当該資産の所有関係の変動が当事者間の契約に基づいて生じた場合に、固定資産税等名目の金員の授受について、何らの取決めもなされないのであれば、当事者の意思解釈としては、そのような名目での金銭のやり取りはしない趣旨であることが通常であると思われるから、そのような場合に、当事者の合理的意思解釈に反して、不当利得返還請求権が発生する余地はない一方、固定資産税等名目の金員の授受を行うとの取決めがなされるのであれば、その授受は、まさに契約に基づいて行われるものであるから、固定資産税等名目で譲渡の際に授受された金員の性質が不当利得返還請求権の性質を有することもあり得ない。

7　更地渡しにより土地を譲渡した場合の譲渡費用

事例

　甲は、建築資材の販売業を営んでいますが、A土地を乙に譲渡し、同土地に隣接するB土地を丙に譲渡しました。

　A土地上には甲が所有する資材倉庫があり、B土地上には甲の自宅建物がありましたが、各土地の売却を早期円滑に行うために、これらの建物を取り壊し、更地として譲渡しました。

＜土地及び建物の譲渡関係資料＞

(1)　資材倉庫の取壊し時点の帳簿価額は200万円であり、自宅建物の取壊し時点の減価の額控除後の金額（所得税法第38条第2項第2号に定める取得費相当額）として算定される金額は400万円である。

(2)　建物の取壊費用は、資材倉庫が300万円、自宅建物が500万円であった。また、自宅建物の取壊しに伴う発生資材20万円がある。

　この場合に、甲は、譲渡所得の計算上で、次のとおり処理してよいでしょうか。

①　上記(1)の各建物の取得費200万円及び400万円を控除する。

②　上記(2)の各建物の取壊費用を譲渡費用として控除する。

回答

資材倉庫及び自宅建物の取壊し及び取壊しに伴う資産損失については、次のとおり処理します。

①　甲は、乙及び丙に対し建物を譲渡したわけではありませんから、建物

の取得費として資材倉庫の200万円及び自宅建物の400万円を控除することはできません。
② 次の各建物の取壊費用は、譲渡費用として控除することができます。
(1) 資材倉庫300万円（A土地の譲渡費用）
(2) 自宅建物分500万円（B土地の譲渡費用）
③ 前記②の各建物の取壊費用のほか、各建物の資産損失に相当する金額を、譲渡費用として控除することができます。
(1) 資材倉庫200万円（A土地の譲渡費用）
(2) 自宅建物380万円（B土地の譲渡費用）

$$\underset{(資産損失額)}{400万円} - \underset{(発生資材)}{20万円} = \underset{(譲渡費用)}{380万円}$$

解説

　甲乙間及び甲丙間での売買の対象物は、いずれも更地としての土地であって、土地上の各建物はその対象とはなっていません。したがって、A土地上にあった資材倉庫及びB土地上にあった自宅建物の帳簿価額又は減価の額控除後の金額（所得税法第38条第2項第2号に定める取得費相当額）は、取得費として土地代金である譲渡収入から控除することはできません。

　次に、所得税基本通達33－7は、譲渡所得の計算上総収入金額から控除する譲渡費用について、①譲渡のために直接要した費用のほか、②譲渡資産の譲渡価額を増加させるため譲渡に際して支出した費用を掲げており、①の「譲渡直接必要費用」として、仲介手数料、運搬費、登記登録費等を例示し、②の「収入増加貢献費用」として、借家人に支払った立退料、建物取壊費用、先行売買契約の解除に係る違約金等を掲げています。

そうすると、甲が支出した倉庫及び自宅建物の取壊費用は、上記の収入増加貢献費用と認められるところから、譲渡費用に該当するとものと考えられます。

　また、土地の譲渡のためにその土地上にある建物等の取壊しをした場合の当該建物に係る資産損失に準ずる金額については譲渡費用として取り扱うこととされています（所基通33―8、51―2）。

　ところで、不動産所得、事業所得等の事業の用に供される建物等に係る除却等損失については、これらの所得に係る所得金額の計算上資産損失として必要経費となります（所法51①）が、その建物等が業務用に供されないものであれば、そのような考慮はされません。

　しかし、譲渡所得の計算上では、その建物の取壊しが明らかにその敷地である土地等の譲渡のためにされたときは、その資産損失に相当する金額は、譲渡対象土地に係る収入増加貢献費用に該当すると考えられます。

　そこで、土地等の譲渡の際にその土地等の上にある建物等の取壊しをした場合には、その建物の取壊しによる資産損失に相当する金額について、その用途が業務用であるか非業務用であるかを問わず、譲渡費用として取り扱うこととしたものと考えられます。

　なお、本事例において、仮に、甲が契約上で乙・丙が取得を望まない建物も譲渡対象とした場合には、譲渡所得金額の計算上、資産損失額に相当する取得費を控除することができますから、この取扱いは、その場合との調整がされた取扱いであるともいえるでしょう。

参考通達 （譲渡費用の範囲）

所基通33－7（譲渡費用の範囲）

　法第33条第3項に規定する「資産の譲渡に要した費用」（以下33―11までにおいて「譲渡費用」という。）とは、資産の譲渡に係る次に掲げる費用（取得費とされるものを除く。）をいう。

(1)　資産の譲渡に際して支出した仲介手数料、運搬費、登記若しくは登録に要する費用その他当該譲渡のために直接要した費用

(2)　(1)に掲げる費用のほか、借家人等を立ち退かせるための立退料、土地（借地権を含む。以下同じ。）を譲渡するためその土地の上にある建物等の取壊しに要した費用、既に売買契約を締結している資産を更に有利な条件で他に譲渡するため当該契約を解除したことに伴い支出する違約金その他の当該資産の譲渡価額を増加させるため当該譲渡に際して支出した費用

　(注)　譲渡資産の修繕費、固定資産税その他その資産の維持管理に要した費用は、譲渡費用に含まれないことに留意する。

所基通33－8（資産の譲渡に関連する資産損失）

　土地の譲渡に際しその土地の上にある建物等を取り壊し、又は除却したような場合において、その取壊し又は除却が当該譲渡のために行われたものであることが明らかであるときは、当該取壊し又は除却の時において当該資産につき令第142条《必要経費に算入される資産損失の金額》又は第143条《昭和27年12月31日以後に取得した資産の損失の金額の特例》の規定に準じて計算した金額（発生資材がある場合には、その発生資材の価額を控除した残額）に相当する金額は、当該譲渡に係る譲渡費用とする。

譲渡所得関係

8 水路を隔てた土地の譲渡に際し設置した架橋工事費の譲渡費用性

事例

甲は、30年前に亡父から道路際にある幅2メートルほどの水路に接した更地（本件土地）を相続しました。取得費は不明です。

本件土地は直接道路に接していないので、甲は、道路と本件土地の間に水路を跨ぐ数本の木材を架けただけの通路を設置しています。

この度、本件土地を譲渡することにしましたが、買主の強い要望により、売主負担により普通乗用車の通行可能な幅員3メートルの橋を設置することになり、その見返りに予定価額を相当上回る価額で売買契約が成立しました。

この架橋工事費用に200万円を要しましたが、本件土地の譲渡に係る譲渡所得の計算に当たっては、その橋の設置引渡しが本件土地の売買契約成立の条件となっていたことと、この工事費用の支出が、所得税基本通達33―7の(1)に定める「当該譲渡のために直接要した費用」及び同通達の(2)に定める「その他当該資産の譲渡価額を増加させるため当該譲渡に際して支出費用」のいずれにも該当することから、譲渡費用とし、また、本件土地の取得費は概算取得費控除を適用しますが、それでよいですか。

回答

架橋工事費用200万円は、本件土地の譲渡に係る譲渡費用には該当しま

せんが、本件土地とともに譲渡した構築物としての橋の取得費となります。なお、本件土地の取得費について概算取得費を採用する際には、本件土地の契約上の譲渡価額から橋の譲渡価額を控除した残額の５％相当額が概算取得費となります。

解 説

　本件土地の譲渡に当たっては、同土地と道路との間に介在する幅２メートルの水路が同土地の有効な利用上の障害となっているため、買主からの要望により普通自動車の通行可能な幅３メートルの強固な橋を設置したものであり、その設置工事費用が本件土地の取得費を構成するとは認められませんが、本件土地の譲渡に伴って、買主に対してその橋の利用権のみを供与することとしたものではなく、橋そのものの所有権をも移転したものとみることができます。

　以上の事実関係を前提として考えてみますと、この架橋に要した費用は、この架橋工事を行わないと本件土地の譲渡が成立しなかったと考えられ、また、この橋の設置によって本件土地の価額が上昇したことが明らかですから、この点からはこの工事費用は譲渡費用に該当するとの考え方も理解できます。

　しかし、この架橋に要した金額は、通常その支出に伴って資産価値を生じることのない費用というよりは、その支出に対応する資産（橋）の取得に要したものですから、これを本件土地の譲渡費用とすることはできません。

　そうしますと、事例の譲渡では、本件土地とともにこの橋を譲渡資産としたとみるのが相当であり、そのために、売買代金は、本件土地譲渡に係る予定価額よりもかなり高額になったと考えられます。

したがって、本事例の譲渡所得の計算では、この橋の譲渡価額は設置工事費用の総額相当額の200万円とし、取得費を同額とする短期譲渡所得（所得金額ゼロ円）として、本件土地の譲渡価額は、契約上の譲渡価額から橋の譲渡価額200万円を控除した残額とし、その取得費は、上記本件土地の譲渡価額とした価額の５％相当額とする概算取得費控除を適用することが相当であると考えられます。

参考通達　（譲渡費用の範囲）

所基通33―7

　法第33条第３項に規定する「資産の譲渡に用した費用」（以下「譲渡費用」という。）とは、資産の譲渡に係る次に掲げる費用（取得費とされるものを除く。）をいう。

(1)　資産の譲渡に際して支出した仲介手数料、運搬費、登記若しくは登録に要する費用その他当該譲渡のために直接要した費用

(2)　(1)に掲げる費用のほか、借家人を立ち退かせるための立退料、土地（借地権を含む。）を譲渡するためその土地の上にある建物等の取得に要した費用、既に売買契約を締結している資産を更に有利な条件で他に譲渡するため当該契約を解除したことに伴い支出する違約金その他の当該資産の譲渡価額を増加させるため当該譲渡に際して支出した費用

（注）　譲渡資産の修繕費、固定資産税その他その資産の維持又は管理に要した費用は、含まれないことに留意する。

9 概算取得費控除額及び宅地造成費を土地の取得費とすることの可否

事例

甲は、今から40年前に、主要道路に面しているが道路面よりもやや低く間口が狭くなっているA土地150㎡を取得し、利用しないまま保有してきました。また、2年前に、その土地に隣接する土地の所有者から同様に主要道路に面しているものの道路面よりもやや低いB土地120㎡を購入しました。この結果、甲の所有土地の合計面積は270㎡となり、地形も整うことになりました。

そこで、この度、この両方の土地につき宅地造成をした上で一括売却することにします。

この場合の譲渡所得の申告では、当初に購入したA土地の購入金額はA土地の譲渡収入金額の5％未満ですが、A土地の取得費について、譲渡収入金額の5％相当額とすることができますか。

また、別途に、宅地造成費のうちA土地に対応する部分についても取得費として控除することができますか。

仮に、長期譲渡所得の金額の計算上、概算取得費控除の適用後において宅地造成費の取得費控除が認められないときは、宅地造成費の投入が譲渡収入の増加をもたらすことは明らかですから、これを譲渡費用として控除することができますか。

譲渡所得関係

回答

　この土地の譲渡による譲渡所得の金額の計算に当たり、譲渡収入金額の５％相当額を取得費とすることができますが、別途に宅地造成費を取得費とすることはできません。また、宅地造成費は譲渡資産である土地の改良費として取得費を構成するものであって、これを譲渡費用とすることはできません。

解説

　甲の本件譲渡に係る譲渡所得の金額の計算では、当初購入したＡ土地とその隣地であったＢ土地の所有期間が異なり、長期譲渡資産と短期譲渡資産に区分されることになりますので、その税額計算もその区分をしたところにより行うことになります。

　そこで、まず、長期譲渡資産であるＡ土地に係る譲渡所得の金額の計算では、譲渡収入金額は土地全体の譲渡収入金額に、Ａ土地の面積がＡ土地の面積とＢ土地の面積の合計面積に占める割合を乗じて求めた金額とし、当初購入したＡ土地の取得価額にこの度の宅地造成費の総額のうちＡ土地に対応する金額を加算した金額を取得費として長期譲渡所得の金額を計算します。

　租税特別措置法第31条の４第１項に規定する長期譲渡所得の概算取得費控除では、個人が昭和27年12月31日以前から引き続き所有していた土地等又は建物等を譲渡した場合における長期譲渡所得の金額の計算上収入金額から控除する取得費は、所得税法38条《譲渡所得の金額の計算上控除する取得費》の規定にかかわらず、その収入金額の５％相当額とする旨規定しています。

したがって、昭和27年以前に取得した土地建物等が譲渡資産であるときは、その取得費について、実際の取得費にかかわらず譲渡収入金額の5％とすることができることになります。

　もっとも、実務の取扱いでは、譲渡資産が昭和28年1月1日以後に取得した土地建物等であっても、この規定（概算取得費控除）に準じて取得の計算を行って差し支えないとされているほか（措通31の4―1）、土地建物等以外の譲渡資産の取得費についても、この適用を認めています（所基通38―16、後掲「参考通達」参照）。

　しかし、この長期譲渡所得の概算取得費控除の規定及び取扱いは、所得税法第38条所定の「取得費」に代えて簡便計算の取得費を認めたものであって、その「取得費」は、取得に要した金額（以下、本事例において「取得価額」といいます。）、設備費及び改良費の合計額（土地等については、取得価額及び改良費の合計額）ですから（所法38、措法31の4①）、土地の取得費を構成する取得価額と改良費とを区分して、取得価額部分に概算取得費を適用するとともに改良費部分の実額費用を加算した金額をその土地の取得費とすることはできません。

　そして、宅地造成費が土地の改良費としてその土地の取得費に含まれることは明白であるところ、取得費に該当する費用は、たとえ譲渡費用の性質を有するものであっても譲渡費用から除かれるので、譲渡費用には該当しません（所基通33―7）。

　また、短期譲渡資産であるB土地に係る所得金額の計算では、土地全体の譲渡収入金額に、B土地の面積がA土地の面積とB土地の面積の合計面積に占める割合を乗じて求めた金額を譲渡収入金額とし、B土地の取得価額に宅地造成費の総額のうちB土地に対応する金額を加算した金額を控除したところにより、短期譲渡所得の金額を計算します。

根拠条文

措法31条の4（長期譲渡所得の概算取得費控除）

① 個人が昭和27年12月31日以前から引き続き所有していた土地等又は建物等を譲渡した場合における長期譲渡所得の金額の計算上収入金額から控除する取得費は、所得税法第38条及び第61条の規定にかかわらず、当該収入金額の100分の5に相当する金額とする。ただし、当該金額がそれぞれ次の各号に掲げる金額に満たないことが証明された場合には、当該各号に掲げる金額とする。

一　その土地等の取得に要した金額と改良費の額との合計額

二　その建物等の取得に要した金額と設備費及び改良費の額との合計額につき所得税法第38条第2項の規定を適用した場合に同項の規定により取得費とされる金額

② （省略）

参考通達 （長期譲渡所得の概算取得費控除についての取扱い）

措通31の4―1（昭和28年以後に取得した資産についての適用）

　措置法第31条の4第1項の規定は、昭和27年12月31日以前から引き続き所有していた土地建物等の譲渡所得の金額の計算につき適用されるのであるが、昭和28年1月1日以後に取得した土地建物等の取得費についても、同項の規定に準じて計算して差し支えないものとする。

所基通38―16（土地建物等以外の資産の取得費）

　土地建物等以外の資産（通常、譲渡所得の金額の計算上控除する取得費がないものとされる土地の地表又は地中にある土石等並びに借家権及び漁業権等を除く。）を譲渡した場合における譲渡所得の金額の計算上収入金額から控除する取得費は、法第38条及び第61条の規定に基づいて計算した金額となるのであるが、当該収入金額の100分の5に相当する金額を取得費と

して譲渡所得の金額を計算しているときは、これを認めて差し支えないものとする。
�(注)(省略)

10　概算取得費により譲渡所得を計算した後に実際の取得費が判明した場合

事　例

　私は、昨年、H市の土地を6,000万円で譲渡しました。この土地は5年前に父から相続により取得したものであり、父は、この土地を昭和47年に売買により取得したことが登記事項証明書から確認することができました。譲渡所得金額の計算に当たり、父がこの土地を取得した時の売買金額がわかりませんでしたので、譲渡価額6,000万円の5％である300万円を取得費として譲渡所得金額を計算し、所得税の期限内申告をしました。ところが最近、父の残した書類を整理していたところ、昭和47年にこの土地をG社から購入した時の売買契約書が出てきました。この契約書から、父はこの土地を500万円で購入していたことが確認できました。取得費を500万円として譲渡所得金額及び所得税額を計算すると、期限内申告書に記載した譲渡所得金額及び所得税額は過大だったことになります。所得税の更正の請求をすることにより所得税の還付を受けることができるでしょうか。

回　答

　真実の取得価額が判明し、その取得価額に基づき譲渡所得金額及び所得税額を計算した結果、期限内申告書に記載した譲渡所得金額及び所得税額が過大だったことが確認できる場合には、所得税の更正の請求を行うことにより、過大となっていた所得税の還付を受けることができると考えられ

ます。

解　説

1　個人が昭和27年12月31日以前から引き続き所有していた土地等又は建物等を譲渡した場合における長期譲渡所得の金額の計算上収入金額から控除する取得費は、所得税法第38条及び第61条の規定にかかわらず、当該収入金額の５％に相当する金額とされますが、その金額がそれぞれ次の①又は②に掲げる金額に満たないことが証明された場合には、①又は②に掲げる金額とされます（措法31の４①）。

①　その土地等の取得に要した金額と改良費の額との合計額

②　その建物等の取得に要した金額と設備費及び改良費の額との合計額につき、所得税法第38条第２項の規定により減価償却費又は減価の額を控除することにより取得費とされる金額

2　上記１の租税特別措置法第31条の４第１項の規定は、昭和27年12月31日以前から引き続き所有していた土地建物等の譲渡所得の金額の計算につき適用される規定ですが、昭和28年１月１日以後に取得した土地建物等の取得費についても、同項の規定に準じて所得金額の計算をしても差し支えないものとされています（措通31の４－１）。このため、譲渡した土地等又は建物等の取得費が不明の場合や、実際の取得費が譲渡価額の５％を下回る場合には、譲渡した土地等や建物等の実際の取得時期がいつであるかにかかわらず、譲渡価額の５％を取得費として譲渡所得金額の計算をすることも認められることとなります。

3　ところで、譲渡所得の申告時において、譲渡した土地等又は建物等の実際の取得費が不明であったことから、譲渡価額の５％を取得費として譲渡所得金額を計算していた場合において、後日、実際の取得費が判明

したときに更正の請求により譲渡所得金額及び所得税額の減額を求めることができるかどうかが問題となります。この点について、租税特別措置法第31条の4第1項の規定は、譲渡所得金額を計算する場合の特例措置ですが、そもそも取得後相当の期間が経過しており実際の取得費が不明の場合やその金額が極めて小さい場合に、納税者の便宜に供するために設けられた規定であって、いったん同項を適用した後、真実の取得費による計算を認めないとする不可逆的な制度ではないと考えられます。このことは、同項ただし書きにおいて、「当該金額がそれぞれ次の各号に掲げる金額（著者注：実際に取得に要した金額）に満たないことが証明された場合には、当該各号に掲げる金額とする。」と定められていることからも明らかであるといえます。

したがって、概算取得費により譲渡所得金額を計算して申告を行った後、実際の取得費の額が明らかになったときには、国税通則法第23条第1項第1号の「当該申告書に記載した課税標準等若しくは税額等の計算が国税に関する法律の規定に従っていなかったこと又は当該計算に誤りがあったことにより、当該申告書の提出により納付すべき税額が過大であるとき」に該当し、更正の請求をすることができると考えられます。

なお、更正の請求が認められるためには、実際の取得費の額を明らかにする資料を更正の請求書に添付する必要があります。事例のように購入時の売買契約書など実際の取得費を確認できる資料がある場合は格別、市街地価格指数等から推定した購入当時の推定時価額（「12 市街地価格指数により取得費を算定した申告」参照）を根拠とした更正の請求は認められないと考えられます。

根拠条文

所得税法38条(譲渡所得の金額の計算上控除する取得費)

① 譲渡所得の金額の計算上控除する資産の取得費は、別段の定めがあるものを除き、その資産の取得に要した金額並びに設備費及び改良費の額の合計額とする。

② 譲渡所得の基因となる資産が家屋その他使用又は期間の経過により減価する資産である場合には、前項に規定する資産の取得費は、同項に規定する合計額に相当する金額から、その取得の日から譲渡の日までの期間のうち次の各号に掲げる期間の区分に応じ当該各号に掲げる金額の合計額を控除した金額とする。

一 その資産が不動産所得、事業所得、山林所得又は雑所得を生ずべき業務の用に供されていた期間 第49条第1項《減価償却資産の償却費の計算及びその償却の方法》の規定により当該期間内の日の属する各年分の不動産所得の金額、事業所得の金額、山林所得の金額又は雑所得の金額の計算上必要経費に算入されるその資産の償却費の額の累積額

二 前号に掲げる期間以外の期間 第49条第1項の規定に準じて政令で定めるところにより計算したその資産の当該期間に係る減価の額

所得税法61条(昭和27年12月31日以前に取得した資産の取得費等)

① (省略)

② 譲渡所得の基因となる資産(次項及び第4項に規定する資産を除く。)が昭和27年12月31日以前から引き続き所有していた資産である場合には、その資産に係る譲渡所得の金額の計算上控除する取得費は、その資産の昭和28年1月1日における価額として政令で定めるところにより計算した金額(当該金額がその資産の取得に要した金額と同日前に支出した設備費及び改良費の額との合計額に満たないことが証明された場合には、当該合計額)とその資産につき同日以後に支出した設備費及び改良費の額との合計額とする。

③　譲渡所得の基因となる資産が昭和27年12月31日以前から引き続き所有していた資産で、第38条第２項《使用又は期間の経過により減価する資産の取得費》の規定に該当するものである場合には、その資産に係る譲渡所得の金額の計算上控除する取得費は、その資産の昭和28年１月１日における価額として政令で定めるところにより計算した金額（当該金額がその資産の取得に要した金額と同日前に支出した設備費及び改良費の額との合計額を基礎として政令で定めるところにより計算した同日におけるその資産の価額に満たないことが証明された場合には、当該価額）とその資産につき同日以後に支出した設備費及び改良費の額との合計額から、その資産を同日において当該計算した金額をもって取得したものとみなした場合に計算される同項各号に掲げる金額の合計額を控除した金額とする。

④　（省略）

租税特別措置法31条の４　（長期譲渡所得の概算取得費控除）

　個人が昭和27年12月31日以前から引き続き所有していた土地等又は建物等を譲渡した場合における長期譲渡所得の金額の計算上収入金額から控除する取得費は、所得税法第38条及び第61条の規定にかかわらず、当該収入金額の100分の５に相当する金額とする。ただし、当該金額がそれぞれ次の各号に掲げる金額に満たないことが証明された場合には、当該各号に掲げる金額とする。

　一　その土地等の取得に要した金額と改良費の額との合計額
　二　その建物等の取得に要した金額と設備費及び改良費の額との合計額につき所得税法第38条第２項の規定を適用した場合に同項の規定により取得費とされる金額

租税特別措置法通達31の４－１　（昭和28年以後に取得した資産についての適用）

　措置法第31条の４第１項の規定は、昭和27年12月31日以前から引き続き所有していた土地建物等の譲渡所得の金額の計算につき適用されるのであるが、昭和28年１月１日以後に取得した土地建物等の取得費についても、

同項の規定に準じて計算して差し支えないものとする。

譲渡所得関係

11　一括購入した土地の一部を譲渡する場合の取得費

> **事　例**
>
> 　甲は、10年前に購入した土地で東側幅12メートルの主要道路と南側幅6メートルの道路に面する一団の900㎡の土地（本件土地）を所有しています。甲は、本件土地を購入後月極駐車場として利用してきましたが、本年11月に店舗用地として購入希望の買主の要請を受け、本件土地の東側部分400㎡（A土地）を分筆し、1億4,400万円で譲渡しました。
>
> 　本件土地全体の取得費2億5,200万円から面積按分によりA土地の取得費を求めると1億1,200万円となり、また、譲渡費用438万円を支出したので、譲渡価額からこれらの金額を控除すると甲の長期譲渡所得の金額は2,762万円となります。
>
> 　甲は、西側の残余の土地（B土地）についても、来年の早々に譲渡する予定です。
>
> 　不動産仲介業者の話によると、B土地の売却見込価額は1億500万円とのことです。そうすると、仮に上記見込価額でB土地を譲渡した場合には、面積按分による取得費が1億4,000万円となり3,500万円以上の譲渡損失が生じることとなります。しかしながら、この損失はないものとみなされますので、この損失金額を甲の来年分の給与所得と損益通算することはできません。
>
> 　この結果、本件土地全体での譲渡所得の計算では譲渡益は発生しないのに、本年のA土地の譲渡では2,762万円もの譲渡所得が発生してしまいます。

Ａ土地及びＢ土地の取得費の計算方法について、本件土地の購入価額をＡ・Ｂ両土地に配分するのに、両土地の面積比によらないで譲渡価額に対応して配分することはできないのでしょうか。

```
        （翌年譲渡予定）　（本年譲渡）

              Ｂ土地         Ａ土地
             （500㎡）       （400㎡）
```

回　答

　購入した一団の土地を分筆して区分し、その区分後の一区画の土地を譲渡する場合の譲渡所得の金額の計算上控除する取得費の額は、原則として、当初の土地全体の取得価額を面積の比により按分して計算した金額によります。

　ただし、譲渡時点におけるその譲渡部分の土地の時価と残余の土地の時価が適正に算定できる場合には、それぞれの土地の時価の比により按分して計算した金額を各土地の取得費の額とすることもできます。

解　説

　一団の土地として購入した土地を、譲渡する際には、売却しやすい面積に分筆して譲渡したり、一部を留保して他の部分を譲渡するようなことはしばしばあります。

譲渡所得関係

　このような場合の譲渡所得の計算上控除する取得費の額は、原則として、購入時の全体の取得価額に、譲渡土地面積が全体の土地の面積に占める割合を乗じて計算した金額となります。この計算方法は、一団の土地のうちの一部分の取得費の計算に使用される方法であって、各部分が同一状況にあるものとして計算するものであり、合理的な方法であるといえます。

　しかし、本事例の一団の土地を区分した後のＡ土地のように、主要道路に面し他の道路にも面する角地としての効用が発揮できる土地と、区分後のＢ土地のように、主要道路の影響がほとんどなくなり通常の道路のみに面することになった土地とでは、その単価の額に著しい較差を生ずることになることは明白です。したがって、区分後の各土地の譲渡所得の金額を計算するに当たっては、各土地の取得費の額について面積按分による方法を用いたのでは、適切かつ合理的に各土地ごとの譲渡所得計算を行うことができません。

　そこで、所得税基本通達38―1の2では、一括して購入した一団の土地を購入後に区分して譲渡した場合の譲渡所得の金額の計算上控除する取得費の額について、譲渡部分の土地と残余部分の土地の時価が適正に算定できる場合には、面積按分によらないで、それぞれの土地の時価按分によることができるとされています。

　この事例の場合のＡ土地とＢ土地の時価按分の方法については、各土地を別々の評価単位として財産評価基本通達の定めにより評価額を求めて、その価額割合による方法、Ａ土地の譲渡価額とＢ土地の譲渡見込価額は適正な時価と認めることができると思われますので、これを時価としてその割合による方法などが考えられます。

　本件土地の取得価額が2億5,200万円であることから、例えば次の計算方法により各土地の取得費の額を計算すると、Ａ土地が1億4,573.5万円、

B土地が1億626.5万円となり、A土地及びB土地の譲渡価額がそれぞれ1億4,400万円、1億500万円であるところから、いずれの譲渡においても譲渡益は発生しません。

〈譲渡時の時価による取得費の計算〉

(A・B土地の取得費) 25,200万円 × $\dfrac{14,400万円（A土地の時価）}{14,400万円（A土地の時価） + 10,500万円（B土地の時価）}$ = (A土地の取得費) 14,573.5万円

(A・B土地の取得費) 25,200万円 × $\dfrac{10,500万円（B土地の時価）}{14,400万円（A土地の時価） + 10,500万円（B土地の時価）}$ = (B土地の取得費) 10,626.5万円

なお、A土地とB土地の取得価額の計算は、同一の方法によらなければなりません。事例の場合には、A土地の譲渡の翌年にB土地を譲渡する見込みとのことですが、両土地の譲渡時期が離れている場合には、特に注意する必要があります。

参考通達

所基通38―1の2（一括して購入した一団の土地の一部を譲渡した場合の取得費）

一括して購入した一団の土地の一部を譲渡した場合における譲渡所得の金額の計算上控除すべき取得費の額は、原則として当該土地のうち譲渡した部分の面積が当該土地の面積のうちに占める割合を当該土地の取得価額に乗じて計算した金額によるのであるが、当該土地のうち譲渡した部分の譲渡時の価額が当該土地の譲渡時の価額のうちに占める割合を当該土地の取得価額に乗じて計算した金額によっても差し支えない。

譲渡所得関係

12　市街地価格指数により取得費を算定した申告

事　例

　Aは、昭和55年に、父の遺産で東京都M市に250㎡の土地を購入し、そこにコンクリート舗装を施して、月極駐車場として利用してきました。この度、隣地の所有者から、この土地と自分が所有する土地を一体利用して、マンションを建築したいので是非譲ってほしいとの話がありました。

　Aは、古くなった自宅の建替資金に充てるため、税引き後の手取り金額が満足できる金額となるのであれば、譲渡してもよいと考えています。そのためこの土地を譲渡した場合に負担することとなる税金の額を試算しようとしましたが、この土地の購入時の売買契約書を紛失してしまい、購入価額が分かりません。不動産取引に詳しい友人に相談したところ、取得価額が不明の場合には、譲渡価額の5％を取得費として、譲渡所得金額の計算をしなければならないといわれました。また、別の友人に相談したところ、その土地の現在の時価を基に市街地価格指数を利用して当時の時価を求め、その金額を取得費として譲渡所得の計算をすればよいのではないかとのアドバイスを受けることができました。どちらの方法が正しいのでしょうか。

回　答

　長期保有の土地を譲渡した場合には、譲渡所得金額に対して、20.315％の所得税等（所得税15％、復興特別所得税0.315％、住民税5％）が課税

されます。この譲渡所得金額は、原則として、譲渡価額から、取得費と譲渡費用の合計金額を控除して算出します。

譲渡した土地の購入時の契約書等を紛失してしまったため、実際の取得価額を確認することができない場合であっても、当時の預貯金の出金状況、金融機関からの借入関係書類や抵当権設定登記の内容、日誌等の記載などから取得価額を確認することができる場合もあります。また、購入先や購入時の仲介業者に確認することができるかどうかも検討する必要があります。

このような手順を踏んだとしても実際の取得価額を確認することができない場合、譲渡価額の100分の5に相当する金額を取得費として譲渡所得の金額を計算することができます。しかしながら、上記の取扱いは、土地の取得価額が不明の場合に、常に、譲渡価額の100分の5に相当する金額を取得費としなければならないと定めたものではありません。実際の取得価額を契約書等により把握できないとしても、それが明らかに譲渡価額の100分の5に相当する金額を上回ると認められる場合には、取得価額を合理的に推認し、その推認した価額を取得価額として、譲渡所得の金額を計算することも認められると考えられます。市街地価格指数を基に取得価額を推定する方法もその推認方法のひとつであるといえます。

ただし、このような方法は安易に採用すべきではなく、上記の方法その他考え得るあらゆる方法により実際の取得価額を確認してもその手掛かりさえつかめなかった場合に限るべきです。また、市街地価格指数を利用して取得価額を推認して譲渡所得金額の計算を行い、申告を行った場合においても、税務調査の結果、真実の取得価額が判明した場合や納税者の行った推認の手法が恣意的なものであったり、不合理であると判断されたときには、修正申告や更正処分により是正が図られることとなりますし、その

際には過少申告加算税等や延滞税の負担も生じることとなります。

解　説

　昭和27年12月31日以前から引き続き所有していた土地建物等の譲渡所得の金額の計算においては、譲渡価額の100分の5に相当する金額を当該譲渡資産の取得費とすることとされており、実際の取得費がこの金額を上回ることが証明された場合には、実際の取得費により譲渡所得の金額を計算することとされています（措法31の4①）。また、昭和28年1月1日以後に取得した土地建物等の取得費についてもこの規定を適用して譲渡所得の金額を計算しても差し支えないものとして取り扱われます（措通31の4－1）。そのため長期間保有していた土地建物等を譲渡した場合や、親から相続した土地建物等を譲渡したような場合で、その取得費が確認できないときには、譲渡価額の100分の5に相当する金額を取得費として譲渡所得の金額を計算することができます。

　譲渡した土地建物等の購入時の契約書等を紛失してしまったとしても、預貯金の出金状況、金融機関からの借入関係書類や抵当権設定登記の内容、当時の日誌等の記載などから取得価額を確認することができる場合もあります。また、購入先や当時の仲介業者が契約書その他の売買価額を確認することができる資料を保管していることもあり得ます。

　このような手順を踏んだとしても実際の取得価額を確認することができない場合、上記の取扱いにより譲渡価額の100分の5に相当する金額を取得費として譲渡所得の金額を計算して申告を行えば、税務調査により指摘を受けることはないでしょう。しかしながら、上記の取扱いは、昭和28年1月1日以後に取得した土地建物等の取得価額が不明の場合に、常に、譲渡価額の100分の5に相当する金額を取得費としなければならないとまで

定めたものではありません。実際の取得価額を契約書等により把握できないとしても、それが明らかに譲渡価額の100分の5に相当する金額を上回ると認められる場合には、取得価額を合理的に推認し、その推認した価額を取得価額として、譲渡所得の金額を計算することも認められると考えられます。

例えば、次のような資料情報を基に購入時の価額を推認する方法が考えられます。

① 購入当時の固定資産税評価額（登記時の登録免許税や不動産取得税の金額又はそれらの明細も参考になります。）
② 相続税評価額（路線価等）
③ 譲渡物件に近い地価公示の標準地等の公示価格等
④ 一般財団法人日本不動産研究所が公表している「市街地価格指数」

これらの方法は、資料情報によって購入時の時価を求め、それによって譲渡資産の取得価額を推認しようとするものですが、譲渡資産の購入時の時価相当額を取得価額とみなすとする法令の規定や通達が存在するわけではありません。このような方法は安易に採用すべきではなく、上記の方法その他考え得るあらゆる方法により実際の取得価額を確認してもその手掛かりさえつかめなかった場合に限るべきです。また、親族間の取引である場合や、売主側に売急ぎの理由があり近隣の相場よりも低い価額で取得したと考えられるケースなど、個別事情が存すると認められる取引については、上記の資料情報により求めた価額を取得価額とすることは問題があるでしょう。申告に当たっては、取得当時の状況（例えば、購入の経緯、購入資金の出所・調達方法、物件の状況など）をも踏まえたところでの検証作業が必要であることはいうまでもありません。

上記により取得価額を推認して譲渡所得金額の計算を行い、申告を行っ

た場合においても、税務調査の結果、真実の取得価額が判明した場合や納税者の行った推認の手法が恣意的なものであったり、不合理であると判断されたときには、修正申告や更正処分により是正が図られることとなりますし、その際には過少申告加算税や重加算税及び延滞税の負担も生じることとなります。

根拠条文

措法31条の4（長期譲渡所得の概算取得費控除）

① 個人が昭和27年12月31日以前から引き続き所有していた土地等又は建物等を譲渡した場合における長期譲渡所得の金額の計算上収入金額から控除する取得費は、所得税法第38条及び第61条の規定にかかわらず、当該収入金額の100分の5に相当する金額とする。ただし、当該金額がそれぞれ次の各号に掲げる金額に満たないことが証明された場合には、当該各号に掲げる金額とする。

一 その土地等の取得に要した金額と改良費の額との合計額

二 その建物等の取得に要した金額と設備費及び改良費の額との合計額につき所得税法第38条第2項の規定を適用した場合に同項の規定により取得費とされる金額

② （省略）

参考通達

措通31の4－1（昭和28年以後に取得した資産についての適用）

措置法第31条の4第1項の規定は、昭和27年12月31日以前から引き続き所有していた土地建物等の譲渡所得の金額の計算につき適用されるのであるが、昭和28年1月1日以後に取得した土地建物等の取得費についても、同項の規定に準じて計算して差し支えないものとする。

参考判例（裁決）

平成12年11月16日裁決（裁決事例集 No.60—208頁）

　請求人は、分離の課税長期譲渡所得金額の計算上、本件建物と本件宅地を一括して譲渡し、そのいずれの取得価額も不明である場合の取得日の算定について、次のとおり主張する。本件建物、本件土地及び農地を一括して3,000万円で取得したが、本件建物は老朽化と傷みによってその価値はなく、また農地も利用価値に乏しい無価値のものであり、よって取得価額の全てが本件宅地の価額である。

　しかしながら、当審判所の調査によれば、本件建物のうち昭和55年に建設された新建物については、築後4年の経過で損傷もさほど認められないから、価値は現存し、大正6年に建築された旧建物には価値はないが、一部改築部分については、改築を請け負った工務店の金銭出納帳に記載された金額が取得費の額と認められる。

　なお、請求人が主張する本件宅地の取得費は、その支払先・支払金額を確認することができず、請求人の主張は認められない。

　これらのことから、本件建物の取得費は、取得時期は判明しているが取得価額が不明なもの（新建物）については、N調査会（以下「調査会」という。）が公表している着工建築物構造単価から算定する。また、本件宅地については、譲渡価額の総額から建物の取得費を控除して宅地の譲渡価額を算定したうえで、譲渡時に対する取得時の六大都市を除く市街地価格指数（住宅地）の割合を乗じて算定する。

　上記の算定方法は、調査会が公表した数値であり、市場価格を反映した近似値の取得費が計算でき、合理的であると認められる。

平成30年7月31日裁決（TAINS F0—1—972）

　市街地価格指数は、全国主要都市内で選定した標準的な宅地について、不動産鑑定評価の手法に基づき更地としての評価を行って指数化したものであることからすると、市街地の宅地価格の推移を現す指標としての性格を有するものの、そもそも個別の宅地価格の変動状況を直接的に示すもの

譲渡所得関係

ということはできない。また、六大都市を除く市街地価格指数については、県庁所在都市等以外の調査対象都市は公表されていないところ、本件各土地は県庁所在都市等に該当しない場所に所在しており、さらに、その場所が調査対象都市かどうかを確認し得ないことからすれば、請求人が請求人主張額の算出に用いた六大都市を除く市街地価格指数が、本件各土地の市場価格の推移を反映したものであるということはできない。以上のことからすると、六大都市を除く市街地価格指数を基に算出した額である請求人主張額は、本件被相続人が本件各土地を取得した当時の本件各土地の市場価格を適切に反映したものであるとはいえず、請求人主張額が本件各土地の取得に要した金額に該当する旨の請求人の主張は、その前提を欠き、理由がない。

13 複数回にわたり取得した非上場株式を譲渡した場合の取得費（一部の取得価額が不明の場合）

事例

甲は、2年前にA社の株式50株を従妹の乙から250,000円（1株当たり5,000円）で取得しました。甲はこの50株のほかに、父丙から相続により取得した株式450株を保有していました。丙から相続により取得した株式は、丙がA社の創業者であり昭和50年の会社設立時から同社の株を保有していた祖父丁から相続により取得したものです。甲は、これらの株式500株のうち400株をA社の関連会社であるB社に時価相当額の2,400,000円（1株当たり6,000円）で譲渡することとしました。甲が丙から相続により取得した株式の取得価額は不明ですが、A社は同族関係者のみが出資している会社で、会社設立時以降、相続又は贈与以外の事由による株式の異動はなかったと推測することができます。会社設立の際の払込金額は1株当たり50円でした。仮に推測どおりだとすると、B社への譲渡価額（1株当たり6,000円）の5％相当額の300円は、1株当たり50円という払込金額よりも大きい金額となります。譲渡所得の計算に当たり、丙から相続により取得した株式について、概算取得費を採用することはできないでしょうか。

回答

2回以上にわたって取得した同一銘柄の株式を譲渡した場合の当該株式の取得価額は、総平均法に準ずる方法によって算出した金額によります。

この場合、譲渡した株式に一部について概算取得費を取得価額として譲渡所得金額を計算することはできません。

解 説

1 株式を譲渡した場合の譲渡所得金額の計算上、控除する取得費の金額は、総平均法に準じた方法により計算することとされています。総平均法に準じた方法とは、株式等をその種類及び銘柄の異なるごとに区分して、その種類及び銘柄等の同じものについて次の算式により計算する方法をいいます（所法48③、所令118①）。

（算式）

$$\frac{(A+B)}{(C+D)} = 1単位当たりの金額$$

A：株式等を最初に購入した時（その後既にその株式等を譲渡している場合には、直前の譲渡の時）の購入価額の総額

B：株式等を最初に購入した後（その後既にその株式等を譲渡している場合には、直前の譲渡の後）から今回の譲渡の時までの購入価額の総額

C：Aに係る株式等の総数

D：Bに係る株式等の総数

この方法は、譲渡者が譲渡直前に有していた株式の実際の取得価額に基づいて計算するとこから、まず、譲渡者が譲渡直前に有していた株式の実際の取得価額を確認する必要があります。

2 譲渡者が、相続、遺贈又は贈与など（以下「相続等」といいます。）により取得した株式については、その相続等に係る被相続人、遺贈者又

は贈与者など（以下「被相続人等」といいます。）の取得価額を引き継ぐこととされています（所法60①一）。そこで、上記1の計算に当たっては、相続等により取得した株式については、当該被相続人等の取得価額を確認する必要があり、そのためには、まず、当該被相続人等が当該相続等に係る株式を取得した経緯を確認します。そのうえで、取得が売買によるものであれば売買契約書等、設立時又は増資時の払込みによるものであれば払込みに関する書類など、その取得原因に応じて取得価額を明らかにする資料を確認します。とはいえ、被相続人等の取得の時期から長期間が経過している場合や被相続人等の取得原因が相続等である場合などにおいては、直接、取得価額を確認することが難しい場合も想定されます。このような場合においても、被相続人等の預金通帳の出金状況とそこに記されたメモ書き、当該株式の発行会社の譲渡承認決議に係る議事録とともに保管されている資料、同社が保管している会社設立時又は増資時の資料、過去の所得税の申告書の控え、被相続人等の日記や備忘録などから取得価額を推認できることがあります。

　事例の場合、甲が丙から相続により取得した株式は、丙が丁から相続したものであって、その株式は丁が会社設立時から保有しているものと推測することができるとのことであり、会社設立の際の払込金額は、1株当たり50円だったとのことです。相続により取得した株式の取得価額は、被相続人の取得価額を引き継ぐこととなりますので、丁の保有していた株式について会社設立以後相続以外に異動がなく、それを相続した丙についても生前に株式の異動がなかったとすれば、甲が丙から相続した株式の取得価額は1株当たり50円と考えられます。このように考えると、会社設立時に資本金等として払い込んだ金額をもって丙の取得価額であると考えられ、それが丙に承継され、丙も丁から相続により取得し

た株式以外に株式を保有していなかったとすれば、甲が丙から取得した株式の取得価額も丁が会社設立時に払い込んだ金額ということになります。

　この前提で、甲が譲渡した株式の取得価額を総平均法に準ずる方法により計算すると、次のとおり1株当たりの取得価額は454円となり、今回の譲渡に係る譲渡所得金額の計算における取得費は218,000円となります。

(1) 総平均法に準ずる方法により計算した1株当たりの取得価額

$$\frac{(250,000円 + 22,500円)}{(50株 + 450株)} = 545円$$

(2) B社に譲渡した株式400株の取得費

　　454円 × 400株 = 218,000円

3　なお、取得価額を確認することができない場合や取得価額が小さい場合には、譲渡した株式の価額の5％を取得価額として譲渡所得金額を計算することができるとされています（措通37の10・37の11共―13）。

　このため、例えば、次のように丙から相続により取得した株式についてのみ概算取得費を適用して、総平均法に準ずる方法により取得費を計算することはできるかどうかという疑問が生じます。

(1) 総平均法に準ずる方法により計算した1株当たりの取得価額

$$\frac{(250,000円 + (6,000円 × 5\% × 450株))}{(50株 + 450株)} = 770円$$

(2) B社に譲渡した株式400株の取得費

　　770円 × 400株 = 308,000円

しかしながら、租税特別措置法通達37の10・37の11共―13が、「譲渡をした同一銘柄の株式等について、当該株式等の譲渡による収入金額の100

分の５に相当する金額を……譲渡所得の金額の計算上収入金額から控除する取得費として計算しているとき」と定めていることから、譲渡された同一銘柄の株式の一部についてのみ概算取得費を採用することは認められないものと考えられます。

参考法令

所得税法第48条（有価証券の譲渡原価等の計算及びその評価の方法）
①、②（省略）
③　居住者が２回以上にわたって取得した同一銘柄の有価証券につき第37条第１項の規定によりその者の雑所得の金額の計算上必要経費に算入する金額又は第38条第１項《譲渡所得の金額の計算上控除する取得費》の規定によりその者の譲渡所得の金額の計算上取得費に算入する金額は、政令で定めるところにより、それぞれの取得に要した金額を基礎として第一項の規定に準じて評価した金額とする。

所得税法施行令第118条（譲渡所得の基因となる有価証券の取得費等）
　居住者が法第48条第３項《譲渡所得の基因となる有価証券の取得費等の計算》に規定する２回以上にわたって取得した同一銘柄の有価証券で雑所得又は譲渡所得の基因となるものを譲渡した場合には、その譲渡につき法第37条第１項《必要経費》の規定によりその者のその譲渡の日の属する年分の雑所得の金額の計算上必要経費に算入する金額又は法第38条第１項《譲渡所得の金額の計算上控除する取得費》の規定によりその者の当該年分の譲渡所得の金額の計算上取得費に算入する金額は、当該有価証券を最初に取得した時（その後既に当該有価証券の譲渡をしている場合には、直前の譲渡の時。以下この項において同じ。）から当該譲渡の時までの期間を基礎として、当該最初に取得した時において有していた当該有価証券及び当該期間内に取得した当該有価証券につき第105条第１項第１号《総平均法》に掲げる総平均法に準ずる方法によって算出した一単位当たりの金額により計算した金額とする。

譲渡所得関係

> **参考通達**
>
> **租税特別措置法通達37の10・37の11共—13（株式等の取得価額）**
>
> 　株式等を譲渡した場合における事業所得の金額、譲渡所得の金額又は雑所得の金額の計算上必要経費又は取得費に算入する金額は、所得税法第37条第1項《必要経費》、第38条第1項《譲渡所得の金額の計算上控除する取得費》、第48条《有価証券の譲渡原価等の計算及びその評価の方法》及び第61条《昭和27年12月31日以前に取得した資産の取得費等》の規定に基づいて計算した金額となるのであるが、譲渡をした同一銘柄の株式等について、当該株式等の譲渡による収入金額の100分の5に相当する金額を当該株式等の取得価額として事業所得の金額若しくは雑所得の金額を計算しているとき又は当該金額を譲渡所得の金額の計算上収入金額から控除する取得費として計算しているときは、これを認めて差し支えないものとする。

14　生計を一にする親族に支払った譲渡費用等

> **事　例**
>
> 　甲は無職ですが、甲の夫乙は、土木工事業を営んでいて、甲が乙の控除対象配偶者となっています。
>
> 　甲は、20年前の父からの相続により市街地周辺の畑約250㎡（「本件土地」という。）を取得しましたが、その後耕作はしていません。本件土地は、このままでは利用価値がないことから、甲は、宅地造成をして2区画に分筆し、譲渡することにしました。
>
> 　そこで、甲は、乙に本件土地の土盛り及び区画割り等の工事を依頼して宅地造成をしましたが、その工事代金については、通常の工事代金を譲渡代金の中から支払います。
>
> 　長男丙は、独身でフリーターとしての臨時収入がありますが、定期収入はなく、甲乙と生計を一にしています。丙は昨年宅地建物取引士の資格を取りました。仮に、丙が本件土地の譲渡先である買主を探して契約を締結した場合には、甲は丙に対し宅地建物取引業法に基づく基準内の報酬を支払うつもりです。
>
> 　この場合、甲が乙に支払う宅地造成費及び丙に支払う仲介料は、譲渡費用として認められますか。
>
> 　生計を一にする配偶者や子に支払った費用は収入から控除することはできないと聞きましたが、その点はどうですか。

譲渡所得関係

回答

　甲が譲渡代金の中から乙に対し支払う宅地造成費用は、譲渡費用に該当しません。
　しかし、この造成費用は甲の譲渡資産である土地の改良費であることが明らかですから、その費用の額が相当なものであれば、土地の改良費として取得費に算入することができます。
　甲が丙に対し支払う仲介手数料は、丙自身が不動産仲介業を営むか、その業務に従事して自己の収入として収受するものでない限り、譲渡費用とすることはできません。
　なお、宅地造成費についてはその工事費が適正な額であり、仲介手数料については丙に支払う金額が譲渡に直接必要なものであれば認められ、支払先が生計を一にする親族であることのみを理由として取得費又は譲渡費用とすることが否認されるわけではありません。

解説

　生計を一にする子に対して通常なら譲渡費用となる金銭を支払った場合には、それが譲渡人が支払うべき譲渡費用の立替金又は実費弁償的な性格のものでない限り、譲渡費用とすることはできないと思われます。なぜなら、譲渡費用は、資産の譲渡をするについて直接必要とした費用に限定されると解されており（所法33③、所基通33―7、判例多数）、この点で、生計を一にする親族への支払は、支払先からみて、一般的には直接の必要性に欠けるからです。
　この事例では、丙が宅地建物取引士の資格を有するというだけでは足りず、その資格に基づき不動産仲介業を自ら行っているか、勤務等によりそ

の業務に従事していてその支払金額が丙自らの収入となる場合に限られると考えられます。

　宅地造成費用についても夫婦間での費用の支払であって、問題のあるところですが、土地の造成費用そのものは、譲渡費用ではなく、改良費としてその土地の取得費を構成します。そして、この費用を負担すべき者は、当然に同土地の所有者たる甲ですから、甲が譲渡代金から乙に通常の工事代金を支払えば、それは、譲渡土地の改良費の支出ということになり、これを譲渡資産である土地の改良費として取得費に算入することができます。

　なお、所得税法第56条に規定する生計を一にする親族間における労務の対価等の授受があった場合の必要経費の不算入や、収入金額がないものとみなす取扱いは、対価の支払者の事業所得、不動産所得及び山林所得の金額の計算上に関連するものですから、譲渡所得の計算に適用されるものではありません。

譲渡所得関係

15 土地の売買契約の解除に際して支払った損害賠償金の譲渡費用性

事　例

次のような当初の土地売買契約の解除に伴い売主が支払った損害賠償金等は、同一の土地を同年中に他に譲渡した場合の譲渡所得の計算上で譲渡費用として控除することができますか。

(1) 甲は、15年前から営業してきた金属加工業を廃業し、作業場建物を取り壊し、今年初めにその跡地のU土地をA会社に売却しました。その後、A会社がU土地に地盤等の工事を開始したところ、地中から少量の有毒物が見つかったために紛争となり、甲がA会社に損害賠償金を支払った上で、その売買契約を合意解除しました。

　U土地は、今年中にB会社に譲渡しましたが、U土地のB会社への譲渡に係る譲渡所得の計算上で、甲がA会社に支払った損害賠償金は譲渡費用として控除することができますか。

(2) 乙は、今年初めに、V土地をCに売却する旨の売買契約を締結し、その締結当日に売買価額の10％相当額の手付金を受け取りましたが、残代金については、その20日後に受け取るとともに、所有権移転登記の申請手続を行うこととなっていました。ところが、Cとの売買契約の契約日の5日後に、Dからもっと高い金額で是非購入したいとの要請があったので、契約条項に従い受領していた手付金を返還するとともにその同額の違約金を支払って、売買契約を解除しました。

　V土地のDへの譲渡に係る譲渡所得の計算上、乙がCに支払っ

た違約金は、譲渡費用とすることができますか。

回答

　甲がB会社に譲渡したU土地に係る譲渡所得の計算上、甲がA会社に支払った損害賠償金は、譲渡費用として控除することはできません。

　乙がDに譲渡したV土地に係る譲渡所得の計算上、乙がCに支払った違約金は、譲渡費用として控除することができます。

解説

　土地等の譲渡に係る譲渡所得の金額の計算上で、総収入金額から控除することができるものは、原則として、その土地等に係る取得費及び譲渡に要した費用の額です（所法33③、措法31①、32①）。

　このうち、「譲渡に要した費用の額」（譲渡費用）とは、譲渡資産の譲渡に係る次の費用（取得費に該当するものを除きます。）とされています（所基通33－7）。

① 　資産の譲渡に際して支出した仲介手数料、運搬費、登記又は登録に要する費用その他当該譲渡のために直接要した費用

② 　借家人等を立ち退かせるための立退料、土地等を譲渡するためその土地等の上にある建物等の取壊しに要した費用、既に売買契約を締結している資産を更に有利な条件で他に譲渡するため当該契約を解除したことに伴い支出する違約金その他当該資産の譲渡価額を増加させるため当該譲渡に際して支出した費用

　このように、譲渡費用は、譲渡資産の譲渡に伴う費用ですが、事業所得、不動産所得、雑所得等の各種所得の計算上控除される必要経費が、収入金

額に直結する売上原価等の費用のほか課税期間である暦年中に生じた業務に関連する費用を含む広い範囲に及んでいるのに対し、譲渡所得における譲渡費用は、資産の譲渡に密接に関連する限定された費用のみであるといえます。

　上記の所得税基本通達33－7の取扱いによりますと、譲渡費用に該当するためには、その資産の譲渡のために直接要した費用（譲渡直接必要費用）又は収入増加に貢献した費用（収入増加貢献費用）のいずれかに該当することが必要です。

　したがって、具体的な費用が譲渡費用に該当するかどうかは、上記①又は②の例示を参考にして、この2つの基準のいずれかに該当するかどうかの判定をする必要があります。

　そうすると、この事例(1)のU土地の譲渡に関連する費用は、甲が新買主であるB会社との売買契約を締結するかどうかにかかわらずA会社との契約合意解除に伴い支払うべきこととなったもので、甲はこの費用をB会社との売買契約とは関係無く負担するものですから、U土地の譲渡に直接に要した費用とは認められず、また、B会社との間のU土地の譲渡価額を増加させるための費用でもありませんので、譲渡直接必要費用にも収入増加貢献費用のいずれにも該当しないことになり、譲渡費用とはなりません。

　これに対し、事例(2)のV土地の譲渡に関連する費用は、上記②の例示にあるとおり収入増加貢献費用に該当しますので、譲渡費用になります。

16　相続した土地を譲渡した場合の取得費及び譲渡費用

事　例

　Aの父甲は、長野県S市に500㎡の土地を2,400万円で購入し、青空駐車場として利用してきました。平成26年2月に甲は亡くなりましたが、過去の感情的な問題もあり、相続人である長男Aと二男Bの間の遺産分割協議がなかなか調いませんでした。そこで双方が弁護士を代理人として改めて協議を行ったところ、最近になって、この土地のうち300㎡をAが、残りの200㎡をBが相続することとなり、分筆の上、それぞれ相続登記を済ませました。

　Aは、遺産分割により取得した300㎡の土地を売却する予定ですが、譲渡所得の金額の計算上、相続登記費用、分筆のための測量費・分筆費用、弁護士に支払った報酬は取得費として控除することができますか。

　なお、甲を被相続人とする相続に関して、相続税は課税されていません。

回　答

　Aの父甲の土地購入価額2,400万円のうちAが相続した300㎡に対応する1,440万円のほか、相続登記費用（登録免許税を含みます。）及び測量費・分筆費用は取得費として控除することができますが、弁護士に支払った報酬は、取得費として控除することはできません。

譲渡所得関係

解　説

　譲渡所得に対する課税は、資産の値上がりによりその資産の所有者に帰属する増加益を所得として、その資産が所有者の支配を離れて他に移転するのを機会にこれを清算して課税する趣旨のものであり、「資産の取得に要した金額」には、当該資産の客観的価格を構成すべき取得代金の額のほか、当該資産を取得するための付随費用の額も含まれると解されます。

　ところで、所得税法第60条第1項は、相続等により取得した財産の取得費については、その相続人が引き続き所有していたものとして計算する旨を定めています。その趣旨は、上記の譲渡所得課税の趣旨からすれば、相続等による資産の移転であっても、その資産について時価に相当する金額により譲渡があったものとみなして譲渡所得課税がされるべきかもしれませんが、相続等にあっては、その時点では資産の増加益が具体的に顕在化しないため、その時点における譲渡所得課税について納税者の理解が得られにくいことから、これを留保し、その後相続人等が資産を譲渡することによってその増加益が顕在化した時点で、これを清算して課税することとしたものであると考えられます。

　このように、増加益に対する課税の繰延べという所得税法第60条第1項の規定の趣旨からすると、所得税法は、相続により取得した土地を譲渡した場合の譲渡所得金額の計算において、相続人の資産の保有期間に係る増加益に被相続人の資産の保有期間に係る増加益を合わせたものを超えて所得として把握することを予定していないと考えられます。そして、相続人等が相続により資産を取得した場合、その取得をするための費用の額は、相続人の資産の保有期間に係る増加益の計算において、「資産の取得に要した金額」（所法38①）として収入金額から控除されるべき性質のもので

あるといえます。そうすると、このような費用の額は、所得税法第60条第1項に基づいてされる譲渡所得の金額の計算において「資産の取得に要した金額」に当たると解されます。

所得税基本通達60—2は、このような考え方の下、所得税法第60条第1項1号に規定する贈与、相続又は遺贈（以下「贈与等」といいます。）により譲渡所得の基因となる資産を取得した場合において、その贈与等に係る受贈者、相続人又は受遺者が当該資産を取得するために通常必要と認められる費用を支出しているときには、その費用のうち当該資産に対応する金額については、所得税基本通達37—5及び49—3の定めにより各種所得の金額の計算上必要経費に算入された登録免許税、不動産取得税等を除き、その資産の取得費に算入できる旨を明らかにしています。

したがって、事例の場合には、Aが相続により取得した300㎡の土地については、甲が当該土地の取得に要した費用1,440万円が引き継がれることとなりますが、さらに、Aが相続によるこの土地の取得に要した費用である登記費用（登録免許税を含みます。）及び測量費・分筆費用はAの保有期間中の増加益を計算するうえで取得費として控除することができる費用となります。

しかしながら、遺産分割のための費用は、一般的には相続人間の紛争を解決するための費用であり、相続により取得するために通常必要と認められる費用とはいえないため、取得費に算入することはできません。

根拠条文

所得税法60条（贈与等により取得した資産の取得費等）
　居住者が次に掲げる事由により取得した前条第一項に規定する資産を譲

渡した場合における事業所得の金額、山林所得の金額、譲渡所得の金額又は雑所得の金額の計算については、その者が引き続きこれを所有していたものとみなす。
　一　贈与、相続（限定承認に係るものを除く。）又は遺贈（包括遺贈のうち限定承認に係るものを除く。）
　二　前条第二項の規定に該当する譲渡
① （省略）

参考通達

所基通60―2　（贈与等の際に支出した費用）
　法第60条第１項第１号に掲げる贈与、相続又は遺贈（以下この項において「贈与等」という。）により譲渡所得の基因となる資産を取得した場合において、当該贈与等に係る受贈者等が当該資産を取得するために通常必要と認められる費用を支出しているときには、当該費用のうち当該資産に対応する金額については、37―5及び49―3の定めにより各種所得の金額の計算上必要経費に算入された登録免許税、不動産取得税等を除き、当該資産の取得費に算入できることに留意する。
㈲　（省略）

参考判例

平成17年２月１日最高裁判決（最高裁判所裁判集民事216号279頁）
　所得税法60条１項は、居住者が同項１号所定の贈与、相続（限定承認に係るものを除く。）又は遺贈（包括遺贈のうち限定承認に係るものを除く。）により取得した資産を譲渡した場合における譲渡所得の金額の計算について、その者が引き続き当該資産を所有していたものとみなす旨を定めている。譲渡所得課税の趣旨からすれば、贈与、相続又は遺贈であっても、当該資産についてその時における価額に相当する金額により譲渡があったも

のとみなして譲渡所得課税がされるべきところ、同条1項1号所定の贈与等にあっては、その時点では資産の増加益が具体的に顕在化しないため、その時点における譲渡所得課税について納税者の納得を得難いことから、これを留保し、その後受贈者等が資産を譲渡することによってその増加益が具体的に顕在化した時点において、これを清算して課税することとしたものである。同項の規定により、受贈者の譲渡所得の金額の計算においては、贈与者が当該資産を取得するのに要した費用が引き継がれ、課税を繰り延べられた贈与者の資産の保有期間に係る増加益も含めて受贈者に課税されるとともに、贈与者の資産の取得の時期も引き継がれる結果、資産の保有期間については、贈与者と受贈者の保有期間が通算されることとなる。

　このように、同条1項の規定の本旨は、増加益に対する課税の繰延べにあるから、この規定は、受贈者の譲渡所得の金額の計算において、受贈者の資産の保有期間に係る増加益に贈与者の資産の保有期間に係る増加益を合わせたものを超えて所得として把握することを予定していないというべきである。そして、受贈者が贈与者から資産を取得するための付随費用の額は、受贈者の資産の保有期間に係る増加益の計算において、「資産の取得に要した金額」として収入金額から控除されるべき性質のものである。そうすると、上記付随費用の額は、同条1項に基づいてされる譲渡所得の金額の計算において「資産の取得に要した金額」に当たると解すべきである。

17 3人が所有する各土地を交換した場合の交換の特例の適用

> **事　例**
>
> 　A、B及びCの3人は、それぞれの所有する土地（宅地）を次の要領で交換することになりました。
>
> 　この交換を行った場合に、3人は、所得税法第58条に規定する「固定資産の交換の特例」の適用を受けることができますか。
>
> 〈交換の要領〉
>
> 　1　交換の対象資産
>
> 　　①　甲宅地（時価1,900万円、Aが所有）
>
> 　　②　乙宅地（時価1,000万円、Aが所有）
>
> 　　③　丙宅地（時価2,900万円、Bが所有）
>
> 　　④　丁宅地（時価1,000万円、Cが所有）
>
> 　2　交換の内容
>
> 　　①　Aは、甲宅地をBに、乙宅地をCに、それぞれ譲渡し、Bから丙宅地を取得する。
>
> 　　②　Bは、丙宅地をAに譲渡し、Aから甲宅地を、Cから丁宅地を、それぞれ取得する。
>
> 　　③　Cは、丁宅地をBに譲渡し、Aから乙宅地を取得する。

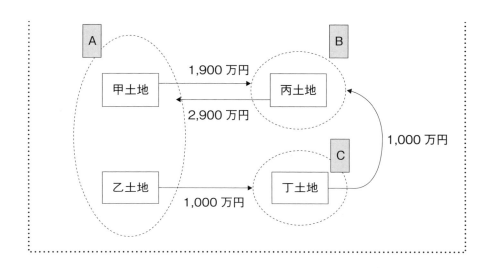

回答

　所得税法第58条第1項に規定する「固定資産の交換の場合の譲渡所得の特例」は、個人が自己所有の固定資産を他の者が所有していた固定資産と交換した場合に適用される譲渡所得の課税の特例ですが、この場合の「交換」とは、相手方と固定資産の所有権を相互に移転し合うことをいうと解され、事例のように、3人の当事者間で固定資産を移転して、結果として、自己が所有していた資産の価額に見合う資産を取得したような場合の取引は、「交換」には該当しないと解されます。

　したがって、事例の取引は、所得税法第58条第1項に規定する交換によるものではなく、固定資産の交換の特例は適用できません。

解説

　所得税法第58条第1項に規定する「固定資産の交換の場合の譲渡所得の特例」は、個人が所有する一定の固定資産を他の者が所有する一定の固定

資産と交換した場合における譲渡所得の課税の特例ですが、この場合の「交換」の意義については、所得税に規定がないことから、民法に定める用語の解釈に従い判断することになると考えられます。

そこで、民法の規定を見てみますと、同法第586条第1項は、「交換」を「当事者が相互に金銭の所有権以外の財産権を移転する契約」としているので、その意義は、自己の財産権を相手方に移転するとともに、その相手方から相手方の財産権の移転を受けることをいうものと解されます。

したがって、交換の相手方は1人（取得する資産が共有物である場合には、交換の相手方が複数となりますが、共有者ごとに1対1の取引が行われるものとみられます。）であるといえます。

事例では、A、B及びCは、いずれも特定の相手方当事者と相互に金銭の所有権以外の財産権を移転し合う方法ではないので、それが「交換」によるものとして、所得税法第58条第1項の規定を適用することはできません。

なお、AB間の取引では、甲宅地と丙宅地との相互交換部分がありますが、両宅地の価額の差額1,000万円が丙宅地の価額の20％相当額（580万円）を超えているので、この取引についても交換の特例は適用されません（所法58②）。

　(注)　上記の民法第586条第2項に規定する交換差金を収受した者は、その差金がその者の譲渡資産の価額の20％以下の場合には、その差金部分についてのみ譲渡所得の課税対象とされます（所法58①②）。

根拠条文

民法586条（交換）

① 交換は、当事者が互いに金銭の所有権以外の財産権を移転することを約することによって、その効力を生ずる。

② 当事者の一方が他の権利とともに金銭の所有権を移転することを約した場合におけるその金銭については、売買の代金に関する規定を準用する。

譲渡所得関係

18 地主と小作人との間の小作地と耕作権との交換

> **事 例**
>
> 　地主Ａと小作人Ｂとは、複数の農地につき小作契約を締結しています。この度、Ｂが耕作中の1筆の農地（甲農地650㎡）について耕作権を放棄してＡに返還し、その代わりに、ＡがＢの耕作権が設定されている他の1筆の農地（乙農地360㎡）の所有権をＢに移転することで合意し、その旨の交換契約が成立し、Ａは甲農地について、Ｂは乙農地について、それぞれ完全所有権を有することになりました。Ａ及びＢは、甲農地及び乙農地をそれぞれ農地として利用していきます。
>
> 　この付近は田園地帯で、近時に至り一般住宅も点在するようになりましたが、耕作権が売買の対象となったり、このような地主と小作人との間の取引が行われるような事例も少なく、小作地に関する地主と小作人との財産的権利の割合がどれほどかは定かでありません。
>
> 　甲農地及び乙農地は、いずれも同一道路に面していてその耕作権が設定されていないものとした場合の時価（単位面積当たりの価額）は同額と思われますので、対象農地の権利割合をＡの小作地の所有権65％、Ｂの耕作権35％として上記の交換が成立したものです。なお、この交換に当たっては、農地の相続税評価上の耕作権割合を参考にしました。
>
> 　ただ、近隣住宅地の借地権割合が50％とされていることを考慮すると、交換譲渡資産と交換取得資産の価額の差額がいずれか高い方の価額の20％を超えることになってしまうので、所得税法第58条第1項に

> 規定する交換の特例を適用することができないことになってしまうのか心配です。

回答

　この交換は、農地としての小作地と耕作権との交換であり、土地と土地の上に存する権利との交換ですから、交換対象資産の同種の資産要件及び同一用途供用要件を満たします。また、交換対象資産であるＡ所有の小作地の価額とＢが有する耕作権の価額とが、当事者間で等価であると認識して合理的に合意した価額と認められることから、交換の特例を適用することができます。

解説

　この交換の対象資産は、交換の当事者が１年以上有していた固定資産であるＡの所有する小作地とＢの有する農地法上の耕作権とを交換の対象としたものであり、交換資産の同種の資産要件（本件では、土地と農地法上の耕作権）を満たすとともに、取得資産の譲渡資産との同一用途供用要件（本件では、いずれも農地の用）をも満たすものです。

　交換の特例の適用を受けるための同一用途供用要件では、Ａは譲渡資産（小作地）を農地の用に供していたわけですから、取得資産（Ｂから返還を受けた農地）も農地の用に供しなければなりません。Ｂも、取得資産（小作地）を譲渡資産（耕作権）と同じ農地の用に供する必要があります。

　価額要件については、近傍の宅地に係る借地権割合が50％であるのに、この交換では耕作権の価額を自耕農地の35％相当額とみて交換したとのことですが、宅地を建物所有の目的で賃借する場合の「借地権」と、農地を

耕作の目的で賃借する場合の「耕作権」とをその価額構成の上で同一に考えなければならない理由はありません。

　また、小作人と小作地の地主との権利割合は、借地権とは異なり、いまだ取引による普遍的な価額形成がされるまでには至っておらず、実際に行われる取引では、その取引事情、過去の経緯や当事者の力関係によって区々バラバラな権利割合となっているという状況です。また、借地権取引の慣行のある地域では、宅地の借地権割合の方が農地の耕作権割合よりも高いというのが一般的な認識であると思われます。

　ちなみに、財産評価基本通達42項では、耕作権の評価について、「純農地及び中間農地に係るものは耕作権割合50％を乗じて算定するとし、市街地周辺農地及び市街地農地に係るものは、その農地が転用される場合に通常支払われるべき離作料の額、その農地の付近にある宅地に係る借地権の価額等を参酌して求めた金額によって評価する。」としていますが、各国税局が定めた財産評価基準書では、同通達42項に定める評価方法のほか、簡便評価方法として、自用農地の評価額の30％相当額、35％相当額又は40％相当額による評価方法によることを認容しています。

　この交換における価額要件についても、当事者であるAB間で合意した耕作権の価額とその小作地の所有権の価額は、財産評価基準書の簡便的な評価方法をも参考としたもので、所得税基本通達58―12の取扱いにおける「取引事情に照らし合理的に算定された交換資産の価額」としての許容範囲内にあるものと考えて差し支えないでしょう。

　したがって、農地相互間の等価交換として行われたこの交換について、所得税法第58条第1項に定める交換の特例が適用できるものと思われます。

根拠条文

所法58条(固定資産の交換の場合の譲渡所得の特例)

① 居住者が、各年において、1年以上有していた固定資産で次の各号に掲げるものをそれぞれ他の者が1年以上有していた固定資産で当該各号に掲げるもの(交換のために取得したと認められるものを除く。)と交換し、その交換により取得した当該各号に掲げる資産(以下この条において「取得資産」という。)をその交換により譲渡した当該各号に掲げる資産(以下この条において「譲渡資産」という。)の譲渡の直前の用途と同一の用途に供した場合には、第33条《譲渡所得》の規定の適用については、当該譲渡資産(取得資産とともに金銭その他の資産を取得した場合には、当該金銭の額及び金銭以外の資産の価額に相当する部分を除く。)の譲渡がなかったものとみなす。

一 土地(建物又は構築物の所有を目的とする地上権及び賃借権並びに農地法(昭和27年法律第229号)第2条第1項《定義》に規定する農地(同法第43条第1項(農作物栽培高度化施設に関する特例)の規定により農作物の栽培を耕作に該当するものとみなして適用する同法第2条第1項に規定する農地を含む。)の上に存する耕作(同法第43条第1項の規定により耕作に該当するものとみなされる農作物の栽培を含む。)に関する権利を含む。)

二 建物(これに附属する設備及び構築物を含む。)

三〜五 (省略)

② 前項の規定は、同項の交換の時における取得資産の価額と譲渡資産の価額との差額がこれらの価額のうちいずれか多い価額の100分の20に相当する金額を超える場合には、適用しない。

③〜⑤ (省略)

参考通達

所基通58―2の2（交換の対象となる耕作権の範囲）

　法第58条第1項第1号に規定する「農地法（昭和27年法律第229号）第2条第1項《定義》に規定する農地（同法第43条第1項（農作物栽培高度化施設に関する特例）の規定により農作物の栽培を耕作に該当するものとみなして適用する同法第2条第1項に規定する農地を含む。）の上に存する耕作（同法第43条第1項の規定により耕作に該当するものとみなされる農作物の栽培を含む。）に関する権利」とは、同号に規定する耕作を目的とする地上権、永小作権又は賃借権で、これらの権利の移転、これらの権利に係る契約の解除等をする場合には農地法第3条第1項《農地又は採草放牧地の権利移動の制限》、第5条第1項《農地又は採草放牧地の転用のための権利移動の制限》又は第18条第1項《農地又は採草放牧地の賃貸借の解除等の制限》の規定の適用があるものをいうのであるから留意する。

(注)　したがって、これらの条の規定の適用がないいわゆる事実上の権利は含まれないことに留意する。

所基通58―6（取得資産を譲渡資産の譲渡直前の用途と同一の用途に供したかどうかの判定）

　法第58条第1項に規定する資産を交換した場合において、取得資産を譲渡資産の譲渡直前の用途と同一の用途に供したかどうかは、その資産の種類に応じ、おおむね次に掲げる区分により判定する。

(1)　土地　　宅地、田畑、鉱泉地、池沼、山林、牧場又は原野、その他の区分

(2)～(4)（省略）

所基通58―12（交換資産の時価）

　固定資産の交換があった場合において、交換当事者間において合意されたその資産の価額が交換をするに至った事情等に照らし合理的に算定されていると認められるものであるときは、その合意された価額が通常の取引

価額と異なるときであっても、法第58条の規定の適用上、これらの資産の価額は当該当事者間において合意されたところによるものとする。

19 借地人に賃貸中の土地の一部を移転し残余の土地の明渡しを受ける場合の交換の特例の適用

事例

　Aは、昭和32年から借地人Bに対し、S市内の甲土地250㎡を賃貸してきました。

　この度、Aが、甲土地を分筆して、Bの建物の敷地となっている150㎡部分の所有権をBに引き渡し、残余のBが自家用車の駐車場として利用してきた部分及びBの自宅の庭として使用していた部分の合計100㎡の土地については、Bが、借地権を放棄してAに明け渡すことで合意しました。このように、AがBに引き渡す土地面積を150㎡、BがAに明け渡す土地面積を100㎡と定めたのは、甲土地の所在する路線価の借地権割合が60％であることを考慮したものです。

　Aは、Bから返還を受ける100㎡の土地の活用方法が未定であることから、当面は数台分の青空駐車場として利用する予定です。

　この場合に、A及びBは、この土地の取引について、固定資産の交換の特例の適用を受けることができますか。

回答

　この取引は、A及びBがそれぞれ1年以上所有していた固定資産である土地（Bについては借地権）を交換し、その取得資産を宅地の用に供するものですから、A及びBのいずれもが、所得税法第58条第1項に定める固定資産の交換の特例を適用することができます。

解説

　固定資産の交換の特例は、交換の対象資産について当事者双方とも1年以上所有していた固定資産であって、その者の取得資産が譲渡資産と同種の資産であり、取得資産を譲渡資産の交換直前の用途と同一の用途に使うなど、一定の要件を満たすときに、適用することができます。

　この事例では、Aが所有していた甲土地とBが有していた甲土地の借地権とは、土地（建物又は構築物の所有を目的とする地上権及び賃借権が含まれます。また、Aは交換取得資産について堅固な設備等を施さず、取り敢えずこれを青空駐車場の用途に供するとのことですが、「宅地の用」に供したものと取り扱って差し支えないものと思われます。）としての同種の資産であると認められます。そうしますと、A及びBの取得資産はそれぞれの譲渡資産の用途であった「宅地の用」と同一の用途に供するものですから、「同種の資産要件」及び「同一用途供用要件」のいずれの要件をも満たすことになります。

　加えて、交換対象資産はその「借地権割合」と「底地割合（1－借地権割合）」との権利割合でその面積を取り決めたとのことですから、等価と認められ、この取引については、等価交換として固定資産の交換の特例の適用を受けることができます。

20 交換の特例の要件の「1年以上有していた固定資産」の判定

事例

　固定資産の交換の特例を適用するためには、交換の当事者双方がそれぞれの譲渡資産を1年以上所有していたことが必要となりますが、この「1年以上の所有」を判定する場合に所得税法等の規定により取得時期が引き継がれる資産があるときは、どのように判定すればよいのでしょうか。

　例えば、Aの譲渡資産の取得が次の理由による場合で、その取得時期から1年以上が経過する前にその資産を交換により譲渡したときには、固定資産の交換の特例を適用することができますか。

(1) 父から相続により取得した場合
(2) 収用等に伴い代替資産を取得した場合の課税の特例の適用を受けた資産である場合
(3) 特定の事業用資産の買換えの特例の適用を受けた資産である場合
(4) 固定資産の交換の特例の適用を受けた取得資産である場合

　なお、交換の相手方Bの譲渡資産が上記のそれぞれの理由による取得で、所有期間が1年未満である場合には、Aは固定資産の交換の特例を適用することができますか。

回答

　固定資産の交換の特例の適用における譲渡資産の「1年以上の所有」の

要件は、次のように判定し計算します。

(1)の場合はAの譲渡資産は相続により取得したものであり、(2)の場合はAの譲渡資産は収用等に伴い代替資産を取得した場合の特例を適用した代替資産ですが、いずれの場合にも、Aが取得原因発生前から引き続き所有していたものとして「1年以上の所有」の判定を行います。

(3)の場合には、特定の事業用資産の買換えの特例においては、買換資産は取得時期を引き継ぐものではありませんので、買換資産の実際の取得の時からその所有期間を計算します。

(4)の場合については、固定資産の交換の特例が適用されると、取得費及び取得時期が引き継がれますが、この特例は同一資産について短期間における交換特例の重複適用を容認する趣旨ではないので、実際の交換取得の日を基礎として「1年以上の所有」の判定をします。

なお、Bの譲渡資産が上記の基準によりその所有期間が1年未満とされる場合にも、Aについて交換の特例は認められません。

解 説

固定資産の交換の特例の適用要件の一つに、交換譲渡資産及び交換取得資産のいずれもが、「交換直前の所有者によって1年以上所有されていた固定資産であること」があります。

この「1年以上の期間」は、譲渡資産及び取得資産（相手方の譲渡資産）についてそれぞれの取得の日から交換の日までの期間をいいますが、この期間をどのように判定し計算するのかが明確でなければなりません。

ところで、所得税法及び租税特別措置法では、譲渡益課税の繰延べに関して譲渡資産の取得費及び取得時期の引継ぎを定めた規定を置いていますが、これらの規定があるものについてこの「1年以上の期間」をどのよう

に判定し、計算するのか疑義が生ずることもあります。

　そこで、所得税基本通達58―1の2は、①個人からの贈与や相続・遺贈によって取得した資産、②個人からの時価の2分の1未満の対価により取得した資産、③収用等に伴う代替資産取得の特例の適用を受けて取得した資産については、実際のこれらの取得時期にかかわらず従前から引き続き所有していたものとして計算することとし、④所得税法第58条に定める固定資産の交換の特例の適用を受けて取得した資産については、実際の取得の時期（前回の交換の時）を基礎として計算すると定めています。

　上記①②の場合には、所得税法第60条第1項の規定により、③の場合には租税特別措置法第33条の6第1項の規定によって、それぞれ取得時期の引継ぎが定められ、④の固定資産の交換の特例を適用して取得した資産についても、所得税法第58条第5項、同法施行令第168条の規定より、取得資産は譲渡資産の取得の時から引き続き所有していたものとみなすとされています。

　しかし、上記所得税法第60条第1項及び租税特別措置法第33条の6第1項の規定が譲渡所得計算上の取得時期の取扱いを定めているのに対し、固定資産の交換の特例を適用した資産の取得時期の引継ぎの規定は、交換取得資産を譲渡した場合の譲渡所得の計算上でその所得が短期譲渡又は長期譲渡のいずれの所得に該当するかの判定方法のみを定めたものであることが明らかですから（所令168）、この固定資産の交換の特例の要件である交換対象資産の所有期間についてまでは、この取得時期の引継ぎの規定は及ばないと解されます。

　そこで、この通達では、交換の特例の短期間の連続適用を排除する趣旨で、実際の取得時期をその判定基礎とすることを明らかにしたものと考えられます。

根拠条文

所令168条（交換による取得資産の取得価額等の計算）

……その譲渡による所得が法第33条第3項各号《譲渡所得の金額》に掲げる所得のいずれに該当するかの判定については、その者がその取得資産を法第58条第1項に規定する譲渡資産（以下この条において「譲渡資産」という。）を取得した時から引き続き所有していたものとみなす。

一～三（省略）

参考通達

所基通58―1の2（取得時期の引継規定の適用がある資産の所有期間）

交換により譲渡又は取得した固定資産が次に掲げる資産である場合における法第58条第1項に規定する「1年以上有していた固定資産」であるかどうかの判定は、次に掲げるところによる。

(1) 法第60条第1項《贈与等により取得した資産の取得費等》又は措置法第33条の6第1項《収用交換等により取得した代替資産等の取得価額の計算》の規定の適用がある資産……引き続き所有していたものとして判定する。

(2) 令第168条《交換による取得資産の取得価額等の計算》の規定の適用がある資産……その実際の取得の日を基礎として判定する。

譲渡所得関係

21 交換の特例における相手方が「交換のために取得したものでないこと」の要件の解釈

事　例

　甲は、長期保有する土地200㎡（A土地）と、乙が取得後2年保有する土地160㎡（B土地）とを交換します。両方の土地の価額は等価であり、地目はいずれも宅地です。

　この交換は、甲が乙から交換の要請を受けたことによって実現することになったものです。甲は、乙がB土地を2年前に取得したことをB土地の登記事項証明書により知りましたが、乙がその土地を交換のために取得したかどうかは分かりません。

　甲は、税理士に対し、この交換について固定資産の交換の特例を適用することができるかどうかを相談したところ、税理士から、この交換が乙からの要請により行われた経緯等から、B土地についての特例の要件である「乙が交換のために取得した資産でないこと」の要件を満たさない場合が考えられるのではないかとの指摘を受け、当惑しています。

　この交換について、固定資産の交換の特例の適用を受けることができないことになってしまうのでしょうか。

回　答

　乙が2年前にB土地を取得した目的が後日に行う交換のためであったことが客観的に明らかでない場合には、B土地が「他の者が1年以上所有

していた固定資産」であることの特例適用要件を満たすことにより、「交換のため取得したと認められるもの」という特例適用除外要件には該当しないものと推認して、この交換の特例を適用することができると思われます。

解　説

　固定資産の交換の特例は、資産の交換があった場合において、その交換が同種の資産相互間のものであり、交換取得資産を従前所有し使用してきた交換譲渡資産の交換直前の用途と同一の用途に使うなど、一定の要件を満たすときに限り、適用されます。

　ところで、固定資産について上記の要件を満たす交換をしたような場合には、その者にとっては、㈤譲渡資産を交換後もそのまま所有し同じ用途に使用し続けているのと変わらない状況にあること、㈹交換によっては現実に譲渡資産の譲渡益が発生したとの認識が乏しいこと、㈥その対価が金銭でなく現に所有し使用し続ける交換取得資産であることから、その譲渡益課税に係る担税力が極めて薄弱であるといえます。これに加えて、資産の有効活用を税制上からもサポートする観点から、一定要件に適合する資産の交換では、交換時点で譲渡益課税を行わず、交換取得資産の譲渡時点まで譲渡所得の課税を繰り延べる措置が講じられています。これが固定資産の交換の特例です（所法58①）。

　この特例の適用要件としては、対象資産については、①いずれも各当事者が１年以上所有していた固定資産であること、取得資産については、②相手方が交換のために取得したと認められるものでないこと、③取得資産が譲渡資産と同種の資産であること、④取得資産を譲渡資産の譲渡直前の用途と同一の用途に供すること、などが定められています。これらの要件

は、交換前の譲渡資産をそのまま所有・使用し続けるのと同様の事情にあることを求めるもの（上記①③④の要件）及び課税の繰延べのみを目的として交換をする者の排除を目的とするもの（上記②④の要件）とみることができます。

　これらの要件のうち、①の「1年以上所有の固定資産」の要件は、譲渡資産及び取得資産の両方に適用されます。この取得資産についての「1年以上所有」の要件は、昭和40年の税制改正により追加されたもので、それまでは、譲渡資産についてはこの要件が存在しましたが、取得資産についてはありませんでした。

　しかし、取得資産についての②の相手方が「交換のために取得したと認められるものを除く」の要件は昭和40年の改正前から存在していましたので、この改正では、取得資産について相手方の「1年以上所有」も要件として追加したことになります。

　ところで、納税者にとって、取得資産に関し相手方がその資産を1年以上所有していた事実の確認は容易にできますが、「相手方が交換のために取得した」かどうかの確認は困難を伴うと思われます。このことは、交換の相手方の提供する資産について、過去の取得の際における相手方の当時の内心たる取得の目的ないし動機を要件とするもので、課税要件としては明確性に欠け、その要件をクリアーすることの立証を行うことは、容易ではありません。

　昭和40年改正については、当時存在した「相手方が交換の目的で取得したと認められるものでないこと」の要件の適合性についての事実の認定は、納税者が相手方当事者の所有している交換対象資産の取得時の取得目的や動機までを知る由もないばかりか、課税庁の調査においても、同様の困難を伴い、課税実務上の要件として十分に機能しないとの批判があったよう

です。そのことから、「交換目的の取得でないこと」の外形基準の証拠ないし疎明として、相手方の所有であった取得資産についても、「1年以上の所有要件」を追加したのがその改正の趣旨であったと認められます（後掲のコラム参照）。

　したがって、実務の運用については、その立法趣旨に鑑み、交換のために取得したことが明らかである場合を除いて、この点が不明確な場合は、1年以上の所有要件を満たすことによって、相手方が「交換のために取得したと認められるものを除く」の要件もクリアーしたと考えて、この特例を適用する余地があるものと考えられます。

> **コラム**　（交換取得資産につき、相手方にも「1年以上有していた固定資産」要件を付加した改正趣旨）
>
> 　昭和40年の税制改正により、固定資産の交換の特例の適用要件に、交換取得資産についても「交換の相手方が1年以上有していた固定資産」が追加されましたが、その改正の趣旨について、当時の大蔵省主税局税制第一課の課長補佐は、次のように述べています（昭和40年版「改正税法のすべて」大蔵財務協会、35ページ参照）。
>
> 　「1年以上所有する固定資産を同種の資産と交換した場合には、譲渡がなかったものとみなされることになっておりますが、今回の改正において、交換の相手方も1年以上所有していた資産でなければ、交換してもこの規定が適用されないことに改められました。これは、従来から相手方が交換のために取得した資産との交換についてはこれを認めないこととなっておりましたが、その判定が極めて困難なため、1年以上所有しているという外形的な基準によって、その判定を容易にする趣旨から改められたことによるものです。」

22 交換取得資産を譲渡した場合の同一用途供用要件の判定

> **事例**
>
> 甲は、自己の所有するA土地600㎡を自らが主宰する同族会社乙社の事務所用建物の敷地として賃貸してきました。
>
> 甲は、本年3月、乙社との間で、A土地のうち乙社の事務所建物に接続する業務用駐車場として使用している140㎡部分と同建物の直下の100㎡部分とを合わせた240㎡部分（同建物の敷地であると認識できる部分。以下「B土地」といいます。）について、乙社から建物一部取壊し等による明渡しを受け、残余の360㎡部分の土地（以下「C土地」といいます。）の所有権を乙社に移転することとする取引（本件取引）を成立させ、本年4月に双方が各土地の引渡しを完了しました。
>
> 本件取引では、路線価図に表示されたA土地の借地権割合が60％であることから、B土地の借地権及びC土地の貸付地の価額が等価であるとして金銭の授受は行いませんでした。その後、甲は、乙社から返還を受けたB土地について、更地のまま放置していたところ、隣地の地主から売渡しを懇請されたので、本年9月にB土地を譲渡しました。
>
> 甲は、本件取引について、固定資産の交換の特例を適用することができるでしょうか。

回　答

　甲の交換譲渡資産は宅地用としての土地（底地）であり、交換取得資産も土地（旧借地権部分）であって同種の資産であり、交換取得資産を交換譲渡資産の譲渡直前の用途である宅地の用に供したので、同一供用要件も満たし、その価額は、借地割合からみて等価であると認められますから、本件取引には交換の特例の適用があります。

解　説

　本件では、A土地は、甲が乙社に対し同社の建物の敷地として賃貸してきたものですから、乙社は、建物所有目的での土地賃借権に基づく借地権を有することになります。
　したがって、A土地は乙社の借地権の目的となっている土地であって、甲は同土地について底地としての所有権を有し、乙社は同土地の借地権を有することになります。
　そうすると、本件取引は、甲が乙社にC土地の所有権（底地）を譲渡し、乙社が甲にB土地の借地権を譲渡するというもので、移転する甲のC土地の底地の対価はB土地の借地権であり、乙社のB土地の借地権の対価はC土地の所有権（底地）であるといえます。
　ところで、所得税法第58条第1項に規定する「固定資産の交換の特例」は、一定の要件に該当する同種の資産を交換した場合で、交換取得資産を交換譲渡資産の譲渡直前の用途と同一の用途に供したときに、譲渡所得の課税の繰延べによる特例を認めるものです。
　本件取引は、土地と借地権との交換であり、「同種の資産要件」を満たします。また、本件では、底地も借地権も「宅地用」であることに変わり

はありませんから、甲がＢ土地を宅地の用に供すれば「同一用途供用要件」も満たすほか、路線価図に表示された借地権割合からみて交換対象資産は等価と認められます。

　この「同一用途供用要件」については、所得税基本通達58—8には、取得資産を交換年分の確定申告書の提出期限までに譲渡資産の譲渡直前の用途に供したときは、この要件を満たす旨の取扱いがありますが、これは、その用途に供することとなる期限を定めたものであって、その用途に供した事実をもって要件を満たすと解することができることは、所得税法第58条第１項条文の文理解釈上からも明らかです。

　本件取引の事実関係からは、甲が交換取得資産であるＢ土地の旧借地権部分を宅地の用に供することなく隣地の地主に譲渡したとはいえず、同一用途供用要件をも満たすものといえますから、甲が行った土地等の交換は、固定資産の交換の特例が適用されるものと思われます。

23 宅地と雑種地（青空駐車場）の等価交換

> **事例**
>
> 　Aは横浜市K区に築年数35年の共同住宅の敷地300㎡（甲土地）を所有しています。Aはこの共同住宅が古くなり修繕に多額の費用がかかることから近いうちに建て替えたいと思っていました。先週、昔からの友人Bと会食した際に、Bが同市I区に保有している350㎡の砂利敷きの青空駐車場（乙土地）を有効利用したいと考えていることを知りました。Bの自宅は甲土地に近接しており、またAが社長を務める会社の本店が乙土地の近くにあることから、Bに甲土地と乙土地の等価交換を提案したところ、Bも前向きに考えたいとのことでした。甲土地と乙土地を交換した場合、Aは、しばらくの間は乙土地を引き続き駐車場として利用するつもりです。
>
> 　ただし、気がかりな点は、甲土地と乙土地の等価交換をした場合に、宅地と雑種地の交換となってしまい、固定資産の交換の場合の特例が適用できないのではないかということです。これまで乙土地はBが青空駐車場として利用してきましたが、近隣には一般住宅が建ち並び、Aが決断すれば、乙土地にもすぐに建物を建てることが可能な状態となっています。

回　答

　所得税法第58条に定める固定資産の交換の場合の譲渡所得の特例を適用するためには、交換取得資産を交換譲渡資産の譲渡の直前の用途と同一の

用途に供しなければなりません（所法58①）。交換に係る資産が土地である場合には、この同一の用途に供したかどうかについて、おおむね宅地、田畑、鉱泉地、池沼、山林、牧場又は原野、その他の区分により判定することとされています（所基通58—6(1)）。

ところで宅地とは「建物の敷地及びその維持若しくは効用を果たすために必要な土地」をいいます（不動産登記事務取扱手続準則68）。事例の甲土地は、建物の敷地の用に供されていますので宅地に該当します。一方、砂利敷きの青空駐車場の用に供されている土地は、現況では宅地、田畑、鉱泉地、池沼、山林、牧場又は原野以外の土地である雑種地に該当することとなります。そのため、Aが乙土地を交換により取得した後、これを引き続き青空駐車場として利用する場合には、乙土地を交換譲渡資産である甲土地と同一の用途に供したことにならないのではないかとの疑問が生じます。

しかしながら、乙土地が一般の住宅地に介在する土地で、建物の敷地に転用しようとすればすぐに建物を建てることができるような状態にあるとするならば、宅地として取り扱うことが相当であると考えられます。したがって、他の要件を満たす限り、Aは所得税法第58条に規定する固定資産の交換の場合の譲渡所得の特例を適用することができます。

解説

固定資産を交換した場合の譲渡所得の特例の要件は次の通りです。
① 交換譲渡資産及び交換取得資産はともに固定資産であること
② 交換譲渡資産を1年以上所有していたこと
③ 交換取得資産は相手方が1年以上所有していたこと（交換を行うために取得したと認められるものでないこと）

④ 交換譲渡資産と交換取得資産は同一の種類の資産であること
⑤ 交換後は、交換取得資産を交換譲渡資産の交換直前の用途と同一の用途に供すること
⑥ 交換譲渡資産と交換取得資産の時価の差額が、これらの時価のうち高い金額の20％以下であること。

これらの要件のうち、交換取得資産を交換譲渡資産の譲渡直前の用途と同一の用途に供したかどうかについて、その交換に係る資産が土地である場合には、おおむね宅地、田畑、鉱泉地、池沼、山林、牧場又は原野及びその他の区分により判断します。したがって、交換譲渡資産が田畑であった場合、交換取得資産も田畑として利用しなければなりません。

ところで、住宅地に介在する青空駐車場や空き地など現に建物の敷地の用に供されていない土地は、厳密に区分するならば宅地ではなく、雑種地となります。しかしながらこのような土地であっても、近隣の宅地化が進み、既存の構築物を取り壊したり、造成工事をすることなくいつでも建物を建築することができるような状態のものについては、宅地と同様に扱うことが相当であると考えられます。

根拠条文

所法58条（固定資産の交換の場合の譲渡所得の特例）
① 居住者が、各年において、1年以上有していた固定資産で次の各号に掲げるものをそれぞれ他の者が1年以上有していた固定資産で当該各号に掲げるもの（交換のために取得したと認められるものを除く。）と交換し、その交換により取得した当該各号に掲げる資産（以下この条において「取得資産」という。）をその交換により譲渡した当該各号に掲げる資産（以下この条において「譲渡資産」という。）の譲渡の直前の用途と同

一の用途に供した場合には、第33条（譲渡所得）の規定の適用については、当該譲渡資産（取得資産とともに金銭その他の資産を取得した場合には、当該金銭の額及び金銭以外の資産の価額に相当する部分を除く。）の譲渡がなかつたものとみなす。
一　土地（建物又は構築物の所有を目的とする地上権及び賃借権並びに農地法（昭和27年法律第229号）第２条第１項《定義》に規定する農地（同法第43条第１項（農作物栽培高度化施設に関する特例）の規定により農作物の栽培を耕作に該当するものとみなして適用する同法第２条第１項に規定する農地を含む。）の上に存する耕作（同法第43条第１項の規定により耕作に該当するものとみなされる農作物の栽培を含む。）に関する権利を含む。）
二　建物（これに附属する設備及び構築物を含む。）
三　機械及び装置
四　船舶
五　鉱業権（租鉱権及び採石権その他土石を採掘し、又は採取する権利を含む。）
②　前項の規定は、同項の交換の時における取得資産の価額と譲渡資産の価額との差額がこれらの価額のうちいずれか多い価額の100分の20に相当する金額を超える場合には、適用しない。
③，④（省略）

参考通達

所基通58―6（取得資産を譲渡資産の譲渡直前の用途と同一の用途に供したかどうかの判定）

　法第58条第１項に規定する資産を交換した場合において、取得資産を譲渡資産の譲渡直前の用途と同一の用途に供したかどうかは、その資産の種類に応じ、おおむね次に掲げる区分により判定する。
⑴　土地　宅地、田畑、鉱泉地、池沼、山林、牧場又は原野、その他の区分

(2) 建物　居住の用、店舗又は事務所の用、工場の用、倉庫の用、その他の用の区分

　(注)　店舗又は事務所と住宅とに併用されている家屋は、居住専用又は店舗専用若しくは事務所専用の家屋と認めて差し支えない。

(3) 機械及び装置　その機械及び装置の属する減価償却資産の耐用年数等に関する省令の一部を改正する省令（平成20年財務省令第32号）による改正前の耐用年数省令別表第2に掲げる設備の種類の区分

(4) 船舶　漁船、運送船（貨物船、油そう船、薬品そう船、客船等をいう。）、作業船（しゅんせつ船及び砂利採取船を含む。）、その他の区分

24　交換後に交換取得資産を売却した場合の所得税法58条の交換の特例

事　例

　甲と妻乙は、12年前に持分各2分の1の共有により取得したP土地及びQ土地について、コンクリート舗装をして貸駐車場として使っています。両土地は、市街地の主要道路を挟んで相対する同面積の土地です。

　甲は、近時になって、債務の弁済のための資金調達の方策として、Q土地を売却することを考えています。この売却ができた場合には譲渡代金の全額を債務の弁済に充てる予定です。債権者との間で合意した弁済期限が迫っており、売却の目安もついたので近く実行したいと思っています。

　しかし、Q土地を売却すれば、売却代金の2分の1相当額が乙からの資金贈与と認定されて甲に贈与税が課税されることが懸念されます。

　甲は、このような事態となるのを回避するために、あらかじめ売却予定のQ土地の共有関係を甲の単独所有としたいと考えました。

　そこで、甲は、自己の有するP土地の持分2分の1を乙に移転し、乙からQ土地の乙の持分2分の1を甲に移転してもらうこととし、その結果、P土地は乙の単独所有となり、Q土地は甲の単独所有となるように、これらの各土地の持分の交換を行うことにしたいと思います。

　このような同一用途の土地相互間の交換をした場合には課税の特例

があるようですが、本件のP土地とQ土地の持分の交換でも、固定資産を交換した場合の課税の特例を適用することができますか。また、乙についてはどうですか。

回答

甲は、P土地の自己の持分2分の1を交換譲渡資産とし、Q土地の乙の持分2分の1を交換取得資産として、所得税法第58条に規定する固定資産を交換した場合の課税の特例を適用することができます。ただし、甲は、その交換後のQ土地の譲渡については、貸駐車場の用に供した後に行う必要があります。

また、乙は、Q土地の持分2分の1を交換譲渡資産とし、P土地の甲の持分2分の1を交換取得資産として上記の固定資産を交換した場合の課税の特例を適用することができます。

解説

甲が自己の有するP土地の持分全部を乙に移転し、乙から乙の有するQ土地の持分全部を取得する土地共有持分の交換は、次の固定資産を交換した場合の課税の特例の適用要件を満たします。

① 当事者双方が1年以上所有していた固定資産であり、かつ、交換取得資産は相手方が交換のために取得したものではないこと（該当）。
② 同種の資産であること（いずれも土地等）。
③ 取得資産を譲渡資産の譲渡直前の用途と同一の用途に供すること（駐車場としての用途）。
④ 取得資産価額と譲渡資産価額との差額がいずれか多い価額の20％以内

であること（等価と認められる）。

　ただし、甲の場合には、取得資産であるＱ土地の持分を譲渡資産（Ｐ土地の持分）の譲渡直前の用に供することなく他に譲渡するのであれば、「取得資産を譲渡資産の譲渡直前の用途と同一の用途に供する。」という要件を満たさず、所得税法第58条の交換の特例は適用することができないことになります。

　一方、甲がこの交換後にＱ土地をいったん貸駐車場の用に供したことが明らかであれば、上記③の要件は満たすものと考えて差し支えないでしょう。

　この譲渡資産の譲渡直前の用途に供する時期については、「取得資産をその交換日の属する年分の確定申告書の提出期限までに譲渡資産の譲渡直前の用途と同一の用途に供したときは、この交換の特例を適用することができるものとする。」という取扱いがあります（所基通58－8）。

　しかし、この取扱いでは、確定申告書の提出期限までの間はその用途に供し続けることまでも要請しているものではないと考えられます。

　(注)　甲のＰ土地の共有持分の交換による乙への譲渡について、固定資産を交換した場合の課税の特例を適用したときには、Ｑ土地のうち乙の共有持分であった部分については、甲が譲渡したＰ土地の取得価額が引き継がれることとなります。一方、甲のＰ土地の共有持分の交換による乙への譲渡について、当該特例を適用しないならば、その後、甲がＱ土地を譲渡した場合の所得金額の計算上、乙の共有持分であった部分に相当する部分の取得価額は、当該共有持分の交換時の時価相当額になります。したがって、交換により取得した資産を短期間のうちに譲渡する場合には、当該特例を適用するかどうかにかかわらず、2つの譲渡に係る譲渡所得の金額の合計額はほとんど変わらないこととなります（ただし、当該特例を適用しなかった場合には、交換取得資産の譲渡に係る所得金額は短期譲渡所得となることに留意する必要があります。）。

なお、乙については、所得税法第58条の固定資産の交換の特例の適用ができます。

> **参考通達**　（取得資産を譲渡資産の譲渡直前の用途に供する時期）
>
> **所基通58―8**
> 　固定資産を交換した場合おいて、取得資産をその交換の日の属する年分の確定申告書の提出期限までに譲渡資産の譲渡直前の用途と同一の用途に供したとき（相続人が当該用途に供した場合を含む。）は、法第58条第１項の規定を適用することができるものとする。この場合において、取得資産を譲渡資産の譲渡直前の用途と同一の用途に供するには改造等を要するため、当該提出期限までに当該改造等に着手しているとき（相当期間内にその改良等を了する見込みであるときに限る。）は、当該提出期限までに同一の用途に供されたものとする。

25　相続により取得した土地に係る交換の特例の適用

事　例

　甲は昨年8月に死亡しました。相続人は、長男A及び二男Bです。

　Aは、本年1月の遺産分割協議により、甲及びAが同居してきた自宅及びその敷地と、道路を挟んだ反対側の位置にある簡易な鉄骨造りの物置及びその敷地とを取得しました。この自宅敷地に隣接する土地は、Bが甲から生前に贈与を受け、Bの自宅の敷地としていました。

　この度、Aは、相続により取得した自宅の敷地の一部がBの名義であることを知りました。

　そこで、A及びBは、本年3月に、Aが物置の敷地をBに移転し、Bが甲からの贈与により取得した土地のうちAが取得した自宅の敷地となっている部分（その面積は物置敷地の土地面積にほぼ等しい。）を分筆してAに移転する土地交換について合意し、その旨の登記等も済ませました。

　しかし、この交換手続の実行の直前に、Aの交換譲渡資産である土地の上にある物置が、原因不明の火災により焼失してしまいました。

　Aは、この交換による譲渡所得につき、固定資産の交換の譲渡所得の特例（本件特例）を適用したいと考えていますが、Aの本件特例の適用については、次のような疑義が生じています。

① 　譲渡資産の土地は、遺産分割による取得の日から交換までの期間が1年未満であり、相続開始時からも1年未満であること。
② 　取得資産の土地は建物敷地として宅地の用に供しているのに、譲渡資産の土地は、建物の焼失により宅地の用に供されていないこと。

この場合に、A、B間の土地の交換に本件特例が適用できますか。

回答

　固定資産を交換した場合の課税の特例の適用要件の一つに、各当事者が対象資産を「1年以上所有していたこと」との要件がありますが、Aは譲渡資産を相続により取得したので、Aの所有期間は、甲の所有期間を含む期間となりますので、1年以上となります。

　また、この特例を適用するためには、取得資産を「譲渡資産の譲渡直前の用途と同じ用途に供すること」(同一供用要件)も必要です。Aの譲渡資産は、宅地の用に供されていたところ、その宅地上の建物が火災により焼滅してしまったとのことですが、その事実から譲渡資産が宅地ではなくなったとは認められませんから、譲渡資産の用途は引き続き宅地であるといえます。一方、取得資産は引き続きAの住宅敷地として宅地の用に供されていますので、同一用途供用要件も満たすことになります。

　したがって、A、B間の土地交換について、本件特例を適用することができます。

解説

　所得税法第58条に規定する固定資産を交換した場合の課税の特例では、交換対象資産が両当事者によって1年以上所有されていたことが要件の1つとされています。この「1年以上の所有」の要件については、次のように取り扱われています(所基通58—1の2)。

　すなわち、譲渡資産が贈与や相続・遺贈により取得したものである場合又は収用交換等の代替資産として取得したものである場合で、取得時期及

び取得価額が引き継がれるものは、贈与者や被相続人・遺贈者又は収用等による譲渡人がそれぞれ引き続き所有していたものとして判定します。

　しかし、本件特例を適用した交換取得資産を再度の交換の譲渡資産とする場合、取得時期及び取得価額の引継ぎがありますが（所法58⑤、所令168）、「1年以上の所有」要件の判定では、前回の交換時からの期間によって「1年以上の所有」の判定を行います。

　また、取得資産の同一用途供用要件については、その交換が土地相互間で行われるときは、同一用途かどうかの判定は原則として「地目」により行うことになります。したがって、譲渡資産の土地が宅地の用に供されていたときは、取得資産の土地も宅地の用に供することが要件となります（所基通58―6(1)）。この宅地の地目の概念の解釈及び用途の判定は、不動産登記事務取扱手続準則第68条及び第69条の規定に準じて行うべきであると考えられ、これによれば、宅地は「建物の敷地及びその維持若しくは効用を果たすために必要な土地」をいい、現に建物の敷地の用に供されている土地に限らないと解されます。

　したがって、Aの譲渡資産が交換直前の状況からみて宅地と判定される限り、それが交換時において更地であっても、宅地の用に供されていたと認定することができ、同一用途供用要件を満たすことになります。

26 遺産分割前に土地を譲渡した場合の譲渡所得の申告方法

> **事例**
>
> 　甲は、昨年8月に死亡しました。相続人は、長男A、長女B及び二男Cの3人です。遺産分割協議は、まだ調っていません。
>
> 　Aは、昨年12月に、遺産中のP土地につきディベロッパーから有利な価額での売却要請があったとして、B及びCには無断で、相続人3人の共同名義で売買契約書を作成していました。B及びCは、買主への所有権移転登記をする直前になってAからその経緯を知らされ、やむを得ずP土地の売却を追認し、法定相続分の各3分の1の持分による相続登記を経由して買主への所有権移転登記を行いました。
>
> 　P土地の売却手続はすべてAが行い、手付金を含む売却代金の全額もAが保管しています。B及びCがそれぞれ売却代金の3分の1相当額の即時の分配を求めていますが、Aは、後日の分割協議により確定する金額を分配するつもりであるとして、これに応じません。
>
> 　昨年分の所得税の確定申告時期が迫っていますが、譲渡所得の申告はどのようにすればよいでしょうか。

> **回答**

　P土地については、共同相続人のA、B及びCがそれぞれ法定相続分の割合で取得して譲渡したと認められますから、その代金も法定相続分の割合で各人に帰属することとなります。

したがって、P土地の譲渡に係る譲渡所得については、A、B及びCは、いずれも持分3分の1に相当する譲渡所得が帰属するものとして申告することになります。

解説

共同相続人が遺産である特定の不動産を法定相続分により相続登記をして他に譲渡した場合には、原則として、各相続人がその特定不動産を法定相続分の割合によって取得した後に譲渡したことになりますから、その譲渡後に、その不動産が遺産分割の対象となることはありません。

したがって、P土地の譲渡代金についても、登記した法定相続分による持分の割合で各相続人に帰属することになり、譲渡所得についても、A、B及びCが各自の持分の割合で申告することになります。

P土地は、売却に当たって、共同相続人であるA、B及びCが合意したところにより法定相続分と同じ各3分の1の割合で分割したと認められるので、これにより遺産の一部分割がされたことになり、原則として、P土地が他の未分割遺産とともに、再度の分割対象とされることはないことになります。

次ページの最高裁昭和52年9月19日第二小法廷判決によれば、共同相続人の合意によって、特定不動産につき持分を定めて売却したような場合には、その不動産のみの分割がされたことになり、その代金の帰属もその持分により確定することが明らかです。

同じく最高裁昭和54年2月22日第一小法廷判決においても、上記第二小法廷判決を援用していますが、この判決では、「土地の売却代金を一括して共同相続人の一人に保管させて遺産分割の対象に含める合意をするなどの特別の事情のない限り」との前提条件が付されています。この特別の事

情に該当する場合は、譲渡した土地の持分は登記のための仮の持分であって売却代金の分割によりその土地の持分が確定するとみられることから、換価分割により遺産分割が行われる場合と考えられます。

　この事例のP土地の場合は、登記時点において上記最高裁昭和54年判決にいう合意がされているとは認められませんから換価分割には該当しません。したがって、登記された法定相続分の割合で、A、B及びCが譲渡所得の申告をすべきことになります。

参考判例

最高裁昭和52年9月19日第二小法廷判決
　共同相続人が全員の合意によって遺産分割前に遺産を構成する特定不動産を売却したときは、その不動産は遺産分割の対象から逸出し、各相続人は第三者に対し持分に応じた代金債権を取得し、これを個々に請求することができると解すべきである（裁判集民事121号247頁）。

最高裁昭和54年2月22日第一小法廷判決
　共有持分権を有する共同相続人全員によって他に売却された各土地は遺産分割の対象たる相続財産から逸出するとともに、その売却代金は、これを一括して共同相続人の一人に保管させて遺産分割の対象に含める合意をするなどの特別の事情のない限り、相続財産には加えられず、共同相続人が各持分に応じて個々にこれを分割取得すべきものである（裁判集民事126号129頁参照）。

27　相続人が遺産分割前に土地を譲渡して代金を分配した場合の課税

> **事　例**
>
> 　甲は、昨年8月に死亡しました。相続人は、配偶者乙、長男A及び長女Bの3人です。遺産分割協議は、まだ調っていません。
>
> 　過日、不動産会社からAに対し、甲の遺産であるQ土地500㎡について1億2,000万円で購入したいとの申入れがあったので相続人3人で話し合った結果、甲の遺産全部についての分割は留保したままでQ土地を売却することとして、不動産会社との間でQ土地の売買契約を締結しました。その後に売却代金の分配について3人で協議して、乙が6,000万円、Aが4,000万円、Bが2,000万円を取得することで合意し、Aの預金口座に預入していた売却代金を分配しました。なお、Q土地の売却に伴う登記では、法定相続分どおりに乙が2分の1、A及びBが各4分の1の相続登記をした上で売買による所有権移転登記をしました。
>
> 　この場合、各相続人が登記による法定相続分の割合で譲渡したとして譲渡所得の金額を計算して申告をすることになりますか。
>
> 　また、売却代金の取得が法定相続分相当額とは異なるので、Aは、法定相続分相当額を超える代金取得部分1,000万円について、Bから贈与を受けたとして贈与税が課税されることとなりますか。

回 答

　Q土地については、共同相続人の乙、A及びBが換価分割の合意の下に譲渡したものと認められますから、各人が取得した代金に相当する金額がそのまま譲渡収入金額となります。

　換価分割では、分割対象の遺産について換価代金の分配割合で取得したものとされますので、法定相続分を超える代金を取得しても、それは遺産分割により取得したものですから、Aに贈与税が課税されることはありません。

解 説

　前事例（事例26）のように、共同相続人が遺産である特定の不動産を法定相続分で相続登記をして他に譲渡した場合には、原則として、各相続人がその特定不動産を法定相続分によって分割して譲渡したものとして譲渡所得が課税されます。

　ところで、遺産分割の方法には、特定の遺産を分割取得する現物分割のほか、未分割のままで譲渡しその譲渡代金を分割取得する換価分割の方法もあります。土地の換価分割では、換価対象となる土地は未分割のまま譲渡しますが、その譲渡代金を相続人間で分配すると、その効果は、遺産であった土地を譲渡代金の分配割合で取得したことになります。

　したがって、この事例では、Q土地について、乙、A、Bがそれぞれ同土地の持分2分の1、3分の1、6分の1を譲渡したことになり、譲渡価額の総額にこの割合を乗じて算出した金額を各人の譲渡収入金額とする譲渡所得の申告をすることになります。

　また、この換価分割は、相続に伴う遺産分割手続ですから、譲渡代金の

譲渡所得関係

分配額が法定相続分と異なっていても、法定相続分相当額を超えて代金を取得した者に贈与税が課されることはありません。また、Q土地の売買について法定相続分による相続登記を経由したのは、Q土地が未分割であり、被相続人名義のままでは売買による所有権移転登記ができないことによるものですから、特に問題はありません。

念のため、この場合における甲の相続開始に係る相続税の計算上の各人の取得財産はいずれも譲渡資産である土地であって、その価額は、原則として、Q土地の課税時期（相続開始時）における相続税評価額に上記の譲渡代金の分配割合を乗じて求めた価額となります。

28　離婚に伴う財産分与と慰謝料等の授受についての課税

> **事　例**
>
> 　甲（夫）と乙（妻）は、甲の女性問題が発端となり、現在家庭裁判所において離婚調停が行われています。
>
> 　その調停条項については、甲が乙に対し、①5,000万円の財産分与を行うこと、②1,000万円の慰謝料（慰謝料として相当な金額）を支払うことのほか、乙が長女に係る親権を行使するが、③甲は、乙又は長女に対し、その養育費及び教育費として相当な金額を長女が22歳となるまでの間毎月支払うこととすることでまとまりそうです。
>
> 　甲が乙に対し支払う上記の①の財産分与及び②の慰謝料の金額についての甲及び乙に対する課税は、どうなるでしょうか。
>
> 　仮に、甲が①の財産分与又は②の慰謝料の支払に代えて、各金額に相当する土地を乙に移転することにした場合にはどうですか。また、乙が財産分与により取得した土地を他に譲渡した場合の乙の課税はどうなりますか。
>
> 　さらに、乙又は長女が、甲から③の長女の養育費及び教育費として受け取る毎月の金額については、どのように扱われますか。

回　答

　甲が財産分与の分与金若しくは慰謝料又は養育費及び教育費を支払った場合には、甲、乙及び長女のいずれにも課税関係は発生しません。

　甲が、財産分与又は慰謝料の支払に代えて土地を移転したときは、その

土地を時価により譲渡したものとして譲渡所得が課税されますが、乙には課税関係は生じません。乙がこれらの土地を他に譲渡した場合には、乙の譲渡所得の計算上、その土地の取得費は、甲から取得した時の時価により計算します。

また、乙又は長女が甲から毎月支払を受ける養育費及び教育費の金額は、贈与税等の課税対象とはされません。

解　説

我が国の民法は夫婦別産制を採用しており、夫婦の一方が婚姻前から有する財産がその特有財産（一方のみに帰属する固有財産）とされるほか、婚姻中に自己の名で得た財産もその取得者の特有財産とされており（民法762①）、夫婦のいずれに属するか明らかでない財産についてのみ「その共有に属するものと推定する。」とされるにすぎません（民法762②）。

財産分与は、本来夫婦間において、共有財産や帰属不明の財産について、婚姻の解消を機に清算するための手続であると思われますが、「夫婦財産別産制」といわれる我が国の法定夫婦財産制の下では、夫婦の協力により取得・構築した財産も特有財産として一方のみの特有財産とされていることが多いようです。このようなことから、財産分与においては、夫婦の一方の特有財産を他方に移転することが多く、これも財産分与に含まれます。

このほか、①離婚に伴ってその原因となった相手方（有責配偶者）に慰謝料等を請求する場合や、②離婚後に経済的に弱者となる配偶者の生活費やその配偶者に引き取られた子の養育費及び教育費が支払われる場合もあります。このような場合に、これらを概念的には、財産分与としての夫婦財産の清算部分、慰謝料としての損害賠償部分、扶養義務としての養育費及び教育費部分とに区分することができますが、実際には、これらのこと

は当事者で区別して合意することができない事項が多く、これらを包含して財産分与として扱うことも少なくないようです。

本件のように、家庭裁判所の調停において、離婚当事者のほか、裁判官、調停委員等で話し合われた調停条項は、判決・審判等と同様に尊重されるべきですから、課税関係もその内容に従って処理されることになるでしょう。

事例の場合、①及び②のいずれの支払も、贈与には当たりませんので、金銭の授受を行った甲及び乙のいずれにも課税関係は生じません。

しかしながら、財産分与又は慰謝料の支払が金銭による支払に代えて土地等の譲渡所得の基因となる財産を移転することにより行われた場合には、財産分与義務又は慰謝料支払債務の消滅を対価として当該財産を譲渡したこととなりますので、当該財産を譲渡した者に譲渡所得の課税が生じます。この場合の譲渡所得の収入金額は、当該財産の時価となります。ただし、調停条項等により財産分与の額又は慰謝料の額として確定した金額の支払に代えて、代物弁済として土地等を移転した場合には、土地等の譲渡により消滅する債務の額が譲渡所得の収入金額となります。

一方、財産分与又は慰謝料の支払に代えて土地等を譲り受けた者が、将来、この土地等を譲渡する場合の譲渡所得金額を計算するときの当該土地等の取得費は、相手方から当該土地等を取得した時の時価となります。ただし、調停条項等により財産分与の額又は慰謝料の額として確定した金額の支払に代えて、代物弁済として土地等を譲り受けた場合には、当該土地等の取得費は、この確定した金額により計算します。

また、長女に係る養育費及び教育費については、親権者の乙に子の監護、教育の権利義務がありますが、離婚後の甲も扶養義務等が消滅するわけではありません（民法820、766③）。事例の金銭の授受は、扶養義務者間で

被扶養者の養育費及び教育費に充てるものとして調停により定められた金額の授受ですから、その受領をした者に贈与税等の課税の問題は発生しません（相法21の3①二）。

根拠条文

民法755条（夫婦の財産関係）
　夫婦が、婚姻の届出前に、その財産について別段の契約をしなかったときは、その財産関係は、次款（筆者注：第2款　法定財産制の760条～762条）に定めるところによる。

民法762条（夫婦間における財産の帰属）
① 　夫婦の一方が婚姻前から有する財産及び婚姻中自己の名で得た財産は、その特有財産（夫婦の一方が単独で有する財産をいう。）とする。
② 　夫婦のいずれに属するか明らかでない財産は、その共有に属するものと推定する。

民法768条（財産分与）
① 　協議上の離婚をした者の一方は、相手方に対して財産の分与を請求することができる。
②、③（省略）

民法771条（協議上の離婚の規定の準用）
　（768条の規定は裁判上の離婚に準用）

民法820条（監護及び教育の権利義務）
　親権を行う者は、子の利益のために子の監護及び教育をする権利を有し、義務を負う。

民法766条（離婚後の子の監護に関する事項の定め等）
① 父母が協議上の離婚をするときは、子の監護をすべき者、父又は母と子の面会及びその他の交流、子の監護に要する費用の分担その他監護について必要な事項は、その協議で定める。この場合においては、子の利益を最も優先して考慮しなければならない。
② 協議が調わないとき、又は協議をすることができないときは、家庭裁判所が、これを定める。
③ （省略）
④ 前3項の規定によっては、監護の範囲外では、父母の権利義務に変更を生じない。

参考判例　（財産分与として不動産を譲渡した場合の譲渡所得課税）

最高裁昭和50年5月27日第三小法廷判決・民集29巻5号641頁

　夫婦が離婚したときは、その一方は、他方に対し、財産分与を請求することができる（民法768条、771条）。この財産分与の権利義務の内容は、当事者の協議、家庭裁判所の調停若しくは審判又は地方裁判所の判決をまって具体的に確定されるが、右権利義務そのものは、離婚の成立によって発生し、実体的権利義務として存在するに至り、右当事者間の協議等は、単にその内容を具体的に確定するものであるにすぎない。そして、財産分与に関し右当事者の協議等が行われてその内容が具体的に確定され、これに従い金銭の支払い、不動産等の譲渡等の分与が完了すれば、右財産分与の義務は消滅するが、この分与義務の消滅は、それ自体一つの経済的利益ということができる。したがって、財産分与として不動産等の資産を譲渡した場合、分与者は、これによって分与義務の消滅という経済的利益を享受したものというべきである。

参考通達 (財産分与として不動産を譲渡した場合の譲渡所得課税)

所基通33―1の4 （財産分与による資産の移転）

　民法第768条《財産分与》（同法第749条及び第771条において準用する場合を含む。）の規定による財産の分与として資産の移転があった場合には、その分与をした者は、その分与をした時においてその時の価額により当該資産を譲渡したこととなる。

　(注)1　財産分与による資産の移転は、財産分与義務の消滅という経済的利益を対価とする譲渡であり、贈与ではないから、法第59条第1項《みなし譲渡課税》の規定は適用されない。
　　　2　財産分与により取得した資産の取得費については38―6参照。

所基通38―6 （分与財産の取得費）

　民法第768条《財産分与》（同法第749条及び第771条において準用する場合を含む。）の規定による財産の分与により取得した財産は、その取得した者がその分与を受けた時においてその時の価額により取得したこととなることに留意する。

29 20年前にさかのぼった登記により土地の所有名義を訂正した場合

事 例

　甲は、20年前に、それまで営んできた個人事業の拡大のため、法人乙社を設立し、それ以後、乙社がその事業を継続しています。

　この度、乙社が本社店舗を建て替える準備に着手したことから、その敷地（A土地）が甲の所有名義となっていることに気付きました。

　実際には、乙社が設立に際して本社店舗用地としてA土地を購入しましたが、売買による所有権移転登記申請の際に権利者を甲名義としてしまったものです。その後A土地は、乙社の所有土地として建物を建築するなどして利用してきました。このA土地を取得、維持するための手続は、売買契約書の買主名義及び登記申請書の権利者名義を甲としたほかは、その土地代金の調達及び支払、同土地上の建物の建築、その土地建物に係る固定資産税の納付等もすべて乙社が行ってきました。

　この誤った表示を是正するため、A土地の登記名義を実質の所有者乙社の名義にする予定です。しかし、名義人の変更登記をすると、甲に譲渡所得が発生したとして所得税が課税されないかと案じています。

　司法書士に尋ねたところ、当初の売買による取得の登記を20年前にさかのぼって行うことも可能であるし、取得時効による乙社への登記移転もできる旨の説明がありました。

　具体的にどのように登記をすれば、課税上の問題が生じないでしょ

> うか。

回 答

登記簿に記載されたA土地の所有者甲を真の所有者乙社に訂正するための登記は、次のいずれかの方法によることができます。

① A土地の登記上の所有者甲と旧所有者（甲の前の登記名義人）の双方ですでにされたA土地の所有権移転登記について、「錯誤」を原因とする抹消の登記を行い、その後に、旧所有者から乙社への売買による所有権移転登記を行う。

② A土地について、甲を登記義務者とし乙社を登記権利者とする真正な登記名義の回復登記を行う。

これらの場合に、上記の登記によるA土地の所有者の名義の訂正が、20年前のA土地の売買による取得の時からその所有権が乙社に属する事実に基づくものであることを証するための書類等を調えておく必要があります。

解 説

土地の売買による所有権移転登記に当たり、誤って真実の買主以外の者を権利者とする登記をした場合において、その後に訂正の登記をするには、通常、次の二つの方法があります。

① 当初の所有権移転登記について錯誤を登記原因として抹消し、改めて、その土地の売主と真の買主の登記申請により、売買を原因とする同土地の所有権移転登記をする方法

② 当初の売買による所有権移転登記の権利者（その土地の所有名義人）

を登記義務者とし、真の買主（真の所有者）を登記権利者とする「真正な登記名義の回復」の登記をする方法

上記の①の方法では、当初の登記が抹消されて、改めて旧売主と真の買主との売買登記がされることから、旧売主の協力や承諾（印鑑証明書を添付する共同登記申請）が必要になるので、手続上面倒なこともあります。これに対し、②の方法では、登記について旧売主の協力は必要なく、登記上の権利者が登記義務者となり簡単に行うことができます。

この事案の土地所有名義人を訂正するための登記も、上記のいずれかの方法によればよいでしょう。

これらの登記は、登記の受付日（実際には登記申請書を提出した日）をもって登記の日と認識されます。司法書士が登記時期について20年前の土地売買の時にさかのぼった登記ができるといっているのは、この登記受付日ではなく、①の錯誤による抹消登記の後にする登記の登記申請書に記載する登記原因の日付のことです。

上記のような登記を済ませても、税務調査等において事実関係を説明することが求められることがありますから、A土地を購入し所有してきたのは、甲ではなく乙社であることについて、①購入当時の乙社のA土地の購入資金の調達及び代金の支払に関する証拠書類、②乙社のA土地の取得価額、A土地上の建物の取得価額及び減価償却の状況を証する証拠書類や過去の決算書類、固定資産税の納付事績を証する書類等をそろえておくことが肝要です。

なお、甲の所有とされていたA土地について、乙社が取得時効によりその所有権を取得したとする登記は、乙社が同土地を購入の当初から所有していたとの事実と相違し、事実関係を混乱させることになりますから、適切な登記方法とはいえません。

30　売買契約中で手付金のみ収受の土地に係る相続財産の種類と譲渡所得の申告方法

事　例

　甲は、本年8月20日に、不動産業者の仲介により、乙に対しR土地200㎡を代金総額6,000万円で売却する旨の土地売買契約を締結し、同日手付金1,000万円を受け取りました。この契約では、乙の購入資金の調達の事情を考慮し、乙が残代金5,000万円を2月以内に支払い、これと同時に甲がR土地の引渡しと所有権移転登記手続を行う約定となっていました。

　ところが、甲が本年9月20日に急死したので、共同相続人である長男及び二男が10月12日に乙から残代金を受領し、乙にR土地の引渡しを行うとともに、同土地の登記名義を長男・二男の法定相続分による各2分の1の持分とする相続登記を経て、乙を売買による所有権移転の権利者とする登記手続を済ませました。

　この場合、被相続人甲に係る相続税の申告において、相続財産の計上及びその評価はどのように行えばよいのでしょうか。またR土地の譲渡所得の申告はどのように行えばよいでしょうか。

　なお、甲が現金で保管していた手付金と長男及び二男が受け取った残代金は、各人が2分の1ずつ受領しました。

回 答

〔相続税〕

　課税時期（相続開始時）においてR土地の引渡しはされていませんが、その実質的な所有権は買主である乙にあると考えることもできることから、甲の遺産として相続税の課税財産となるのは、R土地ではなく未収代金に相当する「残代金請求権」です。

　甲が売買契約締結時に収受した手付金の2分の1に相当する現金500万円と残代金請求権2,500万円は、いずれも長男及び次男の課税価格に算入されます。なお、準確定申告に係る所得税額は、長男及び次男が申告する相続税の申告において債務控除の対象とすることになります。

〔譲渡所得〕

　譲渡所得の収入計上時期は、原則としての譲渡資産の引渡日ですが、契約の発効日とすることも認められており、いずれを採るかは納税者の選択にゆだねられています。

(1) 甲の準確定申告として処理する場合（契約発効日基準）

　長男及び次男は、本年の翌年1月20日までに、連名で本年中（甲の死亡日まで）の甲の所得について準確定申告をしますが、R土地の譲渡所得は、選択により、甲の譲渡所得として準確定申告に含めて申告することができます。

(2) 長男及び二男の譲渡所得として処理する場合（引渡日基準）

　上記の(1)によらないときは、長男及び二男は、法定相続分による相続登記を経由してR土地を譲渡して引渡しを了したので、各人がR土地を法定相続分により譲渡したとして、本年分の確定申告をします。

譲渡所得関係

解説

　土地の売買契約を締結して代金に含まれる手付金や中間金を収受した後、まだ残代金の収受や土地の引渡し、所有権移転登記手続等が未了である時点で、その売主が死亡した場合に、相続税の課税財産となるのは、その土地そのものか、それとも残代金請求権かが問題になります。

　この場合に、相続税の課税対象財産の価額が土地であっても残代金債権であってもその相続税の課税価格に導入される価額が同じであれば問題がありませんが、土地そのものの相続税の評価額がその土地の通常取引価額よりも低い場合は、その財産が土地であるか残代金債権であるかの相違により相続税負担額に開差を生じ、課税の公平上で問題が生じます。

　かつて土地価額の上昇が続いたころには、このような問題が多く発生しましたが、最高裁昭和61年12月5日第二小法廷判決（訟務月報33巻8号2149頁）により、相続税の課税財産となるのは、残代金請求権である（手付金等既収の代金は、預金等の遺産中に含まれている）との判断が示されました。

　この事例では、相続税の課税財産となるのは、R土地に係る残代金請求権5,000万円と、甲が手付金として収受して保管していた現金1,000万円を、長男及び二男が2分の1ずつ相続したとして申告します。

　譲渡所得については、準確定申告として申告（甲の譲渡所得として申告）する場合と、長男及び二男が土地の持分各2分の1を譲渡したとして別々に申告する場合の2つの方法があり、そのいずれかを選択することができます。

　この譲渡所得の申告に当たって留意すべきことは、次のとおりです。

　まず、準確定申告において算出された所得税額は、相続税の債務控除の

対象となります。また、住民税の賦課期日は「その年度の初日の属する年の1月1日」ですから（地方税法39、318）、準確定申告を行う場合には、翌年度において翌年1月1日にはもはや生存しない甲に対して、譲渡所得を含む所得を課税標準とする住民税が課されることはありません。

譲渡所得について準確定申告の対象とはせずに、引渡日基準によって長男及び二男がそれぞれ自己の所得として申告する場合には、この所得税額は被相続人の債務に該当せず、相続税の申告において債務控除の対象とすることはできません。また、長男及び次男の翌年度の住民税では、R土地の譲渡所得を含む課税標準に係る税額を負担することになります。しかし、R土地の持分の譲渡は、甲の遺産であった土地の譲渡ですから、その譲渡所得の金額の計算上では、一定の相続税額を取得費に加算してその譲渡所得金額を計算する「相続税の取得費加算の特例」を適用することができます（措法39①）。

したがって、売買契約中の土地について、その売主に相続開始があった場合の相続税及び譲渡所得では、これらの点を十分検討して、より有利な選択をすることが肝要です。

参考判例　（売買契約中で手付金等収受の土地の相続財産の種類）

最高裁昭和61年12月5日第二小法廷判決・訟務月報33巻8号2149頁
　原審の適法に確定した事実関係の下においては、たとえ本件土地の所有権が売主に残っているとしても、もはやその実質は売買代金債権を確保するための機能を有するにすぎないものであり、上告人らの相続した本件土地の所有権は、独立して相続税の課税財産を構成しないというべきであって、本件において相続税の課税財産となるのは、売買残代金債権2,939万7,000円（手付金、中間金として受領済みの代金が現金、預金等の相続財産

に混入していることは、原審の確定するところである。）であると解するのが相当である。

31 収用等による土地の買取りに伴う各種補償金の課税上の取扱い

> **事例**
>
> 甲は、S市郊外の県道沿いにある木造店舗において物品販売業を営んできましたが、R県が行う道路拡幅事業のためにその店舗敷地となっていた土地が買い取られたことに伴い、次の補償金の支払を受けました。
>
> ① 土地補償金　　　　　7,000万円
> ② 残地補償金　　　　　　400万円
> ③ 建物移転補償金　　　1,625万円
> ④ 工作物移転補償金　　　100万円
> ⑤ 立竹木移転補償金　　　120万円
> ⑥ 動産移転補償金　　　　 60万円
> ⑦ 仮住居補償金　　　　　 80万円
> ⑧ 移転雑費補償金　　　　320万円
> ⑨ 営業補償金　　　　　　400万円
>
> なお、甲は、移転補償対象となった建物（木造2階建て1階店舗2階住居）及び工作物は取り壊し、立竹木は伐採しました。
>
> これらの補償金は、課税上でどのように取り扱われますか。

回答

甲が受け取った各種補償金は、それぞれ次の各所得に分類の上、課税さ

れます。
1 分離課税の譲渡所得となるもの
　(1) 土地対価補償金に該当するもの
　　　土地補償金　　　　　　7,000万円
　　　残地補償金　　　　　　　400万円
　　　（土地対価補償金計）　7,400万円
　(2) 建物等対価補償金に該当するもの
　　　建物移転補償金　　　　1,625万円
　　　工作物移転補償金　　　　100万円
　　　営業補償金振替分　　　　400万円
　　　（建物等対価補償金計）2,125万円
　※　上記(1)の土地対価補償金及び(2)の建物等対価補償金には、収用等の課税の特例が適用されます。
2 総合課税の譲渡所得に該当するもの
　　　立竹木移転補償金　　　120万円（立竹木対価補償金に該当）
　※　上記立竹木移転補償金には、収用等の課税の特例が適用されます。
3 一時所得に該当するもの
　　　仮住居補償金　　　　　　80万円
　　　動産移転補償金　　　　　60万円
　　　移転雑費補償金　　　　 320万円
　　　（一時所得計）　　　　 460万円
　※　上記の各補償金の全額又は交付目的に従い支出した費用控除後の残額が、一時所得の総収入金額に算入されます。

解　説

　上記の各種補償金についての課税上の取扱い及びその根拠は、次のとおりです（措通33—9）。

1　土地補償金・残地補償金

　　土地補償金及び残地補償金は、その買い取られた土地の対価補償金として、収用等の課税の特例（措法33、33の4等）の適用を受けることができます。

　　残地補償金は、買取り等の対象となる土地の補償金ではありませんが、残地のみで独立して利用することが困難な土地に係る補償金ですから、買取対象の土地の対価補償金とみなす取扱いがされています（措通33—16）。

2　建物（工作物）移転補償金

　　買取り等の対象となった建物又は工作物を移転しないで取り壊した場合には、その移転補償金は、建物等の対価補償金に当たるものとして取り扱うことができます（措通33—14）。その場合には、建物等について収用等の課税の特例の適用を受けることができます。

3　立竹木移転補償金

　　立竹木を移植しないで伐採した場合には、その立竹木の対価補償金として取り扱うことができるので、総合譲渡所得として収用等の課税の特例を受けることができます。なお、その立竹木が山林所得の基因となるものである場合には、山林所得として収用等の課税の特例を受けることができます。

4　仮住居・動産移転・移転雑費補償金

　　これらの移転補償金は、資産の移転等の費用に充てるために補償金の

交付目的に従って当該費用に充てた部分は課税対象外ですが、その交付目的の支出に充てられなかったものについては、交付を受けた補償金の残額又は補償金の全額が一時所得の総収入金額に算入されます（所法44、所基通34―1の(9)）。

5　営業補償金

　　営業補償金等の収益補償金は、原則として、不動産所得、事業所得又は雑所得の金額の計算上で総収入金額に算入します。ただし、建物の収用等に伴い収益補償金名義で補償金の交付を受けた者が、建物の対価補償金として交付を受けた金額が収用等をされた建物の再取得価額（同一の建物を新築するものと仮定した場合の取得価額）に満たない場合において、収益補償金名義の補償金のうちその満たない金額に相当する金額を事業所得等の総収入金額に算入せずに譲渡所得の計算上で建物の対価補償金として計算したときは、これを認める取扱いとなっています（措通33―11）。

　　この場合の建物の再取得価額が不明であるときは、建物の対価補償金として交付を受けた金額に、その建物の構造が木造又は木骨モルタル造りであるときは65分の100を、その他の構造のものであるときは95分の100を、それぞれ乗じた金額をもってその建物の再取得価額として上記の計算を行うことができます（措通33―11(2)ロ）。

　　この事例の営業補償金400万円は、下記の計算により、その全額を建物対価補償金とすることができます。

（建物対価補償金）　　　　　　　　　　　（建物再取得価額）
16,250,000円　×　$\dfrac{100}{65}$　＝　25,000,000円

（建物再取得価額）　　（建物対価補償金）　　（対価補償金振替限度額）
25,000,000円　－　16,250,000円　＝　8,750,000円

（収益補償金）　　　　（振替限度額）
　　4,000,000円　≦　　8,750,000円

譲渡所得関係

32　収用等による譲渡資産の補償金に対応する代替資産該当性の判定

> **事　例**
>
> 　甲は、収用等により公共事業者から次の補償金の支払を受け、その補償金の全額で次に掲げる代替資産を購入しました。
>
> 　補償金の対象となった資産と購入した資産について、両方の資産の種類ごとの金額が同額とはなっていません。
>
> 　この場合、購入した資産のどの範囲を代替資産として課税の繰延べの特例の適用を受けることができますか。
>
> (1)　受け取った補償金（補償金総額１億5,000万円）
>
> 　① 　土地補償金　　　　　　　農地　7,000万円
>
> 　② 　土地補償金　　　　　　　宅地　6,000万円
>
> 　③ 　建物移転補償金　　　　　　　　2,000万円
>
> 　　㊟　上記②の宅地上に上記③の移転補償の対象となった２階建て店舗兼住居建物（床面積割合による使用部分は店舗・住居用各50％）があったが移転せずに取り壊した。
>
> (2)　購入した代替資産（購入代金総額１億5,000万円）
>
> 　Ⓐ 　土地購入　　　　　　　　原野　3,000万円
>
> 　Ⓑ 　建売住宅の土地部分　　　宅地　4,000万円
>
> 　Ⓒ 　Ⓑの建売住宅の建物部分　　住居　3,000万円
>
> 　Ⓓ 　アパート新築（甲所有地に建築）　5,000万円

回 答

　甲が受け取った上記(1)の①、②及び③の対価補償金は、それぞれの区分ごとに、次のとおり上記(2)のⒶ、Ⓑ、Ⓒ及びⒹの資産の取得に充てられたものとすることができます。

　その結果、甲が購入した資産のすべてを代替資産とすることができることになります。

(1) 個別法により代替資産となるもの

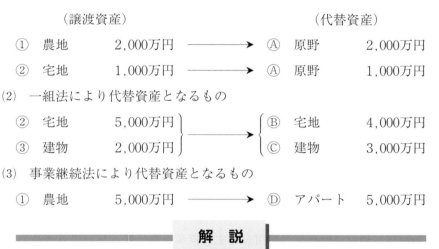

(2) 一組法により代替資産となるもの

(3) 事業継続法により代替資産となるもの

解 説

　収用等により買い取られた資産の代替資産を取得した場合において、その資産が租税特別措置法第33条の規定に該当する代替資産として認められるには、譲渡資産の種類、用途等の区分ごとに、次の個別法、一組法又は事業継続法に該当する資産でなければなりません（措令22④⑤⑥）。

　なお、建物移転補償金を受領した場合において、その建物を移転しないで取り壊したときは、その建物移転補償金はその建物の対価補償金に当たるものとして取り扱うことができます（措通33－14）。したがって、その

譲渡所得関係

建物移転補償金をその建物の譲渡収入金額として、収用等の5,000万円特別控除の特例や代替資産の取得の場合の特例を適用することができます。

(1) 個別法（同種の資産）

　収用等により譲渡した資産が次の①～④の区分のいずれに属する資産であるかにより、それと同じ区分に属する資産を代替資産とすることができます（措法33①一、二、措令22④）。

譲渡資産の区分	区分番号	譲渡資産及び代替資産の種類等
	①	土地又は土地の上に存する権利
	②	建物及び建物附属設備又は建物に附属する一定の構築物(注)
	③	上記②以外の構築物
	④	その他の資産（譲渡資産と種類及び用途を同じくする資産に限る。）

(注) 建物に附属する門、塀、庭園、煙突、貯水槽その他これらに類する資産

(2) 一組法（一組の資産）

　収用等により譲渡した資産が上記(1)の表の①、②又は③に掲げる異なる二以上の資産で一の効用を有する一組の資産となっているものである場合は、その効用と同じ効用を有する資産をもって、代替資産とすることができます（措令22⑤）。

　この場合の一組の資産の用途区分は、次表の区分ごとの用途となります（措規14③一～五）。

　なお、店舗併用住宅の場合は、その土地建物等は、店舗用又は居住用のいずれの用にも供されているものとして取り扱われます（措通33—40）。

譲渡資産の区分	区分番号	一組の資産の用途
	①	居住の用
	②	店舗又は事務所の用
	③	工場、発電所又は変電所の用
	④	倉庫の用
	⑤	劇場の用、運動場の用、遊技場の用、その他これらの用の区分に類する用

(3) 事業継続法（事業用の資産）

　収用等により譲渡した資産がその者の営む事業の用又は事業に準ずる業務の用に供されていた資産である場合には、その者の事業の用又は事業に準ずる業務の用に供する土地若しくは土地の上に存する権利又は減価償却資産で上記(1)の個別法、前記(2)の一組法による代替資産に該当する資産以外のものを代替資産とすることができます（措令22⑥）。

　なお、上記の個別法、一組法又は事業継続法による代替資産は、同一の資産についてその価額の限度内で重複して代替資産とすることができます。

根拠条文　（代替資産としての「個別法」「一組法」「事業継続法」）

措令22条（収用等に伴い代替資産を取得した場合の課税の特例）

①～③　（省略）

〈個別法〉

④　法第33条第1項に規定する代替資産（以下この条及び第22条の6第2項から第4項までにおいて「代替資産」という。）は、第33条第1項各号の場合の区分に応じ、次に掲げる資産とする。

　一　法第33条第1項第1号、第2号、第3号の2又は第3号の3の場合にあっては、譲渡資産が土地又は土地の上に存する権利、建物（その

附属設備を含む。）又は建物に附属する財務省令で定める構築物、当該構築物以外の構築物及びその他の資産の区分のいずれに属するかに応じ、それぞれこれらの区分に属する資産（譲渡資産がその他の資産の区分に属するものである場合には、次に掲げる譲渡資産の区分に応じそれぞれ次に定める資産）

二〜四（省略）

〈一組法〉

⑤　譲渡資産が前項第１号に規定する区分（その他の資産の区分を除く。）の異なる二以上の資産で一の効用を有する一組の資産となっているものである場合には、同号の規定にかかわらず、財務省令で定めるところにより、その効用と同じ効用を有する他の資産をもって当該譲渡資産のすべてに係る代替資産とすることができる。

〈事業継続法〉

⑥　譲渡資産が当該譲渡をした者の営む事業（第25条第２項に規定する事業に準ずるものを含む。以下この項において同じ。）の用に供されていたものである場合において、その者が、事業の用に供するため、当該譲渡資産に係る前２項の代替資産に該当する資産以外の資産（当該事業の用に供する減価償却資産、土地及び土地の上に存する権利に限る。）の取得（製作及び建設を含む。以下この条並びに次条第１項及び第５項第２号において同じ。）をするときは、前２項の規定にかかわらず、当該資産をもって当該譲渡資産の代替資産とすることができる。

⑦〜㉗（省略）

33 収用等による譲渡資産が子の営む農業用地である場合の代替資産取得の特例

事 例

　甲は、10年前に農業経営を長男乙に移譲し、それ以後は一切農業には従事せず、乙と生計を一にし、その扶養親族になっています。

　この度、甲が所有する市街地に近いハウス野菜栽培用の土地の一部が収用等により買い取られ8,000万円の補償金収入があったので、甲は、その補償金で収用等のあった土地の残地にアパートを建築しました。

　収用等の補償金収入があった場合に、その買い取られた資産が事業用のものであるときは、その補償金で事業用の資産を購入すれば、代替資産を取得した場合の特例が認められると聞きました。

　このハウス野菜栽培用の土地を甲が乙に使用させていることにつき乙から賃貸料を受け取っているわけでもないので、甲は、この土地を事業に準ずる業務の用に供しているともいえません。

　子の事業の用に供されていた親の所有資産（農業用土地）が買い取られて親が事業用資産（アパート建物）を取得したような場合も、この特例が適用されるのでしょうか。

回 答

　甲の譲渡資産である土地は乙の事業の用に供されていたものですが、生計を一にする親族乙の事業の用に供されていた資産は、所有者の甲にとっ

ても事業の用に供されていたものに該当するとして課税の特例を適用することができます。

　そうすると、このアパート建物は「事業継続法」により譲渡資産である農業用土地の「代替資産」に該当し、代替資産を取得した場合の特例を適用することができます。

解　説

　収用等の代替資産を取得した場合の特例を適用するに当たり、「代替資産」として認められる取得資産は、①譲渡資産と区分を同じくする同種の資産（租税特別措置法施行令第22条第4項に規定する「個別法」による資産）、②譲渡資産が種類の異なる2以上の一組の資産である場合の同じ効用を有する他の資産（同条5項に規定する「一組法」による資産）、又は③譲渡資産が事業用の資産である場合の事業用の土地等及び減価償却資産（同条6項に規定する「事業継続法」による資産）のいずれかに該当するものです。

　この事例では、譲渡資産は土地のみであり、取得資産は建物のみですから、上記の個別法における同種の資産又は一組法における一組の資産には該当しませんので、事業継続法による事業用資産に該当する場合に限り、代替資産とすることができることになります。

　事業継続法を適用する場合には、その譲渡資産及び取得資産がいずれも譲渡人の自己の事業（事業に準ずる一定の不動産の貸付業務を含みます。）の用に供するものでなければなりません（措令22⑥、25②）。

　しかし、農業や個人企業においては、その事業経営の承継を行うために、事業用資産すべての所有権を後継者に移転することは、税負担等の問題が生じるために困難であるため、事業用不動産等の多くは元の経営者が保有

し、新たな経営者に継続して使用させている場合が多いのが実態であり、事業継続法を適用することのできる資産を譲渡人自身の事業用資産に限定してしまうと、円滑な事業承継や事業用資産の更新が図れない場合があり得ます。そこで、譲渡資産が譲渡人の自己の事業の用に供されていない場合であっても、それが譲渡人と生計を一にする親族の事業の用に供されていたときは、その譲渡資産は所有者である譲渡人にとっても、自己の事業の用にも供されていたものに該当するものとして、これを事業継続法による代替資産として収用等の代替資産取得の場合の特例の適用を受けることができることとされています（措通33―43）。

したがって、この事例のように、甲が乙の農業用に供されていた譲渡資産を譲渡し、甲が賃貸用に供するアパート建物を取得してその賃貸を行えば、取得資産は代替資産に適合し、収用等の代替資産取得の場合の特例の適用を受けることができます。

(注)　収用等の代替資産を取得した場合の特例における事業継続法の適用上で、譲渡資産が譲渡人の事業の用に供されていないで、譲渡人と生計を一にする親族の事業の用に供されていた場合の取扱いは、前記「解説」において述べたとおりですが、代替資産とするための取得資産を、譲渡人の事業の用に供さないで譲渡人と生計を一にする親族の事業の用に供した場合にも、その取得資産は、譲渡人にとっても自己の事業の用に供したものとして、事業継続法による代替資産として認められます（措通33―43後段）。

　　また、租税特別措置法第37条の規定による特定事業用資産の買換えの特例における譲渡資産又は買換資産についての「事業の用」に関する取扱いも、同様に取り扱われます（措通37―22）。

譲渡所得関係

34 収用等の代替資産の取得ができない場合における特別控除の特例の適用

事 例

　甲は、一昨年の9月20日に、県立高校の校舎建設のための収用等により7,000万円で土地を買い取られました。その譲渡所得の申告では、収用証明書、公共事業用資産の買取り等の申出証明書及び公共事業用資産の買取り等の証明書を添付するとともに、代替資産を購入する予定であるとして、その代替資産の取得予定年月日を本年9月20日までの期間とし、代替資産の取得価額の見積額を7,000万円とする代替資産の明細書を提出して代替資産取得の特例を適用しました。

　しかし、代替資産の取得予定日までに代替資産を取得することができませんでしたので、収用等の場合の5,000万円特別控除の適用を受けることにしたいと思いますが、このようなことができるでしょうか。

回 答

　甲は、本年9月21日から翌年1月20日までの間に、代替資産を取得しなかったことに基づく譲渡所得の修正申告を行う必要がありますが、この修正申告において収用等の場合の5,000万円特別控除の特例を適用することができます。

解 説

　個人の所有する資産が収用等により買い取られた場合には、その譲渡所

得については、①代替資産の取得による課税の繰延べの特例（措法33）又は②収用交換等の5,000万円特別控除の特例（措法33の4）のいずれかを選択することができます。

　これらの特例は、納税者が自己の意思にかかわらず公共事業者の買取りに応じざるを得ないこと、及び公共事業等の遂行に協力することになることから、譲渡所得等の課税上、他の租税特別措置に比してより有利な措置として講じられているものです。

　しかし、上記の2つの特例措置は、収用等により資産を譲渡した納税者がこの資産に代わる資産を取得するかしないか等の事情により、代替資産の取得による課税の繰延べの特例と5,000万円特別控除の特例とを設けているものですから、これらの特例を重複して適用することを認めず、納税者がそのいずれかを選択して適用することとされています（措法33の4①）。

　また、これらの収用等による課税の特例のうちでも、5,000万円特別控除の特例は、その内容が課税の繰延べではなく、実質的に非課税となる措置であって、その控除額も多額であるところから、代替資産の取得の特例よりも厳しい適用要件が付されています。すなわち、①収用等をされた資産については、公共事業の施行者から最初に買取り等の申出を受けた日から6月以内に譲渡したものでなければならないこと（措法33の4③一）、②一の収用交換等の事業につき、資産の譲渡が2以上の年に分けて行われた場合は、最初の年の譲渡資産に限り適用されること（措法33の4③二）、③公共事業の施行者から買取りの申出を最初に受けた者が譲渡したものであること（措法33の4③三）等の要件がそれです。

　なお、これら特例の適用は、通常納税者の選択にゆだねられているところ、一般的にいったん選択した課税の特例の撤回、変更等は許されません。

しかし、収用等により代替資産を取得することができる期間は、譲渡資産の譲渡の日から2年以内ですから、収用等による資産の譲渡に係る譲渡所得の申告時点では、まだ代替資産を取得していないケースも多く、代替資産の取得予定としての取得価額の見積額に基づく代替資産取得の特例の適用も認められています（措法33②）。それでも、その取得予定日までに代替資産が取得できない場合には、すでに適用した代替資産取得の特例と特別控除の特例のいずれも適用できないことになってしまい、これらの特例措置が設けられた趣旨に沿わないこととなってしまいます。

そこで、このような場合に、代替資産を取得しなかったことによる譲渡所得の修正申告を行いますが、この際に、当初の申告において選択しなかった5,000万円特別控除の特例を適用することができることとされています（措法33の4①柱書の括弧書〈後掲「根拠条文」のアンダーライン部分参照〉）。

根拠条文　（代替資産を取得の予定で課税の特例を適用したが取得しなかった場合の特別控除特例の適用関係）

措法33条の4（収用交換等の場合の譲渡所得等の特別控除）

① 個人の有する資産で第33条第1項各号又は第33条の2第1項各号に規定するものがこれらの規定に該当することとなった場合（第33条第4項の規定により同項第1号に規定する土地等、同項第2号若しくは第3号に規定する土地の上にある資産若しくはその土地の上にある建物に係る配偶者居住権又は第4号に規定する権利につき収用等による譲渡があったものとみなされた場合、前条第3項の規定により旧資産又は旧資産のうち同項の政令で定める部分につき収用等による譲渡があったものとみなされた場合及び同条第5項の規定により防災旧資産のうち同項の政令で定める部分につき収用等による譲渡があったものとみなされた場合を含む。）において、その者がその年中にその該当することとなった資産の

いずれについても第33条又は第33条の2の規定の適用を受けないとき(同条の規定の適用を受けず、かつ、第33条の規定の適用を受けた場合において次条第1項の規定による修正申告書を提出したことにより第33条の規定の適用を受けないこととなるときを含む。)は、これらの全部の資産の収用等又は交換処分等(以下この款において「収用交換等」という。)による譲渡に対する第31条若しくは第32条又は所得税法第32条若しくは第33条の規定の適用については、次に定めるところによる。
〈以下略〉

措法33条の5　(収用交換等に伴い代替資産を取得した場合の更正の請求、修正申告等)

① 第33条第3項(第33条の2第2項において準用する場合を含む。以下この条において同じ。)の規定の適用を受けた者は、次の各号に掲げる場合に該当する場合には、それぞれ、当該各号に定める日から4月以内に当該収用交換等のあった日の属する年分の所得税についての修正申告書を提出し、かつ、当該期限内に当該申告書の提出により納付すべき税額を納付しなければならない。

一　代替資産を取得した場合において、当該資産の取得価額が第33条第3項の規定により読み替えられた同条第1項に規定する取得価額の見積額に満たないとき　当該資産を取得した日

二　代替資産を第33条第3項に規定する期間内に取得しなかった場合　その期間を経過した日

②〜④ (省略)

35 同一年分での収用等の特別控除と居住用財産の買換え等の特例の重複適用

> **事 例**
>
> 　甲と乙とは、本年中に、それぞれ収用等によって次の資産を買い取られ、補償金を受領しました。
>
> 　甲及び乙が本年分の確定申告において次のように特例を適用することができますか。
>
> (1)　甲は、長期間居住してきた自宅の土地建物とこれに隣接する空閑地を買い取られました。この買取りに伴い、自宅土地建物については特定の居住用財産の買換えの特例を、空閑地については収用等の5,000万円特別控除の特例を適用する。
>
> (2)　乙は、賃貸中の店舗用土地建物とこれに隣接する空閑地を買い取られました。この買取りに伴い、賃貸店舗用土地建物については特定の事業用資産の買換えの特例を、空閑地については収用等の5,000万円特別控除の特例を適用する。

回　答

　甲は、買い取られた資産のうち、自宅土地建物の譲渡について特定の居住用財産の買換え等の特例を適用し、併せて、空閑地の土地について収用等の5,000万円特別控除の特例を適用することができます。

　乙は、賃貸用の店舗土地建物の譲渡について特定の事業用資産の買換えの特例を適用することができません。しかし、いずれの譲渡資産について

も、収用等の特別控除の特例（5,000万円限度）を適用することができます。

解　説

租税特別措置法では、特別措置による課税上の恩典を同一の年分や同一の取引行為等に重複して付与することが課税の公平上適切でない場合に、これらの特例を重複して適用することを認めないこととしています。この重複適用の排除も、特例制度の適用要件の一つであり、各特例の実体要件を定めるその規定の法条の第1項に、その特例を適用する上で重複適用除外となる他の特例が明示されているのが通常です。

まず、甲の場合についてみますと、収用交換等の5,000万円特別控除の特例を規定した租税特別措置法第33条の4第1項では、「その者がその年中にその該当することとなった資産（同法第33条第1項各号に掲げる資産）のいずれについても同法第33条又は第33条の2の規定の適用を受けないとき」に、この5,000万円特別控除の特例の適用がある旨規定されています。

この規定から、収用等に該当する一つの資産につき5,000万円特別控除の特例を適用すると、他の資産については、代替資産取得の特例は適用できないことになります。

他方、特定の居住用財産の買換え等の特例を定めた租税特別措置法第36条の2第1項では、その特例の適用対象となるものは、収用等に関する特例（措法33条、33条の2、33条の3、33条の4）、特定の事業用資産の買換え等の各種の特例（措法37条、37条の4、37条の8、37条の9）の適用を受けるものを除く旨を規定しています。

そうすると、甲は、空閑地の土地買取りに係る譲渡分につき、租税特別

措置法第33条の４の収用等の5,000万円特別控除の適用を受けることはできるとともに、収用等の5,000万円特別控除の適用を受けない居住用財産に該当する資産の譲渡については、特定の居住用財産の買換え等の特例の適用を受けることもできることになります。

　また、特定の事業用資産の買換えの特例を定めた租税特別措置法第37条第１項には、「事業用資産の譲渡」の範囲から、収用等の特例を定めた同法第33条、第33条の２、第33条の３の各規定に該当する譲渡を除く旨が規定されています。この規定の解釈判定に当たっては、この除外規定が、収用等に該当する資産の譲渡を除外しているのであって、その者が実際に租税特別措置法第33条、第33条の２又は第33条の３の特例の適用を受けたかどうかは問わないことに十分留意すべきです。

　そうすると、乙の本年中の賃貸店舗用土地建物の譲渡は上記の収用等に係る資産の譲渡ですから、乙に特定の事業用資産の買換えの特例を適用できる余地はないことになります。

36　共有の居住用財産を譲渡した場合の買換え特例の適用

> **事　例**
>
> 　兄甲と弟乙は、11年前にH市内にある既存の2階建ての二世帯住宅を2分の1ずつの持分による共有で購入しました。
> 　甲とその家族は、その住宅の購入後その家屋の1階に居住し、その後も継続して居住してきました。他方、乙は、その家屋の2階に居住しましたが、6年前に支店勤務となったため家族と共に転出し、2年間現地の社宅に居住しました。乙は、その間は支店勤務になる前に居住していた2階を知人に賃貸していましたが、その後の本社に異動となり、またH市内の自宅に戻りました。
> 　ところで、H市の住宅の付近には大型店舗が進出し、その影響で周辺の地価が急騰しましたが、住居としての立地環境はかえって悪くなりました。そこで、甲及び乙は、自宅の土地家屋を譲渡し、それぞれが郊外に別々に住居を買い換えることとしました。
> 　この場合に、甲及び乙は、それぞれの譲渡所得について、特定の居住用財産の買換えの特例を適用することができますか。その住宅の買換えをしても、なお売却代金に残余がある場合には、併せて、長期居住用財産譲渡の軽減税率の適用を受けることができますか。
> 　また、これらの特例の適用ができない場合には、他に課税上の優遇措置がありますか。

譲渡所得関係

回答

　甲は、特定の居住用財産の買換えの特例を適用することができますが、併せて、長期居住用財産譲渡の軽減税率の適用を受けることはできません。

　乙は、特定の居住用財産の買換えの特例の適用を受けることはできません。しかし、居住用財産の譲渡による3,000万円特別控除の特例及び居住用財産譲渡による軽減税率の適用を受けることができます。

解説

　特定の居住用財産の買換えの特例の対象となる譲渡資産が共有である場合には、各共有者は、譲渡資産のうち自己の持分に応ずる部分について、その特例を適用することができます。

　特定の居住用財産の買換えの特例の適用要件を満たす譲渡資産は、譲渡の年の1月1日における所有期間が10年を超える居住用財産（居住用の家屋又はその家屋及び敷地の土地等）で、譲渡人がその居住用家屋の存する場所に居住していた期間が10年以上であるものでなければなりません（措法36の2①一、三、措令24の2⑥）。

　したがって、甲の譲渡資産は、10年超の所有期間及び10年以上の居住期間の両方の要件を満たすのに対し、乙の譲渡資産は、所有期間の要件は満たしますが、居住期間については、居住していなかった期間を除く前後の居住期間が9年であり、その要件に適合しません（措通36の2－2）。

　しかし、居住用財産を譲渡した場合の3,000万円特別控除の特例（措法35①②）には、譲渡資産の所有期間要件や居住期間要件は定められておらず、また、長期居住用財産の譲渡の場合の軽減税率の特例（措法31の3①）では、10年超の所有期間の要件がありますが、居住期間要件はないと

ころから、乙は、この二つの特例については、適用することができます。

　なお、上記の3,000万円特別控除の特例と軽減税率の特例は、同一年分につき重複して適用することができますが、特定の居住用財産の買換えの特例と軽減税率の特例の重複適用はできません（措法31の3①）ので、甲が特定の居住用財産の買換えの特例の適用を受けた場合に、併せて軽減税率の特例の適用を受けることはできません。

　㊟　甲が特定の居住用財産の買換えの特例を適用しない場合には、居住用財産を譲渡した場合の3,000万円特別控除の特例及び長期居住用財産の譲渡の場合の軽減税率の特例を適用することができます。

37　買換住宅に生計を一にする母が居住する場合の特定居住用財産の買換えの特例

> **事　例**
>
> 　甲の父乙は、20年前にＰ市に自宅を購入し、母丙とともにその自宅家屋に居住していましたが、15年前に父乙が亡くなったので、長男である甲がこの自宅の土地家屋を相続しました。甲は、父乙の亡くなった直後、このＰ市の自宅に2年ほど居住しましたが、勤務先がＱ市内の支店に変わったため、Ｑ市内の社宅に転居し、現在まで引き続きその社宅に居住しています。甲がＱ市に転居してからは、Ｐ市の家屋には、母丙が1人で住んでいます。なお、父乙の死亡後は、母丙の生活費は甲が負担しており、生計を一にしてきました。
>
> 　甲は、この度、母丙の住んでいる土地家屋を売却して、新たな住居用土地家屋を買い換える予定です。当面は母丙1人を新居に住まわせますが、4年後の定年退職後には、甲も買い換えた新居に転居し、母丙と同居する予定です。
>
> 　この場合に、甲は、特定の居住用財産の買換え等の特例を適用することができますか。

回　答

　甲が所有し譲渡するＰ市の土地家屋は居住用財産と認められますが、甲が取得する買換住宅に一定期間内に自ら居住しなければ、甲の譲渡所得について、特定の居住用財産の買換え等の特例を適用することができませ

ん。

解　説

　租税特別措置法第36条の2に規定する特定の居住用財産の買換え等の特例を適用する場合の居住用家屋の範囲についての取扱いは、原則として居住用財産の長期譲渡所得の軽減税率の特例に関する租税特別措置法関係通達の定めが準用されます（措通36の2―23）。

　この準用される通達中に「生計を一にする親族の居住の用に供している家屋」についての取扱い（措通31の3―6）があります（後掲の「参考通達」参照）。

　この取扱いによれば、甲の譲渡資産である母丙の居住する土地家屋はこの特定の居住用財産の買換え等の特例に適合する居住用財産に該当することになります。

　しかしながら、長期居住用財産の譲渡所得の軽減税率の取扱い（措通31の3―6）を特定の居住用財産の買換え等の特例の取扱いに準用する旨を定めた租税特別措置法通達36の2―23は、譲渡資産に関するものであって、買換資産が居住用財産に該当するかどうかについては、同通達36の2―17の定めによることになります。そして、同通達36の2―17の注書では、買換資産がその者の居住の用に供されていないときは、たとえその者の譲渡した資産が36の2―23において準用する31の3―6により譲渡資産に該当することになる場合であっても、その譲渡につき租税特別措置法第36条の2第1項の規定の適用はないとされています。

　したがって、甲が買換資産であるP市の新居に居住しない限り、特定の居住用財産の買換え等の特例は適用できないことになります。

参考通達

措通31の3－6（生計を一にする親族の居住の用に供している家屋）

　その有する家屋が31の3－2に定めるその居住の用に供している家屋に該当しない場合であっても、次に掲げる要件の全てを満たしているときは、その家屋はその所有者にとって措置法第31条の3第2項に規定する「その居住の用に供している家屋」に該当するものとして取り扱うことができるものとする。ただし、当該家屋の譲渡、当該家屋とともにするその敷地の用に供されている土地等の譲渡又は災害により滅失（31の3－5に定める取壊しを含む。）をした当該家屋の敷地の用に供されていた土地等の譲渡が次の(2)の要件を欠くに至った日から1年を経過した日以後に行われた場合には、この限りでない。

(1) 当該家屋は、当該所有者が従来その所有者としてその居住の用に供していた家屋であること。

(2) 当該家屋は、当該所有者が当該家屋をその居住の用に供さなくなった日以後引き続きその生計を一にする親族（所得税基本通達2－47《生計を一にするの意義》に定める親族をいう。以下この項において同じ。）の居住の用に供している家屋であること。

(3) 当該所有者は、当該家屋をその居住の用に供さなくなった日以後において、既に措置法第31条の3、第35条第1項（同条第3項の規定により適用する場合を除く。）、第36条の2、第36条の5、第41条の5又は第41条の5の2の規定の適用を受けていないこと。

(4) 当該居住者の31－3－2に定めるその居住の用に供している家屋は、当該所有者の所有する家屋でないこと。

措通36の2－17（買換資産を当該個人の居住の用に供したことの意義）

　買換資産を当該個人の居住の用に供したかどうかについては、31の3－2に準じて判定することとして取り扱う。この場合において、買換資産である土地等については、当該土地等の上にあるその者の有する家屋をその者が居住の用に供したときに、当該個人の居住の用に供したことになるこ

とに留意する。
(注) 買換資産がその者の居住の用に供されていないときは、たとえその者の譲渡した資産が36の2―23において準用する31の3―6により譲渡資産に該当することになる場合であっても、その譲渡につき措置法第36条の2第1項の規定の適用はない。

38　共有の自宅と単独所有の敷地を譲渡した場合の特例適用

事　例

　甲は、12年前に配偶者乙に相続が開始したことにより、自宅家屋を長女Ａと２分の１ずつの共有で相続し、同家屋の敷地となっていた土地を甲単独で相続しました。

　甲は、乙の生前から乙とともにその家屋に居住していましたが、Ａは、５年前に婚姻のためこの家屋から転出した後は、その転出先に居住し続けています。

　この度、甲は、Ａと話し合い、上記の自宅の土地家屋の全部を他に譲渡しましたが、今後は、甲が譲渡代金で購入するマンションに次女Ｂと同居する予定です。

　この場合、甲とＡの譲渡所得の計算はどうなりますか。また、居住用財産の譲渡に係る特別控除の特例及び軽減税率の特例は適用されますか。

回　答

　この自宅土地家屋の譲渡に係る譲渡代金のうちＡに帰属する譲渡収入金額は、家屋の価額の２分の１相当額のみであり、それ以外の代金は甲の譲渡収入金額となります。

　甲は、家屋の譲渡益の自己の持分２分の１に相当する部分及び土地に係る長期譲渡所得の譲渡益から、居住用財産譲渡の特別控除額（3,000万円まで）を控除し、その残額があるときは、当該残額について軽減税率の特例を適用することができます。

Aは、譲渡した家屋に居住していなかったので、これらの特例の適用はありません。

解説

　この自宅土地家屋の譲渡に係る譲渡代金は、Aが自宅家屋の共有持分2分の1に対応する土地を甲から使用貸借により借り受けていたとみられるところから、Aの譲渡代金には借地権の対価は含まれず、Aの譲渡収入金額となるのは、家屋の代金のうちAの持分2分の1に相当する金額のみとなります。

　他方、甲の譲渡収入金額は、代金総額から上記のAに帰属する家屋の代金額を控除した残額となります。

　甲は、家屋の2分の1の持分とその敷地である土地の全部を所有してこれらを自己の居住の用に供してきましたから、家屋の2分の1の持分に対応する譲渡所得については、3,000万円特別控除が適用され、相続による取得時期の引継ぎにより所有期間が10年を超えることとなる居住用財産の譲渡として軽減税率の適用も受けることができます。

　この家屋の敷地である土地については、甲の家屋の持分2分の1に対応する部分にはこれらの特例が適用されますが、その余の2分の1部分は、厳密には自己の所有家屋の敷地等とはいえないので、これらの特例は適用されないとも考えられます。

　しかしながら、共有物の各共有者は、その共有物の全部につき持分に応じた使用をすることができるとされていることから（民法249）、甲が単独所有する土地全体は、その土地上の共有家屋の全部について使用権限を有する甲の支配を受けることになります。そうすると甲の所有する土地の全部が甲の居住の用に供されているとみることができます。

したがって、甲は、家屋の共有部分と土地の全部について、居住用財産譲渡の特別控除及び軽減税率の特例の適用を受けることができます。

根拠条文

民法249条（共有物の使用）
① 各共有者は、共有物の全部について、その持分に応じた使用をすることができる。
②～④（省略）

39　居住用家屋を取り壊してその敷地の一部を譲渡した場合の譲渡所得の特別控除等の特例の適用

> **事　例**
>
> 　甲は、建築面積150㎡の木造平家建ての住宅に住んでいます。この建物は、亡夫から相続した300㎡の土地上に20年前に建築したものです。その後、同居家族が減ったことや、その維持管理、設備等に不便や無駄が多いので、甲はその建替えを検討していました。
>
> 　過日、甲の友人からその敷地の一部（140㎡程度）を買い受けたいとの話があったので、その土地の売却部分の区割りを検討したところ、売却部分が既存の家屋の一部に食い込んでいました。そこで、この際、その家屋を取り壊し売却部分の土地140㎡を分筆して譲渡することとし、残余の160㎡の土地に甲が居住する2階建て住宅を新築することにしました。
>
> 　この場合、甲は、上記の分筆売却した土地に係る譲渡所得について、3,000万円の特別控除と軽減税率の特例の適用を受けることができますか。
>
> 　仮に、甲が既存の住宅の家屋に居住したまま上記の土地を譲渡し、その後に、既存の住宅を取り壊して新住宅を建築した場合はどうですか。

譲渡所得関係

回 答

　甲が行った土地の譲渡の経過やその土地の状況が次の要件のすべてに該当するときは、その譲渡所得について、居住用財産譲渡の場合の3,000万円特別控除の特例及び軽減税率適用の特例を適用することができます。
① 既存の住宅の家屋を取り壊した日から１年以内にその敷地であった土地についての土地売買契約が締結されたこと。
② その土地を既存の家屋を居住の用に供さなくなった日以後３年を経過する日の属する年の12月31日までに譲渡したものであること。
③ その土地は、既存の家屋を取り壊した後売買契約を締結した日まで、貸付けその他の業務の用に供していないものであること。
　しかし、甲が既存の住宅に居住したまま土地を区分して譲渡し、その後にその残余の土地上の家屋を取り壊して新住宅を建築した場合には、その譲渡所得について上記の各特例の適用はありません。

解 説

　居住用財産を譲渡した場合の譲渡所得の特別控除、軽減税率、買換え等の各特例を適用する場合の譲渡資産である居住用財産は、原則的には居住用の家屋であり、その家屋の敷地の用に供されている土地等については、単独では居住用財産に該当せず、その家屋とともに譲渡する場合に限って、居住用財産に含まれることとされています。
　また、居住の用に供している家屋（居住の用に供されなくなったものを含みます。）の敷地の用に供されている土地等の一部を区分して譲渡した場合には、その土地等の譲渡が家屋の譲渡と同時に行われるものでなければ居住用財産の譲渡には該当しません（措通31の３―18、35―６）。

しかし、この要件を満たすためには、土地の譲渡の際に建物も同時に譲渡しなければならないことになり、一般に行われる売主の任意又は当事者の契約による家屋の取壊し後の土地の譲渡が円滑に行えなくなる事態も想定されます。

　そこで、譲渡した部分の土地等が取り壊した居住用家屋の敷地であったことが認められ、かつ、その土地を譲渡するためには居住用の家屋を取り壊す必要があったと認められるような場合には、上記の回答の①、②及び③に掲げた要件を満たせば、その譲渡資産である土地等は居住用財産に該当することに取り扱われています（措通31の3―5、35―2）。この場合に、残余の土地に自己の住宅を再建築しても構いません。

　なお、居住用の家屋を取り壊すことなく敷地の土地の一部を譲渡して、その後に残余の土地に住宅を建て替えるために、それまで居住してきた家屋を取り壊すような場合には、居住用の家屋を譲渡していないことから、その家屋の取壊しは土地の譲渡と直接の関係がないことになり、その土地の譲渡に係る各特例の適用はないことになります。

根拠条文

措法31条の3（居住用財産を譲渡した場合の長期譲渡所得の課税の特例）

① 個人が、その有する土地等又は建物等でその年の1月1日において第31条第2項に規定する所有期間が10年を超えるもののうち居住用財産に該当するものの譲渡〈中略〉の規定の適用を受けるものを除く。以下この条において同じ。）をした場合（当該個人がその年の前年又は前々年において既にこの項の規定の適用を受けている場合を除く。）には、当該譲渡による譲渡所得については、第31条第1項前段の規定により当該譲渡に係る課税長期譲渡所得金額に対し課する所得税の額は、同項前段の規定にかかわらず、次の各号に掲げる場合の区分に応じ当該各号に定める

金額に相当する額とする
一　課税長期譲渡所得金額が6,000万円以下である場合　当該課税長期譲渡所得金額の100分の10に相当する金額
二　課税長期譲渡所得金額が6,000万円を超える場合　次に掲げる金額の合計額
　イ　600万円
　ロ　当該課税長期譲渡所得金額から6,000万円を控除した金額の100分の15に相当する金額
② 　前項に規定する居住用財産とは、次に掲げる家屋等又は土地等をいう。
一　当該個人がその居住の用に供している家屋で政令で定めるもののうち国内にあるもの
二　前号に掲げる家屋で当該個人の居住の用に供されなくなったもの（当該個人の居住の用に供されなくなった日から同日以後3年を経過する日の属する年の12月31日までの間に譲渡されるものに限る。）
三　前2号に掲げる家屋及び当該家屋の敷地の用に供されている土地等
四　当該個人の第1号に掲げる家屋が災害により滅失した場合において、当該個人が当該家屋を引き続き所有していたとしたならば、その年1月1日において第31条第2項に規定する所有期間が10年を超える当該家屋の敷地の用に供されていた土地等（当該災害があった日から同日以後3年を経過する日の属する年の12月31日までの間に譲渡されるものに限る。）
③、④（省略）

参考通達

措通31の3―5　（居住用土地等のみの譲渡）

　措置法第31条の3第2項第1号又は第2号に掲げる家屋を取り壊し、当該家屋の敷地の用に供されていた土地等を譲渡した場合（その取壊し後、当該土地等の上にその土地等の所有者が建物等を建設し、当該建物等とと

もに譲渡する場合を除く。）において、当該譲渡した土地等が次に掲げる要件の全てを満たすときは、当該土地等は措置法第31条の3第2項に規定する居住用財産に該当するものとして取り扱う。

ただし、当該土地等のみの譲渡であっても、その家屋を引き家して当該土地等を譲渡する場合の当該土地等は同項に規定する居住用財産に該当しない。

(1) 当該土地等は、当該家屋が取り壊された日の属する年の1月1日において所有期間が10年を超えるものであること。
(2) 当該土地等は、当該土地等の譲渡に関する契約が当該家屋を取り壊した日から1年以内に締結され、かつ、当該家屋をその居住の用に供さなくなった日以後3年を経過する日の属する年の12月31日までに譲渡したものであること。
(3) 当該土地等は、当該家屋を取り壊した後譲渡に関する契約を締結した日まで、貸付けその他の用に供していないものであること。
（注）その取壊しの日の属する年の1月1日において所有期間が10年を超えない家屋の敷地の用に供されていた土地等については、措置法第31条の3第1項の規定の適用はない。

（参考）措通36の2―23、35―2について
　上記各通達の取扱いは、居住用財産の買換えの場合の譲渡資産に該当するかどうかの判定の取扱いが準用される。
　なお、特別控除の特例の場合の取扱い（措通35―2《居住用土地等のみの譲渡》）も、所有期間に関する部分を除いて上記の31の3―5通達と同趣旨である。

譲渡所得関係

40　被相続人の居住用財産の譲渡

事　例

　私の母が、昨年の11月に亡くなりました。母の遺産である山口県内にある土地と建物を私が相続しました。

　この土地と建物は、昭和52年に父が購入したもので、10年前に父が亡くなった後、母が相続し、そこに１人で住んでいました。私は、この土地建物を譲渡するつもりです。この建物について耐震工事を行うか、または建物を取り壊して土地だけを譲渡した場合には、譲渡所得金額の計算上3,000万円の特別控除の特例を適用することができると聞きました。しかし、私は東京に居住しており、自ら山口県にある建物の耐震工事を行うこと、または建物を取り壊すことは難しいので、譲渡先の不動産業者に建物の取壊しをお願いすることとしました。このような場合であっても、3000万円の特別控除の特例を適用することができますか。

回　答

　相続税の申告書の提出期限の翌日から起算して３年を経過する日の属する年の12月31日までの間に、被相続人から相続により取得した建物とその敷地で、その被相続人が居住の用に供していたものを譲渡した場合で、一定の要件を満たすときには、譲渡所得金額の計算上、最大3,000万円の特別控除を適用することができます。この特別控除の特例の要件を満たすためには、被相続人が居住の用に供していた建物が昭和56年５月31日以前に

建築されたものであって、耐震基準を満たしていることが必要ですが、耐震基準を満たしていない場合には、その建物を取り壊してその敷地のみを譲渡する必要があります。この建物の取壊しは、譲渡者が行っても、また、買受人が行っても構いませんが、譲渡があった年の翌年2月15日までに行われなければなりません。

　買受人が建物を取り壊すこととした場合において、同日までに買受人が建物を取り壊さなかったときには、特別控除の特例を適用することができません。そのため、譲渡契約書には、譲渡があった年の翌年2月15日までに買受人が建物を取り壊すこと及び取壊しできなかった場合の違約金の支払いについて定めておくことをお勧めします。

　なお、相続税の申告書の提出期限の翌日から3年を経過する日までの間に相続税の課税対象となった財産を譲渡した場合には、相続税額のうち一定の金額を取得費に加算する特例（取得費加算の特例）を適用することができますが、この3,000万円の特別控除の特例を適用する場合には、取得費加算の特例を適用することはできません。

解　説

　相続人又は包括受遺者が、相続又は遺贈により取得した被相続人の居住用財産を譲渡した場合で、一定の要件を満たすときには、その譲渡益から最高3,000万円（一定の場合は最高2,000万円）の特別控除額を控除することができます（措法35③）。この特例を「被相続人の居住用財産に係る譲渡所得の特別控除の特例」といいます。この特例における「被相続人の居住用財産」とは、被相続人居住用家屋及び被相続人居住用家屋の敷地等をいいます。被相続人居住用家屋とは、相続の開始の直前において被相続人（包括遺贈者を含みます。）が居住していた家屋で、①昭和56年5月31日以

譲渡所得関係

前に建築された家屋であり、②区分所有建物登記がされている建物ではなく、かつ③相続の開始の直前において被相続人以外に居住していた人がいなかったものをいいます。また、被相続人居住用家屋の敷地等とは、被相続人居住用家屋の敷地の用に供されていた土地や借地権をいいます。相続の開始の直前においてその土地が用途上不可分の関係にある2以上の建築物（例えば、母屋と離れなど）のある一団の土地であった場合には、その土地のうち一定の部分に限られます。

(注) 被相続人が老人ホーム等に入所をしていた場合の入所直前に居住の用に供していた家屋についても、一定の要件を満たす場合には、この特例の適用を受けることができます。

被相続人の居住用財産に係る譲渡所得の特別控除の特例を適用するためには、次の要件を満たす必要があります。

(1) 売却した人が、相続又は遺贈により被相続人居住用家屋及び被相続人居住用家屋の敷地等の両方を取得したこと

(2) 次のイの①若しくは②又はロの①若しくは②のいずれかの場合に該当すること

　イ　相続の開始があった日から3年目の年の12月31日までの間に

　　① 被相続人居住用家屋を耐震リフォームし、被相続人居住用家屋を売却、又は、その被相続人居住用家屋とともに被相続人居住用家屋の敷地等を売却した場合（売却の時に耐震基準を満たしていて、耐震リフォームをしない場合を含みます。）

　　② 被相続人居住用家屋の取り壊した後にその被相続人居住用家屋の敷地等を売却した場合

　ロ　相続の開始があった日から3年目の年の12月31日までの間に、被相続人居住用家屋を売却、又は、その被相続人居住用家屋とともに被相

続人居住用家屋の敷地等を売却し、その売却の時から売却の日の属する年の翌年２月15日までの間に
①　その被相続人居住用家屋の耐震リフォームがされ、耐震基準に適合することとなった場合
②　その被相続人居住用家屋が取り壊された場合
㊟　この特例の対象となる被相続人の居住用財産は、相続開始の時から売却の時まで事業の用、貸付けの用又は居住の用に供されていたことがないものに限ります。

(3)　譲渡価額が１億円を超えないこと

　　この特例の適用を受ける被相続人居住用家屋と一体として利用していた部分を別途分割して売却（収用交換等による譲渡を除きます。）している場合や他の相続人が売却（収用交換等による譲渡を除きます。）している場合における１億円以下であるかどうかの判定は、相続の時から被相続人の居住用財産を売却した日から３年目の年の12月31日までの間に分割して売却した部分や他の相続人が売却した部分も含めた譲渡価額の合計額により行います。

(4)　配偶者、直系血族（父、母、子、孫など）その他生計を一にする親族などや同族会社などに売却したものでないこと

　　上記(2)の要件については、従前は、譲渡者自らが、耐震工事を行うこと又は被相続人居住用家屋の取壊しを行うことが求められていましたが、令和５年の税制改正により、耐震工事を施工する者又は建物の取壊しをする者は、必ずしも被相続人居住用家屋を相続又は遺贈により取得した者である必要はなくなりました。この結果、当該被相続人居住用家屋を譲受者が、その譲渡の日の属する年の翌年２月15日までに耐震工事を施工し又は建物の取壊しをした場合であっても、他の要件を満たす限り、被相続人の居住

用財産に係る譲渡所得の特別控除の特例を適用することができることとなりました。

　しかしながら、令和5年改正により、耐震工事又は建物の取壊しに係る要件が緩和され、買受人による耐震工事又は建物の取壊しが可能になったとはいえ、買受人が譲渡があった年の翌年2月15日までに当該耐震工事又は建物の取壊しを完了させない限り、譲渡者が居住用財産に係る譲渡所得の特別控除の特例を適用することはできないこととなります。被相続人居住用建物及びその敷地の譲渡後、買受人が当該耐震工事又は建物の取壊しを期限までに完了させられない場合のリスクも想定し、それを回避するためには、被相続人居住用建物及びその敷地の譲渡契約書中には、譲渡があった年の翌年2月15日までに買受人が建物を取り壊すこととの条項に加え、耐震工事又は建物の取壊しできなかった場合の違約金の支払い等について定めておくとよいでしょう。

　なお、居住用財産に係る譲渡所得の特別控除の特例を適用する場合には、租税特別措置法第39条第1項《相続財産に係る譲渡所得の課税の特例》を適用して相続税額のうちの一定額を譲渡資産の取得価額に加算する特例は適用することができません。したがって、いずれの特例を適用すべきか、有利不利の判定を行う的確に行う必要があります。

根拠法令

租税特別措置法35条
3　相続又は遺贈（贈与者の死亡により効力を生ずる贈与を含む。以下第6項までにおいて同じ。）による被相続人居住用家屋及び被相続人居住用家屋の敷地等の取得をした相続人（包括受遺者を含む。以下この項及び次項において同じ。）が、平成28年4月1日から令和9年12月31日までの

間に、次に掲げる譲渡（当該相続の開始があつた日から同日以後3年を経過する日の属する年の12月31日までの間にしたものに限るものとし、第39条の規定の適用を受けるもの及びその譲渡の対価の額が1億円を超えるものを除く。以下この条において「対象譲渡」という。）をした場合（当該相続人が既に当該相続又は遺贈に係る当該被相続人居住用家屋又は当該被相続人居住用家屋の敷地等の対象譲渡についてこの項の規定の適用を受けている場合を除き、第3号に掲げる譲渡をした場合にあっては、当該譲渡の時から当該譲渡の日の属する年の翌年2月15日までの間に、当該被相続人居住用家屋が耐震基準（地震に対する安全性に係る規定又は基準として政令で定めるものをいう。第1号ロにおいて同じ。）に適合することとなった場合又は当該被相続人居住用家屋の全部の取壊し若しくは除却がされ、若しくはその全部が滅失をした場合に限る。）には、第1項に規定する居住用財産を譲渡した場合に該当するものとみなして、同項の規定を適用する。

一　当該相続若しくは遺贈により取得をした被相続人居住用家屋（当該相続の時後に当該被相続人居住用家屋につき行われた増築、改築（当該被相続人居住用家屋の全部の取壊し又は除却をした後にするもの及びその全部が滅失をした後にするものを除く。）、修繕又は模様替（第3号において「増改築等」という。）に係る部分を含むものとし、次に掲げる要件を満たすものに限る。以下この号において同じ。）の政令で定める部分の譲渡又は当該被相続人居住用家屋とともにする当該相続若しくは遺贈により取得をした被相続人居住用家屋の敷地等（イに掲げる要件を満たすものに限る。）の政令で定める部分の譲渡

　イ　当該相続の時から当該譲渡の時まで事業の用、貸付けの用又は居住の用に供されていたことがないこと。

　ロ　当該譲渡の時において耐震基準に適合するものであること。

二　当該相続又は遺贈により取得をした被相続人居住用家屋（イに掲げる要件を満たすものに限る。）の全部の取壊し若しくは除却をした後又はその全部が滅失をした後における当該相続又は遺贈により取得をした被相続人居住用家屋の敷地等（ロ及びハに掲げる要件を満たすものに限る。）の政令で定める部分の譲渡

イ　当該相続の時から当該取壊し、除却又は滅失の時まで事業の用、貸付けの用又は居住の用に供されていたことがないこと。
　　ロ　当該相続の時から当該譲渡の時まで事業の用、貸付けの用又は居住の用に供されていたことがないこと。
　　ハ　当該取壊し、除却又は滅失の時から当該譲渡の時まで建物又は構築物の敷地の用に供されていたことがないこと。
　三　当該相続若しくは遺贈により取得をした被相続人居住用家屋（当該相続の時後に当該被相続人居住用家屋につき行われた増改築等に係る部分を含むものとし、当該相続の時から当該譲渡の時まで事業の用、貸付けの用又は居住の用に供されていたことがないものに限る。以下この号において同じ。）の政令で定める部分の譲渡又は当該被相続人居住用家屋とともにする当該相続若しくは遺贈により取得をした被相続人居住用家屋の敷地等（当該相続の時から当該譲渡の時まで事業の用、貸付けの用又は居住の用に供されていたことがないものに限る。）の政令で定める部分の譲渡（これらの譲渡のうち第１号に掲げる譲渡に該当するものを除く。）

4　（省略）
5　前２項及び次項に規定する被相続人居住用家屋とは、当該相続の開始の直前において当該相続又は遺贈に係る被相続人（包括遺贈者を含む。以下この項及び次項において同じ。）の居住の用（居住の用に供することができない事由として政令で定める事由（以下この項及び次項において「特定事由」という。）により当該相続の開始の直前において当該被相続人の居住の用に供されていなかった場合（政令で定める要件を満たす場合に限る。）における当該特定事由により居住の用に供されなくなる直前の当該被相続人の居住の用（第３号において「対象従前居住の用」という。）を含む。）に供されていた家屋（次に掲げる要件を満たすものに限る。）で政令で定めるものをいい、前２項及び次項に規定する被相続人居住用家屋の敷地等とは、当該相続の開始の直前において当該被相続人居住用家屋の敷地の用に供されていた土地として政令で定めるもの又は当該土地の上に存する権利をいう。
　一　昭和56年５月31日以前に建築されたこと。

二　建物の区分所有等に関する法律第1条の規定に該当する建物でないこと。
三　当該相続の開始の直前において当該被相続人以外に居住をしていた者がいなかったこと（当該被相続人の当該居住の用に供されていた家屋が対象従前居住の用に供されていた家屋である場合には、当該特定事由により当該家屋が居住の用に供されなくなる直前において当該被相続人以外に居住をしていた者がいなかったこと。）。

41　住居の譲渡が予定される場合の遺産分割の方法

事例

　被相続人甲は、本年2月にS市内の自宅で死亡しました。甲には既に妻は亡く、相続人は、同居の長男A及びR市に居住する次男Bの2人です。甲の遺産は、自宅の土地家屋（相続税評価額3,200万円。以下「本件不動産」という。）のみで、A及びBに甲の相続開始に係る相続税はかかりません。

　本年3月に、常々本件不動産に関心を持っていた近隣の不動産業者からAに対して購入の申込みがありました。A及びBは、本件不動産が甲の唯一の遺産であり、甲が30年以上居住していた思い出のある財産ですが、遺産分割が困難であることと、Bが現金預金等の取得を強く要望していることもあって売却することにしました。

　本件不動産については、譲渡予定価額は4,000万円ですが、その代金をA及びBが均等に取得できるような分割方法を考えています。なお、本件不動産の譲渡による譲渡益の合計額は2,800万円です。Aは、本件不動産の譲渡後には、勤務先の社宅に入居する予定です。

　A・B両人にとって、どのような遺産の処理方法を選ぶのが、課税上有利で適切となるでしょうか。

回答

　A・B両人は、本件不動産に居住しているAが本件不動産を単独取得し、Bに対して、譲渡代金の中から代償金として2,000万円を支払うこと

による代償分割としての遺産分割協議を調えます。

　そうすると、Aは、単独で本件不動産を取得して譲渡することになり、本年分の譲渡所得について確定申告をします。この申告では、Aは、長期譲渡所得の金額2,800万円から居住用財産譲渡の特別控除額（最高3,000万円）を控除することができ、課税長期譲渡所得金額は発生しません。仮に予定価額よりも高く売却することができ、多少の課税長期譲渡所得金額が発生したとしても、軽減税率（所得税10.21％（復興特別所得税を含みます。）、住民税4％）が適用されるので、その税負担は軽減されます。

解　説

　遺産分割協議において、遺産中に現金・預金等の可分財産が少なく、大部分が不動産等の不可分財産であるときは、共同相続人は遺産分割につき現物分割を行うのが困難な場合があり、現物分割の方法に代えて代償分割や換価分割等の方法によらざるを得ないことがあります。

　代償分割は、不可分財産を取得した相続人が他の相続人に対し債務を負担する方法であり、その財産の分割や換価が困難であるか、財産の分割を望まない場合に行われます。これに対し、換価分割は、その財産の分割は困難でも換価が可能な場合にその財産を未分割のままで他に譲渡し、その代金を共同相続人間の合意に基づき分配する方法で、その効果は、各人が代金分配の割合で当該不可分財産を共有取得したことになります。

　したがって、代償分割を行う場合の財産取得者が代償債務を履行すべき代償金の支払能力がないときの分割方法は、代償分割は適切でなく、換価分割とするのが相当です。すなわち、代償債務者が取得した遺産を譲渡してその代金を代償金に充てるような場合は、原則として換価分割とすべきです。代償分割では、譲渡所得の全部が代償債務者に課税される結果とな

り、一方、換価分割では、各相続人の受領代金がそのまま各人の譲渡収入となるので、各人の所得に応じた合理的な税負担となるからです。

　本件では、いずれの方法でも相続税は課税されませんが、譲渡所得税は、代償分割ではBに課税はなく、Aは、居住用財産の譲渡所得の特別控除（措法35①）の適用により、長期譲渡所得の金額から特別控除額（最高3,000万円）を控除することができるので、課税対象の所得金額は生じません。仮に長期譲渡所得金額が3,000万円を超えて課税長期譲渡所得金額が生じても、その課税長期譲渡所得金額には、6,000万円までの部分について軽減所得税率の10.21％（復興特別所得税を含みます。ほかに住民税率4％が課されます。）が適用されることになります（措法31の3①、地方税法附則34の3①③）。

　本件不動産の分割方法につき換価分割を選択した場合には、Aの長期譲渡所得の金額1,400万円は特別控除額を控除することによりなくなり、Bの長期譲渡所得の金額1,400万円には、一般の長期譲渡の所得税率15.315％（復興特別所得税を含みます。ほかに住民税率5％が課されます。）が適用されて、所得税・住民税の課税額は280万円となります。

42 自宅敷地が所有期間の異なる2つの土地等である場合の譲渡所得の軽減税率等の特例の適用

事 例

　甲は、この度、20年前から所有していた自宅家屋とその敷地を譲渡しました。

　この自宅家屋は、その敷地を地主から賃借して建築したもので、甲は、その土地の賃貸借契約の際に権利金を支払い、以後地代を支払ってきました。

　7年前に、地主から甲が賃借している土地（底地）を買い取ってほしいとの申出があったので買い受けました。買受価額が安かったこととその後の地価の上昇とで、底地部分のみでも相当の含み益が生じていますが、自宅家屋については譲渡益は発生しません。

　甲は、この譲渡に係る譲渡所得について、長期所有の居住用財産の譲渡に係る特別控除及び軽減税率の適用か、特定居住用財産の買換えの特例のいずれかを適用したいと思っています。

　この場合、居住用財産の譲渡に係る上記の2つの特例は、自宅敷地の所有期間が10年を超えていないので、いずれも適用できないことになるのでしょうか。

回 答

　土地の譲渡益のうち旧借地権に相当する部分については、特別控除及び軽減税率の適用、又は特定居住用財産の買換えの特例のいずれかを選択し

て適用することができます。

　なお、土地の譲渡益のうち旧底地に相当する部分については、上記のいずれの特例も適用することはできません。

解　説

　債権及び債務が同一人に帰属したときは、原則として、その債権は消滅します（民法520本文）。これを「混同」といいます。民法は、混同について、上記の債権の混同のほか、物権についても混同を規定しています（民法179）。

　債権の混同の例として、父Aから100万円を借りていた子BがAの死亡によりAのBに対する債権を相続するケース等がこれに該当します。判例では、土地の賃借人が目的物である土地所有権を取得したときは、賃貸借を存続すべき利益がある特別の場合を除き賃貸借は終了するとしたものがあります（大審院昭和5年6月12日判決・民集9巻532頁）。

　そうすると、土地の賃借人（借地権者）が賃貸人（地主）からその土地（底地）を取得すると、賃借人の有していた土地の賃借権は消滅するので、その土地の所有権は、完全所有権に転化することになります。

　したがって、甲が譲渡対象とした自宅敷地の土地は、もはや底地と借地権とが別個には存在せず、完全所有権としての土地のみが存在することになります。

　しかし、民法上ではそのように考えるとしても、現行税制では、土地等の譲渡に係る譲渡所得の課税では、譲渡資産の所有期間の長短により長期譲渡所得と短期譲渡所得とに区分して異なる税率を適用して課税する制度が採られており、借地権者が底地を取得した後にその土地を譲渡したような場合には、旧借地権部分の土地等と旧底地部分の土地等とで所有期間が

異なるので、別々に課税上の所得計算を行うことに扱われています（所基通33—10）。

　この事例でも、底地の取得後もなお借地権部分と底地部分とが存在するものとして、借地権部分につき軽減税率の特例と特定居住用財産の買換えの特例の共通の要件となっている「所有期間が10年を超える」旧借地権部分の譲渡益を計算し、残余の旧底地部分については所有期間10年未満の一般の長期譲渡所得としての譲渡益を計算して、それぞれの課税を行うことになります。

　その結果、旧借地権部分の譲渡益については、特別控除及び軽減税率の特例、又は特定居住用財産の買換えの特例を適用することができることになります。

　なお、底地部分の譲渡益について、居住用財産譲渡の場合の特別控除の特例の要件を満たすときは、旧借地権部分の譲渡益について特定居住用財産の買換えの特例を適用しないときに限り、その譲渡益の限度で3,000万円の特別控除を行うことができます。

根拠条文

民法520条（混同）
　債権及び債務が同一人に帰属したときは、その債権は、消滅する。ただし、その債権が第三者の権利の目的であるときは、この限りでない。

参考通達

所基通33―10（借地権者等が取得した底地の取得時期等）

　借地権その他の土地の上に存する権利（以下「借地権等」という。）を有する者が当該権利の設定されている土地（以下「底地」という。）を取得した場合には、その土地の取得の日は、当該底地に相当する部分とその他の部分とを各別に判定するものとする。

　底地を有する者がその土地に係る借地権等を取得した場合も、同様とする。

43 居住用財産の譲渡後もその家屋での居住を継続する場合の特別控除等の特例の適用

> **事　例**
>
> 　甲は、自己の営む事業が不振で資金繰りが窮屈になり、事業用資金の調達や借入金の返済にも支障が生じていますが、これ以上の新規の借入れは回避したいと思っています。
>
> 　そこで、甲は、自宅の土地家屋を譲渡し、長期所有の居住用財産を譲渡した場合の譲渡所得の軽減税率の特例及び3,000万円の特別控除の特例の適用を受けることで、税引き後の代金をできる限り多く確保し、その譲渡代金を有効に活用したいと考えました。そのためには、自宅を売却しても、その後に居住する新たな住宅を取得することなく、現自宅に住み続けることにします。
>
> 　そこで、第1案として、給与所得者で娘婿のAに自宅を時価で売却することを考えました。A夫婦は、近くの賃貸マンションに住んでいます。甲は、自宅の売却後にそれをAから使用貸借により借り受けることにより通常の月額家賃約8万円を節約したいと思っています。
>
> 　第2案として考えた方法は、甲の事業の主要取引先で甲が相当の借入債務を負っているBに自宅を時価で売却し、その後に、甲がBからその自宅を通常の家賃により借り受けて居住を継続するというものです。
>
> 　これらの譲渡を行った場合には、上記の居住用財産を譲渡した場合の課税上の各特例の適用は、どのようになりますか。

譲渡所得関係

回　答

　甲は、Aに対する自宅の土地家屋の譲渡に係る譲渡所得について、居住用財産の譲渡所得の特別控除控及び軽減税率の各特例を適用することができます。甲が自宅の譲渡後にその自宅をAから無償で借り受ける場合の各年の経済的利益の額は、贈与税の基礎控除額以下と思われますから、この経済的利益の享受について贈与税は課税されません。

　また、Bに対する譲渡に係る譲渡所得についても、上記の特別控除の特例等を適用することができます。しかしながらその取引の実質が譲渡ではなく譲渡担保の設定であると認められるときは、譲渡所得の発生はなかったものとされます。

解　説

　租税特別措置法第35条第1項に規定する居住用財産を譲渡した場合の3,000万円特別控除の特例や同法第31条の3第1項に規定する居住用財産を譲渡した場合の長期譲渡所得の軽減税率の特例は、その譲渡先が譲渡人の「特別関係者」である場合の譲渡に係る譲渡所得には、適用されません。この「特別関係者」には、譲渡人の親族としての配偶者、直系血族、生計を一にする親族及び譲渡後に譲渡人とその家屋に居住する親族が含まれます（措法35①、31の3①、措令23②、20の3①）。

　この特例制度の適用要件にこの「譲渡先の制限要件」が存在する理由は、次のとおりです。

　すなわち、居住用財産を譲渡した場合には、通常これに代わる新規の住宅を買い換えることが多く、この買換えを容易かつ円滑に行うことができるようにするためのサポート税制として、譲渡代金のほとんどを買換住宅

の取得資金に費やすことになって担税力が乏しくなる譲渡人に配慮して、多額の特別控除を設け、この控除額を超える場合の長期譲渡所得にも軽減税率の適用を認める制度が併設されています。

　しかし、その住宅の譲渡先が譲渡人の配偶者や直系血族であるなど、通常その住宅の譲渡後も新規の住宅の買換えをする必要がないと考えられる場合には、譲渡代金がそのまま譲渡人に残存するので、その譲渡所得税の担税力減少に配慮する必要がないことになります。そこで、これらの特例制度では、譲渡人の特別関係者への譲渡に係る譲渡所得についてはこれらの特例の適用対象外としているものであり、単に、近親者に対する譲渡であるからとの理由で、譲渡所得の特例の対象外とする趣旨ではありません。

　税制上は、これらの特例を適用するについて、上記の租税特別措置法施行令第20条の3第1項各号に掲げる者に対する譲渡を適用除外としていて、譲渡人が現実に転居等を必要としたという事実の存在は、要件とされていません。

　第1案の譲渡先である甲の娘婿は、甲の親族ですが、直系血属でも生計を一にする親族でもなく、その譲渡後に譲渡資産である家屋に甲と同居する親族でもありませんから、譲渡先制限の要件に抵触することにはなりません。

　そして、この要件が譲渡人が居住用の家屋を譲渡した後にもその家屋に継続して居住する場合の適用除外を考慮して設けられたものであったとしても、法定の要件に抵触しなければ、居住用家屋の譲渡人が譲渡後もその家屋に居住し続けているとの事実があったからといって、上記の特例の適用が否認されるわけではありません。

　甲がこの譲渡後にAから居住用家屋を使用貸借により借り受ける場合には、甲は、Aから借り受けた各年中の通常家賃に相当する金額の経済

的利益を付与されたものとして贈与税の課税対象となりますが、その経済的利益の額は、今後、毎年暦年課税の贈与税の基礎控除額（110万円）以下と思われますから、現実に甲に贈与税が課されることはありません。

なお、夫婦間、親子間、祖父母孫間での家屋の使用貸借により借受人が享受することになる経済的利益については、その受贈額が少額であるか、課税上弊害がないかのいずれかに該当すれば、実務上は、贈与税の課税対象とはされません（相基通9—10ただし書）。

また、第2案のBに対する譲渡でも、Bは法定の譲渡先制限の要件に該当する者でないので、甲がその家屋の譲渡後も同家屋に継続して居住していても、上記の特例の適用を受けることができます。

念のため、この譲渡が、売買の形式を採りながら、その実質は、甲のBに対する債務の弁済を担保するための担保提供にすぎないケースもあり、その場合には、形式的には住宅の譲渡であったとしてもその実質は譲渡担保であって実質的な所有権の移転はなく、家賃の支払の実質は借入金利子の支払であると認定されることもあります。この場合には、譲渡があったとは認められないことから、一定の手続を行えば譲渡所得は発生しなかったものとされます（所基通33—2）。

44 夫が居住用財産の譲渡契約後に死亡したので、相続人である妻が引渡した場合の譲渡所得の特例

事例

甲は、Ｄ市の自宅に妻乙とともに居住していましたが、75歳になったのを契機に、この自宅を売却し、老人ホームに入居することとしました。甲は昨年12月にこの自宅建物とその敷地をＡ社に売却する契約を締結し、本年３月31日に引渡しをする予定でした。
ところが、甲は、本年１月に心不全で急逝してしまいました。

そこで自宅建物とその敷地は、乙が相続し、相続登記を行った後、３月31日にＡ社に引き渡しました。

この自宅建物とその敷地の譲渡に係る譲渡所得の申告は、どのように行えばよいでしょうか。また、居住用財産を譲渡した場合の3,000万円の特別控除の特例を適用することはできるでしょうか。

回答

譲渡所得の基因となる資産を譲渡した場合の譲渡所得は、原則として、譲渡財産の引渡日の属する年分の所得となります。したがって、Ｄ市の自宅建物とその敷地の引渡しが行われた本年分の所得として乙が来年の３月15日までに申告をすることとなります。この場合、乙は、居住用財産を譲渡した場合の居住用財産を譲渡した場合の3,000万円の特別控除の特例を適用することができます。

ただし、譲渡契約の効力の発生した日に譲渡があったものとして、甲の

所得税の準確定申告をすることもできます。この場合においても、甲の申告において居住用財産を譲渡した場合の3,000万円の特別控除の特例を適用することができます。

解説

　譲渡所得の総収入金額の収入すべき時期は、原則として、譲渡した資産の引渡しがあった日によるものとされています。ただし、納税者の選択により、当該資産の譲渡に関する契約の効力発生の日（農地法第3条第1項《農地又は採草放牧地の権利移動の制限》若しくは第5条第1項本文《農地又は採草放牧地の転用のための権利移動の制限》の規定による許可（同条第4項の規定により許可があったものとみなされる協議の成立を含みます。）を受けなければならない農地等の譲渡又は同条第1項第6号の規定による届出をしてする農地等の譲渡については、当該農地等の譲渡に関する契約が締結された日）により総収入金額に算入して申告があったときは、その申告が認められます（所基通39—12）。

　事例の場合、D市の自宅建物及びその敷地（これらを「本件土地建物」といいます。）の引渡しは、本年3月31日に行われましたので、譲渡時の所有者である乙の本年分の譲渡所得として申告をすることとなります。この場合、乙が本件土地建物を相続により取得したのは、甲により本件土地建物の譲渡契約が締結された後であり、乙が所有者として本件土地建物に居住した期間は引き渡しまでの短期間であったことから、居住用財産を譲渡した場合の3,000万円の特別控除の特例（以下「本件特例」といいます。）を適用することができるかどうかが問題となります。しかしながら、乙が居住者として居住していた期間が本件土地建物の譲渡契約を締結した後であり、乙が本件土地建物に居住していた期間が短期間であったとして

も、その間、この場所が乙の生活の本拠であり、この特例を適用するために一時的に居住したものでもありません。したがって、乙は、本年分の申告において、本件特例を適用することができます。

また、相続により取得した財産を相続税の申告書の提出期限から3年を経過する日の前日までに譲渡した場合には、その者の相続税額のうち譲渡した資産に対応する金額を譲渡所得金額の計算上、取得費の額に含めることができます（措法39）。具体的には次の計算式により求めた金額を譲渡資産の取得費として加算することができます。相続人が譲渡した売買契約中の土地等又は建物等については、相続税の課税上、その売買契約に基づく相続開始時における残代金請求権に加え、相続開始時までに受領した手付金に相当する額がその課税価格の計算の基礎に算入されていると考えられることから、売買契約中の土地等又は建物等を相続人が譲渡したものとして申告する場合は、算式中のAの金額は当該土地等又は建物等の譲渡収入金額（残代金請求権＋手付金に相当する額）となります。

なお、その相続人の売買契約中の土地等又は建物等に係る譲渡収入金額から残代金請求権の価額を控除した金額（前受金債務に相当する額）は、その相続人の債務控除額（Cの金額）に加算します。

$$\text{取得費に加算する相続税額} = \text{その相続人の相続税額} \times \frac{\text{その相続人の相続税の課税価格の計算の基礎とされたその譲渡資産の価額（譲渡収入金額）(A)}}{\text{その相続人の課税価格(B)} + \text{その相続人の債務控除額（前受金債務相当額を加算）(C)}}$$

また、昨年の12月に甲により本件土地建物の譲渡契約締結されていることから、本件土地建物の契約時の所有者であった甲の昨年分の譲渡所得として準確定申告書を提出することもできます。この場合、甲の申告におい

て本件特例を適用することができます。なお、甲の昨年分の準確定申告書により納付すべき所得税（復興特別所得税を含みます。）は、被相続人を甲とする相続税の申告において、債務控除の対象となります。

> **参考通達**
>
> **所得税基本通達36―12（山林所得又は譲渡所得の総収入金額の収入すべき時期）**
>
> 　山林所得又は譲渡所得の総収入金額の収入すべき時期は、山林所得又は譲渡所得の基因となる資産の引渡しがあった日によるものとする。ただし、納税者の選択により、当該資産の譲渡に関する契約の効力発生の日（農地法第３条第１項《農地又は採草放牧地の権利移動の制限》若しくは第５条第1項本文《農地又は採草放牧地の転用のための権利移動の制限》の規定による許可（同条第４項の規定により許可があったものとみなされる協議の成立を含む。以下同じ。）を受けなければならない農地若しくは採草放牧地（以下この項においてこれらを「農地等」という。）の譲渡又は同条第１項第６号の規定による届出をしてする農地等の譲渡については、当該農地等の譲渡に関する契約が締結された日）により総収入金額に算入して申告があったときは、これを認める。
>
> ㊟（省略）

45　農業経営を子に譲った父が農地を譲渡し貸家を建築する場合の特定事業用資産の買換えの特例の適用

事　例

　甲は、老齢となったので、数年前から農業経営を同居している長男に譲り、長男が専業農家として農業経営に取り組んでいます。甲は、今は農業には従事せず、長男と生計を一にし、その扶養親族となっています。甲は、この度、甲の父から25年前に相続した農地の一部を売却し、今年中にその代金でアパート１棟（12世帯分）を新築して賃貸する予定です。

　甲が所有している農地は、甲が現に農業経営に関与せず、農耕にも従事していないので、甲の事業用資産ということはできないと思われますが、甲は、この農地の譲渡による譲渡所得について、アパートを取得したことにより、特定事業用資産の買換えの特例を適用することができるでしょうか。

回　答

　甲は、事業（農業）の用に供している土地（農地）を譲渡し、事業（賃貸）の用に供する建物（アパート）を取得することになりますから、特定の事業用資産の買換えの特例を適用することができます。

解　説

　特定の事業用資産の買換えの譲渡所得の特例の適用を受けることができ

る要件は、事業の用（不動産貸付業というまでには至らない不動産の貸付けで相当の対価を得て継続的に行うものの業務の用を含みます。）に供している一定の資産を譲渡し、これに代わる一定の資産を取得して事業の用に供することです（措法37①）。

この場合の「事業の用に供する」とは、「自己の事業の用に供する」ことをいうものと解されます。

しかし、個人が営む農業や中小企業の事業の実態は、家族が共同して行うことが多く、必ずしも事業経営者自身の事業用資産のみを基本として維持されているとはいえない実情にあるので、この課税の特例について、事業経営者が所有し自らの事業用資産を譲渡し、自らの事業用資産を買い換える場合に限定してこの特例制度を運用したのでは、この制度が意図する円滑な事業用資産の更新ができない事態も生ずると考えられます。

そこで、実務上の取扱いでは、譲渡資産がその所有者と生計を一にする親族の事業の用に供されていたときは、その譲渡資産は、その所有者にとっても事業の用に供されていたとして特例の適用を受けることができるよう取り扱われており、この取扱いは、買換資産が同じ事情にある場合も同様です（措通37―22で準用する措通33―43）。

この事例については、甲の譲渡資産である農地は、子の事業（農業）の用に供されていたものですが、その子は甲と生計を一にしているので、甲の譲渡資産（農地）は、甲自身の事業の用に供されていたものとして取り扱われます。

したがって、甲は、子が営む事業の用に供されている農地を譲渡資産とし、自己の事業の用に供するアパートを買換資産として、特定の事業用資産の買換えの特例を適用することができます。

ちなみに、将来、甲の妻が甲から相続した所有期間10年超のアパート用

土地建物を譲渡し、飲食店用の土地建物を取得して、その店舗建物を生計を一にする長女にその店舗経営を行わせるような場合についても、現行法を前提とする限り、特定の事業用資産の買換えの特例を適用することができます（措通33—22で準用する措通33—43の後段）。

> **参考通達**
>
> **措通37—22（生計を一にする親族の事業の用に供している資産）**
> 33—43の取扱いは、措置法第37条第1項の規定を適用する場合について準用する。
>
> **措通33—43（生計を一にする親族の事業の用に供している資産）**
> 措置法令第22条第6項の規定は、資産の所有者が同項に規定する事業の用に供していたものを譲渡し、かつ、その者が同項に規定する代替資産とすることができる資産を取得（製作及建設を含む。）する場合に適用があるのであるが、譲渡資産がその所有者と生計を一にする親族の同項に規定する事業の用に供されていた場合には、当該譲渡資産はその所有者にとっても事業の用に供されていたものに該当するものとして同項の規定を適用することができる。
> 同項に規定する代替資産とすることができる資産について同様の事情がある場合も、また同様とする。

46 当年分の譲渡所得の買換資産を翌年分の買換資産とすることの可否

> **事　例**
>
> 　甲は、本年1月に、U農地を乙に6,000万円で譲渡し、2月にはV農地について丙社に5,000万円で譲渡する売買契約を締結して手付金及び中間金の1,500万円を受領しましたが、丙社は、残代金の調達が困難となったとしてその契約の解除を要請してきました。甲は上記の二つの農地の合計譲渡代金で本年中に約1億円の建築費により賃貸住宅（以下「本件賃貸住宅」という。）を建築して、特定の事業用資産の買換えの特例（以下「本件特例」という。）を適用する予定であり、既にその工事に着手していましたので、早急に工事代金を調達する必要がありました。そこで、甲は、丙社の要請を受け入れ、同社とのV農地の売買契約を合意解除し、既に収受した代金を返還するとともに、本件賃貸住宅の建築費の不足分は急遽銀行からの借入金により調達しました。この借入金については、来年中に改めて他に譲渡するV農地の譲渡代金で銀行に返済するつもりです。
>
> 　この場合に、甲は、本年分の申告では、U農地の買換資産として本件賃貸住宅の取得価額約1億円のうち6,000万円に相当する部分について本件特例を適用し、残余の4,000万円部分は、来年、V農地の譲渡の買換資産として本件特例を適用することはできますか。

回 答

　甲は、本年中に建築する本件賃貸住宅について6,000万円部分をU農地の買換資産として本件特例を適用して本年分の長期譲渡所得の申告をし、来年分のV農地の譲渡所得について本件賃貸住宅の取得価額の残余部分4,000万円を買換資産として本件特例を適用して来年分の長期譲渡所得の申告をすることができます。なお、本件賃貸住宅を取得した日から1年以内にそれを賃貸の用に供しなければなりません。

解 説

　本件特例の制度は、その年において一定の事業用資産を譲渡した個人が、その年中若しくは前年中に一定の事業用資産を取得した場合、又はその翌年中に一定の事業用資産を取得する見込みである場合において、これらの取得の日から1年以内にその買換資産をその個人の事業の用に供したとき（この期間内に買換資産を事業の用に供しなくなったときを除きます。）には、以下のように扱うとする制度です。

　すなわち、その譲渡代金を買換資産の取得に充てて残余金が生じないときは、その譲渡資産の譲渡収入金額の80％相当額部分の譲渡がなく譲渡収入金額の20％相当額部分の譲渡があったものとして譲渡所得金額を計算し、譲渡代金を買換資産の取得に充てて残余金があるときは、買換資産の取得価額の80％相当額部分の譲渡はなく、この額を超える部分の譲渡があったものとして譲渡所得金額を計算する制度です（80％の割合以外の割合が適用される場合があります。）。もっとも、本件特例制度では、適用要件として、譲渡資産の譲渡代金を直接買換資産の取得代金に充てることまでは要求しておらず、買換資産の取得期間を限定することで、買換資産としての

認定を容易にしています。

　買換資産の取得可能な時期については、資産を譲渡した年中の取得（措法37①）のほか、その前年中の取得（措法37③本文）と譲渡資産を譲渡した年の翌年中の取得（措法37④本文）の３年間を原則として、特則として、譲渡資産を譲渡した年の前々年中（措法37③括弧書）のほか、譲渡資産を譲渡した年の翌々年中、翌々々年中（措法37④、措令25⑳）の取得が認められますので、６年間の期間が設けられているということになります。

　本事例の場合、一の資産であるアパート建物を、本年の譲渡資産であるＵ農地に係る買換資産と来年の譲渡資産であるＶ農地に係る買換資産とに区分することができるかどうかが問題となります。本件特例を定めた租税特別措置法の条文上では、一の資産の取得価額を任意に区分して２年分の譲渡資産に係る買換資産とすることができるとまでは理解し難いところですが、国の政策目的を推進し実効を図る租税特別措置の観点からは、一の買換資産を２年に跨って買換資産とすることは何ら立法趣旨に反するものでないとも考えられます。

　そこで、実務上の取扱いでは、当年分の譲渡所得について、前年中に先行取得した買換資産がある場合に、その買換資産の取得価額がその譲渡資産の収入金額を超えるときは、その超過部分の金額相当部分の資産については、翌年分以後における先行取得の買換資産とすることができる旨の取扱いが定められています（措通37―26）。

　この取扱いを参考に本事例について考えてみますと、一の資産であるアパート建物１棟１億円を、あたかも6,000万円及び4,000万円の２棟のアパートが買換資産であるとみて、本年分の譲渡資産であるＡ農地の買換資産として6,000万円部分を対応させ、残余の4,000万円部分を来年分の譲渡資産であるＶ農地の買換資産に対応させることができると思われます。

なお、本件賃貸住宅の完成引渡しを受けた日が本年中である場合には、買換資産取得年の翌年3月15日（来年3月15日）までに、租税特別措置法第37条第3項の規定の適用を受ける旨その他の所要事項を記載した「先行取得資産に係る買換えの特例の適用に関する届出書」を提出する必要があります（措法37③、措令25⑱）。

> **取扱通達**　（譲渡の日の属する年の前年において取得した資産の買換えの適用）
>
> 措通37―26
> 　措置法第37条第3項の規定により譲渡資産の譲渡の日の属する年の前年以前に取得した資産（取得の日の属する年の翌年3月15日までに納税地の所轄税務署長に同項の規定の適用を受ける旨の届出をしたものに限る。）を当該譲渡資産に係る買換資産とすることができる場合において、当該買換資産の取得価額が当該譲渡による収入金額を超えるときは、その超える金額に相当する部分の資産については、その資産につき当該譲渡の日の属する年の翌年3月15日までに納税地の所轄税務署長に同項の規定の適用を受ける旨の届出をしたものに限り、当該譲渡の日の属する年の翌年以後における同項の規定による買換資産とすることができるものとする。

譲渡所得関係

47　特定事業用資産の買換えの特例における譲渡資産の事業供用要件

事　例

甲は、市街地にある雑種地200㎡を15年間にわたって乗用車約9台が利用可能な駐車場として使ってきました。駐車場としては小規模なものですから、アスファルト舗装のほかは、駐車に必要なコンクリートブロック等を設置しただけの簡易な駐車場です。

その賃料収入は、年間200万円程度であり、維持管理費は、固定資産税のほかはごくわずかです。

この度、甲は、その駐車場用地を譲渡し、その代金で住宅地に所有する土地上にアパート2棟（全20室程度）を建築することとしました。

甲は、この土地の譲渡に係る譲渡所得について特定の事業用資産の買換えの特例（以下「本件特例」という。）を適用したいと思っています。それには、譲渡資産と買換資産の両方が事業用の資産でなければなりません。

甲の譲渡所得の本件特例の適用については、買換資産のアパート用の建物は事業用としての買換資産に該当すると思われますが、譲渡資産である駐車場用の土地も、事業用の資産に該当するでしょうか。

回　答

甲は、譲渡資産である土地を駐車場としての賃貸業務の用に供してきましたが、その業務が駐車場業としての事業とまではいえないとしても、相

当の対価を得て継続的に行われているものであったと認められるときには、その駐車場用の土地が本件特例における事業用の譲渡資産に該当します。

甲は譲渡資産を長期にわたって継続している貸付業務の用に供してきたことと、その賃料収入の額に対して支出する維持管理費がほとんど固定資産税だけであったことから相当の対価を得ていたと認められますので、その譲渡資産は「事業用の資産」に該当すると思われます。

解　説

本件特例の適用を受けるための譲渡資産は、事業の用に供されているものであることを要しますが、この「事業」には、「事業と称するに至らない不動産又は船舶の貸付けその他これに類する行為で相当の対価を得て継続的に行うもの」が含まれます（措法37①、措令25②）。

この事例の譲渡資産である駐車場に係る貸付業務が駐車場業等の事業に該当する場合には、「相当の対価を得て継続的に行うもの」との要件（措令25②）を必要とはしませんが、いまだ事業と称するに至らない貸付業務である場合は、上記の要件を満たさなければなりません。

本件特例の「事業」に含まれる貸付業務の要件の適合性の判定における「相当の対価性」については、貸付用資産の減価償却費、固定資産税、その他の必要経費を回収した後になお利益が生ずるような対価をいうとし、「貸付業務の継続性」については、貸付契約時の現況において、その貸付けが相当の期間継続して行われることが予定されているかどうかによるとしています（措通37－3）。

ちなみに、事業税の取扱いでは、建築物である駐車場を除き駐車場業として事業税の課税対象となるのは、駐車台数10台以上のものとされています（地方税取扱通知・事業税2の1(6)）。

この事例の貸付業務では、年間200万円余の賃料収入があり、減価償却費等も少ないと見込まれるほか、その他の必要経費も固定資産税程度であり、相当の所得が見込まれるので「相当の対価」を得ていると認められます。

なお、青空駐車場の場合、それを他の用途に変更することが容易であり、買換資産の場合には今後継続的に使用される保証がないとして貸付業務の継続性の点から事業用資産に該当しないとされることも少なくありませんが、事例では、現に長期間にわたり駐車場として利用されてきた譲渡資産ですから、「貸付業務の継続性」も充足するとみて差し支えないでしょう。

根拠条文 （特定の事業用資産の買換えの場合の譲渡所得の課税の特例）

措令25条（事業に準ずるものの範囲）
① （省略）
② 法第37条第1項に規定する事業に準ずるものとして政令で定めるものは、事業と称するにいたらない不動産又は船舶の貸付けその他これに類する行為で相当の対価を得て継続的に行なうものとし、同項に規定する政令で定める譲渡は、代物弁済（金銭債務の弁済に代えてするものに限る。以下この項において同じ。）としての譲渡とし、同条第1項に規定する政令で定める取得は、代物弁済としての取得とする。

参考通達

措通37—3（事業に準ずるものの範囲）
措置法第37条第1項に規定する「事業に準ずるもの」とは、措置法令第25条第2項の規定により事業と称するに至らない不動産又は船舶の貸付け

その他これに類する行為で相当の対価を得て継続的に行うものをいうのであるが、その判定については、次の点に留意する。
(1) 「不動産又は船舶の貸付けその他これに類する行為」とは、措置法第37条第1項の表の各号に掲げる資産の賃貸その他その使用に関する権利の設定（以下この項において「貸付け等」という。）の行為をいう。
(2) 「相当の対価を得て継続的に行う」とは、相当の所得を得る目的で継続的に対価を得て貸付け等の行為を行うことをいう。
　この場合には、次のことに留意する。
　イ　相当の所得を得る目的で継続的に対価を得ているかどうかについては、次による。
　　(イ)　相当の対価については、その貸付け等の用に供している資産の減価償却費の額（当該資産の取得につき措置法第37条第1項（同条第3項及び第4項において準用する場合を含む。）の規定の適用を受けているときは、措置法第37条の3第1項の規定により計算した取得価額を基として計算した減価償却費の額）、固定資産税その他の必要経費を回収した後において、なお相当の利益が生ずるような対価を得ているかどうかにより判定する。
　　(ロ)　その貸付け等をした際にその対価を一時に受け、その後一切対価を受けない場合には、継続的に対価を得ていることに該当しない。
　　(ハ)　その貸付け等をした際に一時金を受け、かつ、継続的に対価を得ている場合には、一時金の額と継続的に受けるべき対価の額とを総合して(イ)の相当の対価であるかどうかを判定する。
　ロ　継続的に貸付け等の行為を行っているかどうかについては、原則として、その貸付け等に係る契約の効力の発生した時の現況においてその貸付け等が相当期間継続して行われることが予定されているかどうかによる。

48 租税特別措置法37条1項の要件を満たさない買換資産を譲渡した場合の取得価額

事例

　Aは、平成19年に父から埼玉県W市の土地建物（平成19年当時の相続税評価額1億6,000万円）の贈与を受けるとともに、父がこの土地建物を平成12年に購入した際の銀行からの借入金の残高1億5,000万円を引き継ぎました。Aはこの土地建物を賃貸し、不動産収入を得ていましたが、平成23年にこの土地建物を譲渡し、東京都B区に賃貸マンションを取得しました。Aは、W市の土地建物の譲渡に係る譲渡所得の申告において、B区のマンションを買換資産として当時施行されていた租税特別措置法第37条第1項第9号に規定する特定の事業用資産の買換えの特例を適用しました。

　Aは、令和6年10月に、B区のマンションを譲渡しましたが、譲渡所得の申告の準備をしている際に、平成19年のW市の土地建物の取得は、通常の贈与ではなく、負担付贈与であるため、いわゆる取得時期は引き継がれず、したがって、平成23年に譲渡したW市の土地建物の所有期間は10年未満となることから、当時の租税特別措置法第37条第1項に定める特定の事業用資産の買換えの特例の適用要件を満たしていないことに気付きました。

　平成23年分の譲渡について租税特別措置法第37条第1項を適用していないものとして、B区のマンションの実際の取得価額を基に令和6年に行ったB区のマンションの譲渡所得金額を計算してもよいでしょうか。

回 答

　Aは、平成23年分の所得税の確定申告において、B区のマンションを買換資産として、租税特別措置法第37条第1項に規定する特定の事業用資産の買換えの特例を適用しました。その後、平成23年分の譲渡所得の金額について、同特例が適用できないとして、所得税の修正申告を行ったり、税務署長が更正処分を行った事実はありません。したがって、令和6年のB区のマンションの譲渡に係る譲渡所得金額については、B区のマンションは同特例における買換資産として、同法第37条の3の規定に従って計算した取得費を基に計算することとなります。

解 説

　譲渡所得の計算において、贈与、相続（限定承認に係るものを除きます。）、遺贈（包括遺贈のうち限定承認にかかるものを除きます。）により取得した資産については、その取得時期を引き継ぐこととされています（所法60①一、措令20③二）。しかしながら、負担付贈与は、原則として贈与には含まれません。したがって、平成23年にAが譲渡したW市の土地建物の取得時期は、Aの父が取得した平成12年ではなく、Aが実際に取得した平成19年となります。そうしますと、平成23年1月1日においてAのW市の土地の所有期間は10年を超えていませんので、当時の租税特別措置法第37条第1項第9号に該当しないこととなります。それにもかかわらずAは平成23年分の譲渡所得の申告に当たり同号の要件を満たすものとして同項に規定する特定の事業用資産の買換えの特例を適用しました。このような場合、本来、税務調査等で同特例の適用要件を満たさないことが指摘され、Aの修正申告又は税務署長の更正処分により特例の適用が

是正されるべきでしたが、事例においては、それが行われないまま、既に所得税の更正処分の除斥期間を過ぎてしまいました。

　租税特別措置法第37条第1項の規定の適用を受けた者が同項に定める買換資産をその後に譲渡した場合、譲渡所得の計算における取得費については、租税特別措置法第37条の3の規定により、特例適用に係る譲渡資産の取得費を引き継ぐこととされています。B区の土地は、買換え資産の要件を満たさなかったとしても、租税特別措置法第37条第1項の適用を受けた買換資産となりますので、令和6年のB区のマンションの譲渡に係る譲渡所得の計算上、控除することができる取得費は、B区のマンションの取得に実際に要した金額ではなく、同法第37条の3の規定により計算した金額となります。

根拠条文

措法37条第1項（特定の事業用資産の買換えの場合の譲渡所得の課税の特例）（平成27年法律第9号による改正前のもの）

　個人が、昭和45年1月1日から平成26年12月31日（次の表の第9号の上欄に掲げる資産にあっては、平成23年12月31日）までの間に、その有する資産（省略）で次の表の各号の上欄に掲げるもののうち事業（省略）の用に供しているものの譲渡をした場合において、当該譲渡の日の属する年の12月31日までに、当該各号の下欄に掲げる資産の取得（省略）をし、かつ、当該取得の日から1年以内に、当該取得した資産を当該各号の下欄に規定する地域内にある当該個人の事業の用に供したとき、又は供する見込みであるときは、当該譲渡による収入金額が当該買換資産の取得価額以下である場合にあっては当該譲渡に係る資産のうち当該収入金額の100分の80に相当する金額を超える金額に相当するものとして政令で定める部分の譲渡があったものとし、当該収入金額が当該取得価額を超える場合にあっては当該譲渡に係る資産のうち当該取得価額の100分の80に相当する金額を超える

金額に相当するものとして政令で定める部分の譲渡があったものとして、第31条若しくは第32条又は所得税法第33条の規定を適用する。

譲渡資産	買換資産
九　国内にある土地等、建物又は構築物で、当該個人により取得をされたこれらの資産のうちその譲渡の日の属する年の一月一日において所有期間が十年を超えるもの	国内にある土地等、建物、構築物又は機械及び装置

措法37条の3（買換えに係る居住用財産の譲渡の場合の取得価額の計算等）

① 　第37条第1項（同条第3項及び第4項において準用する場合を含む。以下この条において同じ。）の規定の適用を受けた者（前条第1項若しくは第2項の規定による修正申告書を提出し、又は同条第3項の規定による更正を受けたため、第37条第1項の規定による特例を認められないこととなった者を除く。）の買換資産に係る所得税法第49条第1項の規定による償却費の額を計算するとき、又は当該買換資産の取得の日以後その譲渡（譲渡所得の基因となる不動産等の貸付けを含む。）、相続、遺贈若しくは贈与があった場合において、譲渡所得の金額を計算するときは、政令で定めるところにより、当該買換資産の取得価額は、次の各号に掲げる場合の区分に応じ、当該各号に定める金額（第37条第1項の譲渡に要した費用があるときは、政令で定めるところにより計算した当該費用の金額を加算した金額）とする。

　一　第37条第1項の譲渡による収入金額が買換資産の取得価額を超える場合　当該譲渡をした資産の取得価額等のうちその超える額及び当該買換資産の取得価額の100分の20に相当する金額に対応する部分以外の部分の額として政令で定めるところにより計算した金額と当該100分の20に相当する金額との合計額

　二　第37条第1項の譲渡による収入金額が買換資産の取得価額に等しい場合　当該譲渡をした資産の取得価額等のうち当該収入金額の100分の20に相当する金額に対応する部分以外の部分の金額として政令で定め

るところにより計算した金額と当該100分の20に相当する金額との合計額に相当する金額

三　第37条第１項の譲渡による収入金額が買換資産の取得価額に満たない場合　当該譲渡をした資産の取得価額等のうち当該収入金額の100分の20に相当する金額に対応する部分以外の部分の額として政令で定めるところにより計算した金額と当該100分の20に相当する金額との合計額にその満たない額を加算した金額に相当する金額

②～④（省略）

参考判例（裁決）

平成31年４月１日裁決（ＴＡＩＮＳ Ｆ０―１―998）

納税者が、本件特例の適用を受けようとする旨の確定申告をした場合には、修正申告又は更正により本件特例の適用が認められないことにならない限り、当該納税者は、旧措置法第37条の３第１項に規定する同法「第37条第１項の規定の適用を受けた者」、すなわち本件特例の適用を受けた者に該当し、当該納税者が買換資産とした資産は、本件特例の適用を受けた者の「買換資産」に該当するものと解するのが相当である。

49 連帯保証人2人のうち1人が保証債務を履行した場合の譲渡所得の特例の適用

> **事　例**
>
> 　Aは、5年前に自らが経営する甲社がその事業資金の借入れをする際に、債権者からの要請によりAの弟Bと2人で連帯保証人となりました。Bは甲社の経営には携わっておらず、Aは、Bに対しては、形式上は連帯保証人となってもらうが実際にBに保証債務を履行させることはない旨を確約し、その旨の覚書きを作成したうえで連帯保証人となってもらいました。
>
> 　その後に、甲社の業績が急速に悪化し、この数年間は債務超過で資力喪失の状態にあって、将来の業績回復も望めません。甲社の借入金の返済が滞ったところから、債権者から保証債務の履行を強く求められています。Aは、やむを得ず自分が所有する土地を譲渡してその代金の全額でA、Bの債務保証に係る甲社の債務の全額（4,000万円）を弁済をすることを考えています。
>
> 　Aは、後日税務署に行き譲渡所得の計算について相談したところ、係官から、土地の譲渡による譲渡所得金額は3,000万円となるが、この譲渡所得の金額のうち2,000万円部分がなかったものとされるとの説明を受けました。
>
> 　譲渡代金の全額をもって弁済したのに、なぜ、譲渡所得の金額の一部のみしか減額対象とならないのでしょうか。

譲渡所得関係

回答

　保証人が保証債務を履行する目的で資産を譲渡してその債務を弁済すると、保証人には主たる債務者に対する求償権が発生しますので、保証人に保証債務の履行金額に相当する損失が生ずるわけではありません。しかし、主たる債務者にその求償債務を弁済すべき資力がなく、保証人が求償権を行使できない事態となったときは、保証債務履行による損失が生じることになります。

　保証債務の履行による譲渡所得の特例は、保証債務を履行するために資産の譲渡をした場合において、上記のような損失が生じたときは、その損失が自己の責めに帰すべきものでなく、かつ偶発的な損失であることから、同じく偶発的に発生する所得である譲渡所得の金額がある場合に、その損失金額を譲渡所得の金額から控除することにしているものです。

　この特例の適用要件は、保証債務の履行のため資産が譲渡され、現実に保証債務を履行（弁済）したことのみでは足りず、保証債務の履行に伴い発生した「求償権が行使できないこととなった」ことを要します。

　この事例では、Aには、保証債務を履行した金額に相当する金額が主たる債務者甲社に対する求償権として発生しますが、その求償権を行使できないこととなった場合、AB間にAの負担割合を100％とする合意がありますので、AはBに対して求償権を有していませんからBに対して求償権を行使することもできません。したがって、Aは保証債務の履行として債権者に弁済した金額4,000万円が損失となり、保証債務の履行による譲渡所得の特例における限度額である譲渡所得の金額相当額3,000万円についてこの特例を適用することができます。

解 説

　連帯保証には、通常の保証債務のように、主たる債務に対する補充性として、保証人が債権者の請求等に対して、まず主債務者に請求せよという「催告の抗弁権」（民法452）や、まず主債務者の財産に執行せよという「検索の抗弁権」（民法453）のいずれの抗弁権も適用されず（民法454）、連帯保証人が数人いても、共同保証人が平分した数額についての責任を負うという「分別の利益」（民法456）をもたないとされています。

　したがって、債権者は、複数の連帯保証人のいずれに対しても、主たる債務者の債務金額を限度に、いつでも弁済の請求等をすることができます。連帯保証人相互間で負担部分を取り決めていても、債権者がこれに拘束されるわけではありません。

　しかし、この負担部分の取決めは、連帯保証人間の求償権の行使の基礎となる債務負担割合として有効であることに留意すべきです。

　本事例では、Aのほかに Bも連帯保証人となっていますが、甲社の債務に係る連帯保証人となる際に、両者の間で Aの負担割合を100％とし Bの負担割合を 0％とする合意が成立しており、そのことが覚書により明らかにされています。Bが連帯保証人となった経緯が専ら債権者からの要請によるもので、Bは形式的な連帯保証人に過ぎないと認められることから、上記のような AB間の合意にも頷けるところです。そして、A及び Bの負担部分が真実そのとおりであるならば、Aが弁済した金額4,000万円が損失となりますが、保証債務の履行による譲渡所得の特例においては譲渡所得の金額相当額が限度とされますので、その3,000万円について、甲社に対する求償権の行使不能額として、この特例を適用することができることになります。

根拠条文

民法427条（分割債権及び分割債務）
　数人の債権者又は債務者がある場合において、別段の意思表示がないときは、各債権者又は各債務者は、それぞれ等しい割合で権利を有し、又は義務を負う。

第442条（連帯債務者間の求償権）
① 連帯債務者の一人が弁済をし、その他自己の財産をもって共同の免責を得たときは、その連帯債務者は、その免責を得た額が自己の負担部分を超えるかどうかにかかわらず、他の連帯債務者に対し、その免責を得るために支出した財産の額（その財産の額が共同の免責を得た額を超える場合にあっては、その免責を得た額）のうち各自の負担部分に応じた額の求償権を有する。
② （省略）

民法465条（共同保証人間の求償権）
① 第442条から第444条までの規定は、数人の保証人がある場合において、そのうちの一人の保証人が、主たる債務が不可分であるため又は各保証人が全額を弁済すべき旨の特約があるため、その全額又は負担部分を超える額を弁済したときについて準用する。
② （省略）

参考判例

大審院大正8年11月13日判決（大審院民事判決録25巻2005頁）
〈要旨〉
　連帯保証人の一人が債務の全額又は自己の負担部分以上の弁済をした場合は、まだその負担部分を弁済しない他の保証人に対して求償することが

できる。

50 連帯保証人の1人が自己の負担部分内の保証債務を履行した場合

事例

前事例（事例49）において、仮に、A・Bの債務保証に係る甲社の債務が9,000万円であったとし、A・Bの連帯保証債務に係る負担部分がそれぞれ50％であるとした場合に、Aが土地譲渡代金の全額でA・Bの債務保証に係る甲社の債務の一部（4,000万円）を弁済したときは、Aの保証債務履行のための譲渡所得の特例の取扱いは、どうなりますか。

なお、Aのこの特例の適用前の譲渡所得の金額は3,000万円であり、A・Bとも、当面これ以上保証債務を追加履行する予定はありません。

回答

Aが土地の譲渡代金によって弁済した4,000万円については、Aの負担部分である50％相当額（4,500万円）を超えていませんので、Bに対しその負担割合に相当する2,000万円を求償することができません。したがって、Aの譲渡所得の金額がなかったものとみなされる金額は、その譲渡所得の金額に相当する3,000万円となります。

解説

保証債務を履行するため資産を譲渡した場合の譲渡所得の特例の適用要件は、保証債務を履行するために資産を譲渡したことのみでは足りず、そ

の譲渡代金による債務の弁済によって生じた求償権を行使することができないこととなったことが必要です。

　この場合に、事例49のように、Ａが連帯保証債務の全額を弁済しても、共同連帯保証人であるＢの負担部分については求償権を行使することができ、Ｂの負担部分が50％であれば、Ａは弁済額の半額をＢに求償できることになります。

　この事例では、Ａのみが甲社の主たる債務9,000万円のうち4,000万円を弁済したところ、この弁済額は、Ａの負担部分（主たる債務9,000万円の50％である4,500万円）の範囲内ですので、保証債務履行の場合の譲渡所得の特例は、その計算上の譲渡所得の金額の全額がなかったものとされると解するのが相当と考えられます。

　ところで、連帯債務者Ｘ、Ｙ及びＺの３人の債務（各人の負担部分は平等）についてＸが自己の負担部分を若干超える金額の弁済をした場合に、ＸがＹ及びＺに対して求償することができる金額は、Ｘの弁済額のうちＸの負担部分を超える部分の金額のみが対象となるのか、弁済額そのものが対象となるのかが争われた事件があり、裁判所が、Ｘは自己の弁済額のそれぞれ３分の１に相当する金額について、Ｙ及びＺに求償することができると判示した判決（大審院大正６年５月３日判決）があります。

　この判決は、連帯保証に関するものでなく連帯債務についての判決です。一般には連帯債務も連帯保証債務も、それぞれの当事者数人間では、弁償額の取戻しとしての求償権の行使が認められていますが、その求償権行使可能額の算定の基礎となるのが負担部分です。その「負担部分」という共通の要素をもつ両方の債務の取扱いは、共通する部分が多く、連帯保証債務について連帯債務の規定・取扱いが準用される場合が多くあります。

しかし、民法第465条の準用規定及び大審院大正8年11月13日判決（事例49の「参考判例」参照）にあるように、連帯債務では自己の負担部分を超えない弁償をした場合でも他の連帯債務者に求償することができますが、連帯保証人相互間では、弁済者が自己の負担部分を超える弁済をした場合にのみ、求償権の行使が認められています。

　そうすると、この事例のように連帯保証人Ａが自己の負担部分を超えない金額をもって甲社の債務の一部を弁済した場合には、Ａは、他方の連帯保証人Ｂに対し、その弁済金額のうちＢの負担部分に相当する金額を求償することができないことになります。

　本件においては、上記のとおり、連帯保証人であるＡは、もう一人の連帯保証人であるＢに対する求償権がありませんので、主たる債務者である甲社に対して4,000万円の求償権を行使することができない場合には、Ａが弁済した金額のうちＡの土地譲渡に係る所得金額に相当する3,000万円を限度として譲渡所得の金額はなかったものとされます。

根拠条文

民法465条（共同保証人間の求償権）
① 　第442条から第444条までの規定は、数人の保証人がある場合において、そのうちの一人の保証人が、主たる債務が不可分であるため又は各保証人が全額を弁済すべき旨の特約があるため、その全額又は負担部分を超える額を弁済したときについて準用する。
② （省略）

第442条（連帯債務者間の求償権）
① 　連帯債務者の一人が弁済をし、その他自己の財産をもって共同の免責を得たときは、その連帯債務者は、その免責を得た額が自己の負担部分

を超えるかどうかにかかわらず、他の連帯債務者に対し、その免責を得るために支出した財産の額（その財産の額が共同の免責を得た額を超える場合にあっては、その免責を得た額）のうち各自の負担部分に応じた額の求償権を有する。
② （省略）

参考判例

大審院大正6年5月3日判決（大審院民事判決録23巻863頁）
〈要旨〉
　連帯債務者の一人が債務の一部を弁済した場合は、弁済部分につき他の債務者に対しその負担部分の割合に応じて求償することができる。

譲渡所得関係

51 生活用自動車の下取りによる譲渡損失の損益通算の可否

事例

　Aは、サラリーマンですが、数年前に購入した小型乗用車を買い換えることとし、これを下取りに出して他のメーカーの乗用車を購入しました。その下取り価額では、使用期間の減価償却費（減価の額）を取得費から控除して損益を計算しても、譲渡損失が発生します。

　旧乗用車は、Aが家族を伴っての買い物等の外出の際に使用したほか、Aの妻Bが子の幼稚園、学校、学習塾等への送迎などの専ら生活維持のために使用してきました。

　この場合に、旧乗用車の下取りに係る譲渡損失の金額について、Aが確定申告をすることにより給与所得との間で損益通算をして所得税の還付を受けることができますか。

回答

　この事例の下取りに出した乗用車は、A及びAの配偶者であるBが生活の用に供し、かつ、生活に通常必要な動産と認められるので、その譲渡により譲渡所得計算上の損失が発生しても、その損失金額はないものとみなされます。このことから、実際には譲渡損失が生じていても、他の資産の譲渡益との相殺や、給与所得などの他の各種所得の金額との損益通算は認められないことになります。

解 説

　自動車の買換えに伴う下取りに係る損失は、総合譲渡所得の計算上生じた損失ですから、原則として他の各種所得の金額から控除することによる損益通算が認められます（所法69①）。

　ところで、自己又は配偶者その他の親族が生活の用に供する資産で、生活に通常必要な動産（貴石、貴金属等、書画、骨とう、美術工芸品等で1個・1組の価額が30万円超のものを除きます。）の譲渡による所得は、非課税とされます（所法9①九、所令25）。

　反面、上記の生活に通常必要な動産の譲渡によって譲渡損失が発生したときは、その損失の金額はないものとみなされます（所法9②）。

　したがって、その損失の金額がないものとみなされる生活に通常必要な動産の譲渡損失は、損益通算をする余地はありません。

　また、他に貴金属やゴルフ会員権などの譲渡による総合課税の譲渡所得がある場合でも、これらの譲渡所得との損益の相殺もできないことになります。

根拠条文 （譲渡所得について非課税とされる生活用動産の範囲）

所法9条（非課税所得）
① 次に掲げる所得については、所得税を課さない。
　一〜八（省略）
　九　自己又はその配偶者その他の親族が生活の用に供する家具、じゅう器、衣服その他の資産で政令で定めるものの譲渡による所得
　十〜十九（省略）
② 次に掲げる金額は、この法律の規定の適用については、ないものとみ

なす。
一　前項第9号に規定する資産の譲渡による収入金額がその資産の第33条第3項に規定する取得費及びその譲渡に要した費用の合計額（以下この項において「取得費等の金額」という。）に満たない場合におけるその不足額
二　（省略）

所令25条（譲渡所得について非課税とされる生活用動産の範囲）
　法第9条第1項第9号（非課税所得）に規定する政令で定める資産は、生活に通常必要な動産のうち、次に掲げるもの（1個又は1組の価額が30万円を超えるものに限る。）以外のものとする。
一　貴石、半貴石、貴金属、真珠及びこれらの製品、べっこう製品、さんご製品、こはく製品、ぞうげ製品並びに七宝製品
二　書画、こっとう及び美術工芸品

52　レジャー用自動車の譲渡損失の損益通算

事例

　Bは、内科医業を営んでおり、専らレジャー用に使用する自動車を所有していましたが、この度この自動車を売却しました。

　この車は、一般の乗用車に比べ乗車定員が多く、車内スペースが広くて宿泊や滞在等の利便性がありますが、Bは、日常的にはセダン型乗用車を利用していて、レジャー用に使用していたこの車を利用することは少なくなったので、本年中にこの車を売却しました。この車の譲渡損失は300万円です。

　なお、Bの本年中の所得は、ゴルフ会員権の譲渡益200万円があるほか、事業所得2,000万円があります。

　この場合に、Bは、レジャー用自動車の譲渡損失の金額を他の所得の金額から控除することができますか。

回答

　Bが譲渡したレジャー用自動車は、生活に通常必要でないものに該当すると思われます。

　Bの本年分の総合譲渡に係る譲渡損失の金額は、譲渡所得間の所得内通算により、レジャー用自動車の譲渡に係る譲渡損失の金額300万円からゴルフ会員権の譲渡益200万円を控除した残額の100万円となります。しかし、この残額100万円は生活に通常必要でない資産であるレジャー用自動車に係る損失額ですから、この譲渡損失は生じなかったものとみなされます。

したがって、総合譲渡に係る譲渡損失の金額100万円を事業所得の金額2,000万円から控除する損益通算をすることはできません。

解　説

生活に通常必要でない資産とは、次の資産をいいます（所令178①）。
① 競走馬（その規模、収益の状況その他の事情に照らし事業と認められるものの用に供されるものを除きます。）その他射こう的行為の手段となる動産
② 通常自己及び自己と生計を一にする親族が居住の用に供しない家屋で主として趣味、娯楽又は保養の用に供する目的で所有するものその他主として趣味、娯楽、保養又は鑑賞の目的で所有する資産（①又は③に掲げる動産を除きます。）
③ 生活の用に供する動産のうち生活に通常必要な動産（貴金属や書画骨董を除きます。）以外のもの

Aが本年中に譲渡したレジャー用自動車は、上記②又は③に該当すると認められますので、生活に通常必要でない資産に該当します。

総所得金額を計算する場合において、不動産所得の金額、事業所得の金額、山林所得の金額又は譲渡所得の金額の計算上損失の金額があるときは、その損失金額を一定の順序により他の各種所得の金額から控除することができます（所法69①）。

しかし、各種所得の金額の計算上の損失の金額のうちに、生活に通常必要でない資産に係る所得の金額の計算上生じた損失の金額があるときは、原則として、その損失は生じなかったものとみなされ、他の各種所得の金額からその金額を控除する損益通算は認められません（所法69②）。

したがって、Aが譲渡したレジャー用自動車に係る譲渡損失の金額は、

ゴルフ会員権の譲渡益とは通算することができます（留意点参照。）が、事業所得の金額との間で損益通算をすることはできません。

　⑶　例外的に、損益通算ができる場合として、生活に通常必要でない資産のうち競走馬の譲渡による損失の金額があるときは、競走馬の保有に係る雑所得の金額から控除することができます（所令200①②）。

留意点　業務用以外の生活用の自動車を譲渡した場合の譲渡損失の損益通算等の取扱いは、前事例（事例51）のケースのように、その自動車が「生活に通常必要な動産」に当たると認定されれば、所得税法９条２項の規定によりその自動車の譲渡損失がないものとみなされるので、他の各種所得の金額から控除する損益通算ができないことはもちろんのこと、その損失は他の自動車を含む総合譲渡資産に係る譲渡所得からも控除することはできません。しかし、その自動車が「生活に通常必要でない資産」に該当すると認められれば、その損失の金額は総合譲渡に係る他の譲渡所得の金額との間の所得内通算は認められ、その後において、なお総合譲渡所得の金額の計算上で損失の金額が生じ、その損失の金額中にその自動車の損失があれば、その損失は生じないものとして他の各種所得の金額との損益通算は認められないことなるので、その取扱い上で相違があることに留意する必要があります。

譲渡所得関係

53　レジャークラブ会員権の譲渡損失の損益通算

事例

　甲は、20年前にレジャークラブ会員権（以下「本件会員権」という。）を買い、保養等のため利用してきましたが、近ごろは、そのレジャークラブの利用回数が減少したので、本件会員権を売却しようと思っています。本件会員権は、バブル経済の最盛期に購入したものですから、売却すれば多額の譲渡損失が発生することになります。甲は、その損失金額について、甲の本年分の給与所得の金額、不動産所得の金額及び原稿料等に係る雑所得の金額から控除して少なくとも本年中の課税される所得がないようにしたいと願っています。

　このような会員権は、生活に通常必要でない資産に該当するので、譲渡による損失が発生しても、その損失金額を他の所得から控除する損益通算は認められないという人もいます。

　甲が本年中に本件会員権を売却した場合には、その譲渡損失を甲の本年分の上記の各所得から控除する損益通算は、認められることにならないのでしょうか。

回答

　レジャークラブ会員権は、生活に通常必要でない資産に該当しますので、その譲渡により生じた損失は、甲の給与所得の金額、不動産所得の金額及び原稿料等に係る雑所得の金額から控除する損益通算は認められません。

解 説

　総所得金額等を計算する場合において、不動産所得の金額、事業所得の金額、山林所得の金額又は譲渡所得の金額の計算上生じた損失の金額があるときは、一定の順序により、これを他の各種所得の金額から控除することとされています（所法69①）。これを損益通算といいます。しかしながら、損失の金額のうちに「生活に通常必要でない資産」に係る損失の金額があるときは、原則としてこの損失の金額は生じなかったものとみなされます（所法69②）。

　この「生活に通常必要でない資産」とは、次の資産をいいます（所令178①）。

①　競走馬（その規模、収益の状況その他の事情に照らし事業と認められるものの用に供されるものを除きます。）その他射こう的行為の手段となる動産

②　通常自己及び自己と生計を一にする親族が居住の用に供しない家屋で主として趣味、娯楽又は保養の用に供する目的で所有するものその他主として趣味、娯楽、保養又は鑑賞の目的で所有する資産（①又は③に掲げる動産を除きます。）

③　生活の用に供する動産のうち生活に通常必要な動産（貴金属や書画骨董を除きます。）以外のもの

　甲が譲渡しようと考えているレジャークラブ会員権は、レジャー施設等を優先的に優遇された条件で利用することのできる権利であって、譲渡所得の基因となる資産ですが、上記②の資産に該当するものと思われます。

　したがって、甲がこのレジャークラブ会員権を譲渡することにより生じる損失については、甲の給与所得の金額、不動産所得の金額及び原稿料等

に係る雑所得の金額から控除する損益通算は認められません。

　㊟　従来、上記②は、「通常自己及び自己と生計を一にする親族が居住の用に供しない家屋で主として趣味、娯楽又は保養の用に供する目的で所有するものその他主として趣味、娯楽、保養又は鑑賞の目的で所有する<u>不動産</u>」とされていましたが、平成26年度税制改正により「……その他主として趣味、娯楽、保養又は鑑賞の目的で所有する<u>資産</u>」とされ、平成26年4月1日以後にレジャークラブ会員権やゴルフ会員権を譲渡することにより生じた損失の金額は、損益通算の対象から除かれることとなりました。

54　無償返還届出により同族会社に賃貸中の土地を同土地上の会社所有の建物と一括譲渡した場合の代金の配分

事例

甲は、従前から、同族会社A社に対し、同社所有の店舗用建物（以下「本件建物」という。）の敷地用の土地（以下「本件土地」といい、本件建物と合わせて「本件土地建物」といいます。）を通常の地代により賃貸しています。賃貸を開始するに当たり甲とA社の間で、通常授受される権利金を授受しないこととし、甲の納税地の所轄税務署長に対し「土地の無償返還に関する届出書」を提出しました。この度、本件土地建物の購入希望者があり、甲及びA社と買主との間で本件土地及び本件建物の各別の価額を定めずに一括して8,000万円で譲渡しました。

この譲渡代金について、甲及びA社が取得すべき金額は、どのように配分すれば税務上問題がないでしょうか。

回答

本件土地建物の譲渡代金のうち、本件建物の通常の取引価額に相当する部分は、本件建物の対価としてA社に帰属するものとし、残余の代金は、本件土地の対価として甲に帰属するものとして処理するのが相当と思われます。

譲渡所得関係

解説

　甲とA社との間では、甲が所有する本件土地についてA社の本件建物の所有を目的として賃貸借契約が締結されているので、A社は、その賃借契約に基づく同土地の借地権を有することになります（借地借家法2一、旧借地法1）。

　したがって、本件土地建物について一括した譲渡が行われた場合には、通常は、A社が受領すべき譲渡代金には、本件建物の価額に相当する代金のほか、本件土地に係る借地権の価額に相当する代金も含まれ、他方、甲が受領すべき譲渡代金は、本件土地の底地の価額に相当する金額、すなわち譲渡代金総額からA社が受領する上記建物価額及び借地権価額の合計額を控除した残額になると思われます。

　ところで、法人税の取扱いでは、法人が、借地権の設定等により他の法人に土地を使用させ権利金を収受しなかった場合には、借地権の設定を受けた法人に対して権利金の額に相当する利益が生じたものとして法人税の課税が生じますが、権利金の授受に代えて相当の地代を支払うこととした場合には、この法人税の課税は行われないこととされています。また、これにより収受する地代の額が相当の地代に満たないときでも、その借地権設定等の契約書において将来借地人等がその土地を無償で返還することが定められており、かつ、その旨を借地人等との連名の書面（以下「土地の無償返還に関する届出書」といいます。）によりその法人の納税地の所轄税務署長に届け出たときには、権利金の上記の認定課税は行われません（法基通13—1—7）。また、土地の無償返還に関する届出書を提出している者は、相当の地代を授受するものと認定されますので、借地人法人の有する借地権価額は零となります。

土地所有者が個人のケースでも、上記法人税の取扱いにより、借地人法人の借地権の価額は零となりますので、当該土地所有者である個人の土地の価額は、控除する借地権の価額が存在せず、自用地としての評価額となります。相続税及び贈与税における土地の評価方法を定めた昭和60年6月5日付直評9個別通達の5項には、「土地の無償返還に関する届出書が提出されている場合の土地に係る借地権の価額は零として取り扱う。」と定められており、法人税の取扱いと整合性のとれた扱いがされています。しかし、同通達の8項では「無償返還届出書が提出されている貸宅地の評価は、同土地の自用地としての価額の100分の80に相当する金額によって評価する。」と規定しているので、借地権の価額が零でも、貸宅地の価額は自用地の価額でなく、その80％相当額で評価することとなります。これは、無償返還に関する届出書が提出されていたとしても、土地所有者にとっては、借地権が設定されていることによる当該土地の利用制限による減価を織り込んで評価するとの趣旨によるものであり、積極的に借地権の価値を20％相当額と認めるものではありません。

　本件では、通達に定められた要件に適合する本件土地の貸借条件を当事者間の合意で取り決め、私法上の借地権の取扱いとは異なる税務上の取扱いに従うことを選択したものと考えられますから、本件土地建物の一括譲渡代金の配分では、あくまでもＡ社の借地権価額を零として処理するのが相当であり、かつ、合理的であると思われます。

参考通達 （相当の地代を支払っている場合等の借地権等についての相続税及び贈与税の取扱いについて）
（抜粋）昭和60年6月5日付直評9個別通達

（土地の無償返還に関する届出書が提出されて得る場合の借地権の価額）
5 借地権が設定されている土地について、平成13年7月5日付課法3―57ほか11課共同「法人課税関係の申請、届出等の様式の制定について」（法令解釈通達）に定める「土地の無償返還に関する届出書」（以下「無償返還届出書」という。）が提出されている場合の当該土地に係る借地権の価額は、零として取り扱う。

8 借地権が設定されている土地について、無償返還届出書が提出されている場合の当該土地に係る貸宅地の価額は、当該土地の自用地としての価額の100分の80に相当する金額によって評価する。

なお、被相続人が同族関係者となっている同族会社に対し土地を貸し付けている場合には、43年直資3―22通達の適用があることに留意する。この場合において、同通達中「相当の地代を収受している」とあるのは、「『土地の無償返還に関する届出書』の提出されてている」と読み替えるものとする。

法基本通
13―1―7 （権利金の認定見合せ）
法人が借地権の設定等により他人に土地を使用させた場合（権利金を収受した場合又は特別の経済的な利益を受けた場合を除く。）において、これにより収受する地代の額が13―1―2《使用の対価としての相当の地代》に定める相当の地代の額に満たないとき（13―1―5《通常権利金を授受しない土地の使用》の取扱いの適用があるときを除く。）であっても、その借地権の設定等に係る契約書において将来借地人等がその土地を無償で返還することが定められており、かつ、その旨を借地人等との連名の書面により遅滞なく当該法人の納税地の所轄税務署長（国税局の調査課所管法人にあっては、所轄国税局長。以下13―1―14までにおいて同じ。）に届け出たときは、13―1―3《相当の地代に満たない地代を収受している場合の

権利金の認定》にかかわらず、当該借地権の設定等をした日の属する事業年度以後の各事業年度において、13—1—2に準じて計算した相当の地代の額から実際に収受している地代の額を控除した金額に相当する金額を借地人等に対して贈与したものとして取り扱うものとする。

　使用貸借契約により他人に土地を使用させた場合（13—1—5の取扱いの適用がある場合を除く。）についても、同様とする。

㊟　（省略）

譲渡所得関係

55 土地売買契約解除の場合の所得税の更正の請求

> **事　例**
>
> 　甲は、平成28年10月の売買契約に基づき、Aに対し、長期保有の土地を売却しました。その契約内容は、売買価額を3,500万円とし、Aが同年12月末までにその代金の全額を支払い、代金完済時に、甲がその土地をAに引き渡し、所有権移転登記手続を行うというものでした。
>
> 　しかし、Aからは、代金支払期限である平成28年12月末までに手付金及び中間金としての1,500万円が支払われましたが、残代金2,000万円は未収でした。
>
> 　譲渡所得の申告時期の平成29年3月の時点でもその残代金2,000万円が未収でしたが、甲は、売買契約の締結が平成28年中であったことから、譲渡収入金額を代金総額の3,500万円とする平成28年分の譲渡所得の確定申告をしました。
>
> 　Aはその後も残代金の2,000万円を支払わないので、甲は、平成30年9月に、Aに対し内容証明郵便により相当の期間を定めて残代金の全額を支払うよう催告をしましたが、その期間が経過しても、Aからは何らの応答もなく、残代金は全く支払われていません。
>
> 　そこで、甲は、令和元年5月31日に、Aの残代金支払不履行に係る履行遅滞を理由として、その土地売買契約を解除し、Aにその旨の通知をして、既に甲が収受した代金をAに返却しました。
>
> 　この場合に、甲は、土地売買契約の解除により平成28年分の譲渡所得金額が消滅したことを理由に、平成28年分の所得税について更正の

請求をすることができますか。

回　答

　甲は、Aとの間で締結した土地売買契約を解除したことにより平成28年分の長期譲渡所得の金額がないこととなり、当初の申告に係る課税標準等及び税額等が過大となることから、国税通則法第23条第1項の規定により、令和4年3月15日までに税務署長に対し、平成28年分所得税の更正の請求書を提出することができます。

解　説

　更正の請求については、国税通則法第23条にその規定が設けられており、第1項には一般の更正の請求が、第2項には後発的事由による更正の請求が定められています。

　一般の更正の請求は、原則として、納税申告書を提出した者の申告に係る課税標準等又は税額等（更正があった場合はその更正後のもの）が一定の事由により過大となるときに、その申告書に係る法定申告期限後5年以内に限り、税務署長に対し、その申告に係る課税標準等又は税額等（更正があった場合には更正後のもの）につき更正（減額更正）をすべき旨の請求をすることができるという制度です。

　この更正の請求の一般的な事由としては、申告書に記載した課税標準等若しくは税額等の計算が国税に関する法律の規定に従っていなかったこと又は当該計算に誤りがあったことにより、当該申告書の提出により納付すべき税額（当該税額に関し更正があった場合には、当該更正後の税額）が過大であるときと定められています（通則法23①一）。

また、国税通則法第23条第2項に定める後発的事由による更正の請求では、対象となる課税標準等又は税額等は、申告に係るもののほか、税務署長の決定に係るものも含まれます。この後発的事由による更正の請求の請求期間は、一定の事由が発生した日の翌日から起算して2月以内となっています。ただし、後発的事由により更正の請求をする場合でも、申告書を提出した者が更正の請求書を一般の更正の請求書の提出期限内に提出するときは、その更正の請求は、同法第23条第1項所定の一般の更正の請求として取り扱われます（通則法23②の柱書のかっこ書）。

　この後発的事由による更正の請求の事由については、国税通則法第23条第2項各号にその実体要件の規定があります（後掲の「根拠条文」参照）。後発的事由による更正の請求書の提出期限は、その事由の発生又は確定の日の翌日から起算して2月以内であり、当該条項の各号に掲げられた日がその期限です（通則法23②一～三）。

　本件においては、平成28年分の所得税の申告期限の平成29年3月15日の翌日から起算して5年以内に一般の更正の請求が可能です。すなわち、平成28年分の所得税について、令和4年3月15日までの間、更正の請求書を提出することができます。

　なお、本件の更正の請求は、民法第541条に規定の履行遅滞により売買契約が法定解除されたことによるもので、国税通則法第23条第2項第3号及び同法施行令第6条第1項第2号の各要件に該当し、後発的事由による更正の請求の事由に適合しますが、その更正の請求書は、一般の更正の請求の期間内に提出しますから、一般の更正の請求として処理することになります。

根拠条文　（①一般の更正の請求、②後発的事由による更正の請求）

国税通則法23条（更正の請求）

① 納税申告書を提出した者は、次の各号のいずれかに該当する場合には、当該申告書に係る国税の申告期限から5年（括弧書省略）以内に限り、税務署長に対し、その申告に係る課税標準等又は税額等（当該課税標準等又は税額等に関し次条又は第26条（再更正）の規定による更正（以下この条において「更正」という。）があった場合には、当該更正後の課税標準等又は税額等）につき更正をすべき旨の請求をすることができる。

一～三（省略）

② 納税申告書を提出した者又は第25条（決定）の規定による決定（以下この項において「決定」という。）を受けた者は、次の各号のいずれかに該当する場合（納税申告書を提出した者については、当該各号に定める期間の満了する日が前項に規定する期間の満了する日後に到来する場合に限る。）には、同項の規定にかかわらず、当該各号に定める期間において、その該当することを理由として同項の規定による更正の請求（以下「更正の請求」という。）をすることができる。

一　その申告、更正又は決定に係る課税標準等又は税額等の計算の基礎となった事実に関する訴えについての判決（判決と同一の効力を有する和解その他の行為を含む。）により、その事実が当該計算の基礎としたところと異なることが確定したとき　その確定した日の翌日から起算して2月以内

二　その申告、更正又は決定に係る課税標準等又は税額等の計算に当たってその申告をし、又は決定を受けた者に帰属するものとされていた所得その他課税物件が他の者に帰属するものとする当該他の者に係る国税の更正又は決定があったとき　当該更正又は決定があった日の翌日から起算して2月以内

三　その他当該国税の法定申告期限に生じた前2号に類する政令で定めるやむを得ない理由があるとき　当該理由が生じた生じた日の翌日から起算して2月以内

③～⑦ （省略）

国税通則法施行令6条（更正の請求）
①　法第23条第2項第3号（更正の請求）に規定する政令で定めるやむを得ない理由は、次に掲げる理由とする。
　一　（省略）
　二　その申告、更正又は決定に係る課税標準等又は税額等の計算の基礎となった事実に係る契約が、解除権の行使によって解除され、若しくは当該契約の成立後生じたやむを得ない事情によって解除され、又は取り消されたこと。
　三～五　（省略）
②　（省略）

民法541条（催告による解除）
　当事者の一方がその債務を履行しない場合において、相手方が相当の期間を定めてその履行の催告をし、その期間内に履行がないときは、相手方は、契約の解除をすることができる。ただし、その期間を経過した時における債務の不履行がその契約及び取引上の社会通念に照らして軽微であるときは、この限りでない。

56　相続により取得した非上場株式を発行法人に譲渡した場合

事　例

　甲は、A社の株式1,200株を有していましたが、今年の2月に父丙が亡くなり、父の遺産である同社の株式4,000株を相続により取得しましたので、現在甲の有するA社の株式数は5,200株となりました。甲は、間もなく相続税の申告書を提出することとなりますが、相続税の納税資金が不足するため、A社の株式5,200株のうち3,000株をA社に買い取ってもらい、その譲渡代金を相続税の納付に充てたいと考えています。

　株式をその発行法人に譲渡した場合、みなし配当課税がされ、その所得金額は、総合課税の対象とされるとのことですが、甲が譲渡した場合にも、その譲渡から生じた所得についても総合課税の対象となり超過累進税率が適用されることとなるのでしょうか。

　なお、譲渡価額は、譲渡の時におけるA社の株式の時価（1株当たり900円）としたいと考えています。また、同株式1株当たりの資本金等の額は600円、取得価額は1株当たり500円です。

回　答

　非上場会社の株式をその発行法人に譲渡した場合であっても、相続又は遺贈に係る納付すべき相続税のある者が当該相続により取得した株式を、相続開始の日の翌日から相続税の申告書の提出期限の翌日以後3年以内に

譲渡した場合には、譲渡価額の全額を譲渡所得の収入金額とすることができます。

　なお、相続又は遺贈により取得した株式とそれ以外の株式がある場合には、譲渡した株式は相続又は遺贈により取得した株式から優先的に譲渡されたものとされます。

解　説

　非上場会社の株式を譲渡したことにより生じる所得は、原則として、譲渡所得となり、その金額は、譲渡価額から取得費、譲渡費用及び取得に要した負債利子のうち一定の金額を控除して算出し、その算出された譲渡所得金額に対して、20.315％の所得税等が課税されます。

　しかしながら、非上場株式をその発行会社に譲渡した場合には、譲渡価額のうちその会社の資本金等の金額のうち譲渡した株式に対応する部分の金額までの部分は譲渡所得の収入金額となりますが、その金額を超える部分は配当とみなされ配当所得の収入金額となり、総合課税の対象となることから超過累進税率が適用されることとなります。

　ところで、非上場株式を相続又は遺贈により取得した場合において、相続税を納付するために相続税の課税対象財産であった非上場株式を発行会社に買い取ってもらうことがあります。この場合、みなし配当とされる金額が高額となる場合、適用される所得税率も高い率となり、税負担が大きなものとなります。そうしますと譲渡の目的であった相続税の納税に充てることができる金額も、その分、減少することとなります。そこで、相続税の円滑な納税資金の確保などのため、非上場会社の株式を発行法人に買い取ってもらった場合であっても、一定の要件を満たすときには、譲渡価額の全額を譲渡所得の収入金額とするとする特例措置が講じられています。

この相続財産に係る非上場株式をその発行会社に譲渡した場合のみなし配当課税不適用の特例措置の概要は次のとおりです（措法9の7①）。

　相続又は遺贈による財産を取得した個人でその相続又は遺贈につき相続税額があるものが、その相続開始の日の翌日から相続税の申告書の提出期限の翌日以後3年を経過する日までにその相続税の課税価格の計算の基礎に算入された非上場株式をその発行会社に譲渡した場合において、一定の手続の下、その対価として交付を受けた金銭の額がその非上場株式の発行会社の資本等の金額のうちその交付の基因となった株式に対応する部分の金額を超えるときは、その超える部分の金額について配当とはみなさず、譲渡所得の収入金額とみなして株式等に係る譲渡所得等の課税の特例（申告分離課税）を適用します。この特例の適用を受けようとする個人は、対象となる非上場株式をその発行会社に譲渡する時までに、その適用を受ける旨及び一定の事項を記載した書面を、当該会社を経由して当該発行会社の本店所在地の所轄税務署長に提出するとともに、この書面の提出を受けた非上場会社は、この特例の対象となる株式を譲り受けた場合には、その数、1株当たりの譲受対価の額並びに当該株式を譲り受けた年月日を記載した書類を上記書類とともに上記の税務署長に提出しなければならないこととされています（措令5の2①②③、措規5の5）。

　事例の場合、甲は、A社の株式を相続により取得し、相続税の申告を行いますが、相続税の納税資金に充てるためにA社の株式を同社に譲渡したいと考えています。しかしながら、甲は、相続により取得した株式4,000株のほかに、従前から同社の株式1,200株を有していますので、譲渡する株式が相続により取得したものであるか、従前から有していた株式なのか、判然としません。この点については、先入先出法的な考え方、取得経緯別の株数に応じて按分計算する方法などが考えられますが、実務上、

相続により取得した株式から優先的に譲渡されたものとして取り扱われているところです(平成24年4月17日 東京国税局審理課長回答「相続財産に係る株式をその発行した非上場会社に譲渡した場合のみなし配当課税の特例の適用関係について(相続開始前に同一銘柄の株式を有している場合)」)。したがって、A社に譲渡する3,000株は、そのすべてが相続により取得した4,000株の株式のうちからなるものとし、3,000株全てについてみなし配当課税不適用の特例を適用することができます。

(注) 相続又は遺贈により取得した株式等を相続税の申告書の提出期限の翌日から3年以内に譲渡した場合には、譲渡した株式等の譲渡所得の金額の計算上、その相続税額のうち譲渡した株式等に対応する金額を取得費に加算することができます(措法39)。この特例は、みなし配当課税不適用の特例と併用することができます。

根拠条文

所得税法25条（配当等とみなす金額）

① 法人（…省略…）の株主等が当該法人の次に掲げる事由により金銭その他の資産の交付を受けた場合において、その金銭の額及び金銭以外の資産の価額（…省略…）の合計額が当該法人の同条第16号に規定する資本金等の額のうちその交付の基因となった当該法人の株式又は出資に対応する部分の金額を超えるときは、この法律の規定の適用については、その超える部分の金額に係る金銭その他の資産は、前条第一項に規定する剰余金の配当、利益の配当、剰余金の分配又は金銭の分配とみなす。

一～四 （省略）

五 当該法人の自己の株式又は出資の取得（…省略…）

六～七 （省略）

②、③ （省略）

租税特別措置法9条の7（相続財産に係る株式をその発行した非上場会社に譲渡した場合のみなし配当課税の特例）
① 相続又は遺贈（贈与者の死亡により効力を生ずる贈与を含む。以下この項において同じ。）による財産の取得（相続税法又は第70条の7の3若しくは第70条の7の7の規定により相続又は遺贈による財産の取得とみなされるものを含む。）をした個人で当該相続又は遺贈につき同法の規定により納付すべき相続税額があるものが、当該相続の開始があつた日の翌日から当該相続に係る同法第27条第1項又は第29条第1項の規定による申告書（これらの申告書の提出後において同法第4条に規定する事由が生じたことにより取得した資産については、当該取得に係る同法第31条第2項の規定による申告書）の提出期限の翌日以後3年を経過する日までの間に当該相続税額に係る課税価格（同法第19条又は第21条の14から第21条の18までの規定の適用がある場合には、これらの規定により当該課税価格とみなされた金額）の計算の基礎に算入された金融商品取引法第2条第16項に規定する金融商品取引所に上場されている株式その他これに類するものとして政令で定める株式を発行した株式会社以外の株式会社（以下この項において「非上場会社」という。）の発行した株式をその発行した当該非上場会社に譲渡した場合において、当該譲渡をした個人が当該譲渡の対価として当該非上場会社から交付を受けた金銭の額が当該非上場会社の法人税法第2条第16号に規定する資本金等の額のうちその交付の基因となった株式に係る所得税法第25条第1項に規定する株式に対応する部分の金額を超えるときは、その超える部分の金額については、同項の規定は、適用しない。
②、③　（省略）

57　同族株主が法人に対して非上場株式を譲渡した場合のみなし譲渡課税

事例

A社の株式は全て普通株式であり、その株主構成は次のとおりです。

（株主）	（続柄）	（保有株式数）	（議決権保有割合）
甲	本人	4,000株	45％
乙	長男	3,000株	25％
丙	従兄	2,000株	20％
丁	他人	1,000株	10％

丙が有する株式は丙の父から相続したものですが、丙はこれまでA社の経営に従事したこともなく、また、株主総会に出席することもありませんでした。最近、甲から丙の保有株式2,000株を、甲が100％の株式を保有するB社（甲の不動産管理会社）で買い取りたいとの話を持ち掛けられました。A社は毎年、1株当たり500円の配当をしていますので、丙としては、10年分の配当の合計金額に相当する1,000万円（500円×2,000株×10年）で譲渡してもよいと考えています。丙が保有株式の全てをB社に1,000万円（1株当たり5,000円）で売却したとすると、丙に対してどのような課税が生じるでしょうか。

なお、財産評価基本通達の定めによるとA社は大会社に該当し、その株式を類似業種比準方式により評価すると1株当たり12,500円になります。

回 答

　丙は、A社の株式を時価の2分の1未満の価額で譲渡することになりますので、時価に相当する金額で譲渡したものとみなして譲渡所得金額の計算をすることとなります。

解 説

1　個人が法人に対して、土地や株式など譲渡所得の基因となる資産を譲渡した場合において、その譲渡価額が譲渡資産の譲渡時の時価の2分の1に満たない金額である場合には、その譲渡者は、譲渡資産を譲渡時の時価に相当する金額で譲渡したものとみなして、譲渡所得金額の計算をすることとされています（所法59①二、所令169）。

2　譲渡資産が非上場株式の場合には、その時価をどのように算定するかが問題となりますが、譲渡資産である非上場株式について売買実例のある場合には、譲渡前の売買実例のうち適正と認められる価額によることとされ、売買実例のないものでその株式の発行法人と事業の種類、規模、収益の状況等が類似する他の法人の株式の価額があるものについては、当該価額に比準して推定した価額によることとされています（所基通23〜35共—9）。しかしながら、これらの方法により時価を算定することができるケースはそれほど多くはありません。これらの方法により時価を算定することができない場合には、その株式の発行法人の1株当たりの純資産価額等を参酌して通常取引されると認められる価額を求めることとされており、この「1株当たりの純資産価額等を参酌して通常取引されると認められる価額」とは、原則として、次の(1)から(4)の条件の下で「財産評価基本通達」（法令解釈通達）の178から189—7までの例

により算定した価額とすることとされています（所基通59―6）。

(1) 財産評価基本通達188の(1)に定める「同族株主」に該当するかどうかは、株式を譲渡又は贈与した個人の当該譲渡又は贈与直前の議決権の数により判定すること。

(2) 当該株式の価額につき財産評価基本通達179の例により算定する場合（同通達189―3の(1)において同通達179に準じて算定する場合を含みます。）において、当該株式を譲渡又は贈与した個人が当該譲渡又は贈与の直前に当該株式の発行会社にとって同通達188の(2)に定める「中心的な同族株主」に該当するときは、当該発行会社は常に同通達178に定める「小会社」に該当するものとしてその例によること。

(3) 当該株式の発行会社が土地（土地の上に存する権利を含みます。）又は金融商品取引所に上場されている有価証券を有しているときは、財産評価基本通達185の本文に定める「1株当たりの純資産価額（相続税評価額によって計算した金額）」の計算に当たり、これらの資産については、当該譲渡又は贈与の時における価額によること。

(4) 財産評価基本通達185の本文に定める「1株当たりの純資産価額（相続税評価額によって計算した金額）」の計算に当たり、同通達186―2により計算した評価差額に対する法人税額等に相当する金額は控除しないこと。

3 事例の場合、A社の株式を譲渡した丙の譲渡直前の議決権割合とその同族関係者である甲及び乙の議決権割合を合計すると、この同族関係者グループでA社の議決権の90％を有していますので、丙はA社の同族株主に該当することとなります。ただし、丙はA社の中心的な同族株主には該当しません。

(注) 「中心的な同族株主」とは、課税時期において同族株主の1人並びにそ

の株主の配偶者、直系血族、兄弟姉妹及び1親等の姻族（これらの者の同族関係者である会社のうち、これらの者が有する議決権の合計数がその会社の議決権総数の25％以上である会社を含みます。）の有する議決権の合計数がその会社の議決権総数の25％以上である場合におけるその株主をいいます（評基通188(2)）。

丙はA社の同族株主ですから、同社の株式を財産評価基本通達に定める原則的な評価方法（A社は大会社に該当することから類似業種比準方式が原則的な評価方法になります。）により評価した価額が時価となります。

丙はB社にA社の株式を1株当たり5,000円で売却してもよいと考えているとのことですが、同社の株式の価額は、1株当たり12,500円です。そうしますと丙はA社の株式を時価（12,500円）の2分の1未満の価額（5,000円）でB社に譲渡することになりますので、所得税法第59条1項第2号の規定により、丙はA社の株式を2,500万円（12,500円×2,000株）で譲渡したものとみなして譲渡所得金額の計算を行うこととなります。

根拠条文

所法59条（贈与等の場合の譲渡所得等の特例）
① 次に掲げる事由により居住者の有する山林（事業所得の基因となるものを除く。）又は譲渡所得の基因となる資産の移転があつた場合には、その者の山林所得の金額、譲渡所得の金額又は雑所得の金額の計算については、その事由が生じた時に、その時における価額に相当する金額により、これらの資産の譲渡があつたものとみなす。
一 贈与（法人に対するものに限る。）又は相続（限定承認に係るものに限る。）若しくは遺贈（法人に対するもの及び個人に対する包括遺贈のうち限定承認に係るものに限る。）

二　著しく低い価額の対価として政令で定める額による譲渡（法人に対するものに限る。）

② （省略）

所令169条（時価による譲渡とみなす低額譲渡の範囲）

　法第59条第１項第２号（贈与等の場合の譲渡所得等の特例）に規定する政令で定める額は、同項に規定する山林又は譲渡所得の基因となる資産の譲渡の時における価額の２分の１に満たない金額とする。

参考通達

所基通23〜35共―９　（令第84条第３項本文の株式の価額）

　令第84条第３項第１号及び第２号に掲げる権利の行使の日又は同項第３号に掲げる権利に基づく払込み若しくは給付の期日（払込み又は給付の期間の定めがある場合には、当該払込み又は給付をした日。以下この項において「権利行使日等」という。）における同条第３項本文の株式の価額は、次に掲げる場合に応じ、それぞれ次による。

(1)〜(3)　（省略）

(4)　(1)から(3)までに掲げる場合以外の場合　次に掲げる区分に応じ、それぞれ次に定める価額とする。

　イ　売買実例のあるもの　最近において売買の行われたもののうち適正と認められる価額

　ロ　（省略）

　ハ　売買実例のないものでその株式の発行法人と事業の種類、規模、収益の状況等が類似する他の法人の株式の価額があるもの　当該価額に比準して推定した価額

　ニ　イからハまでに該当しないもの　権利行使日等又は権利行使日等に最も近い日におけるその株式の発行法人の１株又は１口当たりの純資産価額等を参酌して通常取引されると認められる価額

　㊟　（省略）

所基通59―6（株式等を贈与等した場合の「その時における価額」）

　法第59条第1項の規定の適用に当たって、譲渡所得の基因となる資産が株式（株主又は投資主となる権利、株式の割当てを受ける権利、新株予約権（新投資口予約権を含む。以下この項において同じ。）及び新株予約権の割当てを受ける権利を含む。以下この項において同じ。）である場合の同項に規定する「その時における価額」とは、23～35共―9に準じて算定した価額による。この場合、23～35共―9の(4)ニに定める「1株又は1口当たりの純資産価額等を参酌して通常取引されると認められる価額」については、原則として、次によることを条件に昭和39年4月25日付直資56・直審（資）17「財産評価基本通達」（法令解釈通達）の178から189―7まで《取引相場のない株式の評価》の例により算定した価額とする。

(1)　財産評価基本通達178、188、188―6、189―2、189―3及び189―4中「取得した株式」とあるのは「譲渡又は贈与した株式」と、同通達185、189―2、189―3及び189―4中「株式の取得者」とあるのは「株式を譲渡又は贈与した個人」と、同通達188中「株式取得後」とあるのは「株式の譲渡又は贈与直前」とそれぞれ読み替えるほか、読み替えた後の同通達185ただし書、189―2、189―3又は189―4において株式を譲渡又は贈与した個人とその同族関係者の有する議決権の合計数が評価する会社の議決権総数の50％以下である場合に該当するかどうか及び読み替えた後の同通達188の(1)から(4)までに定める株式に該当するかどうかは、株式の譲渡又は贈与直前の議決権の数により判定すること。

(2)　当該株式の価額につき財産評価基本通達179の例により算定する場合（同通達189―3の(1)において同通達179に準じて算定する場合を含む。）において、株式を譲渡又は贈与した個人が当該株式の発行会社にとって同通達188の(2)に定める「中心的な同族株主」に該当するときは、当該発行会社は常に同通達178に定める「小会社」に該当するものとしてその例によること。

(3)　当該株式の発行会社が土地（土地の上に存する権利を含む。）又は金融商品取引所に上場されている有価証券を有しているときは、財産評価基本通達185の本文に定める「1株当たりの純資産価額（相続税評価額によって計算した金額）」の計算に当たり、これらの資産については、当該譲

渡又は贈与の時における価額によること。
(4)　財産評価基本通達185の本文に定める「1株当たりの純資産価額（相続税評価額によって計算した金額）」の計算に当たり、同通達186―2により計算した評価差額に対する法人税額等に相当する金額は控除しないこと。

相続税関係

58 複数の相続関係者が危難に遭遇し死亡の前後が不明の場合の相続関係

事例

被相続人甲の家族は、下図のとおりです。

甲は、家族旅行で山奥の温泉旅館に出かけました。その途中で観光名所の滝を見るために、甲がAを同乗させた車で山道を走行中、運転を誤って崖下に転落し、2人とも死亡してしまいました。いずれも即死の状態で、甲とAのどちらが先に死亡したかは不明です。

甲は生前に、Aに対し、預金5,000万円を遺贈する旨の遺言をしていました。

Aには、めぼしい財産はありませんが、Bは、亡Aが甲の遺産を相続することにより甲の財産を取得することができますか。

また、B及びDは、遺言により亡Aが取得するはずであった財産を亡Aの遺産として相続することができますか。

〈相続関係人図〉

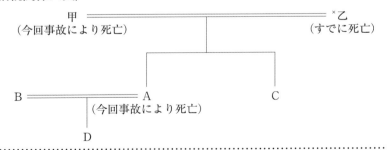

回答

　事例の場合には、甲とAについて同時死亡の推定の規定が働きます。つまりAは、甲の死亡時に生存していないことになりますので、甲の相続人には該当しません。

　したがって、Aの配偶者であるBは、亡Aの相続を通して、甲の財産を取得することはできません。

　また、甲の遺産は、甲の子Cが相続するほか、亡Aが相続すべきであった財産を亡Aの代襲相続人Dが相続することになります。

　なお、甲が遺言により亡Aに遺贈するとした甲の預金5,000万円は、受遺者Aの同時死亡により、その遺贈は無効となります。

解説

　この事例のように、数人の者が同じ危難に遭遇して死亡した場合において、その死亡の前後が不明であるときは、これらの者は、<u>同時に死亡したものと推定</u>されます（民法32の2）。

　また、民法では、相続人は生存者に限られることや、相続人となるべきであった者（被代襲者）が相続の<u>開始以前</u>に死亡したなどの場合にはその子が代襲相続人となること（民法887②）のほか、遺贈は遺言者の<u>死亡以前</u>に受遺者が死亡したときはその効力は生じないこと（民法994）等を定めています。

　ところで、昭和37年に、危難への遭遇等による複数の死亡者間の死亡の時期について、新たに「同時死亡の推定」規定が設けられた（民法32の2）ほか、代襲相続の発生原因となり、又は遺贈の失効原因となる被代襲者の「相続の開始前の死亡」又は受遺者の「遺言者の死亡前の死亡」がい

相続税関係

ずれも「…以前の死亡」に改正されました。

　この改正は、複数の相続関係者が同一の危難に遭遇した場合にはその死亡の前後が明らかでないことが多く、改正前の民法の規定においては、代襲相続権の発生や受遺者死亡による遺贈の失効が「相続の開始前の被代襲者の死亡」や「遺言者の死亡前の受遺者の死亡」とされていたために混乱が生じていたので、民法第一編総則の改正により「同時死亡の推定」規定を創設して原因事実の認定を容易にすることにし、併せて、同法第五編相続の改正により代襲相続発生と受遺者死亡の遺贈の失効原因も「…以前の死亡」とし、同時死亡を含む要件としたものです。

　この事例では、同時死亡の推定の規定がはたらくため亡Aは甲の遺産を相続できませんので、亡Aの遺産中には甲の遺産は含まれず、また、甲の遺言により亡Aが取得するはずの預金5,000万円も遺贈が無効となるため亡Aの遺産には含まれないことから、Bはこれらの財産を相続することはできないことになります。

　他方、Dは、亡Aが相続すべきであった財産を代襲相続人として相続することができます。

根拠条文 （同時死亡の推定規定の創設と代襲相続等の要件の整備）

民法32条の2（同時死亡の推定）
　数人の者が死亡した場合において、そのうちの1人が他の者の死亡後になお生存していたことが明らかでないときは、これらの者は、同時に死亡したものと推定する。

民法887条（子及びその代襲者等の相続権）
① 　被相続人の子は、相続人となる。

②　被相続人の子が、相続の開始以前に死亡したとき、又は第891条の規定に該当し、若しくは廃除によって、その相続権を失ったときは、その者の子がこれを代襲して相続人となる。ただし、被相続人の直系卑属でない者は、この限りでない。
③　前項の規定は、代襲者が、相続の開始以前に死亡し、又は第891条の規定に該当し、若しくは廃除によって、その代襲相続権を失った場合について準用する。

民法994条（受遺者の死亡による遺贈の失効）
①　遺贈は、遺言者の死亡以前に受遺者が死亡したときは、その効力を生じない。
②　（省略）

59 被相続人の養子がすでに死亡している場合の代襲相続人の資格（その1）

事例

この度、甲に相続が発生しました。甲の妻はすでに亡くなっており、甲には実子もいません。養子2人（A及びB）がいましたが、Aは既に死亡しており、Aには子D及びEがいます。

甲の相続人は誰で、各相続人の法定相続分はどれだけになりますか。

〈相続関係図〉

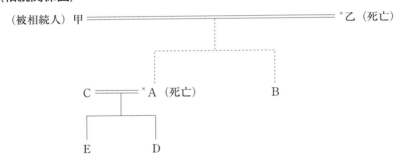

〈説明〉

① A、Bと甲との養子縁組は、いずれも平成23年2月です。

② Dは、平成22年5月生まれであり、AがCとの婚姻後の平成23年3月に認知（認知準正）しました。

③ Eは、平成25年5月生まれです。

④ Aは、平成26年4月に死亡しました。

回 答

　甲が死亡した時には既に配偶者がいないので、相続人は、第1順位の子及び子の代襲者です。

　甲の民法上の相続人は、養子Ｂと亡養子Ａの養子縁組後に生まれた子であるＥの2人です。相続人Ｂ及びＥの法定相続分（代襲相続分）は、いずれも2分の1です。

解 説

　甲の相続開始時に生存している子は養子Ｂのみであり、Ｂは相続人となります。また、既に死亡した養子Ａの子のうちＥもＡを代襲して相続人となります。

　しかし、亡Ａの子Ｄは、被相続人の直系卑属でないので代襲相続人となることができず、結局、相続人は、Ｂと代襲相続人のＥの2人です。

　Ａの子にはＤ及びＥの2人がいますが、養子は縁組の日から養親の嫡出子の身分を取得するので、甲がＡと養子縁組をする前に生まれた子Ｄは、Ａが甲の子としての身分を取得する前のＡの子であるため甲の孫ではなく、甲の直系卑属に該当しません。したがって、ＤはＡの代襲相続人になることはできません。

　他方、甲がＡと養子縁組をした後に生まれたＥは、甲の孫であり甲の直系卑属ですから代襲相続人となります。

　民法第887条第2項ただし書の規定が「被相続人の直系卑属でない者は、この限りでない。」と定めたのは、養子が被代襲者である場合に、縁組前に生まれたその養子の子を代襲相続人から除外する趣旨の規定であるといわれています。

根拠条文

民法887条(子及びその代襲者等の相続権)
① 被相続人の子は、相続人となる。
② 被相続人の子が、相続開始以前に死亡したとき、又は第891条の規定に該当し、若しくは廃除によって、その相続権を失ったときは、その者の子がこれを代襲して相続人となる。ただし、被相続人の直系卑属でない者は、この限りでない。
③ (省略)

民法809条(嫡出子の身分の取得)
養子は、縁組の日から、養親の嫡出子の身分を取得する。

60 被相続人の養子がすでに死亡している場合の代襲相続人の資格（その２）

事　例

　被相続人甲には、妻乙及び長女Ｃがおり、Ｃと既に死亡したＣの夫Ａとの間には、子Ｄ及びＥがいます。

　この度、甲に相続が発生しました。甲の相続人は誰で、各相続人の法定相続分はどれだけですか。

〈相続関係図〉

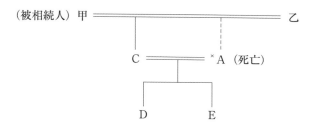

〈説明〉

① 　Ａは、平成11年２月にＣと婚姻し、平成13年２月に甲乙と養子縁組をしましたが、平成16年４月に死亡しました。

② 　Ｄは平成12年５月生まれで、Ｅは平成15年５月生まれです。

回　答

　甲の相続人は、妻乙と、第１順位の相続人である長女Ｃ並びに既に亡くなっている養子Ａの代襲者であるＤ及びＥです。

法定相続分は、乙が2分の1、Cが4分の1であり、D及びEが代襲相続分として各8分の1となります。

解説

被相続人の子が相続開始以前に死亡したときは、その死亡した子の子が代襲して相続人となります（民法887②本文）。

しかし、前事例（事例55）の解説において述べたように、被相続人の直系卑属でない者は代襲相続人となることができず（民法887②ただし書）、その死亡した子が養子であるときは、縁組前に生まれた子は、被相続人の孫でなく直系卑属には該当しないこととなって、代襲相続人となることはできません。

甲とAの縁組前に生まれたDの代襲相続権について上記の前提で検討してみますと、死亡した被代襲者Aは養子であり、Dは、Aが甲の嫡出子たる身分を取得する前の時点のAの子ですから、前事例と同様の考え方から、その出生時に甲の直系卑属としての繋がりがないことになり、民法第887条第2項ただし書の規定により代襲相続人となることができないとも考えられます。

しかし、D及びEは、いずれも長女Cの実子であって、このことから当然に甲の直系卑属に該当します。したがって、D及びEはその出生時点にかかわらず代襲相続人となります（昭和35年8月5日民甲第1997号法務省民事局第2課長回答）。

上記の民法第887条第2項ただし書は、被相続人と代襲相続人の法定血族としての繋がりを重視する趣旨の規定ですから、実子の子としての身分のある者を相続人から排除すべき理由もありません。

根拠条文

民法887条(子及びその代襲者等の相続権)
① 被相続人の子は、相続人となる。
② 被相続人の子が、相続開始以前に死亡したとき、又は第891条の規定に該当し、若しくは廃除によって、その相続権を失ったときは、その者の子がこれを代襲して相続人となる。ただし、被相続人の直系卑属でない者は、この限りでない。
③ (省略)

民法809条(嫡出子の身分の取得)
養子は、縁組の日から、養親の嫡出子の身分を取得する。

61 一人っ子に父以外の相続人となるべき者がいない場合に父が養子をする効果

事　例

　甲は、昨年妻を亡くし、甲の推定相続人は、同居している実子Aのみです。甲は、Aが未婚で子もいないことから、仮に甲が死亡した後にAが死亡した場合、Aには配偶者、子、直系尊属及び兄弟姉妹のすべてがいないことになり、相続人が存在しないことになってしまうことを懸念しています。

　そこで、甲は、Aよりも15歳年下の甥（甲の弟の子）のBを甲の養子とすることで、甲死亡の後にAに相続が発生した場合のAの相続人とすることを考えています。甲は、Bを養子とした場合には、自己の遺産をAが3分の2、Bが3分の1となるように、相続分の指定の遺言をしたいと思っています。

　甲のこの考え方は、適切でしょうか。

回　答

　甲の現時点における推定相続人はAのみですが、甲が生前にBを養子とすれば、A及びBの2人が推定相続人となります。

　甲がBを養子とした後に、特定の財産について事例のような遺言をしてA及びBがこれを承認すると、甲の遺産は、甲の死亡時に、その遺言に従って各人に帰属することになります。

　また、Aの現時点における推定相続人は甲のみで、後順位の推定相続

人が存在しませんが、甲がBを養子とした場合、その後に甲が死亡したときには、Bが相続人になります。

解説

　民法では相続人となることができる者を定めており、被相続人の配偶者のほか、被相続人の血族相続人として、①子及び子の代襲者である直系卑属、②直系尊属、③兄弟姉妹及びその者の代襲者である子がこの順位で相続人となります（民法887①②③、889①一、889①二、889②）。

　この事例では、甲の推定相続人はAであり、甲がBを養子とすると、甲の推定相続人はA及びBとなります。甲がBを養子とした後に、遺言により相続分の指定をすると、A及びBはその指定相続分を基に遺産の分割を行うことになります。

　事例において、仮に甲が死亡した場合のAの推定相続人は存在しませんが、Bが甲の養子となった後において甲が死亡した場合には、Bが甲の相続人の資格を得るとともに、BがAの推定相続人となります。

　なお、普通養子（特別養子以外の養子）制度における養親子関係は、養子は縁組の日から養親の嫡出子としての身分を取得することから（民法809）、養親・養子間においては親子関係が生じ（民法809）、実親子関係と同様の法的効果（養子が養親の氏を称し、養親の親権に服し、養親子が相互に相続権を有し扶養義務を負うなど）を生じます。

　養子制度の中核は、この養親子関係にあると思われますが、縁組が行われると、上記の養親子関係が生ずるだけでなく、養子と養親の血族との間にも親族関係（法定血族関係）が発生するので（民法727）、AとBとは民法上は兄弟となります。このことから、甲の死亡後にAに相続が開始すると、甲の養子であったBはAの相続人となります。なお、養子が養

親の死亡後にこのような養親の血族との間の法定親族関係を解消することについては、民法上規定がないようですが、家庭裁判所の許可を得て死後離縁を行うことにより可能となると思われます（民法811⑥）。

この事例のように、甲がBを養子とすれば、甲の死亡後にAに相続が開始した場合、Aの財産はすべてBが相続により承継することになります。

したがって、甲の考えを実行すれば、意図した効果を生ずるものと思われます。

参考法令　（養親子の民法上の効果）

民法809条（嫡出子の身分の取得）
　養子は、縁組の日から、養親の嫡出子の身分を取得する。

民法727条（縁組による親族関係の発生）
　養子と養親及びその血族との間においては、養子縁組の日から、血族間におけるのと同一の親族関係を生ずる。

民法729条（離縁による親族関係の終了）
　養子及びその配偶者並びに養子の直系卑属及びその配偶者と養親及びその血族との親族関係は、離縁によって終了する。

民法811条（協議上の離縁等）
① 　縁組の当事者は、その協議で、離縁をすることができる。
②～⑤（省略）
⑥ 　縁組の当事者の一方が死亡した後に生存当事者が離縁をしようとするときは、家庭裁判所の許可を得て、これをすることができる。

62　二重資格の相続人の相続分と相続税の取扱い

事　例

　甲には、数年前まで推定相続人として、妻乙、長男A、二男B及び三男Cがいましたが、乙及びAが相次いで亡くなり、甲は亡Aの子Fを養子としました。

　この度、甲に相続が発生しました。甲の相続人は誰で、各相続人の法定相続分はどのようになりますか。また、相続税の遺産に係る基礎控除や相続税の総額の計算に用いる法定相続人の数と法定相続分についてはどうですか。なお、Bは、適法な相続の放棄をしています。

〈相続関係図〉

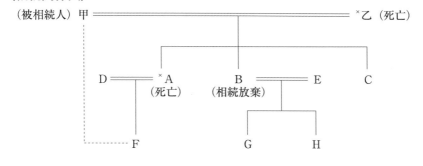

回　答

　事例の場合の民法上の相続人及び法定相続分並びに相続税の計算上の法定相続人の数及びその法定相続分については、次のとおりです。

　甲の民法上の相続人は、甲の三男Cと、甲の養子であり、かつ長男A

を被代襲者とする代襲相続人でもあるFの2人です。法定相続分はCが3分の1でFが3分の2です。

相続税の基礎控除額の計算の基礎となる法定相続人（相法15②）の数は、F、B、Cの3人です。また、これらの者の相続税の総額の計算上適用する法定相続分は、Fが2分の1、B及びCが各4分の1です。

解説

甲の死亡時には、甲には配偶者がいないので、その相続人は、第1順位の相続人である子及び子の代襲者です。甲の子は、B及びCのほか、養子Fを加えた合計3人です。なお、亡Aの代襲者としてその子Fも相続人となりますが、すでに養子として相続人にカウントしたので、第1順位の相続人は3人ということになります。しかし、Bは、相続の放棄をしたことから、民法第939条《相続の放棄の効力》の規定により相続に関しては初めから相続人とならなかったものとみなされますので、結局、C及びFの2人が民法上の相続人となります。

民法上の相続分については、Fは養子としての法定相続分と亡Aの代襲者としての代襲相続分を併せもつことになるので3分の2であり、Cの相続分は法定相続分の3分の1です。

相続税の基礎控除額の計算の基礎となる法定相続人数は、相続の放棄をした者がいる場合にはその放棄がなかったものとした場合の民法に定める相続人の数ですから（相法15②）、F、B、Cの3人となります。

相続税の総額の計算上適用する法定相続分は、Fが2分の1、B、Cが各4分の1となります。Fについては、自己の養子としての4分の1の相続分と、Aを被代襲者とする代襲相続人としての4分の1の相続分とを併せて有することになります（相基通15―4(注)）。

しかし、Fが養子としての相続分と代襲相続分の両方の相続分を有しても、同一人ですから、F1人で法定相続人の数を2人とカウントすることにはなりません（相基通15―4本文）。

> **参考通達**　（二重資格の養子の「養子の数の制限」の不適用と相続分）
>
> **相基通15―4**　（代襲相続人が被相続人の養子である場合の相続人の数）
> 　相続人のうちに代襲相続人であり、かつ、被相続人の養子となっている者がある場合の法第15条第2項に規定する相続人の数については、その者は実子1人として計算するのであるから留意する。
> ㊟　この場合の相続分は、代襲相続人としての相続分と養子としての相続分との双方を有するのであるから留意する。
> （筆者注）
> 　上記の通達の注書（二重資格相続人の相続分）は、相続の身分関係が重複する場合の相続分についての次の法務省民事局長回答による見解に基づくもので、登記先例となっているものです。
> ①　祖父が被相続人である場合、養子となった孫は、養子としての相続分と代襲相続分としての相続分とを併せて取得する（昭和26年9月18日付け法務省民甲1881号民事局長回答）。
> ②　婿養子である夫が被相続人である場合、その妻は、妻としての相続分のみを取得し、兄弟姉妹としての相続分は取得しない（昭和23年8月9日付け法務省民甲2371号民事局長回答）。

63 複数養子がいる場合の相続税計算上の養子の数の制限（その１）

事 例

　甲乙夫婦には、実子がなく、A及びCの2人を養子とし、AがBと婚姻した際にBも養子としました。その後に妻乙及びAが相次いで亡くなったので、甲は、亡Aの子Dも養子としました。

　この度、甲に相続が発生しました。

　甲の相続人及びその法定相続分並びに甲の相続開始に係る相続税の基礎控除額及びその相続税の総額の計算上の法定相続人の数及びその法定相続分は、それぞれどのようになりますか。

〈相続関係図〉

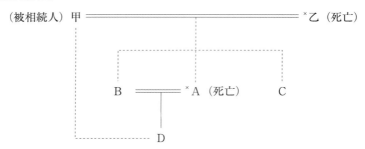

（注）　Dは、Aが甲の養子となった後に生まれた。

回 答

　甲の民法上の相続人は、養子のB、C及びDの3人です。

各相続人の法定相続分は、B及びCが各4分の1、Dが2分の1です。
　相続税の基礎控除額等の計算上の法定相続人の数は、Dのほか、B又はCのいずれか1人の合計2人です。相続税の総額の計算上、法定相続人の法定相続分は、Dが3分の2、養子の数の制限後の養子B又はCのいずれか1人が3分の1となります。

解説

　民法上の甲の相続人は、養子であるB、C及びDの3人です。Dは、亡Aを被代襲者とする代襲相続人でもあります。したがって、各人の民法上の相続分は、Dが養子としての相続分と亡Aに係る代襲相続分との各4分の1の合計割合である2分の1、B及びCが養子としての各4分の1の相続分となります。

　また、相続税の基礎控除額等の計算上の養子の数の制限措置では、法定相続人数に算入する養子の数を、原則として、実子がいる場合は1人、実子がいない場合は2人までに制限するほか（相法15②）、この規定の適用上では、実子又は養子が相続開始以前に死亡したため代襲相続人となった直系卑属は、被相続人の実子とみなされます（相法15③二）。

　事例では、亡Aは、甲の養子でしたが、甲の相続開始の時には生存しておらず、相続人でないことから、制限される「養子」には該当しません。したがって、被相続人の養子は生存するB、C及びDの3人であり、「実子がいない場合」に該当するならば、養子の数が2人に制限されることになります。しかしながら、Dは、亡Aの代襲相続人ですから、養子であっても実子であるとみなされますので、実子がいる場合の養子の数は1人のみとの制限が適用され、制限後の養子の数は、B又はCのいずれか（BかCかの特定はしない）1人となります。

そうしますと、相続税の基礎控除額等の計算上の法定相続人の数は、Dに加えてB又はCのいずれか1人の合計2人となり、Dの法定相続分を3分の2（Dの養子としての相続分と亡Aに係る代襲相続分との各3分の1の合計割合）、B又はCいずれかの養子の相続分を3分の1として相続税の総額の計算を行うことになります。

64　複数養子がいる場合の相続税計算上の養子の数の制限（その２）

事　例

　被相続人甲には、すでに夫は亡く、２人の子Ｂ及びＣがいます。また、子Ａはすでに死亡し、その子である孫Ｇがいます。

　甲は、夫乙の死亡後に、乙と先妻丙の間の子Ｄとの関係に配慮してＤ及びその子Ｈの２人を養子とし、同時に亡Ａの子Ｇも養子としたので、甲の養子はＧ、Ｄ及びＨの合計３人です。

　この場合の甲の相続人及び相続分は、どのようになりますか。

　また、遺産に係る基礎控除額の算定及び相続税の総額の計算上の要素となる法定相続人数とその法定相続分はそれぞれどのようになりますか。

〈相続関係図〉

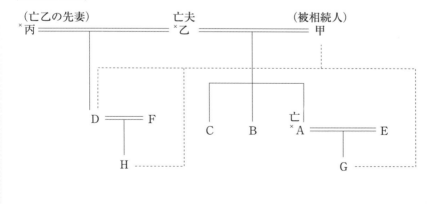

相続税関係

回 答

　甲の民法上の相続人は、実子B及びC並びに養子G、D及びHの合計5人です。なお、Gは、亡Aを被代襲者とする代襲相続人にも該当します。

　上記各相続人の相続分は、Gが3分の1で、B、C、D及びHがいずれも6分の1です。

　相続税の課税上、遺産に係る基礎控除額の計算等の基礎となる法定相続人数は5人であり、その法定相続分はGが3分の1、B、C、D、Hが各6分の1であって、民法上の相続人の数及び相続分と同じです。

解 説

　甲の相続人は、実子であるB、Cのほか、養子であるG、D、Hを加えた5人となります。このうち、Gは実子Aを被代襲者とする代襲相続人にも該当し、いわゆる二重資格の相続人に該当します。この場合、Gは、代襲相続人としてのAの相続分（6分の1）と養子としての子の相続分（6分の1）とを併有することとなるので、Gの相続分は3分の1となります。G以外の相続人はいずれも甲の子ですから、各人が6分の1です。

　次に、相続税法第15条第2項の規定による相続人数（法定相続人数）では、原則的には民法上の相続人の数ですが、相続の放棄があった場合には、その放棄がなかったものとした場合の相続人の数をいいます。

　このほか、被相続人の養子がいる場合には、この法定相続人数のカウント上では養子の数に制限が加えられており、被相続人に実子がいる場合には1人に、実子がいない場合は2人までとなります（相法15②一、二）。

　また、次に該当する養子は、実子とみなされますので、上記の制限前の

養子の数には含まれません（相法15③一、二）。

① 特別養子縁組による養子となった者
② 被相続人の配偶者の実子で被相続人の養子となった者
③ 実子又は養子（その直系卑属を含む。）が相続開始以前に死亡し又は相続権を失ったため相続人となったその者の直系卑属

したがって、この事例の養子Dは上記の②に、養子Gは③にそれぞれ該当し、実子とみなされて養子の数の制限の対象外となります。

そうすると、養子の数はHの1人のみとなりますので、養子の数の制限規定によりカウントが制限される養子はいないことになります。

なお、Gが代襲相続分と養子としての相続分を併有する二重資格の相続人であっても、法定相続人の数についてGを2人とカウントすることにはなりません。

> **参考通達**
>
> **相基通15―4（代襲相続人が被相続人の養子である場合の相続人の数）**
> 　相続人のうちに代襲相続人であり、かつ、被相続人の養子となっている者がある場合の法第15条第2項に規定する相続人の数については、その者は実子1人として計算するのであるから留意する。
> 　(注)　この場合の相続分は、代襲相続人としての相続分と養子としての相続分との双方を有するのであるから留意する。

65 養子の数の制限がある場合の生命保険金の非課税限度額と各人の非課税金額

事　例

　甲乙夫婦には、実子である長男Aのほか、養子であるAの妻B、同じく養子である孫E、養子C、及び養子Dがいます。

　この度、甲に相続が開始しましたが、A及びBは相続の放棄をしました。

　甲は、被保険者を自己とし、自分が死んだ場合の保険金受取人が推定相続人の全員となるように受取人ごとに別々の生命保険6口（いずれも保険金額1,000万円）の契約を締結していたので、受取人乙・A・B・C・D・Eの6人の全員が死亡保険金を受け取りました。

　各人の相続税の課税価格に算入される生命保険金の金額は、それぞれどれだけになりますか。

〈相続関係図〉

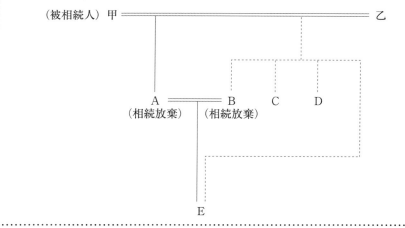

回 答

　A及びBは相続を放棄していますので、甲の相続人は、乙、C、D及びEの4人となります。一方、相続税の基礎控除額や生命保険金の非課税限度額をカウントする場合には、相続を放棄した者は法定相続人の数に含められますが、養子については制限がされています。すなわち、B、C、D及びEは養子であり、甲には実子Aがいますので、法定相続人の数に含めることのできる養子は、1名となります。したがって、相続税の基礎控除額や生命保険金の非課税限度額をカウントする場合の法定相続人の数は、乙、AにB、C、D及びEの養子のうち1人を加えた3人ということになります。

　しかしながら、民法上は養子であっても相続人であることに変わりはありませんので、生命保険金を受け取ったすべての養子のうち相続人である者が生命保険金の全部又は一部の非課税の取扱いを受けることができます。一方、相続を放棄したA及びBは、相続人には該当しませんので、受け取った生命保険金について非課税となる金額はありません（相基通12―8）。

　この事例での生命保険金の非課税限度額は、法定相続人数3人ですから1,500万円であり、相続人である保険金受取人乙、C、D及びEは、それぞれの受取保険金のうち375万円の非課税部分を有することになります。

　したがって、乙、C、D及びEについては各625万円が、A及びBについては各1,000万円が、課税される生命保険金として、課税価格に算入されます。

相続税関係

解 説

　相続税の基礎控除額の計算上、法定相続人にカウントされる被相続人の養子の数には一定の制限が設けられており、原則として被相続人に実子がある場合には１人、被相続人に実子がない場合には、２人までとされています（相法15②）。この養子の数の制限規定は、生命保険金の非課税限度額の計算においても適用されることとされています。すなわち、相続人が取得した生命保険金については、500万円に法定相続人の数を乗じて算出した金額までは非課税限度額として、相続税が非課税とされます（相法12①五）が、この非課税限度額を計算する場合の相続人の数をカウントする場合においても、被相続人に実子がある場合には養子は１人、被相続人に実子がない場合には養子は２人までしかカウントされません。

　しかしながら、非課税限度額の計算上、養子の人数の一部が法定相続人の数に算入されなかったとしても、養子である以上、民法上の相続人であることに変わりはなく（ただし、相続税法第３条第１項の規定により、相続を放棄した者は除かれます。）、受け取った生命保険金の全部又は一部が非課税の対象となります。

　事例では、保険金の非課税限度額を計算する場合の法定相続人数は、乙、Ａ及び養子１人の合計３人となり、保険金の非課税限度額は1,500万円と算出されます（相法12①五イ）。

〈非課税限度額〉

　　500万円×３人＝1,500万円（保険金の非課税限度額）

　また、各人の保険金の非課税部分は、相続人である保険金受取人乙、Ｃ、Ｄ及びＥについて各375万円となります（相法12①五ロ）。

〈各受取人の非課税部分〉

$$\underset{\text{(非課税限度額)}}{1,500万円} \times \frac{\overset{\text{(各人受取額)}}{1,000万円}}{\underset{\text{(相続人受取額計)}}{1,000万円 \times 4人}} = \underset{\text{(各相続人受取額の非課税部分)}}{375万円}$$

したがって、相続人である保険金受取人は各625万円が課税価格に算入され、相続の放棄をして相続人でなくなった保険金受取人は、受取金額そのままの1,000万円が各人の課税価格に算入されます。

〈各保険金受取人の課税価格算入額〉

① 乙、C、D、E ➡ 各人 625万円（1,000万円 − 375万円）
② A、B ➡ 各人1,000万円（非課税部分なし）

66 養子の数の制限がある場合における相続税の計算上の取扱い

事　例

　被相続人甲の親族関係は、次ページに掲げる相続人関係図のとおりです。

　甲の実子のうち生存する者は次男Cのみですが、甲は、長男Aの妻であったB及び次男Cの妻であるD並びに孫（Aの子）Eの妻であるF及び孫（Cの子）Hの合計4人を養子としています。

　甲には実子であるCがいますので、相続税の総額を計算上する場合には養子の数は1人に制限されます。Bは生命保険金3,000万円を取得しましたので、これに生命保険金の非課税限度額を適用したいと思っています。

　B、C、D、E、F、G及びHの7人はいずれも相続又は遺贈により財産を取得していますが、相続税の計算上では、次の(1)から(5)までについてはどうなりますか。

(1)　遺産に係る基礎控除額はいくらですか。

(2)　相続税の総額計算上の法定相続人の相続分はどれだけですか。

(3)　Bは、死亡保険金の非課税限度額控除の適用がありますか。

(4)　Fは障害者に該当しますが、障害者控除の適用がありますか。

(5)　相続税の二割加算の適用があるのは誰ですか。

〈相続人関係図〉

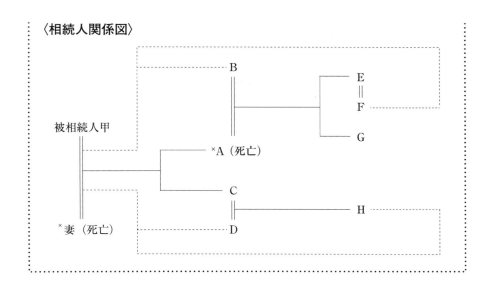

回 答

　遺産に係る基礎控除額等の計算の基礎となる法定相続人数をカウントする上での養子の数は、本事例では1人に制限されますので、事例の場合には養子B、D、F又はHのうちいずれか1人と、実子のCと、代襲相続人のE及びGの2人との合計4人が法定相続人に該当します。

(1)　遺産に係る基礎控除額は5,400万円です。

(2)　相続税の総額を計算する上での法定相続人4人の相続分は、次のとおりです。

　　C　➡　1/3
　　E　➡　1/6
　　G　➡　1/6
　　養子（B、D、F、Hのうちいずれか1人）　➡　1/3

(3)　生命保険金の非課税限度額は2,000万円（500万円×4人）です。Bは

民法上の相続人ですから、他に生命保険金を取得した相続人がいなければ、受取保険金額3,000万円から生命保険金の非課税限度額である2,000万円を控除することができます。なお、制限後の養子がどの養子であるかは特定しませんから、養子のうち、法定相続人に該当する者と除外する者を区分する必要はありません。

(4) Fが民法上の相続人（相続の放棄をした者を含みます。）に該当する居住無制限納税義務者であって、障害者控除の対象となる「障害者」に該当する場合には、養子の数の制限規定にかかわらず、障害者控除を適用することができます。

(5) 相続税の二割加算の適用があるのは、孫養子のHのみです。

解　説

相続税の計算上では、遺産に係る基礎控除額等の計算の基礎となる法定相続人の数をカウントする場合、被相続人の養子の数については制限がされており、被相続人に実子がいるときは1人、実子がいないときは2人までとされています（相法15②）。なお、特別養子や配偶者の実子で被相続人の養子となった者、実子若しくは養子又はその直系卑属が相続開始以前に死亡した等のために相続人となった代襲相続人は、養子の数の判定上は、養子であっても実子とみなされます（相法15③）。

この養子の数の制限規定は、遺産に係る基礎控除額及び相続税の総額を計算する場合並びに生命保険金及び退職手当金の非課税限度額の計算の際にのみ適用されます。この規定により、民法上の養子としての地位等に何ら変動はなく、相続税法上においても、各養子の相続人としての権利について特に制限を受けるわけではありません。

したがって、相続人が取得した財産についての優遇規定である生命保険

金又は退職手当金の非課税限度額については、その非課税限度額の計算を行う際の法定相続人数をカウントする上での養子の数には制限がありますが、養子の数の制限の適用がある場合の養子が取得した生命保険金又は退職手当金については、相続人である養子が取得したことにより当然に非課税の規定が適用されます。また、未成年者控除及び障害者控除の適用者は民法上の相続人（相続の放棄があった場合にはその放棄がなかったものとした場合の相続人）であることを要し、相次相続控除も被相続人の相続人であることを要件としていますが、前記の制限の対象となる養子は、これらの規定の適用上では相続人としての資格を否認されることはありません。

さらに、相続税の二割加算においても、養子は被相続人の嫡出子としての身分を有しますから（民法809）、被相続人の一親等の血族となり、原則的にはこの規定の適用はありません。しかし、上記の「一親等の血族」には、「被相続人の直系卑属がその被相続人の養子となっている場合を含まないものとする。」旨の規定により、いわゆる「孫養子」の相続税額については、二割加算が適用されることになっています（相法18②本文）。ただし、代襲相続人については、この追加規定（同項本文の規定）は適用されませんから、相続税の二割加算が適用されることはありません（同項ただし書）。

相続税関係

67 包括受遺者が財産を取得しない場合の課税関係

> **事　例**
>
> 　被相続人甲には、長男A及び長女Bの2人の相続人がいます。甲は、生前に公正証書遺言書を作成していました。その記載内容には、A及びBに対しそれぞれ全遺産の4分の1を相続させる旨と、Aの子（甲の孫）であるC及びCの配偶者であるDに対しては、それぞれ全遺産の4分の1を包括して遺贈する旨の記載があります。A、B、C及びDの4人は、甲の死亡直後には、その遺言の存在及び内容を確認していました。
>
> 　甲の相続開始後6か月が経過したころ、A、B、C及びD全員で話し合った結果、C及びDは甲の遺産を全く取得しないこととし、A及びBが取得する全部の具体的財産の内容を取り決めました。
>
> 　なお、A及びBが取得した財産には、小規模宅地等の特例の適用ができる土地も含まれていますが、Aのみがこの特例の適用を受けます。
>
> 　この合意を実行した場合の各人の適法かつ適切な相続手続及び相続税の申告は、どうすればよいでしょうか。
>
> 　また、この合意に基づき、A及びBが甲の遺産のすべてを取得すると、A及びBは、その取得財産の価額のうち甲の遺言に記載された割合である「4分の1」を超える財産を取得しますが、この4分の1相当額を超える部分の財産は、C及びDからの贈与が行われたものとして贈与税が課税されることになるでしょうか。

回 答

A、B、C及びDの4人の話合いの結果、①C及びDは甲の遺産を取得せず、②A及びBが甲のすべての遺産についての分割取得を定めたものですから、これは、遺産分割協議の当事者である共同相続人と包括受遺者の全員による遺産分割協議であるといえます。

したがって、上記の4人は、甲が遺産について上記の話合いの結果に基づく遺産分割協議書を作成します。

上記の手続は、相続人及び包括受遺者による遺産分割手続ですから、A及びBの取得財産価額が多額となっても、このことによってA及びBに贈与税が課されることはありません。

A及びBが共に小規模宅地等の特例を適用できる場合には、小規模宅地等の特例をAが適用することについてのBの同意を得た上で、相続税の申告書を作成して提出します。

解 説

被相続人は、遺言により、相続人に対して法定相続分と異なる割合の相続分（指定相続分）を定めることができ、その指定相続分は、法定相続分に優先して適用されます。換言すれば、法定相続分は、指定相続分がない場合に限り適用されることになります。また、被相続人は、相続人以外の者に対しても、遺産の一定割合を示して包括して遺贈（包括遺贈）をすることもできます。包括遺贈については、遺言者（被相続人）が自己の財産上の権利義務を包括的に承継させることになることから、その受遺者（包括受遺者）が有することとなる財産上の権利義務割合は、相続人の有する相続分と類似するので、民法は、「包括受遺者は、相続人と同一の権利義

務を有する。」と規定しています（民法990）。

　この事例の甲の遺言は、相続人A及びBに対する相続分の指定と、孫のC及びDに対する包括遺贈を行ったものと理解することができます。

　ところで、受遺者は、遺言者の死亡後なら、いつでも遺贈の放棄をすることができます（民法986①）。しかし、この遺贈の放棄の規定は、特定遺贈に関する規定であると解されており、包括遺贈には適用されず、包括受遺者が対象財産の取得を望まないときは、上記の民法第986条第1項の規定による遺贈の放棄をすることはできず、相続人が行うのと同様の相続放棄の手続によりその包括遺贈の放棄を行わなければなりません（民法990、915、938）。

　したがって、C及びDは、包括遺贈があったことを知ってから3か月以内の期間（熟慮期間）中に家庭裁判所に対して行う申述により包括遺贈の放棄の手続を行う必要がありますが、事例においてはその期間が経過していて適法な包括遺贈の放棄を行うことはできず、結局、包括遺贈を承認したものとみなされます（民法921二）。

　そうすると、C及びDは、上記の民法第990条の規定によって、包括受遺者として、共同相続人であるA及びBと共に遺産分割協議の当事者となります。遺産分割協議では、各相続人の相続分の割合及び各受遺者の包括遺贈の割合を念頭に分割の協議が行われますが、この協議が成立しますと、分割された各特定財産は、その協議内容のとおり当事者各人に帰属することになります。

　この事例のA、B、C及びDの4人の話合いは共同相続人及び包括受遺者の全員による遺産分割協議であり、その結果、①C及びDは財産を取得せず、②A及びBが取得する財産を定めたものです。これにより、遺産分割協議が成立したと認められますので、この内容について当事者4人

で遺産分割協議書を作成します。

　Ａ及びＢは、上記の遺産分割協議書に基づき、相続税の申告書を提出することになります。

　この遺産分割協議は相続人及び包括受遺者による遺産の分割手続ですから、各当事者の取得財産の割合が相続分又は包括遺贈の割合と異なっていたり、遺産を全く取得しない当事者がいても、その結果によって各人間に贈与関係が発生する余地はないので、遺産分割手続による財産取得の結果で贈与税が課税されるということはありません。

　なお、Ａが相続税の申告に際して小規模宅地等の特例の適用を受ける場合には、申告書に小規模宅地等の特例を適用する旨を記載し、その計算明細書及び遺産分割協議書の写し等を添付しなければなりませんが、Ｂが相続した宅地等についても同特例を適用することができるときには、その特例対象宅地等をＡが選択したことにつきＢが同意していることが必要となります。

相続税関係

68　特定の孫に遺産を遺贈する方法と税負担

事例

　甲の夫乙は10年前に死亡しており、甲の推定相続人は、娘丙のみです。丙の夫も、乙死亡の2年前に、交通事故により死亡しました。

　乙が死亡した際の乙の遺産は、現在甲及び丙が住居としている土地家屋のほか、預金・上場株式等でした。乙の相続では、丙の夫の死亡により、まだ自立していない2人の子（孫A・孫B）を抱え生活費等のかさむ丙がすべての遺産を相続しました。

　甲は、亡父からの相続により取得した将来の有効利用や高額売却が可能な更地のP土地を所有しています。

　甲は、将来発生する自己の相続に関しては、単独相続人となるべき丙への財産承継よりも、孫Aと孫Bを含む丙一家の将来を心配しています。しかしながら、孫Aは、定職に就かず財産管理等が杜撰な性格であることから、P土地を孫Aに帰属させる結果となることは極力避けたいと考えています。

　そこで、甲は、P土地について、自己に相続が開始しても当面生活等に困窮しない丙には相続させないで、将来丙と同居して面倒をみることを確約している孫Bに、いつでも換価が可能であり、また、賃貸用ビル等の建築が可能なP土地を遺贈をすることにしたいと考えました。

　甲がこの計画を丙に提示したところ、丙に異存はなく、丙が遺留分侵害額請求を行うことはないと思われます。

　甲の上記の方針について、相続の手続上や相続税の取扱い上で、特

に問題はないでしょうか。

回答

甲が死亡した場合に、孫Bに対しP土地を遺贈する旨の遺言があり、孫Bがこれを承認すると、P土地は、孫Bが遺贈により取得することになります。

甲の相続開始に係る相続税では、孫Bは、相続税額の二割加算の適用があります。

解説

甲が、P土地について、孫Bを受遺者とする遺贈をした場合には、その遺贈は特定遺贈に該当します。

甲の死亡後に、孫Bが遺贈の放棄をせず、丙が遺留分侵害額請求をしない場合には、その遺贈は確定します。一方、相続人でない孫Aは、P土地を含む甲の財産を取得することはできず、甲の意向に沿うことになります。

本件の特定遺贈によって丙の遺留分は侵害されることになりますが、丙は遺留分侵害額請求を行わないのであれば、その遺贈は、実効性を伴うことになります。

なお、甲にP土地以外の財産があれば、その財産は、当然に単独相続人である丙に帰属することになります。

また、相続税の課税上、孫Bは、被相続人となる甲の一親等の血族でも代襲相続人たる直系卑属でもないので、相続税額の二割加算が適用されます。

69 土地の共有者の1人が死亡した場合等の共有持分の帰属

事 例

Aの父甲は、本年2月に死亡しましたが、その相続人はAのみでした。

甲の遺産中には、甲が数年前に同居していた女性乙（配偶者でない）との各持分2分の1の共有名義により取得した土地があって、Aは、その土地の甲の持分を相続により取得していました。

その後において、Aに次の事実が生じたときは、その土地の持分の帰属及び課税関係はどうなりますか。

① Aが本年8月にその土地の持分を放棄したとき。
② Aがその土地の持分を有したまま死亡したとき（Aには相続人がいません。）。

回 答

この事例では、上記①及び②のいずれの場合にも、Aが有していた土地の共有持分は乙に帰属し、乙には、これを取得したことによる贈与税又は相続税が課税されます。

〈共有持分放棄の場合〉

①のケースでは、Aの土地の持分の放棄により、乙がその持分をAからの贈与により取得したものとして、乙に対し贈与税が課税されます。

〈共有者死亡の場合〉

②のケースでは、その土地の持分を有するAが死亡してもAには相続

人がいないので、その持分は他方共有者である乙がAから遺贈により取得したものとして、乙に相続税が課税されます。

解説

　複数の者（共有者）が一つの物（共有物）を所有する共同所有の形態に、民法第249条以下に規定する「共有」があります。共有では各共有者が共有物の所有割合としての「持分」を有していて、土地の共有者は、その土地の所有権者と同様に、共有土地について、自己の持分を処分したり、持分割合に応じた使用収益をすることができるばかりでなく、共有土地の分割請求をすることも可能です。

　土地の共有者が死亡した場合には、その共有持分はその者の遺産としてその相続人が承継することになります。Aも甲の死亡によりその持分を相続したわけです。

　ところが、民法第255条《持分の放棄及び共有者の死亡》は、共有持分の承継に関して単独所有権の承継とは異なる特殊な規定を設けており、「共有者の一人が、その持分を放棄したとき、又は死亡して相続人がないときは、その持分は、他の共有者に帰属する。」と規定しています。

　しかしながら、共有持分が所有権と同様の財産権であるなら、土地の共有者の1人が持分の放棄をすると、その共有者が有していた土地持分は無主（現に所有者がいないこと）となるのであり、民法第239条第2項《無主物の帰属》の規定により無主の不動産は国庫に帰属することになると解されますので、共有持分を放棄した者の共有持分が他の共有者に帰属することにはならないはずです。また、共有者の1人が死亡し、その者に相続人がいない場合のその持分権は、相続財産法人を経て最終的には国庫に帰属することになりますので（民法951、959）、この場合も死亡した者の共

有持分が、他の共有者に帰属することにはならないはずです。

しかるに、民法第255条が特定の場合における共有持分の承継について特別の規定を置いている趣旨は、共有による財産の保有形態が、単独所有に比して共有物の効率的・円滑な利用や占有・処分等に関して障害になると予測されることから、共有は完全支配権としての単独所有権に復帰すべきであるとの考え方（この考え方は「共有の弾力性」と呼ばれています。）から、このような規定によって、個人の財産承継権を妨げない範囲で（その承継先が国となる場合に限って）他の共有者に帰属させ単独所有に近づくよう共有状態の消滅ないし縮小を図ったものと思われます。

この民法第255条の規定を受けて、相続税法第9条《その他の利益の享受》の贈与又は遺贈による取得財産とみなす課税範囲に含まれるものの例として、相続税法基本通達9—12に、共有者が持分を放棄したときは「みなし贈与」として、相続人のいない共有者が死亡したときは「みなし遺贈」として、それぞれ他の共有者に対して贈与税又は相続税を課税する取扱いが定められています。

根拠条文

民法239条（無主物の帰属）
① 所有者のない動産は、所有の意思をもって占有することによって、その所有権を取得する。
② 所有者のない不動産は、国庫に帰属する。

民法255条（持分の放棄及び共有者の死亡）
　共有者の1人が、その持分を放棄したとき、又は死亡して相続人がないときは、その持分は、他の共有者に帰属する。

参考通達

相基通9―12（共有持分の放棄）
　共有に属する財産の共有者の1人が、その持分を放棄（相続の放棄を除く。）したとき、又は死亡した場合においてその者の相続人がないときは、その者に係る持分は、他の共有者がその持分に応じ贈与又は遺贈により取得したものとして取り扱うものとする。

相続税関係

70 遺言の対象外となっている相続人名義の預金の取扱い

事例

　被相続人甲の相続人は、甲の妻乙と、甲及び乙とは生計を別にしていた長男A及び長女Bとの合計3人です。

　甲は公正証書による遺言をしていました。その遺言書には、末尾に財産目録が添付されており、複数の特定の不動産をA及びBにそれぞれ相続させる旨が明示されているほか、その他の財産のすべてを妻乙に相続させる旨の記載があります。

　このほか、遺言書に添付された財産目録に記載されていない財産として、甲が相続開始の10年前にA及びBの名義で預入したと思われる定期預金で満期時に自動継続されているものがありますが、その預金証書と預入手続の際に使用した印鑑が、甲名義の銀行貸金庫の中に残されていました。A及びBは、この経緯について何も知りません。

　相続税の申告に当たっては、A名義及びB名義の預金は、どのように処理すればよいでしょうか。

回答

　甲の遺言書に添付された財産目録には、A名義及びB名義の定期預金は含まれていませんが、甲がこれらの預金について自己の財産に属すると考えていたかどうかにかかわらず、これらの預金も、甲の遺産を構成すると認められます。

　相続税の申告では、遺言に従って各相続人の取得財産を配分しますが、

A名義及びB名義の定期預金については、遺言の対象財産とはなっていないと認められますので、別途に遺産分割協議を行って取得者を確定します。これらの定期預金については、甲がこのような定期預金を設定した意向に配意し、また銀行からの払戻しの手続の煩雑さを考慮すると、その名義に従いA及びBにそれぞれの名義となっている定期預金を取得させるのが無難といえます。

解　説

　乙が甲の相続により取得する財産は、遺言公正証書によれば、甲がその遺言書においてA及びBに相続させるとした特定の不動産以外の甲の全財産ですが、その全財産とは、遺言書の財産目録に記載された財産をいうのか、それ以外の財産も含むのか定かでありません。後者であればA名義及びB名義の定期預金のいずれもを乙が取得することになり、前者であれば、これらの預金の帰属については遺言の対象外ということになります。ともあれ、甲がこれらの預金の帰属をどのように考えていたかは別として、上記の遺言書の記載のみに依拠すれば、次のように考えられます。

　その一つは、A名義の定期預金及びB名義の定期預金は、その名義からして、甲がこれらの預金口座の開設の際（預入の時）に、その名義に従いA及びBに預入資金を贈与したとみる余地があります。そうであるなら、A及びBには、甲からの贈与時から10年を経過していて贈与税の決定の期間制限（除斥期間）の経過により贈与税課税はされないことになりますし、相続税の課税対象ともなりません。

　もう一つの判断として、これらの預金は、その名義にかかわらず甲の所有に属したものと解し、甲の真意は、自分に相続が開始したときには、それぞれの名義人に帰属させることであると推認することもできます。

そして、これらのいずれの場合も、乙が当然にこれらの預金を取得することにはならないと考えるのが自然で相当であると思われます。

　これらの預金が、預金口座設定時に甲から各名義人への贈与に基づきA及びBに帰属していたとみるには、その贈与についての当事者である甲とA及びBが民法第549条所定の贈与の意思表示の要件を満たさないほか、相続税法第9条《その他の利益の享受》のみなし贈与に該当するともいえない上に、A及びBのいずれもがこの預金の権利者としての占有、使用収益等、処分等を全くしていないことからすると無理がありますので、これらの預金は、その名義にかかわらず、甲の遺産であると考えるべきでしょう。これらの預金が遺言書の財産目録に記載されていないことや、甲がその帰属につき主観的にどのように考えていたかは、判断材料の一つであるとはいえ、事例の場合には重要な判断材料にはならないと思われます。

　したがって、A名義及びB名義の定期預金については、甲の遺産に属するものとして相続税の課税対象財産として取り扱うのが相当でしょう。これらの預金の取得者については、遺言の内容からは乙が取得することになるとも考えられますが、遺言時にこれらの定期預金が、甲の遺産に含まれることについて甲に認識がなく、その預金を乙に取得させることが相当と認められる特段の事情がない場合には遺産分割協議により取得者を定めるのが相当であり、各預金の名義人であるA及びBが自己名義の預金を取得することにするのが無難でしょう。

71　被相続人が売却した所有権移転登記未了の土地の取扱い

> **事　例**
>
> 　甲は、亡父（被相続人）の唯一の相続人ですが、相続税の申告準備のために不動産の登記事項証明書を取り寄せたところ、亡父が生前にAに対し売却した土地（本件土地）が買主Aに所有権移転登記がされずに亡父の名義のままとなっていることが判明しました。亡父及び甲は、従前から本件土地の売買が完了し、Aが所有権者であることを熟知していました。
>
> 　甲は、本件土地の所有権移転登記についても、売買当時に完了しているものと思っていました。当時Aからの登記共同申請についての協力要請がないまま放置されてきたようです。なお、本件土地の固定資産税額はわずかで、同土地の売買の後も、亡父が納付してきました。
>
> 　甲は、亡父の残した書類の中から昭和60年6月に亡父とAとの間で締結した本件土地の売買契約書を発見しましたが、これによれば、同月中に本件土地の代金が授受されて、同土地の引渡しも済ませたと推認できます。
>
> 　買主であったAは、売買により本件土地の所有権を取得したことを認識していて、現にその一部を賃貸用駐車場として使用しています。
>
> 　このような状況下において、相続税の申告では、本件土地を亡父の遺産として課税財産に含めるべきでしょうか。
>
> 　仮に、本件土地は、所有権移転登記がされていないことから遺産に含まれるとしても、現にAによって20年以上占有されてきた本件土地は、Aが時効取得したものとして、相続財産から除外することが

できるでしょうか。

回答

　本件の事実関係から判断しますと、本件土地は、亡父が生前にAに対し譲渡したものであって、亡父の相続開始時においてその遺産を構成するものでなく、甲が本件土地を相続により取得することはできないものですから、相続税の課税財産とする必要はありません。

　本件土地をAが時効取得により所有権を取得したとしてその旨の登記をすることについては、占有者であるAは、本件土地の所有権を売買により取得したことに基づき、所有権者として同土地を占有しているものであり、他人の物を占有していたわけではありませんから、民法第162条による時効取得があったものということはできず、事実関係に反することを登記原因として登記をすることとなりますのでお勧めできません。亡父とAとの間の土地売買契約書が存在する上、Aが現に使用していることから、本件土地の所有権がAにあることの証明は比較的容易かと思われます。なお、今からでもA名義としておくのが最善の選択であるといえます。

解説

　本件の事実関係としては、本件土地の契約書が存在することなど亡父の相続開始時に亡父に所有権がなかったことを推認させる事実と、これに反する所有権移転登記の未了及び固定資産税の納税などの事実がありますので、これらの点について検討してみます。

1　本件土地の所有名義が亡父であることについて

本件の事実関係からは、本件土地の所有権は昭和60年6月に亡父とAとの間で売買契約が締結され、同月中に売買代金の授受及び土地の引渡し等の手続も済ませたことが明らかです。ただ、本件土地の登記名義が亡父名義のままであり、通常の取引での、代金の授受と同時に行われる土地の所有権移転登記申請がされないままとなっている点が異常ですが、当事者間で所有権移転につき争い等があったわけではありません。

　したがって、その登記名義が亡父名義のままであることのみで、登記名義人である亡父が真の所有者であるということはできないばかりか、亡父が本件土地の所有権が自分にあるとして移転登記手続を拒否してきたということもできません。

　我が国では、真の所有者の保護の観点からも、登記には公信力が認められていません。本件土地の売買終了後の真の所有者が亡父ではなく、生前に売買契約をした相手方当事者であるAであることは、当事者双方が認めていることですし、当時作成した売買契約書によっても、本件土地は、Aが所有するものであることは疑いの余地がないようです。

　そうすると、本件土地の登記上の所有名義が亡父であるからといって、同土地が亡父の遺産であるということはできないことになります。

2　固定資産税の課税・納税と時効取得について

　仮に、本件土地が亡父の遺産であるとする根拠があるとすれば、本件土地がその売買後も亡父の固定資産税の課税対象とされ、甲が納付してきたことが挙げられます。しかし、課税当局は固定資産税の課税対象を登記によって把握しており、本件土地につき、譲渡があったかどうかの事実を確認しているわけではありません。また、亡父が本件土地に係る固定資産税の課税を甘受してきたのは、その税負担が僅少であったことも一因かと思われます。

時効取得については、Aが本件土地について、10年以上又は20年以上の期間、平穏かつ公然と他人の物を占有してきたことがその要件ですが、この占有は、他人の物を所有の意思をもってしなければなりません（民法162①②）。その点、Aは本件土地の売買の完了により、その所有権の取得を認識しており、その占有は所有権に内蔵する機能によるものです。したがって、真実でないことについて、登記等を用いて虚偽の法律行為を構築することは、税務では避けるべきですから、実際に時効取得でないものを時効取得と装うことは合理的な思考とはいえません。

3　登記及び相続税の申告の要領

以上のことから、相続税の申告に当たっては、本件土地は相続財産に含めないで申告し、①本件土地が既に亡父によって他に譲渡されていること、②その売買当時に移転登記が行われなかったこと、③当事者間にその売買についての争いはなく、本件土地は売買後にAが使用収益を継続していること、④この度、A名義に所有権移転登記をしたこと、をそれぞれ記述した申述書を相続税の申告書とともに提出し、併せて、売買契約書のコピー、移転登記後の登記事項証明書等を添付すればよいでしょう。

なお、申告に先立つ登記申請では、登記原因日付を「昭和60年6月○日売買」とすべきでしょう。

72 死亡保険金を取得する代わりに遺産である財産債務は承継しない合意の実効性

> **事　例**
>
> 　甲は、東京都内において個人事業を営んでいます。甲の所有財産の価額は相当高額ですが、その内容は、不動産及び事業用財産が大部分であり預金等の処分換価が可能な財産はわずかです。また、甲は、多額の事業上の債務を抱えており、一部その返済が滞っている状況であり、正味財産額は少ないと見込まれます。
>
> 　甲は、3年前に妻乙を亡くした後も独りで事業を取り仕切ってきましたが、最近になって従前からの持病が悪化し、自己の財産及び事業の承継が気掛かりになってきました。
>
> 　甲の推定相続人は、都内に住み甲の事業を時々手伝ってきた長男Aと、隣県に住む次男Bの2人です。甲は、Aが甲の店舗に来た際にAに対し、また、Bを甲の自宅に呼んで、個別に自己の財産の状況や事業の経営状態等を説明するとともに、甲の事業を承継する意思があるかどうかや、遺産債務の相続についての希望などを聴きました。その際に、Aは、甲の遺産総額から債務総額を控除した純財産の額が相当多い場合にはBが相応の財産を相続するのはやむを得ないが、純財産が少ないか、債務超過である場合には、自分が財産債務の全部を相続したいと述べ、甲の事業は勤務先を早期退職してでも承継したい旨を表明しました。他方、Bは、甲の遺産中に預金等の可処分財産があれば是非相続したいとの意向を示しましたが、不動産、事業用財産等の取得及び債務の承継は望まないし、甲の事業承継の意思もない

旨を表明しました。

　なお、甲は、自宅でのBとの話合いの際に、Bから預金等の内容開示するよう強く要望され、預金はないが、甲が自己を被保険者として掛けている死亡保険金2,000万円の生命保険契約があり、その受取人が亡妻名義のままになっている旨を説明し、その保険証券を見せました。その後に、Bから電話があり、上記死亡保険金をBが受領できれば、一切の財産債務を相続承継しないし、事業の承継もしないとの電話がありました。

　Bに上記の申出を必ず履行させるよい方法がありますか。

回答

　甲が上記のA及びBの意向を確認できた場合には、甲は、生前に次の1の手続を行うことにします。また、A及びBは、甲の相続開始後速やかに次の2の手続・処理を行うことにします。

1　甲は、上記の生命保険に関し、保険会社に対し、被保険者死亡の場合の保険金受取人について、乙が死亡したことを理由として亡乙に代えてBを再指定するための手続を行います。
2　Bは、甲の死亡後3月以内に家庭裁判所に対し、甲の死亡に係る相続の放棄の申述書を提出し、その受理審判を受けます。この手続が完了すれば、甲のすべての財産債務を承継することになります。

　なお、A・Bの意向が完全に履行されるためには、甲の生前に、甲、A及びBの3者において、これらの上記の合意内容を確認する書面を作成しておくことが望ましいでしょう。

解　説

　被相続人の財産債務は、相続開始の時から相続人が承継し、相続人が数人あるときは、各相続人の相続分に応じた共有に属することになります（民法896、898、899）。

　上記の民法の規定により共同相続人の共有とされる遺産は、各人の所有財産としては種々の制約があって、各人の任意の使用・処分等が制限されますが、その後の遺産分割協議によりその遺産が分割されて特定財産として各人に帰属すると、その自由な使用・処分等が可能となります。

　ところで、遺産中には債務も含まれますが、相続の対象となる債務については、共同相続人の遺産分割協議によりその債務を任意に分割して承継したり、固有財産や所得の少ない一部の相続人が著しく少ない積極財産を取得して過大な債務を承継すると、被相続人を債務者として対応してきた債権者は、その権利を債務者の相続人に害される結果となるので、債権者は、相続の放棄がない限り、遺産分割協議の結果にかかわらず各相続人に法定相続分により弁済請求をすることができるものと解されています。

　なお、共同相続人間で成立した遺産分割協議は、相続債務に係る債権者の詐害行為取消権行使の対象となり得ると判示した判例があります（最高裁＜二小＞平成11年6月11日判決・民集59巻5号898頁）。

　本件ではBは甲の財産も債務も一切承継しない意向のようですが、Bが甲の債務を一切承継しないためには、Bが相続の放棄を行うことが必要であるといえます。

　また、保険契約者が自己を被保険者とする死亡保険金の受取人を指定していた場合において、その指定受取人が死亡したときは、保険契約者は、その死亡した者に代わる保険金受取人を再指定することができます。

相続税関係

　甲が本件保険金の指定受取人をBとして再指定すれば、Bが受領することになる死亡保険金は、相続財産に該当しないことから、Bが相続の放棄をしても、固有財産としてBに帰属することになります。そのBが取得する死亡保険金については、相続税の課税上では、遺贈により取得したものとみなされて、その保険金額（相続税が非課税とされる部分の金額はありません。）がBの相続税の課税価格を構成することになります。

　他方、Aは、Bが相続の放棄をしたことにより、単独相続人として甲の全財産を取得し、債務の全額を承継することになります。

　なお、甲は遺言をすることには消極的なようですが、甲が遺言によって、上記のような指定をしておけば一層履行の確実性が増します。死亡保険金の受取人をBに再指定することも、遺言によっても行うことができます。

73 生命保険金の指定受取人が死亡している場合の保険金受取人及び受領割合

事　例

　被相続人Aの相続関係人は、下図に示したとおりです。

　Aは、8年前に、生命保険会社との間で、自己を被保険者とする保険金4,000万円の養老保険契約を締結しました。Aは、当時独身であったので、A死亡の場合の保険金受取人を母乙と指定しました。なお、母乙と父甲の間にはAの他にも子C、Dがいます。

　また、Aの父甲は乙ではない女性と子Eを儲けた後、10年前に死亡しています。

　その後にAはBと結婚し、乙は3年前に死亡しましたが、Aは、保険金の受取人の再指定をしないまま、この度死亡しました。

　この場合のAの死亡保険金4,000万円の受取人は誰ですか。受取人が複数となる場合の各受取人とその受取金額はどうなりますか。

　また、相続税の課税対象となる金額はどれだけですか。

〈相続関係人図〉

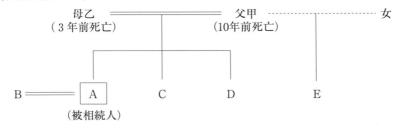

相続税関係

回答

　この死亡保険金の受取人は、乙の相続人であるC及びDと、乙の相続人であったAの相続人であるB及びEの合計4人です。

　保険金受取人であるB、C、D及びEの受取保険金は、いずれも1,000万円です。

　B、C、D及びEの受取保険金には各500万円の非課税部分があるので、各人の課税対象保険金は、いずれも1,000万円から500万円を控除した残額の500万円です。

解説

　生命保険の契約者は、保険会社との保険契約において、被保険者でない第三者を保険金受取人として指定することができます（保険法42）。また、その受取人が死亡したときは、その者に代わる受取人の再指定をすることができ（保険法43①）、受取人が死亡したのに契約者が受取人の再指定をしないまま死亡したときは、既に死亡した<u>受取人の相続人</u>が受取人となります（保険法46）。この場合の「受取人の相続人」とは、<u>保険金受取人として指定された者の法定相続人又は順次の法定相続人であって被保険者死亡時において生存する者</u>がこれに該当します（大審院大正11年2月7日判決・民集1巻19頁）。

　したがって、この事例では、その保険契約上で乙が死亡し、次いでAが死亡した場合の受取人を定める特約がない限り、保険金受取人は、乙の現存する相続人であるC及びDの2人のみでなく、乙の死亡時の相続人である亡Aの相続人（上記判決にいう「順次の相続人」）B及びEの2人を含む合計4人となります。

これらの保険金受取人の死亡保険金の受取割合は、相続分によるのでなく、民法第427条の規定により平等の割合によるとされています。なぜなら、前記の保険法第46条の規定は、指定受取人の地位の相続による承継を定めるものでも、複数の保険金受取人がある場合に各人の取得する保険金請求権の割合を定めるものでもなく、指定受取人の法定相続人という地位に着目して保険金受取人となるべき者を定めるものであって、保険金支払理由の発生により原始的に保険金請求権を取得する複数の保険金受取人の間の権利の割合を決定するのは、民法第427条の規定であるからです（最高裁平成5年9月7日第三小法廷判決・民集47巻7号4740頁）。

　このような事例は、少なくないと思われますが、保険金受取人を安易な解釈で決めないことが重要です。判例の被保険者の順次の相続人の例では、被保険者の相続人でない者も含まれることや、保険金受取割合が相続分でなく平等であることにも注意すべきです。

(注)　例えば、夫が独身時代に夫の母Aを保険金受取人とする生命保険契約を締結していたが、結婚後、保険金受取人を妻Bに変更しないまま夫が死亡し、それによって支払われた保険金を夫の母Aが取得せずに妻Bが受け取った場合など、保険契約上の保険金受取人以外の者が現実に保険金を取得している場合において、保険金受取人の変更の手続がなされていなかったことにつきやむを得ない事情があると認められるなど、現実に保険金を取得した者がその保険金を取得することについて相当な理由があると認められるときは、その現実に保険金を取得した者を保険金受取人とするものとして扱われています（相基通3—12）。

根拠条文

保険法42条（第三者のためにする生命保険契約）
　保険金受取人が生命保険契約の当事者以外の者であるときは、当該保険

金受取人は、当然に当該生命保険契約の利益を享受する。

保険法43条（保険金受取人の変更）
① 保険契約者は、保険事故が発生するまでは、保険金受取人の変更をすることができる。
②、③（省略）

保険法46条（保険金受取人の死亡）
保険金受取人が保険事故の発生前に死亡したときは、その相続人の全員が保険金受取人となる。

平成20年改正前の商法676条（他人のためにする保険・保険金受取人の死亡と再指定）
① 保険金額ヲ受取ルヘキ者カ被保険者ニ非サル第三者ナル場合ニ於テ其者カ死亡シタルトキハ保険契約者ハ更ニ保険金額ヲ受取ルヘキ者ヲ指定スルコトヲ得
② 保険契約者カ前項ニ定メタル権利ヲ行ハスシテ死亡シタルトキハ保険金額ヲ受取ルヘキ者ノ相続人ヲ以テ保険金額ヲ受取ルヘキ者トス

民法427条（分割債権及び分割債務）
数人の債権者又は債務者がある場合において、別段の意思表示がないときは、各債権者又は各債務者は、それぞれ等しい割合で権利を有し、又は義務を負う。

参考判例　（指定受取人が死亡している場合の生命保険金の帰属）

最高裁平成5年9月7日第三小法廷判決・民集47巻7号4740頁
　商法（筆者注：旧商法）第676条2項にいう「保険金額ヲ受取ルヘキ者ノ相続人」とは、保険契約者によって保険金受取人として指定された者の法定相続人又は順次の法定相続人であって被保険者の死亡の時に生存する者

をいう（大審院大正11年2月7日判決）。
　生命保険金の指定受取人の法定相続人とその順次の法定相続人とが保険金受取人として確定した場合には、各保険金受取人の権利の割合は、民法第427条の規定により、平等の割合によるものと解すべきである。けだし、商法（筆者注：旧商法）第676条2項（筆者注：保険法第46条）の規定は、指定受取人の地位の相続による承継を定めるものでも、また、複数の保険金受取人がある場合に各人の取得する保険金請求権の割合を定めるものでもなく、指定受取人の法定相続人という地位に着目して保険金受取人となるべき者を定めるものであって、保険金支払理由の発生により原始的に保険金請求権を取得する複数の保険金受取人の間の権利の割合を決定するのは、民法第427条の規定であるからである。

相続税関係

74 受取人を「法定相続人」と指定した生命保険金についての各相続人の受領割合

事　例

被相続人Aの相続関係人は、下図に示したとおりです。

Aは、8年前に、生命保険会社との間で、自己を被保険者とする保険金4,000万円の養老保険契約を締結しましたが、当時Aは独身だったので、被保険者死亡の場合の保険金受取人を取り敢えずは母乙とする趣旨で指定受取人を「法定相続人」としました。なお、母乙と父甲の間にはAの他にも子C、Dがいます。

また、Aの父甲は乙ではない女性と子Eを儲けた後、10年前に死亡しています。その後に乙が死亡し、この度Aが死亡しました。

Aの死亡保険金4,000万円の受取人は誰ですか。受取人が複数いる場合の受取金額はどうなりますか。

また、相続税の課税対象となる保険金額はどれだけですか。

〈相続関係人図〉

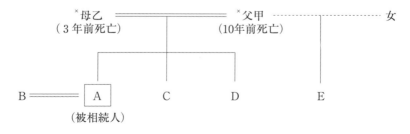

(注)　AB間には、子がいない。

回　答

　この死亡保険金の受取人は、被保険者Aの死亡による法定相続人となるB、C、D、Eの合計4人です。

　Aの死亡保険金は、Bが3,000万円、C及びDがそれぞれ400万円、Eが200万円を受領することになります。

　受取保険金の非課税部分は、相続税法基本通達12―9の算式により計算すると、Aが1,500万円、C及びDが各200万円、Eが100万円となりますので、各人の課税対象の保険金額は、Aが1,500万円、C及びDが各200万円、Eが100万円です。

解　説

　生命保険の契約者は、保険会社との保険契約において、被保険者でない第三者を保険金受取人として指定することができます（保険法42）。この場合に、被保険者が死亡した場合の受取人について、特定人の氏名に代えて「被保険者の法定相続人」を指定受取人とすることも可能です。

　保険金受取人を法定相続人と指定することについては、指定受取人が死亡した場合に、保険契約者がその受取人に代わる受取人の再指定をする手続（保険法43）を必要とせず、受取人が変更されても被保険者との関係が密接な親族が受取人となることなどのメリットがあります。

　このように指定受取人を法定相続人とした場合において、その法定相続人が複数いるときは、その保険金の受取割合が問題となります。

　従前の裁判例では、民法第427条の規定の適用により各相続人がその相続分にかかわらず、平等の割合によるとするものが多くありましたが、最高裁平成6年7月18日第二小法廷判決により、平等の割合でなく、原則と

して相続分の割合で権利を取得すると解されるようになりました。この判決では、「受取人を単に『相続人』とする指定には、保険事故発生時において相続人である者を受取人と定めることにあるとともに、右指定には、相続人に対してその相続分の割合により保険金を取得させる趣旨も含まれているものと解するのが保険契約者の通常の意思に合致し、かつ合理的である。」としています。

したがって、この事例では、Aの配偶者であったBの相続分は4分の3であり、全血兄弟のC及びDの相続分は各10分の1（1/4×2/5）、半血兄弟のEの相続分は20分の1（1/4×1/5）となります。

そうすると、保険金総額4,000万円のうち各相続人が取得する保険金額は、Bが3,000万円、C及びDが各400万円、Eが200万円です。また、非課税限度額は、法定相続人数が4人ですから2,000万円であり、各人の非課税金額は、Bが1,500万円、C及びDが各200万円、Eが100万円になります。

留意点　この事例は、前事例（事例73）と類似していますが、前事例については、保険契約者が保険金受取人が死亡したのに受取人の再指定をしないまま死亡した場合に、死亡した受取人の相続人が受取人となるとの解釈により、受取人の権利割合を相続分割合でなく平等の割合としたのに対し、この事例では、受取人を相続人とした場合の各受取人の権利の割合を平等の割合でなく、法定相続分の割合であるとしています。このように、同じ相続人が受取人となる場合でもその権利割合が異なる点に留意すべきです。この差異について、最高裁判決が述べる解釈の根拠をしっかり確認しておく必要があるでしょう。

参考判例（死亡保険金の受取人を「相続人」と指定した場合の各受取人の保険金受領割合）

最高裁平成6年7月18日第二小法廷判決・民集48巻5号1233頁

〈判示要約〉

保険契約において保険契約者が死亡保険金の受取人を被保険者の「相続人」と指定した場合は、特段の事情のない限り、右指定には相続人が保険金を受け取るべき権利の割合を相続分の割合によるとする旨の指定も含まれ、各保険金受取人の有する権利の割合は相続分の割合になる。

〈判決理由（要約）〉

保険契約において、保険契約者が死亡保険金の受取人を被保険者の「相続人」と指定した場合には、特段の事情のない限り、右指定には、相続人が保険金を受け取るべき権利の割合を相続分の割合とする旨の指定も含まれていると解するのが相当である。けだし、保険金受取人を単に「相続人」と指定する趣旨は、保険事故発生までに被保険者の相続人となるべき者に変動が生ずる場合にも、保険金受取人の変更手続をすることなく、保険事故発生時において相続人である者を保険金受取人と定めることにあるとともに、右指定には相続人に対してその相続分の割合により保険金を取得させる趣旨も含まれていると解するのが、保険契約者の通常の意思に合致し、かつ、合理的と考えられるからである。したがって、保険契約者が死亡保険金の受取人を被保険者の「相続人」と指定した場合に、数人の相続人がいるときは、特段の事情のない限り、民法427条にいう「別段ノ意思表示」である相続分の割合によって権利を有するという指定があったものと解すべきであるから、各受取人の有する権利の割合は、相続分の割合になるものというべきである。

75 遺産が未分割で生命保険金の受取人がいる場合の相続税の申告

事例

　被相続人甲の相続人は、長男A、長女B及び次男Cの3人で、遺産総額は約2億円です。相続人間での遺産分割協議は、まだ調っていません。

　Aは、5年前に、甲がAを被保険者及び保険金受取人として掛けていた養老保険が満期となって保険金1,000万円を受領しており、その贈与税の申告納税も済ませています。

　この度、甲の死亡により甲が掛けていた別の生命保険の死亡保険金2,000万円を指定受取人のBが受領しました。

　相続税法55条の規定により各相続人の課税価格を計算して相続税の申告書を提出しますが、A及びBが取得した生命保険金について民法第903条の「特別受益者の相続分」を適用して課税価格を計算するのでしょうか。

回答

　A及びBが取得した生命保険金相当額については民法第903条に規定する特別受益には該当しませんので、各相続人は、未分割の遺産については、法定相続分の割合により取得したものとして、その課税価格を計算して申告します。

解 説

　相続税の申告書を提出する場合において、相続財産の全部又は一部が未分割であるときは、各共同相続人は、民法第900条から第903条の相続分に従ってその未分割財産を取得したものとして課税価格を計算します（相法55本文）。相続人のうちに被相続人からの遺贈又は特別受益に該当する贈与による財産の取得者がいる場合の相続分は、民法第903条の特別受益者の相続分の規定を適用します。実際には、未分割遺産（債務を除きます。）は特別受益者の相続分の規定によって取得財産価額を計算し、債務については、法定相続分・指定相続分によって承継債務を計算します。

　ところで、相続人等が取得した生命保険金が、その保険金受取人を指定した被相続人や保険契約者等からの相続、遺贈又は贈与等による承継財産かそれとも取得者の固有財産かについて議論された時期もありましたが、現在では、固有財産であるとの見解が定着しています。そのため、相続税法では、これらの生命保険金を相続税又は贈与税の課税対象に取り込むための手法として「みなし相続（遺贈、贈与）」の規定が設けられています。

　これに加えて、民法第903条第1項が特別受益の対象として、被相続人からの遺贈財産及び特定事由による贈与財産を規定していることからすると、本事例の満期保険金や死亡保険金は、いずれもこれらの承継財産ではなく、特別受益に該当しないと思われ、同条項の特別受益者の相続分が適用される余地はないものと考えられます。

　家庭裁判所の審判分割事例では、保険金取得後の各相続人間の遺産分割の公平保持に配慮して、贈与・遺贈財産でない受領保険金を贈与・遺贈によるものと類推解釈して特別受益と認定する手法を用いて、民法第903条の具体的相続分を適用することにより、これらの保険金相当額を遺産に持

ち戻して遺産分割を行う事例が少なくありませんでした。

　これに関し、最高裁平成16年10月29日第二小法廷判決（民集58―7―1979）は、死亡保険金の特別受益該当性について、「特定の相続人を保険金受取人とする死亡保険金は、受取人と他の相続人間の不公平が民法第903条の趣旨に照らし到底是認することができないほどに著しいものと評価すべき特段の事情がない限り、特別受益の対象とならない。」と判示しました。

　そうすると、この判決の考え方を援用して、被相続人が保険料を負担していた生命保険契約の保険金を特定の相続人が受領したケースについて判断する場合には、相続人が被相続人の死亡により取得した死亡保険金（みなし相続財産）はもちろんのこと、被相続人の生前に取得した満期保険金等（みなし贈与財産）も、原則的には特別受益に該当しないと判定して処理することができるでしょう。

　実務の取扱いでは、相続税法第55条の規定により課税価格を計算する場合において、同法第3条でみなし相続（遺贈）財産とされた生命保険金、退職手当金等、第4条でみなし遺贈財産とされた特別縁故者への分与財産、第7条から第9条でみなし遺贈財産とされた低額譲受益、債務免除益、その他の利益享受益等の財産があるときは、その財産の価額は、その者の相続分又は包括遺贈の割合に応ずる本来の相続財産の価額に、そのみなし相続遺贈財産を加算した金額をもって、その者の課税価格とすることとされています（相基通55―2）。

　したがって、実務上では、生命保険金等のみなし相続遺贈財産は、特別受益に該当しないとして処理して差し支えないでしょう。

参考通達 （相続又は遺贈により取得したものとみなされる財産）

相基通55—2
　法第55条の規定により課税価格を計算する場合において、法第3条及び第4条並びに第7条から第9条までの規定により相続又は遺贈により取得したものとみなされる財産があるときは、当該財産の価額は、その者の民法に規定する相続分又は包括遺贈の割合に応ずる本来の相続財産価額に加算して課税価格を計算するものとする。

参考判例 （死亡保険金請求権と民法903条の特別受益）

最高裁平成16年10月29日第二小法廷決定・民集58巻7号1979頁
　被相続人を保険契約者・被保険者とし、共同相続人の1人又は一部の者を保険金受取人とする養老保険契約に基づき保険金受取人とされた相続人が取得する死亡保険金請求権は、民法903条1項に規定する遺贈又は贈与に係る財産には当たらないが、保険金の額、この額の遺産の総額に対する比率、保険金受取人である相続人及び他の共同相続人と被相続人との関係、各相続人の生活実態等の諸般の事情を総合考慮して、保険金受取人である相続人とその他の共同相続人との間に生ずる不公平が民法903条の趣旨に照らし到底是認することができないほどに著しいものであると評価すべき特段の事情が存する場合には、同条の類推適用により、特別受益に準じて持戻しの対象となる。

相続税関係

76 相続放棄をした者の受領保険金及び債務控除の取扱い

事 例

　被相続人甲の相続人は長男A及び次男Bでしたが、Bは、適法な手続により相続の放棄をしました。甲の遺産は、不動産、預金等で相続税評価額ベースで9,000万円です。

　このほか、甲は、自己を被保険者とし被保険者死亡の場合の保険金額を各2,000万円とする生命保険契約2口（P保険及びQ保険。いずれも保険料は甲が負担）の契約をしており、その死亡保険金の受取人として、P保険についてはA、Q保険についてはBを指定していました。

　甲の死亡により、AにP保険の保険金2,000万円が、BにQ保険の保険金1,200万円が支払われました。なお、甲はQ保険について契約者貸付金として1,600万円の融資を受けていたので、その残債元利合計800万円を控除した残額の1,200万円がBに支払われました。

　以上のほかに、甲には、銀行借入金600万円がありました。また、葬式費用400万円は、A及びBが均等に各200万円を負担しました。

　以上の事実関係の下で、相続税の申告における死亡保険金及び債務控除の取扱いは、どのようになりますか。

回 答

　Aの相続税については、甲の遺産の全部9,000万円及びP保険の死亡保険金1,000万円（2,000万円－非課税金額1,000万円）を課税価格に算入し、

銀行借入金600万円及び葬式費用の負担額200万円を債務控除します。

Bの相続税については、Q保険の死亡保険金2,000万円から契約者貸付金の残債800万円を控除した残額1,200万円が死亡保険金としてのみなし遺贈財産となりますので、この受取保険金の1,200万円から、葬式費用の負担額200万円を債務控除した金額が課税価格となります。なお、Bは相続を放棄しており、相続人ではないことから、保険金について非課税となる金額はありません。

解説

本件では、Aは甲の単独相続人ですから、Aが遺産及び債務のすべてを相続により取得継承することになります。

すなわち、Aは、相続により、民法上の相続財産である不動産・預金等の財産9,000万円を取得し、銀行借入金債務600万円も承継します。

したがって、Aが債務控除の対象とすることができる金額は、銀行借入金600万円及び負担した葬式費用200万円となります。

また、相続人又は包括受遺者でない者は、被相続人の債務を承継しないので、相続の放棄をしたBが債務控除をすることはできないことになります。

しかし、葬式費用については、被相続人の債務でないことと、実際には被相続人の近親者が負担することになるケースが多いことから、実務の取扱いでは、相続の放棄をした者が現実に葬式費用を負担していて、その者が遺贈により財産を取得しておれば、その遺贈による取得財産の価額から債務控除をしても差し支えないこととされています（相基通13—1）。本件では、Bは、相続の放棄をしましたが、現実にみなし遺贈財産とされる死亡保険金を取得していますので、その葬式費用の負担部分（200万円）

について、債務控除をすることができます。

　さらに、Bは、Q保険の死亡保険金を取得していますが、この保険に付随する借入金（契約者貸付金）については、実質的にその契約者貸付金に係る甲の債務をBが承継したことになりますが、相続人でないBは、債務控除の適用はありません。しかしながら、生命保険の契約者貸付金については、次に述べるように、その残債額控除後の保険金を受取死亡保険金として処理する取扱いになっていますので（相基通3―9）、結果的に、その債務は控除されることになります。

　ところで、死亡保険金は、民法上相続財産には該当しませんが、相続税では、これを相続又は遺贈による取得財産とみなしていますので、相続税の課税対象財産に含まれます。したがって、Aが取得した死亡保険金は、みなし相続財産となり、非課税限度額1,000万円を控除した残額の1,000万円がAの課税価格に算入されます。他方、Bが取得した死亡保険金はその保険金額2,000万円から契約者貸付金の残債である元利合計額800万円を控除した手取り額1,200万円を死亡保険金としてBの課税価格に算入することになります。

　葬式費用については、Aはその負担額200万円を控除することができるほか、Bもその負担した200万円について、課税価格に算入された死亡保険金1,200万円から控除することができます。

取扱通達　（相続放棄をした者の葬式費用の債務控除契約者貸付金が等がある場合の保険金）

相基通13―1　（相続を放棄した者等の債務控除）

　相続を放棄した者及び相続権を失った者については、法第13条の規定の適用はないのであるが、その者が現実に被相続人の葬式費用を負担した場合においては、当該負担額は、その者の遺贈によって取得した財産の価額

から債務控除しても差し支えないものとする。

相基通3―9（契約者貸付金等がある場合の保険金）
　保険契約に基づき保険金が支払われる場合において、当該保険契約の契約者（共済契約者を含む。以下「保険契約者」という。）に対する貸付金若しくは保険料（共済掛金を含む。）の振替貸付けに係る貸付金又は未払込保険料の額（いずれもその元利合計金額とし、以下「契約者貸付金等の額」という。）があるため、当該保険金の額から当該契約者貸付金等の額が控除されるときの法第3条第1項第1号の規定の適用については、次に掲げる場合の区分に応じ、それぞれ次による。
(1)　被相続人が保険契約者である場合
　　保険金受取人は、当該契約者貸付金等の額を控除した金額に相当する保険金を取得したものとし、当該控除に係る契約者貸付金等の額に相当する保険金及び当該控除に係る契約者貸付金等の額に相当する債務はいずれもなかったものとする。
(2)　被相続人以外の者が保険契約者である場合
　　保険金受取人は、当該契約者貸付金等の額を控除した金額に相当する保険金を取得したものとし、当該控除に係る契約者貸付金等の額に相当する部分については、保険契約者が当該相当する部分の保険金を取得したものとする。

相続税関係

77 死亡保険金の受取人が遺産分割に際しその一部を他の相続人に交付した場合

事 例

　被相続人甲の相続人は、長男A、次男B及び長女Cの3人です。甲の遺産としては、自宅の土地建物5,000万円のほか賃貸マンション3,000万円があります。

　遺産分割協議の原案では、Bが自宅の土地建物を相続し、Cが賃貸マンションを相続することにしますが、Aは、このほか甲の死亡により甲が保険料を負担していた生命保険契約の保険金6,000万円を受領したので、他の遺産は取得せず、別途Aが受領した保険金の中からCに2,000万円の金銭を交付するという分割案（第一案）を考えています。

　このような遺産分割は、Cにとって税務上問題があるでしょうか。

　仮に、遺産分割協議において、Aが賃貸マンションを相続し、Cに2,000万円を交付する別の分割案（第二案）で協議を調える場合には、どうなるでしょうか。

回 答

〈第一案〉　第一案では、Aは、遺産を取得しないことから、遺産分割の際にAが取得した保険金を原資としてCに2,000万円の金銭を交付しても、その行為は遺産分割手続とは無関係の単なる贈与であって、代償分割に係る代償金の交付であるということはできません。

したがって、Aは、Cに対して自己の固有財産から2,000万円の金銭等を無償で交付することになり、Cには贈与税が課税されます。

〈第二案〉　第二案では、Aは甲の遺産である賃貸マンション3,000万円を取得しますから、Cに対する金銭2,000万円の交付は、代償分割における代償債務の履行であるといえます。

　したがって、Cは相続により2,000万円を取得したことになるのであって、Cに対し贈与税等が課税されることはありません。

解　説

　被相続人が保険料を負担していた生命保険について、被相続人の死亡により相続人等が保険金（死亡保険金）を受け取った場合には、その保険金は遺産ではなく保険金受取人の固有財産となるので、これを遺産分割の対象とすることはできません。

　しかし、相続税の課税上、相続又は遺贈により取得したものとみなすことによって、死亡保険金を受取人の相続税の課税対象財産に含めています。

　第一案では、Aは遺産を取得しないことから、Aが交付する金銭等は、相続手続としての遺産分割には関係なく、Cに対して自己の固有財産を無償で交付する贈与財産であると考えられますから、Cには贈与税が課税されます。

　第二案では、Aが遺産を取得するので、Aが交付する金銭等は、代償分割に係る代償債務の履行のための交付財産であると解することができます。そうすると、Cが受領する金銭は相続により取得したものですから相続税の課税対象となり、贈与税等の課税対象となることはありません。遺産分割において第二案を採用する場合には、遺産分割協議書に代償分割による代償金の交付である旨を明記しておくべきでしょう。

参考判例（生命保険金請求権の非相続性）
（取得財産価額を超える代償債務の負担）

最高裁昭和48年6月29日第二小法廷判決・上告棄却（民集27―6―737）

〈要旨〉 右「保険金受取人の指定のないときは、保険金を被保険者の相続人に支払う。」旨の条項は、被保険者が死亡した場合において、保険金請求権の帰属を明確にするため、被保険者の相続人に保険金を取得させることを定めたものと解するのが相当であり、保険金受取人を相続人と指定したのとなんら異なるところがないというべきである。

そして、保険金受取人を相続人と指定した保険契約は、特段の事情のない限り、被保険者死亡の時におけるその相続人たるべき者のための契約であり、その保険金請求権は、保険契約の効力発生と同時に相続人たるべき者の固有財産となり、被保険者の遺産から離脱したものと解すべきであることは、当裁判所の判例（昭和36年(オ)第1028号、昭和40年2月2日第三小法廷判決・民集19巻1号1頁）とするところであるから、本件保険契約についても、保険金請求権は、被保険者の相続人であるYらの固有財産に属するものといわなければならない。

東京地裁平成11年2月25日判決・税務訴訟資料240号902頁

〈要旨〉 代償分割に係る代償金として、代償債務者である相続人からその者が取得した積極財産の価額を超える代償金を受領した場合には、その積極財産の価額を超える部分は、現物をもってする分割に代える代償債務に該当せず、代償債務者から他方相続人に新たな経済的利益を無償にて移転する趣旨でされたものというべきである。したがって、代償債務のうちの他方相続人が取得する積極財産を超える部分については、代償債務者の相続税の課税価格の算定に当たって、消極財産として控除すべきでなく、他方相続人が取得した同部分に相当する代償債権の額は、代償債務者からの贈与により取得したものというべきである。

78　代償分割の代償金に死亡保険金を用いる遺産分割の方法

事　例

　被相続人甲には、配偶者は既に亡く、相続人は会社役員の長男Ａと個人で金属加工業を営む次男Ｂの２人です。

　甲の遺産は、預金や上場有価証券等の換価性のある財産は少なく、売却が難しい小規模な不動産等を中心に約２億円があります。

　Ａは、遺産分割に関しては、自らは多額の遺産の取得は望まず、不況で事業経営が厳しいＢが多くの財産を相続するのを容認するつもりです。

　この度、Ａは、甲が自己を被保険者、保険金受取人をＡとする生命保険契約を締結し、その保険料を支払ってきたことを知りました。

　そこで、Ａは、Ｂに対し、Ａがこの保険契約に係る保険金5,000万円を取得することになりますが、それ以外の財産はＢが取得するということで、遺産分割協議を調えたいとの意向を伝えました。

　しかし、Ｂは、全遺産の取得をしても、その遺産中には、現金預金等のすぐに事業の運転資金や借入金の返済に充てることのできる資産がほとんどないことから、Ａが受取人となっている死亡保険金を取得したいと要望してきました。

　この場合に、Ｂの意向に沿い、かつ、相続税の負担以外の贈与税等の過重な税負担が生じない有効適切な遺産等の取得方法がありますか。

相続税関係

回　答

　Aが取得することとなる保険金は甲の遺産ではなく、Aの固有財産ですから、指定受取人でないBがこれを無償で取得することにすると、原則として、Aから当該保険金に相当する金額の贈与があったとして、Bに対し贈与税が課税されることとなりますので、Bにとって有効な結果とはなりません。

　そこで、上記の行為を遺産分割に関連付けて、AB間で行う遺産分割協議において、代償分割の方法により、Aが、遺産の一部を取得した上で、代償債務の履行として、Bに対しAの取得遺産額の範囲で固有財産となった保険金を原資に金銭を交付することとすれば、有効な遺産分割となり、Bは、取得遺産のほかAの固有財産から交付される代償金も相続税の課税対象とすることになって、贈与税は課税されません。

　ただし、Bが、AからAの取得遺産価額を超える代償金の交付を受けた場合には、その超過部分は、AからBへの贈与として、贈与税の課税対象となります。

解　説

　Aが指定受取人となっていた死亡保険金は、被相続人甲の遺産ではないので、これを指定受取人以外のBが取得すると、Bは、Aの固有財産として帰属が確定した保険金の請求権を無償で取得したか、又はAが取得した保険金の化体資産である現金又は預金等を無償で取得したことになってしまい、原則として、Bに贈与税が課税されることとなります。

　この贈与税の課税を回避するには、上記の行為を遺産分割に絡めて行うこととする次のような方法が考えられます。

すなわち、A及びBは、遺産分割において、代償分割の方法を選択して、Aが取得する甲の遺産の代償債務の履行としてAの固有資産となった保険金を原資として、Aが保険金として取得した金銭等をBに対して交付するという分割方法を採用します。そうすることにより可処分財産が少なく分割が困難な遺産を円滑に分割することが可能となり、遺産中に預金等の可処分財産が少なくても、遺産でない死亡保険金の有効活用により、各相続人が合意可能な分割を実現することができ、併せて相続税の納付資金等に充てることができるので、遺産分割の手段として有効かつ適切な方法となります。

　死亡保険金については、通常その保険金額が多額であることと、保険金の支払事由である保険事故が被相続人の死亡であって、相続開始後間もない時期に保険金を受領することができるという点から、何よりも代償分割の代償金の原資として使用するには、最適のものといえるでしょう。

　念のため、この代償金の交付について留意すべき点は、代償分割も遺産分割の一方法ですから、その遺産の取得者が取得遺産額を超える代償金等の交付をすると、その超過部分の金額は、固有財産の処分としての贈与となることです。その場合には、その交付を受けた者に対し、その超過部分に相当する交付財産について贈与税が課されることに十分留意すべきです。

相続税関係

79 遺産が未分割の場合で死亡退職金の支給が未了の場合の相続税の申告

事 例

被相続人甲の相続人は、妻乙、長男A、次男Bの合計3人です。

甲は、遺産処分に関する遺言はしておらず、相続人等に対する生前贈与も行っていません。甲の純遺産は3億円程度ですが、共同相続人間の遺産分割協議はまだ調っていません。

甲はM社の取締役でしたが、M社には役員退職金支給規程等の定めはなく、死亡退職金額及びその受給者は、その都度取締役会で決定することとされてきました。この度、A社の取締役会において、甲の妻乙に対し、甲の退職金6,000万円を支給することが決定しましたが、支給時期については、相続税の申告期限前には確定する見込みです。

この場合に、近く申告期限が到来する相続税の申告では、各相続人は、甲に係る遺産及び死亡退職金の帰属について、どのように判断して計上すればよいでしょうか。

回 答

各相続人は、甲の遺産及び債務を法定相続分（乙1/2、A1/4、B1/4）の割合により取得したものとして相続税の申告をします。乙は、この取得財産に死亡退職金（1,500万円の非課税額を控除後の金額である4,500万円）を加算して申告します。

乙、A及びBが、申告期限後3年以内に遺産を分割して配偶者の税額軽減又は小規模宅地等の特例等の適用を受けようとするときは、その申告書に所定事項を記載した「3年以内の分割見込書」を添付して提出しますが、乙が受給する死亡退職金は、この期限内申告において「分割された財産」として配偶者の税額軽減の計算の基礎となる財産とすることができます。

解　説

　相続税の申告書を提出する場合において、各人の取得財産が共同相続人間で未分割であるときは、その財産を各相続人が民法の相続分（民法904条の2《寄与分》を除きます。）に従って取得したものとして課税価格を計算します（相法55）。

　本件では、遺産が未分割であり、特別受益財産はないと認められますから、各相続人は、法定相続分により遺産を取得したとし、乙はこれに課税対象となる退職金4,500万円を加算した金額を基に相続税の計算を行い、相続税の申告書の提出期限内に申告をすることになります（相基通55－2）。

　判例では、死亡退職金は、遺産ではなく受給権者の固有財産であると判示したものがあります（最高裁昭和55年11月27日第一小法廷判決・民集34巻6号815頁）。同判決は、「本件退職給与規程は、専ら職員の収入に依拠していた遺族の生活保障を目的とし、民法とは別の立場で受給権者を定めたもので、受給権者たる遺族は、相続人としてではなく右規程の定めにより直接これを自己固有の権利として取得する。」と判示しました。これによれば、退職給与規程等が存する場合の死亡退職金は、相続財産ではなく、定められた受給権者の固有財産であって、分割の対象にはならないことに

なります。

　また、関連の判例として、最高裁昭和62年3月3日第三小法廷判決は、財団法人Cの理事長であったDの死亡退職金について、Dの死亡当時にCには退職給与規程がなかったこと、Cはその理事会の決議により死亡退職金として2,000万円の支給決定をしてDの妻Yにこれを支払ったこと等原審認定の事実を基に、「その死亡退職金は、Dの相続財産として相続人代表としてのYに支給されたものではなく、相続という関係を離れて、Dの配偶者のY個人に対して支給されたものである。」として、原審の判断を相当として上告を棄却しています。この判決は、退職給与規程がなくても、権限ある法人の機関が決定した退職金や受給権者は相続財産や相続人とは別個のものと認定した点に意義があります。この判例からは、本件のM社取締役会の決定による乙の受給者としての支払日が申告期限までに確定すれば、その死亡退職金請求権は、乙の固有財産となり、併せて相続税の課税財産となります。

　相続税法基本通達3−25は、死亡退職金の受給者の判定方法について、①退職給与規程等がある場合はその退職給与規程等により支給を受けることとなる者とし、退職給与規程等がない場合や退職給与規程の適用を受けない者である場合には、②死亡退職金を現実に取得した者又は③相続人全員の協議により受給者を定めたときはその定められた者とし、④上記②及び③以外のときは、相続人全員とした上で、相続人の全員の場合の各人の取得額は各人均等として取り扱うとしています。この場合の④の判定方法は、退職金が相続財産でないことから、その受給権の権利の割合は、法定相続分等によることなく、同一の権利者が複数いる場合の民法第427条の規定を考慮して均等の割合による配分方法を定めたものと考えられます。

80　相続税のみなし課税財産となる退職手当金の範囲

事 例

　同族会社甲社の社長Ａは、令和３年11月20日に死亡しました。相続人は、妻Ｂと子Ｃ及びＤの合計３人です。

　Ａは、甲社の関連会社である乙社の会長も務めていましたが、令和３年２月に、乙社役員間の会社経営を巡る紛争が生じたことを原因として退職しました。乙社では、Ａに退職金を支給することにしていますが、その支給時期及び支給金額は未定です。

　甲社及び乙社は、役員の退職金については、その都度各社取締役会おいて決定しています。甲社は、令和６年10月の取締役会の決議により、Ａの死亡退職金の額を3,000万円とし、Ａの妻Ｂに支給することを決めました。これに伴い、乙社でも、近くＡの退職金額を定め、その受給者を妻Ｂとすることを決定する見込みです。

　この場合、妻Ｂが甲社から受給するＡの死亡退職金3,000万円及び乙社から受給する見込みのＡに係る退職金の課税はどうなりますか。

　また、これらの退職金の受給が確定したことにより追加納税額が発生しますが、追加税額に係る加算税や延滞税も発生しますか。

　なお、令和４年９月に提出した相続税の申告書には、Ａに係る退職金を課税財産に計上していません。

回 答

　妻Ｂが甲社から受給するＡの死亡退職金3,000万円は、みなし相続財産

となりますので、相続人らは相続税の修正申告書を提出します。

また、乙社からの退職金の支給が令和6年11月20日までに確定した場合には、その退職金も妻Bのみなし相続財産となります。

これらの退職金のうち妻Bの相続税の課税価格の基礎となるのは、その退職金の受給金額の合計額から非課税限度額1,500万円を控除した残額です。

さらに、乙社からの退職金の支給が令和6年11月21日以後に確定した場合は、その退職金は、相続税の課税対象とはされず、Bの一時所得に該当し所得税の課税対象とされます。

なお、相続人らが行った相続税の修正申告による増加税額に対しては過少申告加算税は賦課されず、延滞税についても、期限内申告の場合と同様の取扱いとなりますので、修正申告書の提出と同時にその本税額を納付した場合には、これらの附帯税はかかりません。

解説

相続税のみなし相続（遺贈）財産となるものの一つに、退職手当金等があります。相続税法第3条第1項第2号は、「被相続人の死亡により相続人その他の者が当該相続人に支給されるべきであった退職手当金、功労金その他これらに準ずる給与で被相続人の死亡後3年以内に支給が確定したもの」をみなし課税財産として規定しています。

このみなし課税財産に該当する退職手当金等を一般に「死亡退職金」と呼んでいます。

ところで、この退職手当金等は、死亡退職による退職金に限られ、生前退職による退職金は、「その支給が生前退職者の生存中には確定せず、死亡後3年以内に確定したもの」であっても、相続税法第3条第1項第2号

所定の退職手当金等に含まれないのか、それとも、生前退職によるものでも、上記要件を満たすものは、同条号所定の退職手当金等に含まれるのかについて争われた事件で、課税庁が、生前退職に係るものは上記の退職手当金等に含まれない旨の主張をしたのに対し、最高裁昭和47年12月26日第三小法廷判決（民集26巻10号2013頁）は、死亡退職に限らず生前退職の場合も、みなし相続（遺贈）財産に含まれる旨の判示をしました。

国税庁は、この判決を受けて、相続税法基本通達に3—31（被相続人の死亡後支給額が確定した退職手当金等）を追加し次のように定めました。

「被相続人の生前退職による退職手当金等であっても、その支給されるべき額が、被相続人の死亡前に確定しなかったもので、被相続人の死亡後3年以内に確定したものについては、法第3条第1項第2号に規定する退職手当金等に該当するのであるから留意する。」。

この点について考えてみますと、相続税法は、退職金に係る相続税の課税範囲につき「被相続人の死亡後3年以内に支給が確定したもの」と規定し、その支給額が相続開始後3年以内に確定したもののすべての退職金を課税範囲に取り込んでいるものと理解することができます。したがって、この範囲に属する退職金は相続税の課税財産となり、他方では、これが相続税の課税対象とされることから所得税は非課税とされ（所法9①十七）、相続税課税対象の範囲外となる退職金が、一時所得となります（所基通34—2）。

なお、Bを含む相続人らが死亡退職金等の支給確定により行う相続税の修正申告により納付すべき税額については、国税通則法第65条第4項の「正当な理由があると認められるもの」に該当するので（平成12年7月3日付け「相続税、贈与税の過少申告加算税及び無申告加算税の取扱いについて（事務運営指針）」通達）、過少申告加算税は賦課されません。また、

死亡退職金等の支給確定により相続税の修正申告書を提出したため納付する相続税額に係る延滞税については、法定納期限の翌日から修正申告書の提出があった日までの期間は、国税通則法第60条第2項に規定する延滞税の計算の基礎となる期間に算入しません（相法51②一ロ）。

更に付言すると、死亡退職金の支給が被相続人の死亡後3年を経過した後に確定した場合には、その死亡退職金はみなし相続財産に該当しないことからこれを受給した者の一時所得となり所得税の課税対象となりますが、この一時所得については、その収入確定の時期はその支払を受けた日とされます（所基通36—13）ので、原則として期限内申告をすることになり、期限内申告をすれば無申告加算税又は過少申告加算税及び延滞税の問題は生じません。

このように、相続税の申告期限後になって死亡退職金の支給が確定したことによる相続税及び所得税の処理については、その追加納税等について期限内申告又は期限内申告に準じた取扱いがされていることになります。

根拠条文

相法3条1項（相続又は遺贈により取得したものとみなす場合）

　次の各号のいずれかに該当する場合においては、各号に掲げる者が、各号に掲げる財産を相続又は遺贈により取得したものとみなす。この場合において、その者が相続人（相続を放棄した者及び相続権を失った者を含まない。第15条、第16条、第19条の2第1項、第19条の3第1項、第19条の4第1項及び第63条の場合並びに「第15条第2項に規定する相続人の数」という場合を除き、以下同じ。）であるときは当該財産を相続により取得したものとみなし、その者が相続人以外の者であるときは当該財産を遺贈により取得したものとみなす。

一　（省略）

二　被相続人の死亡により相続人その他の者が当該被相続人に支給されるべきであった退職手当金、功労金その他これらに準ずる給与（政令で定める給与を含む。）で被相続人の死亡後3年以内に支給が確定したものの支給を受ける場合においては、当該給与の支給を受けた者について、当該給与

三～六（省略）

相法51条2項（延滞税の特則）

②　次の各号に掲げる相続税額については、当該各号に定める期間は、国税通則法第60条第2項《延滞税》の規定による延滞税の計算の基礎となる期間に算入しない。

一　相続又は遺贈により財産を取得した者が、次に掲げる事由による期限後申告書又は修正申告書を提出したことにより納付すべき相続税額第33条の規定による納期限の翌日からこれらの申告書の提出があった日までの期間

イ（省略）

ロ　期限内申告書の提出期限後に支給が確定した第3条第1項第2号に掲げる給与の支給を受けたこと。

ハ（省略）

参考通達

（相続税、贈与税の過少申告加算税及び無申告加算税の取扱いについて（事務運営指針）通達〈抜粋〉）

第1　過少申告加算税の取扱い

（過少申告の場合における正当な理由があると認められる事実）

1　通則法第65条の適用に当たり、例えば、納税者の責めに帰すべき事由のない次のような事実は、同条第5項第1号に規定する正当な理由があると認められる事実として取り扱う。

(1)、(2)（省略）

(3)　相続税の申告書の提出期限後において、次に掲げる事由が生じた

こと。
　　イ　相続税法第51条第２項各号に掲げる事由
　ロ　（省略）

所基通34―２　（遺族が受ける給与等、公的年金等及び退職手当金等）

　死亡した者に係る給与等、公的年金等及び退職手当等で、その死亡後に支給期が到来するもののうち９―17により課税しないものとされるもの以外のものに係る所得は、その支払を受ける遺族の一時所得に該当するものとする。

所基通36―13　（一時所得の総収入金額の収入すべき時期）

　一時所得の総収入金額の収入すべき時期は、その支払を受けた日によるものとする。ただし、その支払を受けるべき金額がその日前に支払者から通知されているものについては、当該通知を受けた日により、令第183条第２項《生命保険契約等に基づく一時金に係る一時所得の金額の計算》に規定する生命保険契約等に基づく一時金又は令第183条第４項《損害保険契約等に基づく満期返戻金等》に規定する損害保険契約等に基づく満期返戻金等のようなものについては、その支払を受けるべき事実が生じた日による。

参考判例　（相続税の退職手当金のみなし課税対象は、死亡退職に限らず生前退職に係るものも含まれる。）

最高裁昭和47年12月26日第三小法廷判決・民集26巻10号2013頁

　相続税法は、相続という法律上の原因によって財産を取得した場合でなくても、実質上、相続によって財産を取得したのと同視すべき関係にあるときは、これを相続財産とみなして、所得税ではなく相続税を課することとしている。旧相続税法４条１項４号（筆者注：現行相続税法３①一）は、その趣旨の規定の一つであり、被相続人の死亡後その支給額が確定され、これにより相続人等が退職手当金等の支給者に対して直接に退職手当金等の請求権を取得した場合についても、これを相続財産とみなして相続税を課することとしたのであって、もとより生前退職の場合を含むと解すべく、

死亡退職の場合に限るものと解すべき根拠は見出し難い。

相続税関係

81 取得者が未定の場合の退職手当金及び弔慰金に対する課税

事例

　甲は、地元企業の営業部長として働いてきましたが、趣味の休日登山で転落事故に遭い、死亡しました。

　甲の相続人は、妻乙、長男A、長女Bの合計3人です。

　この度、勤務先企業から、数日中に甲の退職手当金として3,200万円及び弔慰金として1,000万円を支給するとの通知がありました。勤務先企業には退職給与に関する算定基準はありますが、死亡退職手当金の受給権者についての定めはなく、「遺族ご一同様」として支給されるとのことです。相続税の申告期限も迫ってきましたが、相続人間でこれらの支給金を誰がどのように取得するかはまだ決めていません。なお、甲の死亡当時における賞与以外の普通給与の額は、月額60万円でした。

　この退職手当金及び弔慰金についての課税は、どのように扱われますか。

回答

　みなし相続財産としての退職手当金等に該当する金額は、退職手当金として受給する3,200万円のほか、弔慰金として受け取る金額1,000万円のうちの640万円を加えた合計3,840万円です。弔慰金として受け取る金額1,000万円のうち360万円部分が弔慰金として扱われ、非課税となります。

相続税の申告では、乙、A及びBの相続人が、退職手当金等をその相続分にかかわらず各人均等で各1,280万円を取得したとして申告しますが、非課税部分として各人とも500万円を控除することができるので、課税価格算入額は、それぞれ780万円となります。

解説

この事例の退職手当金及び弔慰金名義で受給することになる財産の課税上の取扱いは、次のとおりです。

まず、甲の退職手当金として受給することとなる3,200万円は、勤務先企業が定めた退職手当金の支給規程等に基づいて支給が確定したものですから、退職手当金としてのみなし相続財産に該当します（相法3①二）。

弔慰金については、この金額中に明らかに退職手当金に該当すると認められるものがなく、かつ、甲の死亡が業務上の死亡でないとみられるところから、甲の死亡当時における賞与以外の普通給与の半年分に相当する金額を弔慰金に該当するものとして非課税とし、この金額を超える部分を退職手当金等に該当するものとして取り扱うこととなります（相基通3—20(1)(2)）。

そうすると、退職手当金等の額は3,840万円（3,200万円＋640万円）となります。

ところで、相続人等が被相続人の死亡により受給する退職手当金は、みなし相続財産とされていることからも分かるように、被相続人の遺産ではありません。すなわち、退職給与規程等でその受給者が決まっている場合は、被相続人の雇用者からその受給者に直接支給されるものであり、被相続人に帰属する財産を相続人等が取得するのではないと考えられます。それゆえ、退職手当金ないしその受給権は、民法の相続に関する規定により

承継されることにはなりません。

　相続税の課税では、退職手当金等とされる金額の取得者については、支給者である勤務先に退職給与規程等の定めがあって、死亡退職金の受給権者が決められている場合には、その受給権者が取得者となり、それ以外の場合には、次のとおり扱われます（相基通3－25）。
1　相続税の申告書提出時までに退職手当金等を現実に取得した者がいるとき…その取得した者
2　相続人全員の協議により退職手当金等の受給者を定めたとき…その定められた者
3　1及び2以外のとき…その相続人の全員（各人が均等取得）

　この事例では、上記の取扱いの3によって、相続人の全員が退職手当金等の取得者となり、乙、A及びBが均等に取得するとして申告することになります。

　なお、この取扱いにおいて、相続人の取得割合を法定相続分の割合でなく均等としたのは、前述のように、その取得が遺産の相続による承継ではなく、支給者からの直接受給であることと、数人の者が同一の権利又は義務を有する場合の均等による権利割合及び負担割合を規定した民法第427条《分割債権及び分割債務》の規定を考慮したものと思われます。

82　生命保険金及び生命保険契約に関する権利の課税

> **事　例**
>
> 　被相続人甲の相続人は、妻乙と長男Aの2人です。Aには、配偶者と2人の子B及びCがいます。
>
> 　甲は、自己を被保険者、乙を保険金受取人とし、被保険者死亡の場合の保険金額を2,000万円とする生命保険契約（「P保険」といいます。）を締結し保険料を支払ってきました。また、甲は、別途にBを被保険者とし、被保険者死亡の場合の保険金を2,000万円（事故・災害死亡の場合は1,000万円割増し）とする養老生命保険契約（「Q保険」といいます。）を締結し、その保険料を支払ってきましたが、その保険料の総額は、相続開始時点で総額1,600万円です。この保険金の満期受取人はBで、B死亡の場合の死亡保険金の受取人はAですが、甲の相続開始時には保険事故未発生のため保険金は支払われていません。相続開始時点で解約した場合の解約一時金の額は1,500万円です。
>
> 　これらの保険金等についての課税関係は、どうなりますか。
>
> 　また、Bを被保険者とする生命保険契約については、その契約に関する権利の取得者は、指定受取人であるBとするのでしょうか。

回　答

　この事例の受取保険金及び生命保険契約に関する権利の課税関係は、次の各保険ごとに次のとおりとなります。

(1) P保険について

乙の受取保険金2,000万円は、みなし相続財産となりますが、非課税限度額1,000万円を控除した残額1,000万円が相続税の課税価格に算入されます。

(2) Q保険について

この生命保険契約に関する権利は、甲の保険契約者の地位を相続した乙又はAに対し、原則として解約一時金の額に相当する1,500万円の価額で課税されます。

また、この保険契約に関する権利は、甲に係る遺産としての本来の取得財産ですから、甲の遺言がない限りBが取得することはできません。

解説

P保険は、保険料の負担者及び被保険者がいずれも被相続人であって、被保険者の死亡を保険事故として支払われるものですから、みなし相続(遺贈)財産として相続税の課税対象となります。P保険の受取人は相続人である乙ですから非課税限度額1,000万円(500万円×2人=1,000万円)が控除されます。

Q保険は、その保険料を契約者である被相続人甲が負担したものですが、まだ保険事故が発生していないので、その生命保険契約に関する権利は、保険契約者であった甲の本来の相続財産となり、相続人がその権利を取得します。Bは、甲の相続人ではないので指定受取人であっても、甲の遺言がない限り、その権利を取得することはできません。

なお、生命保険契約に関する権利の価額は、相続開始の時において、その保険契約を解約するとした場合において支払われることとなる解約返戻金の額によって評価します(評基通214)。

> **参考通達**
>
> **評基通214（生命保険契約に関する権利の評価）**
>
> 　相続開始の時において、まだ保険事故（共済事故を含む。この項において同じ。）が発生していない生命保険契約に関する権利の価額は、相続開始の時において当該契約を解約するとした場合に支払われることとなる解約返戻金の額（解約返戻金のほかに支払われることとなる前納保険料の金額、剰余金の分配額等がある場合にはこれらの金額を加算し、解約返戻金の額につき源泉徴収されるべき所得税の額に相当する金額がある場合には当該金額を減算した金額）によって評価する。
>
> 　(注)　1・2（省略）

83 相続開始の年に贈与及び遺贈により財産を取得した者が遺贈の放棄をした場合

事　例

　甲は、本年1月病気で入院し、9月に死亡しました。甲の相続人は2人の子です。

　甲の弟乙は、甲に対し事業用資金として1,000万円の融資を懇請していましたが、甲の病気見舞いに病院へ行った際に甲から現金1,000万円を渡され、相続人のいる前で甲から、「これは貸すのでなく贈与するから有効に使え。」と言われ、相続人もそのことを確認しました。

　ところが、甲の死亡後に遺言があることが判明し、その遺言書の中に乙に土地1筆を遺贈する旨の記述がありました。乙は、その土地について、遺贈の登記はしていません。乙は、当該土地の価額に贈与を受けた1,000万円の合計額を課税価格として相続税の申告及び納税をしました。

　しかし、その後の相続人が遺産分割をする際に、甲から乙への金銭の贈与は了承しているものの、土地の遺贈について不満があることが分かったので、乙は、この度、その遺贈を放棄することとし、相続人に対して、内容証明郵便でその旨を通知しました。

　この場合、乙及び甲の相続人の課税上の取扱いはどうなりますか。

回　答

　乙は、遺贈の放棄により遺贈による財産の取得はなかったことになり、

これにより、遺贈による土地の取得及び相続開始前7年以内（ただし、令和12年12月31日までに行われた贈与については経過措置が設けられています。）の贈与財産価額の課税価格への加算も行われないことになり、相続税の課税価格及び税額は発生しないことになります。乙は、上記の事由に基づき相続税の更正の請求の特則規定による更正の請求をすることにより、すでに申告納税した相続税の還付を受けることができます。

　このほか、乙は、相続税申告の際に非課税とされていた本年分の贈与税が課税対象とされますので、その贈与税について贈与税の期限後申告の特則規定による期限後申告をすることになります。

　他方、相続人2人又はそのいずれかは、乙の遺贈の放棄により、相続税の修正申告の特則規定による相続税の修正申告をすることになります。

　なお、乙が既に遺贈の承認をしたことが明らかであれば、その承認の撤回をすることはできませんので、遺贈の放棄はできないことになります。

解　説

　相続又は遺贈により財産を取得した者が相続開始前7年以内（ただし、令和12年12月31日までに行われた贈与については経過措置が設けられています。）の期間内に被相続人からの贈与により財産を取得したことがある場合には、原則として、その贈与財産価額を相続税の課税価格に加算した価額を課税価格とみなしてその者の算出相続税額を計算し、その贈与によりすでに課された贈与税額があるときは、その算出相続税額から贈与税額を控除することとされています（相法19①）。なお、相続又は遺贈により財産を取得した者が相続開始の年中において被相続人から贈与を受けた財産の価額で、相続税の課税価格に加算したものは、贈与税では、課税価格に算入されず、非課税となります（相法21の2④）。

相続税関係

　この事例の乙の場合は、当初の相続税の申告では、遺贈により取得した土地の価額に相続開始年に甲からの生前贈与により取得した金銭1,000万円を加算した価額を課税価格として相続税の申告をしていますが、この贈与は相続開始の年中に被相続人から受けたものですから贈与税の申告は不要であり、したがって、贈与税額控除の適用はありませんでした。

　ところが、乙は、その後において、遺贈の放棄をしたので、その遺贈はなかったものとされてその対象の土地は甲の相続人が相続により取得することになります。

　相続税法第32条第1項第4号は、遺贈の放棄があった場合において、そのことを事由として自己の相続税の課税価格及び相続税額が過大となったときは、その事由の生じたことを知った日の翌日から4か月以内に更正の請求をすることができる旨規定しています。

　そうすると、乙は、当初の相続税の申告内容からは、甲の遺産を取得しないことになったばかりでなく、そのことにより、相続開始前7年以内の贈与財産価額の加算も適用されないことになりますので、結局、相続税の課税価格はないこととなります。

　したがって、乙は、遺贈の放棄をした日（相続人に遺贈の放棄をする旨を知らせた日）の翌日から4か月以内に相続税の更正の請求の特則規定による更正の請求をすることができます。

　ところで、当初乙には相続開始の年である本年中の被相続人からの贈与については贈与税の申告は不要でした。しかし、その受贈財産が非課税となる者は当該被相続人から相続又は遺贈により財産を取得した者に限定されますので、遺贈による財産取得がないこととなった乙は、本年分の贈与税は非課税とはならず、課税対象となります。

　したがって、乙は、甲からの金銭1,000万円の贈与について贈与税（税

額231万円）が課されることとなり、本年分の贈与税について贈与税の期限後申告の特則規定による期限後申告をすることができます（相法30②）。なお、この期限後申告は任意ですが、乙が、遺贈の放棄をしたことによって遺贈による財産の取得をしないこととなったために相続税の還付を求める更正の請求をして、これに応じて税務署長が相続税の減額更正を行うと、税務署長には乙に対する贈与税の決定をする権限が付与されるので、乙が新たに贈与税の申告義務者となったことを事由とする期限後申告をしないと、税務署長が特則の規定による贈与税の決定を行うことになります（相法35④）。

　他方、甲の相続人については、乙の遺贈の放棄によりその対象財産であった土地を取得した者は、その相続税について特則の規定による修正申告をすることができます（相法31①）。この相続税法31条1項による修正申告は任意ですが、乙が遺贈の放棄をしたことにより前記の更正の請求をし、これを受けて税務署長が乙の相続税の減額更正を行うと、税務署長には、甲の相続人に対する更正の権限が付与されますので、その相続人がこの修正申告をしないと、税務署長が更正を行うことになります（相法35⑤）。

　なお、乙がこの遺贈の承認をしたことが明らかであれば、いったん承認した遺贈を撤回することは許されませんので（民法989①）、この遺贈の放棄をすることはできないことになります。

根拠条文

相法30条（期限後申告の特則）
① 第27条第1項の規定による申告書の提出期限後において第32条第1項第1号から第6号までに規定する事由が生じたため新たに第27条第1項に規定する申告書を提出すべき要件に該当することとなった者は、期限

後申告書を提出することができる。
② 第28条第1項の規定による申告書の提出期限後において第32条第1号から第6号までに規定する事由が生じたことにより相続又は遺贈による財産の取得をしないこととなったため新たに第28条第1項に規定する申告書を提出すべき要件に該当することとなった者は、期限後申告書を提出することができる。

相法31条（修正申告の特則）
① 第27条若しくは第29条の規定による申告書又はこれらの申告書に係る期限後申告書を提出した者（相続税について決定を受けたものを含む。）は、次条第1項第1号から第6号までに規定する事由が生じたため既に確定した相続税額に不足を生じた場合には、修正申告書を提出することができる。
②（省略）（義務的修正申告）
③（省略）
④ 第28条の規定による申告書又は当該申告書に係る期限後申告書を提出した者（贈与税について決定を受けた者を含む。）は、次条第1項第1号から第6号までに規定する事由が生じたことにより相続又は遺贈による財産の取得をしないこととなったため既に確定した贈与税額に不足を生じた場合には、修正申告書を提出することができる。

相法32条（更正の請求の特則）
（柱書省略）
　一　（要旨）未分割遺産の分割があり、当初の相続分による課税価格と異なること。
　二　（要旨）認知の訴え、相続人欠格・廃除、相続回復、相続放棄の取消し等による相続人の異動を生じたこと。
　三　遺留分侵害額の請求に基づき支払うべき金銭の額が確定したこと。
　四　遺贈に係る遺言書が発見され、又は遺贈の放棄があったこと。
　五　（要旨）物納手続上で、条件付物納の許可がされた場合（物納許可が取り消され、又は取り消されることとなる場合に限る。）において、

その条件に係る物納に充てた財産の性質その他の事情に関し政令で定めるものが生じたこと。
六　前各号に規定する事由に準ずるものとして政令で定める事由が生じたこと。
七～十（省略）

相令8条2項〈要旨〉
一　相続、遺贈又は贈与により取得した財産についての権利の帰属に関する判決があったこと。
二　死後認知裁判による価額弁済額が確定したこと。
三　条件付遺贈についての条件成就。

84 孫に不動産を死因贈与した場合の相続時の課税関係

事例

　甲の推定相続人は妻と長男及び次男の３人ですが、いずれも相当の固有財産を有していることから、甲は、孫A（長男の子）にアパートの土地建物を承継させ、孫B（次男の子）に更地の宅地を承継させたいと思っています。甲は、このことを生前にA及びBに明示しておきたいので、遺言に基づく遺贈によるのでなく、公正証書による贈与契約書を作成したいと思いますが、A及びBの贈与税の高負担を考慮して、相続税の課税対象となる死因贈与契約とするつもりです。

　ところが、最近甲は、相続に詳しい人から「孫への死因贈与は遺言がないので、法的にはともかく、税の実務では相続人からの贈与となり贈与税が課税されることがある。」といわれ、困惑しています。

　甲がA及びBに対して財産を与える場合に、遺言による遺贈以外の方法で、相続税の負担で済ませる手だてはないのでしょうか。

回答

　相続又は遺贈（死因贈与を含みます。）により財産を取得した個人には、相続税が課税されます。また、個人からの贈与（死因贈与を除きます。）により財産を取得した個人には、贈与税が課税されます。

　したがって、甲が上記の計画を実行して甲に相続が開始すると、A及びBは、甲からの死因贈与により財産を取得したとして相続税が課税されます。

しかし、死因贈与については、遺贈と同様に扱うといっても、契約である贈与の一態様であることに変わりはありませんから、甲の生前に、甲とA、甲とBとの各当事者間に贈与契約が存在していなければならず、税務署から、実際に甲の生前においてその旨の契約が締結されていることの確認を求められることがあります。そのような場合に備えて、死因贈与契約公正証書を作成しておくか、私文書の死因贈与契約書にその作成日かその直後の日に公証人役場で確定日付印をもらっておくなどの手当てをしておくべきでしょう。また、Aはアパートの土地建物、Bは更地の宅地のそれぞれについて、死因贈与による所有権移転仮登記をしておくことも考えられます。

解　説

　相続税は、相続又は遺贈により財産を取得した個人に対して課税されます（相法1の3一）。また、贈与税は、個人からの贈与財産を取得した個人に課税されます（相法1の4一）。
　ところで、上記の「相続、遺贈、贈与」の意義については、特に相続税法上に規定がないので、民法の規定に依拠して解釈することになります。
　民法は第549条以下に契約としての「贈与」を規定していますので、相続税法上の「贈与」もこの民法上の贈与を指すことになります。もっとも、相続税法では、贈与税の課税原因を課税の公平の見地から、民法上の贈与のみに限定せず、贈与に該当しないものでも、その財産・利益の無償帰属の効果が特定の個人に生ずるもので贈与に類似するものについて「贈与とみなす」ことにして贈与税の課税の範ちゅうに取り込んでいます。逆に、民法上の贈与に該当するものでも、死因贈与すなわち、贈与者の死亡によって初めて効力が生ずることになる贈与は、遺贈と同様の効果を生ずるも

のですから、贈与税の課税範囲からは除き、遺贈による取得に含め、贈与税ではなく相続税を課税することにしています。死因贈与については、民法の規定上も、原則として、遺贈に関する規定を準用することとされています（民法554）。

　例えば、被相続人が孫に対して土地建物を死因贈与していた場合は、相続開始と同時に、孫に対する贈与の効力が発生することになり、その効果は、遺贈の場合と異なるところはありません。したがって、この事例の場合には、A及びBは、甲から各土地及び建物の遺贈を受けたのと同様に、相続税の課税がされることになります。

　ところで、被相続人の子が生存する場合におけるその子の子である孫は、相続人には該当しませんので、その孫は被相続人の財産を相続により取得することはできず、遺贈（死因贈与を含みます。）によらなければなりません。

　この場合に問題になるのは、遺贈は遺言によることが要件とされるので、遺言書の存在が必須となることです。また、死因贈与は、贈与としての契約ですから、被相続人の生前における被相続人と受贈者（孫）との契約の存在が欠かせません。遺贈の場合は、遺言者の単独行為ですから、受遺者が遺言書の存在を知らず、又はどの財産が与えられるかを知らない場合でも有効ですが、死因贈与では、被相続人の生前の当事者間の契約ですから、受贈者が相続開始前から死因贈与契約の存在や受贈財産の内容を知っているのは当然であり、相続開始時にこれらのことを知らないということはありません。

　このことから、死因贈与では、生前の死因贈与契約の存否が問題になることが少なくなく、これが否認されると、孫が取得した財産は相続人である子がいったん相続により取得した後に孫に贈与したと認定されることに

なります。

　このような事態を回避するためには、被相続人の生前に受贈者との間で「死因贈与契約公正証書」を作成しておくか、私文書の死因贈与契約書に公証人役場の確定日付印をもらっておきます。なお、死因贈与の対象財産が不動産である場合には、その対象不動産に死因贈与の仮登記をしておくことも考えられます。死因贈与の登記は契約時点ではまだ効力が生じていないので、本登記はできませんが、仮登記を行うことは可能です。

参考法令

民法549条（贈与）
　贈与は、当事者の一方がある財産を無償で相手方に与える意思を表示し、相手方が受諾をすることによって、その効力を生ずる。

民法550条（書面によらない贈与の解除）
　書面によらない贈与は、各当事者が解除することができる。ただし、履行の終わった部分については、この限りでない。

民法554条（死因贈与）
　贈与者の死亡によって効力を生ずる贈与については、その性質に反しない限り、遺贈に関する規定を準用する。

相法１条の３（相続税の納税義務者）
　次の各号のいずれかに掲げる者は、この法律により、相続税を納める義務がある。
一　相続又は遺贈（贈与をした者の死亡により効力を生ずる贈与を含む。以下同じ。）により財産を取得した次に掲げる者であって、当該財産を取得した時においてこの法律の施行地に住所を有するもの
　　イ、ロ（省略）

二、三、四（省略）
五　贈与（贈与をした者の死亡により効力を生ずる贈与を除く。以下同じ。）により第21条の９第３項の規定の適用を受ける財産を取得した個人（前各号に掲げる者を除く。）

相法１条の４（贈与税の納税義務者）
　次の各号のいずれかに掲げる者は、この法律により、贈与税を納める義務がある。
一　贈与により財産を取得した次に掲げる者であって、当該財産を取得した時においてこの法律の施行地に住所を有するもの
　　イ、ロ（省略）
二、三、四（省略）

(注)　相続税法の条文に多く掲げる「相続又は遺贈」等の「遺贈」には、同法１条の３第１号のかっこ書の規定により「死因贈与」が含まれ、他方、同法１条の４第１号等の条文に多く用いられる「贈与」には、同法１条の３第５号の最初のかっこ書の規定により「死因贈与」が除かれることになります。

85 遺言により同族会社に対する貸付金債権を放棄した場合の課税関係

事 例

　甲は、その主宰する同族会社Ｐ社に対して多額の貸付けをしていますが、このところＰ社の業績が思わしくありません。そこでＰ社の支援のためと、甲に相続が発生した場合にＰ社の経営状態が更に悪化してその貸付金が不良債権化して価値のない財産が甲の相続財産となることを避けるために、甲が、Ｐ社に対する貸付金債権を放棄する旨の遺言を公正証書により作成することとしました。

　この場合、この遺言に関する次の事項についての効果及び取扱いは、どのようになりますか。

1　甲に相続が開始した場合、Ｐ社に対して法人税がかかるか。
2　遺言は甲の遺産処分であるから、Ｐ社に対する受贈益はいったん相続財産に組み込まれて相続税がかかるのか。それとも、相続税と法人税の両方が課税されるのか。
3　甲の債権放棄によってＰ社の資産内容がよくなり、甲の親族であるＰ社株主の株式の価額が上昇するが、この利益について課税されることはないか。
4　将来Ｐ社の業績が向上し、甲の債権確保が可能となった場合には、この遺言を取りやめることができるか。また、その取りやめをするには、その旨の再度の公正証書による遺言が必要か。
5　甲が、債権放棄に代えて、Ｐ社に対し遺言により土地を与えることとした場合には、どのような取扱いとなるのか。

相続税関係

回 答

　甲が遺言でＰ社に対する貸付金債権の放棄をする場合の課税関係等については、次のとおりです。

1　Ｐ社は、甲の相続開始があった事業年度において、甲の債権放棄による受贈益について、法人税の課税を受ける。
2　甲の遺言による債権放棄により、個人が遺贈による財産取得をするものではないから、原則として個人に相続税の課税がされることはない。
3　ただし、甲のＰ社に対する貸付金債権の放棄により、Ｐ社の株式の価額が増加すると、その個人株主は、甲からその株価増加額に相当する利益金額を遺贈により取得したものとみなされて、相続税が課税される。
4　甲がこの遺言書の作成後において、その遺言の全部又は一部をやめようとするときは、いつでも、遺言で撤回することができる。その撤回をするための遺言の方式に制限はない。
5　甲が債権放棄に代えてＰ社に土地を遺贈した場合には、Ｐ社に対し、上記1と同様に法人税の受贈益課税がされるほか、甲に対するみなし譲渡所得課税（土地を時価により譲渡したものとみなす課税）も行われる。また、これにより、Ｐ社の株式の価額が増加する場合には、個人株主に対して、上記3と同様に相続税の課税がされる。

解 説

　相続税は、相続又は遺贈により財産を取得した個人に課税されますが、相続による財産の取得は、個人に限られ、法人が相続により財産の取得をすることはありません。これに対し、遺贈については、個人のほか法人も受遺者となることができます。しかし、遺贈による財産の取得について相

続税の対象となるのは個人の受遺者に限られ、法人の受遺者には、相続税ではなく、法人税が課税されます。

このように、現行の相続税法の下では、被相続人の遺産の全部が課税対象とされるわけではなく、個人が相続又は遺贈により取得した財産価額の総額が相続税の課税対象となります。

また、同族会社に対し個人が利益の供与を行った結果、その会社の株式の価額が増加することとなった場合には、その株式価額の増加による利益を受けた個人株主に対して、その会社に対する利益の供与をした者から贈与による利益を受けたとみなして贈与税を課税し、その利益の供与が遺言でされた場合には、みなし遺贈として相続税を課税することに取り扱われています（相法9、相基通9―2）。

ところで、遺言者が自らした遺言を撤回したい場合は、いつでも、遺言で先にした遺言の全部又は一部を撤回することができます（民法1022）。この場合、遺言の方式は問わないので、例えば、先にした公正証書遺言を後にする自筆証書遺言で撤回しても構いません。

なお、民法では、前にした遺言が後にした遺言と抵触する部分は、後の遺言で前の遺言を撤回したとみなす規定があるほか（民法1023）、遺言者が故意に遺言書を破棄したときのその破棄部分、更には遺言者が故意に目的物を破棄した場合のその破棄部分も、その遺言を撤回したとみなされます（民法1024）。

また、遺言者が法人に対し、山林（事業所得の基因となるものを除きます。）又は譲渡所得の基因となる資産を遺言により移転した場合には、その者の山林所得の金額、譲渡所得の金額又は雑所得の金額の計算について、遺言者の死亡時において、時価によりその資産の譲渡があったものとみなされて所得税が課税されます（所法59①）。

参考法令 （遺言の撤回等）

民法1022条（遺言の撤回）
　遺言者は、いつでも、遺言の方式に従って、その遺言の全部又は一部を撤回することができる。

民法1023条（前の遺言と後の遺言との抵触等）
① 前の遺言が後の遺言と抵触するときは、その抵触する部分については、後の遺言で前の遺言を撤回したものとみなす。
② 前項の規定は、遺言が遺言後の生前処分その他の法律行為と抵触する場合について準用する。

民法1024条（遺言書又は遺贈の目的物の破棄）
　遺言者が故意に遺言書を破棄したときは、その破棄した部分については、遺言を撤回したものとみなす。遺言者が故意に遺贈の目的物を破棄したときも、同様とする。

参考通達 （その他の利益の享受〈みなし遺贈・贈与〉）

相基通9―2（株式又は出資の価額が増加した場合）
　同族会社（法人税法（昭和40年法律第34号）第2条第10号に規定する同族会社をいう。以下同じ。）の株式又は出資の価額が、例えば、次に掲げる場合に該当して増加したときにおいては、その株主又は社員が当該株式又は出資の価額のうち増加した部分に相当する金額を、それぞれ次に掲げる者から贈与によって取得したものとして取り扱うものとする。この場合における贈与による財産の取得の時期は、財産の提供があった時、債務の免除があった時又は財産の譲渡があった時によるものとする。
(1) 会社に対し無償で財産の提供があった場合　当該財産を提供した者
(2) 時価より著しく低い価額で現物出資があった場合　当該現物出資をし

た者
(3) 対価を受けないで会社の債務の免除、引受け又は弁済があった場合
　　当該債務の免除、引受け又は弁済をした者
(4) 会社に対し時価より著しく低い価額の対価で財産の譲渡をした場合
　　当該財産の譲渡をした者

86 父と母とが連続して死亡した場合の遺産分割と相続税の申告方法

事例

　父甲は、本年2月4日に死亡しました。甲の相続人は、甲の妻乙、長男A、長女Bの3人です。ところが、本年6月5日には乙が交通事故に遭い急死しました。乙にはめぼしい遺産はありません。乙の生存中から甲の遺産に係る分割協議は難航していて、いまだその協議は調っていません。

　この場合、A及びBの協議により甲の遺産を分割して相続税の申告をすることができますか。

　なお、相続税に詳しい人の話では、相続税の申告上で乙に甲の遺産を分割取得させた方が有利であると聞きましたが、すでに死亡している乙に甲の遺産を取得させることができるものなのでしょうか。

　以上のような事情の下で、甲の遺産に係る分割方法や相続税の申告手続は、どのようにしたらよいでしょうか。

回答

　A及びBは、甲の相続開始に係る相続（一次相続）では、甲の遺産を乙が取得しない旨とA及びBが取得する財産を記載した遺産分割協議書を作成することにより、A又はBが甲の遺産の全部を直接取得することができ、これに基づく相続税の申告書を提出することができます。

　また、A及びBは、一次相続による財産の全部又は一部を乙が取得し

たとする遺産分割協議書を作成し、相続税の申告において乙が相続税法第19条の2に規定する配偶者の税額軽減の適用を受けることもできます。

なお、A及びBが一次相続により取得した財産に係る相続税の申告書は、本年12月4日までに提出しなければなりません。

また、乙が甲の遺産を取得する場合の乙が提出すべきであった甲の相続開始に係る相続税の申告書は、A及びBが来年4月5日までに提出しなければなりません。

さらに、乙の相続開始に係る相続（二次相続）において、相続税の申告義務がある場合には、A又はBは、来年4月5日までに、乙の相続開始に係る相続税の申告書を提出しなければなりません。

解　説

遺産分割協議は、共同相続人の全員でいつでも行うことができます（民法907①）。

共同相続人の中の1人が遺産分割協議を行う際にすでに死亡しているときは、その死亡した相続人の相続分を承継するその者の相続人が死亡した相続人に代わって遺産分割協議に参加することになります。

この事例では、一次相続の遺産分割協議の当事者は、①A、②B、③亡乙の相続人A及びBとなります。この当事者による遺産分割協議が調えば、一次相続の遺産分割は確定しますので、乙に甲の遺産をどれほど取得させるか、一切取得させないかは、A及びBの合意内容で決まります。乙に一定限度までの遺産を取得させると配偶者の税額軽減の適用により乙に相続税がかからなくなり、また、乙の相続発生による相続税の計算においては、基礎控除額の控除等を適用することができますから、一次相続及び二次相続を合わせた相続税負担は軽くなることが多いと思います。

相続税関係

　この場合における甲の不動産のA又はBへの相続登記手続では、乙への法定相続分等による登記を経由することなく、中間登記省略によりA又はBへ直接登記することができます。しかし、乙に甲の遺産の一部を取得させることにより、乙の一次相続に係る相続税の申告において配偶者の税額軽減を適用する場合には、その登記は、いったん乙への相続登記を経由するのが適切でしょう。

　相続税の申告書については、一次相続に係るA又はBが提出する申告書は、甲の相続開始があったことを知った日の翌日から10か月以内に（本年12月４日まで）に提出しなければならず（相法27①）、一次相続により乙が取得した財産に係る相続税の申告書は、乙の相続開始があったことを知った日の翌日から10か月以内に（来年４月５日までに）提出しなければなりません（相法27②）。また、A又はBは、被相続人乙に係る二次相続について相続税の申告義務があるときは、来年４月５日までにその申告書を提出しなければなりません（相法27①）。

87　相続税の債務控除の範囲

事　例

被相続人甲の相続人は、配偶者乙、長男A及び長女Bの合計3人です。

乙は、甲の死亡退職金4,000万円を受給したので、相続の放棄をしました。

AとBとは、遺産分割協議を行い、遺産総額の約70％の財産はAが取得し、その余の財産をBが取得しました。

甲の債務は1,800万円ですが、その承継の方法はまだ決まっていません。なお、葬式費用の800万円は、乙が負担しています。

乙、A及びBが相続税の申告上で債務控除をすることができる金額はどれだけですか。

また、近く甲の相続開始年分の所得税の準確定申告書を提出しますが、この準確定申告により発生する所得税額100万円をAの課税価格の計算上で債務控除をしてよいですか。

回　答

甲の債務1,800万円は、AとBが折半でそれぞれ900万円を承継したとして債務控除を行って申告します。

乙は、遺贈により取得したとみなされる退職金4,000万円（非課税限度額は控除されません。）から負担した葬式費用の額800万円を債務控除額として控除することができます。

準確定申告に係る所得税額は、A及びBがそれぞれ50万円を承継したとして債務控除をして申告します。

解 説

相続税の計算上の債務控除は、被相続人の債務で相続開始の際現に存在するもの（公租公課を含みます。）及び被相続人の葬式費用が対象となります（相法13①）。

また、債務控除をすることができる債務は、確実と認められるものに限られますが、被相続人に係る準確定申告による所得税額も被相続人の相続開始年分の所得に係る納付すべき所得税額ですから、債務控除の範囲に含まれます（相法14①②、相令3一）。

債務控除の適用があるのは、相続人及び包括受遺者のみが承継負担した債務であり、相続人でない者（包括受遺者を除きます。）は、たとえ被相続人の債務を負担したとしても、債務控除を行うことはできません。

相続放棄をした者は、もはや相続人ではなく、債務控除の適用はありませんが、実務の取扱いでは、相続放棄をした者が現実に被相続人の葬式費用を負担した場合において、遺贈による取得財産があるときは、その遺贈による取得財産価額から葬式費用の負担額を控除して差し支えないとされています（相基通13―1）。

この取扱いは、葬式費用が被相続人の死亡後に発生するもので被相続人の債務ではないことと、その負担者も喪主等の遺族が負担する慣行があって、相続の放棄をした者が葬式費用を負担すべき場合も現実にはあるので、その者の遺贈による取得財産価額の範囲で債務控除を認めることにしているものと思われます。

甲の準確定申告に係る所得税額100万円は、被相続人である甲の相続開

始年分の税額であり、その所得税額は、相続人であるA及びBが法定相続分により按分した各50万円の納付の義務を承継することになります（準確定申告書付表（「死亡した者の○年分の所得税及び復興特別所得税の確定申告書付表」）にもその旨を記載します（所法125①、所令263①②、所規49、通則法5①②）。

したがって、相続税の申告における準確定申告に係る所得税額の債務控除は、Aが単独承継するとして申告するのではなく、税法の規定に従って承継したものとして、A及びBが均等額を控除をすべきでしょう。

参考通達 （相続を放棄した者等の債務控除）

相基通13—1
　相続を放棄した者及び相続権を失った者については、法第13条の規定の適用はないのであるが、その者が現実に被相続人の葬式費用を負担した場合においては、当該負担額は、その者の遺贈によって取得した財産の価額から債務控除しても差し支えないものとする。

相続税関係

88　合名会社の社員が死亡した場合の会社債務の債務控除

事　例

　合名会社の社員が死亡しましたが、その会社は、債務超過の状態にあり、会社の全財産をもってしても、会社の債務を完済することができません。

　この場合、死亡した合名会社の社員の相続開始による相続税の課税価格の計算上で、会社の債務超過額部分について債務控除をすることができますか。

回　答

　合名会社が会社財産をもってしては会社の債務を完済することができない状況の下において、その会社の社員が死亡した場合には、その社員を被相続人とする相続税の申告では、その会社の債務超過額のうち、被相続人が会社の無限責任社員として負担すべき持分に応ずる部分の金額を被相続人の債務として債務控除をすることができます。

解　説

　合名会社の社員は、会社の全財産をもって会社の債務を完済することができないときは、各社員が連帯して会社の債務を弁済する責任があるなど、会社債務について無限責任を負うこととされています（会社法580①）。

　また、退社した社員も、本店所在地の法務局において退社の登記をする前に生じた会社の債務については、責任を負うこととされています（会社

法612①)。

なお、社員の死亡は法定退社原因とされます(会社法607①三)。

これらのことから、この事例の合名会社の債務超過額のうち死亡社員の持分部分に相当する部分は、その社員の債務として相続税の債務控除の対象とすることができます。

このほか、合資会社の無限責任社員がこの事例と同様の状況にあるときも、上記の合名会社の社員に準じて取り扱われます。

根拠条文

会社法580条（社員の責任）
① 社員は、次に掲げる場合には、連帯して、持分会社の債務を弁済する責任を負う。
　一　当該持分会社の財産をもってその債務を完済することができない場合
　二　当該持分会社の財産に対する強制執行がその功を奏しなかった場合（社員が、当該持分会社に弁済をする資力があり、かつ、強制執行が容易であることを証明した場合を除く。）
② 有限責任社員は、その出資の価額（既に持分会社に対し履行した出資の価額を除く。）を限度として、持分会社の債務を弁済する責任を負う。

会社法607条（法定退社）
① 社員は、前条、第609条第１項、第642条第２項及び第845条の場合のほか、次に掲げる事由によって退社する。
　一　定款で定めた事由の発生
　二　総社員の同意
　三　死亡
　四〜八（省略）
②（省略）

会社法612条（退社した社員の責任）
① 退社した社員は、その登記をする前に生じた持分会社の債務について、従前の責任の範囲内でこれを弁済する責任を負う。
② （省略）

89　被相続人の所得税の本税及び附帯税の債務控除

> **事例**
>
> 　被相続人甲は、本年2月初めから病気で入院中でしたが、4月5日に死亡しました。相続人は、長男A、次男B及び長女Cでしたが、Bは、適法な手続により相続の放棄をしました。
> 　A及びCは、本年8月中旬に、相続税の申告に先立ち甲に係る本年分の所得税の準確定申告の申告手続に着手しましたが、土地の譲渡に係る譲渡所得があることが判明し、その処理に手間取ったために、準確定申告書を提出したのは、申告期限後の本年9月22日となり、所得税の本税額各300万円とその延滞税額を同日に納付しました。
> 　また、甲は、病気入院中のため昨年分の所得税の確定申告をしないまま死亡したので、A及びCは、本年8月31日に甲に係る昨年分の所得税の期限後申告書を提出し、同日に納付すべき所得税額各100万円とその延滞税額を納付しました。
> 　この度、税務署長から無申告加算税の賦課決定通知を受けたので、A及びCは、自己負担分の本年分期限後準確定申告分に係る無申告加算税15万円及び昨年分期限後申告分に係る無申告加算税5万円を指定された納付期限までに納付します。
> 　上記の甲に係る本年分準確定申告及び昨年分確定申告により納付すべき所得税額及びその附帯税額についての相続税の申告上での債務控除は、どのようになりますか。

相続税関係

回 答

　A及びCの相続税の申告における課税価格の計算における甲の本年分及び昨年分の所得税に関する債務控除の取扱いは、次のとおりです。

(1) 本年分所得税額

　① 本税額　　　　　　➡　A・Cは各300万円を控除する。

　② 無申告加算税額　　➡　A・Cは無申告加算税額を控除できない。

　③ ①分の延滞税額　　➡　A・Cは、延滞税額を控除できない。

(2) 昨年分所得税額

　① 本税額　　　　　　➡　A・Cは各100万円を控除する。

　② 無申告加算税額　　➡　A・Cは各5万円を控除する。

　③ ①分の延滞税額　　➡　A・Cは①の本税に係る延滞税額のうち、相続開始日までの計算期間に対応する部分について控除する。

解 説

　相続税の債務控除の対象となる公租公課は、被相続人死亡の際債務の確定しているもののほか、被相続人の死亡後に相続税の納税義務者が納付することとなった被相続人の所得に対する所得税等が該当しますが、各種加算税額・延滞税額等で相続人の責めに帰すべき事由により納付するものは、債務控除の対象外とされます（相令3①柱書、3①一）。

　そうすると、A及びCの債務控除については、本件の所得税のうち、両年分の本税額が債務控除の対象となるほか、附帯税額については、昨年分の無申告加算税額及び同年分の延滞税額のうち相続開始日までの計算期間に対応する部分は、相続人の責めに帰すべき事由によるものとはいえな

いことが明らかであって、これらの附帯税は、債務控除の対象となるものと考えられます。しかし、本年分の附帯税額及び昨年分の延滞税額のうち相続開始日後の計算期間に対応する部分は、いずれも相続人の責めに帰すべき事由によるものといえますから、債務控除の対象とすることはできません。

根拠条文 （債務控除をする公租公課の金額）

相令3条
① 法第14条第2項に規定する政令で定める公租公課の額は、被相続人（遺贈をした者を含む。以下同じ。）の死亡の際納税義務が確定しているもののほか、被相続人の死亡後相続税の納税義務者が納付し、又は徴収されることとなった次に掲げる税額とする。ただし、相続人（法第3条第1項に規定する相続人をいい、包括受遺者を含む。以下同じ。）の責めに帰すべき事由より納付し、又は徴収されることとなった延滞税、利子税、過少申告加算税、無申告加算税及び重加算税に相当する税額（地方税法の規定による督促手数料、延滞金、過少申告加算金、不申告加算金、重加算金及び滞納処分費の額を含む。）を含まないものとする。
一　被相続人の所得に対する所得税額
二～十　（省略）
②（省略）

相続税関係

90 アパート建築資金の借入金に係る連帯債務の債務控除

事 例

　甲は、数年前から更地となっていた市街地に所在する土地を有効利用してアパート経営を始めることにしました。

　そこで、甲は、アパート建物の建築資金に充てるための1億円の融資を銀行に申し込みましたが、銀行では、融資条件として甲とその唯一の推定相続人である長男Aとの連帯債務とするよう要請してきました。

　Aは、サラリーマンで、その建物の所有者でなく、アパート経営にも関与せず、甲がアパート収入の全部を収受し、銀行借入金の返済も行う予定です。

　甲は、やむを得ず銀行の要請を受け入れて、甲及びAを連帯債務者、銀行を債権者とする金銭消費貸借契約を締結しました。

　仮に、このアパートの業務開始後において、甲に相続が開始した場合には、Aの相続税の計算上で、その銀行借入金の残債の全額について、債務控除をすることができるでしょうか。

回 答

　甲及びAを連帯債務者とする銀行との金銭消費貸借契約の締結の際に、甲とAの連帯債務者間で負担部分の取決めがあった場合には、借入金債務のうち甲の負担部分に相当する金額が甲の債務として債務控除の対象となり、その取決めがないときは、借入金債務の半額に相当する金額が債務

控除の対象となります。

解　説

　債務者を複数人とする金銭消費貸借において、その債務者を連帯債務者として契約を締結することがあります。

　この場合には、債権者は、連帯債務者のいずれの者に対しても、貸付金債権額を限度に任意に請求をし、その財産についても執行することができます。

　他方、連帯債務者の一部の者は、債権者から債務額の全額や大部分を請求されても、これを拒むことができません。しかし、連帯債務者の相互間では、その連帯債務について債務者各人ごとの債務を負担すべき割合を取り決めることができます（この債務負担割合を「負担部分」といいます。）。負担部分は、これをもって債権者に対抗することはできませんが、債務者間では拘束力を生じ、この負担部分を超える弁済をした場合には、この負担部分に基づいて求償権の価額を算定して、他の連帯債務者に求償することができます。

　したがって、被相続人の債務が連帯債務としての債務であっても、被相続人の負担部分に相当する部分は、その債務金額が定まっているものとして、債務控除の対象となります。

　なお、この事例のような経緯や事情による連帯債務については、甲の負担部分を100％とする取決めも有効と思われ、そうした場合には、Aは、借入金債務の全額を債務控除とすることができます。

　なお、甲及びAにおいて負担部分の取決めがされていない場合には、民法第427条《分割債権及び分割債務》の規定により、その債務の負担割合は平等とされますので、債務金額の半額相当額を債務控除の対象とする

ことになります。

> **根拠条文** （多数当事者の債権及び債務）
>
> **民法427条（分割債権及び分割債務）**
>   数人の債権者又は債務者がある場合において、別段の意思表示がないときは、各債権者又は各債務者は、それぞれ等しい割合で権利を有し、又は義務を負う。

91 代表者が会社の債務につき他の株主とともにした保証債務の債務控除

事　例

　甲社は、被相続人A及びその同族関係者が議決権割合の40％を有し、B及びその同族関係者が同割合の30％を有する同族会社です。

　甲社は、取引銀行からの多額の借入金があり、3年以上前から債務超過の状態で事業も事実上休止の状況になっており、その借入金債務の返済は3年以上も滞っています。その借入金は、甲社が10年以上前に借り入れたものであり、その借入れの際にAとBとが共同で連帯保証人となっています。甲社には、もはや他の金融機関等からの追加融資を受けられる見込みはありません。

　Aは、銀行から保証債務の履行による甲社債務の弁済を強く求められていてBと協議をしていましたが、この度急死しました。

　このようなAの保証債務について、Aの相続に係る相続税の申告において、債務控除をすることができますか。

回　答

　Aの相続人は、相続税の申告において、甲社の債務に係るAの保証債務の履行が確実な金額のうち、Aの負担部分の金額（負担部分の取決めがないときは半額相当額）を債務控除することができます。

相続税関係

解　説

　保証債務については、相続税法第13条第1項に規定する相続税の債務控除の要件である「被相続人の債務で相続開始の際現に存するもの」であっても、保証人にとっては、保証債務が債務者の主たる債務の履行を補うための偶発的・補充的な債務であるところから、同法第14条第1項に規定する「確実と認められるもの」には該当しないとも考えられます。そこで、被相続人の保証債務については、実務の取扱いでは、上記の保証債務の性格上の確実性に欠けるとの観点から、原則的には債務控除の対象とはしないこととし、例外的に、主たる債務者が弁済不能の状態にあるために、保証債務者がその債務を履行しなければならない場合で、その履行をして主たる債務者に求償しても返還を受ける見込みがないときは、その主たる債務者の弁済不能の部分の金額について、債務控除を認めることとしています（相基通14—3の(1)のただし書）。

　この事例では、甲社の状態は、①すでに債務超過の状態が相当期間継続し、②その事業も休止の状況にあり、③このような状況から新たな資金の調達は不能と認められる上に、④Aは債権者である銀行から保証債務の履行を強く求められていた状況にあるので、その保証債務を承継することになるAの相続人は、相続税の申告において、その保証債務についての債務控除をすることができると考えられます。

　その債務控除の対象となる金額は、連帯保証人であるAが保証債務を履行しなければならないと認められる甲社の主たる債務の弁済額のうち、Aの負担部分に相当する金額です。その負担部分とは、Aが同じく連帯保証人であるBとともに債務保証を行う際に両債務者間で取り決めた債務の負担割合をいいますが、負担部分について特に定めていない場合には、

民法第427条の規定により等しい割合とされますので、甲社に対する求償権が行使できないような状況では、A及びBが弁済額を折半して負担することになります。

根拠条文　（債務控除の原則、確実な債務）

相法13条（債務控除）〈括弧書は省略〉
① 相続又は遺贈（包括遺贈及び被相続人からの相続人に対する遺贈に限る。以下この条において同じ。）により財産を取得した者が第1条の3第1項第1号又は第2号の規定に該当する者である場合においては、当該相続又は遺贈により取得した財産については、課税価格に算入すべき価額は、当該財産の価額から次に掲げるものの金額のうちその者の負担に属する部分の金額を控除した金額による。
　一　被相続人の債務で相続開始の際現に存するもの（公租公課を含む。）
　二　被相続人に係る葬式費用
②、③、④（省略）

相法14条（控除すべき債務）
① 前条の規定によりその金額を控除すべき債務は、確実と認められるものに限る。
②、③（省略）

民法427条（分割債権及び分割債務）
　数人の債権者又は債務者がある場合において、別段の意思表示がないときは、各債権者又は各債務者は、それぞれ等しい割合で権利を有し、又は義務を負う。

民法465条（共同保証人間の求償権）
① 第442条から第444条までの規定は、数人の保証人がある場合において、そのうちの1人の保証人が、主たる債務が不可分であるため又は各保証

人が全額を弁済すべき旨の特約があるため、その全額又は自己の負担部分を超える額を弁済したときについて準用する。
② （省略）

第442条（連帯債務者間の求償権）
① 連帯債務者の１人が弁済をし、その他自己の財産をもって共同の免責を得たときは、その連帯債務者は、その免責を得た額が自己の負担部分を超えるかどうかにかかわらず、他の連帯債務者に対し、その免責を得るために支出した財産の額（その財産の額が共同の免責を得た額を超える場合にあっては、その免責を得た額）のうち各自の負担部分に応じた額の求償権を有する。
② （省略）

民法444条（償還をする資力のない者の負担部分の分担）
連帯債務者の中に償還をする資力のない者があるときは、その償還をすることができない部分は、求償者及び他の資力のある者の間で、各自の負担部分に応じて分割して負担する。
②、③ （省略）

参考通達 （債務控除を行う場合の確実な債務としての保証債務等）

相基通14－3 （保証債務及び連帯債務）
保証債務及び連帯債務については、次に掲げるところにより取り扱うものとする。
(1) 保証債務については、控除しないこと。ただし、主たる債務者が弁済不能の状態にあるため、保証債務者がその債務を履行しなければならない場合で、かつ、主たる債務者に求償して返還を受ける見込みがない場合には、主たる債務者が弁済不能の部分の金額は、当該保証債務者の債務として控除すること。
(2) 連帯債務については、連帯債務者のうちで債務控除を受けようとする者

の負担すべき金額が明らかとなっている場合には、当該負担金額を控除し、連帯債務者のうちに弁済不能の状態にある者（以下14─3において「弁済不能者」という。）があり、かつ、求償して弁済を受ける見込みがなく、当該弁済不能者の負担部分をも負担しなければならないと認められる場合には、その負担しなければならないと認められる部分の金額も当該債務控除を受けようとする者の負担部分として控除すること。

相続税関係

92　相続人が立替払いをした固定資産税の債務控除

事例

　被相続人甲の相続人は、長男Aのみです。甲は、10年前に妻を亡くしてからは、それまで賃貸マンションに住んでいた長男A及びその家族を呼び寄せて同居し、生計を一にしてきました。

　甲の自宅では、その大部分をA家族が使用してきましたが、Aは家賃を支払うことなく、その代わり、甲に課された自宅の土地建物の固定資産税を納付してきました。

　甲の相続開始に係る相続税の申告に際して、この10年間の固定資産税額に相当する累積額を固定資産税の立替金として、債務控除することができますか。

回答

　Aが父甲との間で、同居後の固定資産税を立替払いをして後日精算する旨の合意があったと認められるなど特別の事情等がない限り、Aが納付した10年間の固定資産税の納付額に相当する相続税の債務控除は認められません。

解説

　この事例では、甲に対して課された各年の固定資産税が甲が所有していた自宅の土地家屋を対象として課税されたものであることから、甲が納付すべき租税であるといえます。

したがって、甲がそのことを認識した上で、Ａとの間で立替金として認識し、処理してきたのであれば、甲はＡに対してこの金額を支払うべき義務があることになり、債務控除も認められることとなります。

　しかし、甲が相続開始時までその支払いを一切していないことからすると、立替金というよりはむしろＡから甲への贈与とも考えられます。

　すなわち、この固定資産税の納税義務者が甲であるとすると、Ａが納付した金員は、第三者による租税債務の弁済と考えられ、Ａには甲に対する求償権が発生します。しかしながら、一般の例からみて、子であるＡが父である甲に求償権を行使する意図があったとは認め難く、この事例でも、Ａは実際に10年間これを行使しておらず、その納付の時点で求償する意思がなかったと認められますから、債務控除をすることはできないと考えられます。

　また、Ａは、甲の自宅の土地家屋の大部分を使用貸借により借り受けてきたところ、使用貸借による借受物件に係る通常の必要費（維持管理費）は、使用貸借の借主の負担とされます（民法595①）。そうすると、Ａが納付してきた固定資産税等は、甲からの使用貸借の目的物に係る通常の必要費の範囲に属するものであると考えることもできます。そうしますと、この固定資産税等は、Ａ自身の負担に属する費用ですから、Ａが10年間納付してきた固定資産税等が立替金であるとして、これが被相続人の債務に該当するということはできないと思われます。

　いずれにしても、Ａが納付した固定資産税の累積額は、債務控除の対象とすることはできないでしょう。

相続税関係

> **参考法令** （使用貸借の場合の借用物の費用負担）
>
> **民法595条（借用物の費用の負担）**
> ① 借主は、借用物の通常の必要費を負担する。
> ② （省略）

(注) 賃貸借の場合は、貸主が賃貸物の修繕義務を負い、賃借人は、賃貸物の必要費を支出したときは、賃貸人に対し、即時の償還請求をすることができるとされています（民法606、608①）。

93　葬式費用―初七日法要・納骨費用

> **事　例**
>
> 　父が3か月前亡くなりました。現在、相続税の申告の準備をしています。通夜や告別式など、一連の葬式費用の全額を私が支払いましたので、相続税の申告の際には、私の相続税の課税価格の計算上、これらの費用の額を控除したいと考えています。
>
> 　ところで、私たちの住む地域では、かつては、告別式に引き続き、火葬場で遺体を荼毘に付した後、斎場に戻って、お清めの飲食をし、故人が亡くなった日から7日目に、再度、親戚一同が菩提寺に集まって、初七日の法要を行い、精進落としの食事をするのが習わしでした。しかし、近年では、告別式の当日、火葬場から戻った後に、僧侶による読経や焼香などの初七日の法要を行い、その後に精進落としの食事をするのが慣例となってきました。さらに、最近では、告別式の読経に引き続き、初七日の読経が行われ、その後に火葬場に向かうことも多くなってきました。葬儀会社への支払いや、菩提寺へのお布施は、特に初七日法要の額を区別してはいません。法会に要した費用は、相続税の課税価格の計算上、控除することができる葬式費用には含まれないと聞きましたが、私が葬儀会社に支払った葬儀代及び菩提寺へのお布施は、全額を葬式費用として相続税の課税価格から控除することは認められないのでしょうか。
>
> 　また、四十九日の法要に併せて、納骨をしましたが、この納骨の費用は葬式費用として相続税の課税価格から控除することはできないのでしょうか。

相続税関係

回答

　初七日等の法要のための費用は、葬式費用には該当しません。しかしながら、あなた方のお住まいになられている地域において、初七日の読経など火葬場から戻った後に引き続き行われる儀式まで含めた一連の儀式を葬儀と認識できるほど慣習化しているのであれば、その一連の儀式に要した費用の全額を葬式費用に含める余地はあるのではないかと思われます。

　なお、四十九日法要に併せて行った納骨のための費用は葬式費用には該当しません。

解説

1　相続税の納税義務者が、無制限納税義務者である相続人の場合、相続税の課税価格の計算上、被相続人の債務で相続開始の際に現に存するもののほか、被相続人に係る葬式費用で、その者の負担に属する部分の金額を控除します（相法13①）。

　相続税の課税価格の計算において、葬式費用を控除するのは、葬式費用が「相続開始に伴う必然的出費であり、社会通念上も、いわば相続財産そのものが担っている負担ともいえることを考慮」したものであると説明されています（甲斐裕也編「相続税法基本通達逐条解説（令和6年版）」（大蔵財務協会）272頁）。

　広辞苑（第7版）によると、葬式とは「死者をほうむる儀式」のことをいうとされていますが、相続税の申告において葬式費用として控除することができる金額は、次に掲げる金額の範囲内のものとされています（相基通13－4）。

(1)　葬式若しくは葬送に際し、又はこれらの前において、埋葬、火葬、

納骨又は遺がい若しくは遺骨の回送その他に要した費用（仮葬式と本葬式とを行うものにあっては、その両者の費用）

(2)　葬式に際し、施与した金品で、被相続人の職業、財産その他の事情に照らして相当程度と認められるものに要した費用

(3)　(1)又は(2)に掲げるもののほか、葬式の前後に生じた出費で通常葬式に伴うものと認められるもの

(4)　死体の捜索又は死体若しくは遺骨の運搬に要した費用

　一方、葬式費用に該当しない費用として、相続税法基本通達では、次のものを掲げています（相基通13—5）。

(1)　香典返戻費用

　(注)　通達では、「香典返戻費用」と表記していますが、「香典返礼費用」の方が適切だと思われます。

(2)　墓碑及び墓地の買入費並びに墓地の借入料

(3)　法会に要する費用

(4)　医学上又は裁判上の特別の処置に要した費用

2　ところで、葬式の方式は、被相続人や家族の信仰する宗教、地域の慣習や社会環境、その家族の考え方によりさまざまであり、また、その時代背景によっても変化します。例えば、新型コロナ感染症の蔓延と共に、いわゆる家族葬による葬儀が多くなったことは記憶に新しいところです。葬式費用に該当するかどうかの判断は、つまるところ具体的な個々の事案ごとに、社会通念に従って判断することになります。

　初七日の法要は、本来は、故人が亡くなってから7日目に、親族など故人と関係が深かった人に集まってもらい、執り行われます。しかしながら、葬儀の後、わずかな日数をはさんで親族などに再び集まってもらうことは、これらの者に負担をかけることとなり、近年の社会環境の下

では、しだいに難しくなってきています。そのため、最近では、故人を火葬にしたその日のうちに初七日の法要を行ってしまうことも珍しくありません。このような法要のやり方を「繰上げ法要」ということもあるようです。

　国税庁の通達では、法会に要する費用は葬式費用には該当しないとしています。ここでいう「法会」とは、故人の追善供養などで行われる法要（法事）の意味で用いられています。初七日の法要は、この「法会」に該当することとなりますので、初七日の法要のために要した費用は、相続税の課税価格の計算上、葬式費用として、控除することはできません。

　しかしながら、初七日の法要が、通夜、告別式、火葬など一連の葬式の儀式と一体となって行われるような場合には、一概に、葬式費用には該当しないとは言えず、その地域の習慣や、時代背景により異なった判断がされることもあり得ると考えられます。

3　上記1の国税庁通達（相基通13—4(1)）では、葬式費用に該当するものとして、「納骨に要した費用」が掲げられていますが、「葬式若しくは葬送に際し、又はこれらの前において」との限定がされていることに注意する必要があります。つまり、通達は、葬式に引き続き又はその前に火葬が行われ、引き続き一連の流れの中で納骨が行われた場合の納骨に要した費用が葬式費用に該当すると定めているのであって、四十九日の法要に際して納骨が行われた場合の当該納骨に要した費用は葬式費用には該当しないと考えられます。

参考裁決

初七日法要の費用（平成10年6月12日裁決（仙裁（諸）平9—54））（非公表）

　請求人は、葬式当日に行われた初七日法要は、いわゆる葬式に対する付け法要で、単なる名目に過ぎず、実態は法要ではないことから、その際の会食費用は、通常の葬式に伴う費用に当たる旨主張するが、初七日法要は、あらかじめ案内状を送付した招待者が出席し、終了後に会場を移して会食が行われ、その招待者は葬式の際の香典とは別に、御霊前等として施主に金員を贈与していることからすると、その会食が葬式と同じ日に行われたとしても、葬式とは別の仏事として行われたと認めるのが相当であり、そのための費用を相続税基本通達に定める「通常葬式に伴うもの」と認めることはできないことから、相続税法第13条第1項第2号の葬式費用に該当しないとした原処分は相当である。

94　妻が夫から居住用不動産の贈与を受けた年中に夫が死亡した場合の相続税及び贈与税の取扱い

事例

　甲は、本年9月に死亡しました。甲の妻乙は、友人から、婚姻期間20年以上の夫が居住用の土地家屋を妻に贈与すれば、妻は、贈与税の配偶者控除が受けられる上に、その財産は相続税においても生前贈与の加算の対象とならないので、居住用の土地家屋について妻への贈与登記をしておいた方が有利であるとのアドバイスを受けました。そこで、乙は、入院中の甲に話して本年4月に自宅の土地建物の贈与登記を済ませました。

　この場合に、乙の本年分の相続税及び贈与税はどのように取り扱われますか。

　なお、相続税又は贈与税が課税される場合のこの自宅の土地家屋の相続税評価額は1,900万円です。

回答

　乙が甲から本年中の贈与により取得した居住用不動産の価額1,900万円は、特定贈与財産に該当し、乙の相続税の課税価格には加算されません。

　乙は、本年分の贈与税については、甲からの居住用不動産の贈与による取得財産について贈与税の申告書を提出します。この場合において、乙は、贈与税の配偶者控除の適用を受けることとし、その申告書には、配偶者控除の要件に適合する旨の所定の事項を記載し、また、そのことを証する一

定の書類を添付しなければなりません。

解説

　相続税は、相続又は遺贈により財産を取得した個人に課税されますが、当該個人が被相続人から相続開始前7年以内(注)の期間に被相続人からの贈与により財産を取得している場合には、その贈与財産価額を当該個人の相続税の課税価格に加算して相続税の計算をすることとなります。

　(注)　令和12年12月31日までの贈与については、経過規定が設けられています。

　ところで、贈与税には、一定の要件を満たす配偶者（贈与配偶者）が他方配偶者（受贈配偶者）に対し、一定の居住用不動産を贈与した場合には、受贈配偶者の贈与税の計算上で、2,000万円までの控除を行うことができる贈与税の配偶者控除の制度があります（相法21の6①）。

　しかし、受贈配偶者が贈与配偶者からの居住用不動産の贈与を受けても、贈与後7年以内に贈与配偶者が死亡した場合に7年以内の贈与財産としてその価額が相続税の課税価格に算入されてしまうとすると贈与税の配偶者控除の制度の効果が消滅するので、7年以内の贈与財産が配偶者控除の適用を受けた居住用不動産であるときは、そのうち特定贈与財産とされる2,000万円までの金額（配偶者控除相当額）は、受贈配偶者の相続税の課税価格に加算しないこととされています（相法19①）。

　また、相続税法第21条の2第4項の規定では、相続又は遺贈により財産を取得した者が被相続人の相続開始の年において当該被相続人から受けた贈与財産の価額は贈与税の課税価格に算入されないとされていますが、この贈与税の課税価格に算入されない贈与財産の価額は、相続税法第19条第1項の規定により相続税の課税価格に加算されるものに限られます。したがって相続税法第19条第1項の規定による7年以内の贈与加算の適用がな

い特定贈与財産については、その贈与が贈与配偶者の相続開始年に行われたものであったとしても、非課税財産に該当しないため、贈与税の申告が必要となります（相基通19―9）。

したがって、乙は、甲からの贈与により取得した居住用不動産1,900万円については、これを相続税の課税価格には算入せず、本年分の贈与税の申告の対象とします。そして、この贈与税の申告において、配偶者控除の手続を行うことになります。

根拠条文　（相続開始の年の贈与に係る特定贈与財産の取扱い）

相法19条（相続開始前7年以内に贈与があった場合の相続税額）
① （省略〈課税価格算入規定から特定贈与財産を除く旨の規定あり〉）
② 前項に規定する特定贈与財産とは、第21条の6第1項《贈与税の配偶者控除》に規定する婚姻期間が20年以上である配偶者に該当する被相続人からの贈与により当該被相続人の配偶者が取得した同項に規定する居住用不動産又は金銭で次の各号に掲げる場合に該当するもののうち、当該各号に掲げる場合の区分に応じ、当該各号に定める部分をいう。
一　当該贈与が当該相続の開始の年の前年以前にされた場合で、当該被相続人の配偶者が当該贈与による取得の日の属する年分の贈与税につき第21条の6第1項の規定の適用を受けているとき。　同項の規定により控除された金額に相当する部分
二　当該贈与が当該相続の開始の年においてされた場合で、当該被相続人の配偶者が当該被相続人からの贈与について既に第21条の6第1項の規定の適用を受けた者でないとき（政令で定める場合に限る。）。
　同項の規定の適用があるものとした場合に、同項の規定により控除されることとなる金額に相当する部分

相法21条の2（贈与税の課税価格）
①～③（省略）

④ 相続又は遺贈により財産を取得した者が相続開始の年において当該相続に係る被相続人から受けた贈与により取得した財産の価額で第19条の規定により相続税の課税価格に加算されるものは、前3項の規定にかかわらず、贈与税の課税価格に算入しない。

参考通達

相基通19―9（相続開始の年の特定贈与財産に対する贈与税の課税）
　相続の開始の年に当該相続に係る被相続人から贈与により取得した居住用不動産又は金銭で特定贈与財産に該当するものについては、法第21条の2第4項の規定の適用がなく、その財産の価額が相続の開始の日の属する年分の贈与税の課税価格に算入されるのであるから留意する。
　㊟　法第19条第2項第2号の規定により特定贈与財産に該当することとなった居住用不動産又は金銭の価額については、贈与税の配偶者控除の適用がない場合であっても、相続税の課税価格に加算されないのであるから留意する。

相続税関係

95 特別受益者がおり相続債務が未分割の場合の債務控除

事　例

　令和6年8月に甲が亡くなりました。被相続人甲の相続人は、長男A、次男B及び長女Cの3人です。遺産総額は1億7,000万円ですが、甲は、この中からAの子で甲の孫であるDに3,000万円の預金を遺贈する旨の遺言をしています。また、甲は、相続開始の4年前に、Aに生計の資本として4,000万円の現金を贈与しており、Aは、その贈与財産に係る贈与税1,530万円を申告納税しています。なお、甲には、債務9,000万円があります。

　甲の遺産及び債務はまだ分割されていませんが、A、B、C、Dは、相続税の申告をどのように行えばよいでしょうか。

回　答

　相続税の申告をする際に共同相続人により遺産が分割されていない場合において、共同相続人の中に特別受益者がいるときには、民法第903条《特別受益者の相続分》に従って相続財産を取得したものとして各共同相続人の課税価格を計算することとされていますので、事例の場合、この相続分の対象となる遺産額は1億4,000万円となり、これに特別受益となるAへの贈与財産価額4,000万円を加算した1億8,000万円がみなし遺産額となります。このみなし遺産額を基に各人の具体的相続分（特別受益者の相続分）を求めると、相続人であるAの相続分額は、Aが2,000万円、B及びCのそれはいずれも6,000万円となります。なお、Dは別途に遺贈財

産価額3,000万円を取得します。

　他方、相続債務の承継方法が未定の場合は、各人の承継額は、共同相続人が法定相続分（相続分の指定がある場合はその指定相続分）の割合によって承継するものとして取り扱われ、事例では、A、B及びCが、それぞれ3,000万円の債務を承継することになります。しかし、Aは1,000万円の債務控除不足を生じることになりますので、相続税の債務控除の取扱い上では、Aの控除不足額をB、Cから均等控除することができます。

　結局、各相続人の債務控除額は、Aが2,000万円、B及びCがそれぞれ3,500万円となり、財産取得者各人の課税価格は、Aが0円、B及びCが各2,500万円、Dが3,000万円となります。

　なお、Aの贈与財産価額の相続税の課税価格への加算及び課税された贈与税についての相続税額からの贈与税額控除については、その贈与の時期が相続税の課税価格への加算の対象期間内にはありませんので、いずれも適用がありません。

解　説

　相続税の申告書を提出する場合において、相続財産が共同相続人によってまだ分割されていないときは、その未分割財産は、各共同相続人が民法に規定する相続分（民法第904条の2《寄与分》を除きます。）に従ってその財産を取得したものとして各人の課税価格を計算します（相法55）。

　この事例の場合には、民法第903条《特別受益者の相続分》の規定が適用され、Aに対する4,000万円の生前贈与財産の価額が特別受益額として遺産総額である1億4,000万円に加算され、その合計金額1億8,000万円を相続財産とみなし、この金額に各相続人の法定相続分の割合を乗じて各相続人の取得財産の価額を求めることとなります。すなわち、1億8,000万円に

各相続人の法定相続分である3分の1の割合を乗じて求めた金額は6,000万円となります。このように計算した結果、B及びCの相続分は6,000万円となりますが、Aについては6,000万円から特別受益額である4,000万円を控除した残額2,000万円が相続分となります。

この特別受益者がいる場合の相続分は、相続債務には適用されず、相続債務の承継が未確定の場合には、具体的相続分としての積極財産の特別受益者の相続分の適用にかかわらず、共同相続人が法定相続分又は指定相続分の割合で承継したものとして取り扱われますので（相基通13—3本文）、相続人A、B、Cの各人が3,000万円ずつ承継することになります。

この場合、Aについては、取得財産価額とされる2,000万円に対し承継する債務が3,000万円となって、債務控除不足額1,000万円が生じますが、課税価格の計算上は0円となります。しかし、この法定相続分による債務の承継は、実現していない債務承継のいわば仮計算としての債務控除を行うものですから、この控除不足額を他の共同相続人B及びCの取得財産価額から追加控除することによって、Aの債務控除不足分を消滅させることとする相続税の申告があった場合には、これが認められます（相基通13—3ただし書）。

根拠条文

民法903条（特別受益者の相続分）
① 共同相続人中に、被相続人から、遺贈を受け、又は婚姻若しくは養子縁組のため若しくは生計の資本として贈与を受けた者があるときは、被相続人が相続開始の時において有した財産の価額にその贈与の価額を加えたものを相続財産とみなし、第900条から第902条までの規定により算定した相続分（筆者注：法定相続分・代襲相続分・指定相続分）の中か

らその遺贈又は贈与の価額を控除した残額をもってその者の相続分とする。
② 遺贈又は贈与の価額が、相続分の価額に等しく、又はこれを超えるときは、受遺者又は受贈者は、その相続分を受けることができない。
③、④（省略）

参考通達（債務の負担額が未確定の場合の債務控除の取扱い）

相基通13―3（「その者の負担に属する部分の金額」の意義）
　法第13条第1項に規定する「その者の負担に属する部分の金額」とは、相続又は遺贈（包括遺贈及び被相続人からの相続人に対する遺贈に限る。）によって財産を取得した者が実際に負担する金額をいうのであるが、この場合において、これらの者の実際に負担する金額が確定していないときは民法第900条から第902条（遺言による相続分の指定）までの規定による相続分又は包括遺贈の割合に応じて負担する金額をいうものとして取り扱う。ただし、共同相続人又は包括受遺者が当該相続分又は包括遺贈の割合に応じて負担することとした場合の金額が相続又は遺贈により取得した財産の価額を超えることとなる場合において、その超える部分の金額を他の共同相続人又は包括受遺者の相続税の課税価格の計算上控除することとして申告があったときは、これを認める。

相続税関係

96 事業の用に供されていた宅地等の事業継続要件

事　例

　被相続人甲は、本年9月10日に死亡しました。相続人は、妻乙と、甲及び乙とは生計が別の長男Aの2人です。

　乙及びAが次のように遺産分割を行い、甲の事業の用に供されていた宅地をそれぞれ取得しました。相続税の申告では、小規模宅地等の特例（以下「本件特例」といいます。）をどのように適用することができますか。

＜遺産分割の内容＞

① 甲が10年前からアパートとして賃貸していた建物10室及び敷地のうちアパート建物は家賃収入を得られるように乙が取得し、その敷地は、乙及びAの持分各2分の1の共有としました。その後、乙は家賃収入を得ています。

② 甲が30年前から営んでいた食料品販売業用の店舗及びその敷地は乙及びAが持分各2分の1の共有で取得しましたが、その営業を引き継ぐ者がなく、店舗土地建物の売却見込みも立たないので、申告期限までにその建物を取り壊し、更地としてました。その後、青空駐車場として近所の住人に近隣の相場で賃貸しています。

回　答

　乙及びAが取得した宅地等についての本件特例の適用関係は、次のとおりです。

① 乙は、貸家敷地の持分2分の1を取得し、申告期限まで、これを貸付事業の用に供していますので、貸付事業用宅地等として、本件特例を適用することができます。

他方、Aは、貸家敷地の分2分の1を取得しても甲の貸付事業を引き継いだわけでないので、事業継続要件を満たしませんので、本件特例を適用することはできません。

② 乙及びAは、いずれも甲の店舗敷地の土地持分各2分の1を取得しましたが、甲の事業を引き継がないので、特定事業用宅地等としての要件を満たさず、本件特例を適用することはできません。

解説

本件特例の対象となる「貸付事業用宅地等」とは、被相続人等の貸付事業の用に供されていた宅地等で、次のイ又はロのいずれかを満たす被相続人の親族が相続又は遺贈により取得した持分の割合に応ずる部分をいいます（ただし、特定同族会社事業用宅地等及び相続開始前3年以内に新たに貸付事業の用に供された宅地等（相続開始の日まで3年を超えて引き続き一定の貸付事業を行っていた被相続人等の当該貸付事業の用に供されたものは除かれます。）は除かれます。）（措法69の4③四、措令40の2⑩㉒）。

イ　その親族が、相続開始時から申告期限までの間にその宅地等に係る被相続人の貸付事業を引き継ぎ、申告期限まで引き続きその宅地等を有し、かつ、その貸付事業の用に供していること。

ロ　その被相続人の親族が被相続人と生計を一にしていた者であって、相続開始時から申告期限まで引き続きその宅地等を有し、かつ、相続開始前から申告期限まで引き続きその宅地等を自己の貸付事業の用に供していること。

なお、上記の「貸付事業」とは、不動産貸付業、駐車場業及び自転車駐車場業をいいます（措法69の4③四、措令40の2⑦）。

　また、本件特例の対象となる特定事業用宅地等とは、相続開始の直前において被相続人等の事業（不動産貸付業、駐車場業、自転車駐車場業及び準事業を除きます。）の用に供されていた宅地等で、相続又は遺贈によりその宅地等を取得した個人のうちに、次に掲げる要件のうちいずれかの要件を満たす被相続人の親族が相続又は遺贈により取得したもの（相続開始前3年以内に新たに事業の用に供された宅地等は原則として除かれ、その親族が相続又は遺贈により取得した持分の割合に応ずる部分に限ります。）をいいます（措法69の4③一、措令40の2⑩）。

① 　その親族が、相続開始の時から申告期限までの間にその宅地等の上で営まれていた被相続人の事業を引き継ぎ、申告期限まで引き続きその宅地等を所有し、かつ、その事業を営んでいること。
② 　その親族が被相続人と生計を一にしていた者であって、相続開始の時から申告期限まで引き続きその宅地等を所有し、かつ、相続開始前から申告期限まで引き続きその宅地等を自己の事業の用に供していること。

　したがって、特定事業用宅地等以外の事業用宅地等については、特定同族会社事業用宅地等又は貸付事業用宅地等に該当するものを除き、上記要件を満たさない限り、本件特例の適用がありません。

97 被相続人が居住の用に供していた家屋が生計が別の子と共有であった場合

事例

　令和6年10月に甲が亡くなりました。甲とその配偶者乙が居住していたT市の建物は、甲と甲の長男丙の共有の建物（共有持分は、甲が3分の2、丙が3分の1）であり、その敷地480㎡は甲の所有するものでした。

　甲の相続人は乙及び丙の2名であり、分割協議の結果、甲の有していた建物の共有持分3分の2は乙が取得し、その敷地は乙と丙が2分の1ずつ取得することとなりました。乙及び丙は、小規模宅地等の特例を適用することができますか。

　なお、甲とK市内の持ち家に居住している丙は生計を別にしており、また甲と丙の間で、地代及び家賃の授受はありませんでした。

回答

　甲及び乙が居住の用に供していた家屋の敷地480㎡のうち遺産分割協議により乙が取得することとなった共有持分2分の1に相当する部分（240㎡）について小規模宅地等の特例を適用することができます。

　一方、丙が取得することとなった共有持分2分の1に相当する部分（240㎡）については同特例を適用することはできません。

相続税関係

解説

　居住用の宅地等について小規模宅地特例を適用するためには、①その宅地等が被相続人又は被相続人と生計を一にしていた親族（これらの者を被相続人等といいます。）の居住の用に供されていたものであって、②相続又は遺贈によりその宅地等を取得した者が被相続人の配偶者であるか一定の要件を満たす被相続人の親族であることが必要です。

　「その宅地等が被相続人等の居住の用に供されていた宅地等」とは次の宅地等をいいます（以下(1)又は(2)に該当する宅地等を「居住用宅地等」といいます。）。

(1) 相続の開始の直前において、被相続人等の居住の用に供されていた家屋で、被相続人が所有していたもの（被相続人と生計を一にしていたその被相続人の親族が居住の用に供していたものである場合には、当該親族が被相続人から無償で借り受けていたものに限られます。）又は被相続人の親族が所有していたもの（その家屋を所有していた被相続人の親族がその家屋の敷地を被相続人から無償で借り受けており、かつ、被相続人等がその家屋をその親族から借り受けていた場合には、無償で借り受けていたときにおけるその家屋に限られます。）の敷地の用に供されていた宅地等

(2) 租税特別措置法施行令第40条の2第2項に定める事由により被相続人の居住の用に供されなくなる直前まで、被相続人の居住の用に供されていた家屋で、被相続人が所有していたもの又は被相続人の親族が所有していたもの（その家屋を所有していた被相続人の親族がその家屋の敷地を被相続人から無償で借り受けており、かつ、被相続人がその家屋をその親族から借り受けていた場合には、無償で借り受けていたときにおけ

るその家屋に限られます。）の敷地の用に供されていた宅地等（被相続人の居住の用に供されなくなった後、事業の用又は新たに被相続人等以外の者の居住の用に供された宅地等を除きます。）

また、相続又は遺贈によりその宅地等を取得した一定の要件を満たす被相続人の親族とは次に掲げる者をいいます。

(1) 被相続人の配偶者
(2) その親族が相続開始の直前においてその宅地等の上に存する被相続人の居住の用に供されていた建物に居住していた者であって、相続開始時から申告期限まで引き続きその宅地等を有し、かつ、その家屋に居住していること。
(3) その親族（その被相続人の居住の用に供されていた宅地等を取得した者であって、相続税の無制限納税義務者等であるものに限ります。）が次に掲げる要件の全てを満たすこと（被相続人の配偶者又は相続開始の直前において被相続人の居住の用に供されていた家屋に居住していた相続人がいない場合に限ります。）。
　イ　相続開始前3年以内に相続税法の施行地内にあるその親族、その親族の配偶者、その親族の三親等内の親族又はその親族と特別の関係がある一定の法人が所有する家屋（相続開始の直前において被相続人の居住の用に供されていた家屋を除きます。）に居住したことがないこと。
　ロ　被相続人の相続開始時にその親族が居住している家屋を相続開始前のいずれの時においても所有していたことがないこと。
　ハ　相続開始時から申告期限まで引き続きその宅地等を有していること。
(4) その親族が被相続人と生計を一にしていた者であって、相続開始時から申告期限まで引き続きその宅地等を有し、かつ、相続開始前から申告

期限まで引き続きその宅地等を自己の居住の用に供していること。

事例の場合、相続開始の直前に被相続人が居住していた家屋の3分の2は被相続人自身が所有していましたが、残りの3分の1は被相続人とは生計を一にしていない丙が所有していたものです。しかしながら、丙は、甲に対して地代を支払っておらず、また甲も丙の有する家屋の3分の1の持分に対して家賃を支払っていなかったことから、この家屋の敷地は、被相続人等の居住の用に供されていた宅地等、すなわち居住用宅地等に該当します。

次に、この居住用宅地等を乙と丙が2分の1ずつ取得しましたが、配偶者である乙が取得した部分については、無条件で特定居住用宅地等として小規模宅地等の特例を適用することができます。一方、丙が取得した部分については、上記(1)、(2)又は(3)のいずれかに該当する場合についてのみ特定居住用宅地等に該当することとなりますが、丙はこれらのいずれにも該当しないことから、小規模宅地等の特例を適用することはできません。

参考通達

措通69の4—7（被相続人等の居住の用に供されていた宅地等の範囲）
　措置法第69条の4第1項に規定する被相続人等の居住の用に供されていた宅地等（以下69の4—8までにおいて「居住用宅地等」という。）とは、次に掲げる宅地等（相続の開始の直前において配偶者居住権に基づき使用又は収益されていた建物等の敷地の用に供されていたものを除く（当該宅地等については69の4—7の2参照）。）をいうものとする。
(1)　相続の開始の直前において、被相続人等の居住の用に供されていた家屋で、被相続人が所有していたもの（被相続人と生計を一にしていたその被相続人の親族が居住の用に供していたものである場合には、当該親族が被相続人から無償で借り受けていたものに限る。）又は被相続人の親

族が所有していたもの（当該家屋を所有していた被相続人の親族が当該家屋の敷地を被相続人から無償で借り受けており、かつ、被相続人等が当該家屋を当該親族から借り受けていた場合には、無償で借り受けていたときにおける当該家屋に限る。）の敷地の用に供されていた宅地等

(2) 措置法令第40条の2第2項に定める事由により被相続人の居住の用に供されなくなる直前まで、被相続人の居住の用に供されていた家屋で、被相続人が所有していたもの又は被相続人の親族が所有していたもの（当該家屋を所有していた被相続人の親族が当該家屋の敷地を被相続人から無償で借り受けており、かつ、被相続人が当該家屋を当該親族から借り受けていた場合には、無償で借り受けていたときにおける当該家屋に限る。）の敷地の用に供されていた宅地等（被相続人の居住の用に供されなくなった後、措置法第69条の4第1項に規定する事業の用又は新たに被相続人等以外の者の居住の用に供された宅地等を除く。）

㊟ （省略）

98　小規模宅地等の特例における特定居住用宅地等

事例

　被相続人甲は、本年4月10日に死亡しました。相続人は、甲の居住用家屋に同居し生計を一にしてきた妻乙と、甲乙とは生計が別の長男丙の2人です。丙は10年前に結婚するまでは、甲乙とこの家屋に同居していましたが、結婚後は勤務先会社の社宅に家族とともに居住しています。

　乙及び丙は、遺産分割協議の結果、甲及び乙が居住の用に供してきた家屋及びその敷地について乙が5分の3、丙が5分の2の割合で取得することとなりました。しかし、甲の死亡後、乙は体調がすぐれず、10月に特別養護老人ホームに入所することとなり、代わって、丙が家族とともにこの家屋に転居することになりました。

　甲及び乙は、分割協議により取得することとなったこの建物の敷地のうち各共有持分に相当する部分について小規模宅地等の特例を適用することができますか。

回答

　居住家屋の敷地のうち乙が相続した5分の3相当の部分については、特定居住用宅地等に該当しますので小規模宅地の特例を適用することができますが、丙が相続した5分の2相当の部分については特定居住用宅地等に該当しませんので、同特例を適用することができません。

解　説

　小規模宅地等特例を適用することができる特定居住用宅地等とは、被相続人等の居住の用に供されていた宅地等で、被相続人の配偶者又は次に掲げる要件のいずれかを満たす被相続人の親族が相続又は遺贈により取得したものをいいます。

① 　その親族が相続開始の直前においてその宅地等の上に存する被相続人の居住の用に供されていた建物に居住していた者であって、相続開始時から申告期限まで引き続きその宅地等を有し、かつ、その建物に居住していること。

② 　その親族（被相続人の居住の用に供されていた宅地等を取得した者であって、相続税の無制限納税義務者等であるものに限ります。）が次に掲げる要件の全てを満たすこと（被相続人の配偶者又は相続開始の直前において被相続人の居住の用に供されていた家屋に居住していた相続人がいない場合に限ります。）。

　イ　相続開始前３年以内に相続税法の施行地内にあるその親族、その親族の配偶者、その親族の三親等内の親族又はその親族と特別の関係がある一定の法人が所有する家屋（相続開始の直前において被相続人の居住の用に供されていた家屋を除きます。）に居住したことがないこと。

　ロ　被相続人の相続開始時にその親族が居住している家屋を相続開始前のいずれの時においても所有していたことがないこと。

　ハ　相続開始時から申告期限まで引き続きその宅地等を有していること。

③ 　その親族が被相続人と生計を一にしていた者であって、相続開始時から申告期限まで引き続きその宅地等を有し、かつ、相続開始前から申告

期限まで引き続きその宅地等を自己の居住の用に供していること。

上記のとおり、被相続人の居住用家屋の敷地を相続した者が、配偶者である場合には、小規模宅地等の特例の適用に当たり、相続税の申告書の提出期限までの間の居住継続及び当該取得した敷地の保有は求められていません。したがって、配偶者乙が取得した被相続人の居住の用に供していた宅地等の共有持分5分の3については、乙が相続税の申告期限までその家屋に居住していないとしても小規模宅地等の特例を適用することができます。

一方、丙については、上記①及び③は明らかに該当しませんが、上記②のイ、ロ及びハの要件を満たします。しかしながら、②についてはその相続に係る被相続人に配偶者がいる場合や相続開始の直前において被相続人の居住の用に供されていた家屋に居住していた相続人がいる場合には特例の適用を受けることができないこととされています。したがって、丙が取得した被相続人の居住の用に供されていた宅地等の5分の2については、小規模宅地等の特例を適用することはできません。

99 共有地の場合の地積規模の大きな宅地の評価と小規模宅地等の限度面積要件

事例

被相続人甲は、本年8月10日に死亡しました。甲が死亡直前に妻乙及び長男丙とともに居住していた家屋は、木造平屋建て延べ床面積180㎡で、そのすべてを甲が所有していましたが、その敷地520㎡については、甲4分の3、甲の妻乙が4分の1の共有でした。

甲の相続人は妻乙と長男丙の2名であり、相続税の申告書の提出期限までに、この甲の居住の用に供されていた家屋及びその敷地のうち甲の共有持分4分の3を長男丙が相続する旨の遺産分割協議が調いました。乙及び丙は、今後も、この家屋に居住し続ける予定です。

この土地を評価する場合に、地積規模の大きな宅地の評価をすることができますか。また、この土地は特定居住用宅地等に該当すると思われますので、小規模宅地等の特例を適用したいと考えていますが、特例を適用することができる面積はどのようになりますか。

なお、甲の遺産には、この土地以外に小規模宅地の特例を適用することのできる土地はありません。また、この土地は、三大都市圏の路線価地域の普通住宅地区に存し、その指定容積率は100％です。

回答

地積規模の大きな宅地の評価をすることができる宅地は、三大都市圏の市街化区域においては、面積が500㎡を超えるものが対象となります。評

価対象地が複数の者の共有に係るものであったとしても、全体の面積に各取得者の共有持分を乗じて求めた面積により地積規模の大きな宅地としての減額評価ができるかどうかの判定をするのではなく、全体の面積で判定します。

一方、小規模宅地等における限度面積の計算における特例対象宅地の面積は、全体の面積に各取得者が取得した共有持分を乗じて、単独所有であるとした場合の地積に換算して計算することとなります。そうしますと小規模宅地等の特例における特定居住用宅地等の限度面積は330㎡ですので、甲の居住用の宅地520㎡に丙が取得した4分の3の共有割合を乗じて求めた390㎡のうち330㎡に相当する部分について特例を適用することができます。

解　説

地積規模の大きな宅地として減額評価することができる宅地の要件は次のとおりです。
① 三大都市圏においては500㎡以上、それ以外の地域においては1,000㎡以上の地積を有していること
② 市街化調整区域（都市計画法第34条第10号又は第11号の規定に基づき宅地分譲に係る開発行為を行うことのできる区域を除きます。）に所在する宅地ではないこと
③ 都市計画法の用途地域が工業専用地域に指定されている地域に所在する宅地ではないこと
④ 建築基準法52条１項に規定する容積率が400％（東京都の特別区においては300％）以上の地域に所在する宅地ではないこと
⑤ 路線価地域に所在する宅地にあっては、普通商業・併用住宅地区又は

普通住宅地区に所在する宅地であること

このうち、①の面積要件については、評価対象地が複数の者に共有されている宅地の場合には、共有者の持分に応じてあん分計算をして求めた面積によるのではなく、共有地全体の面積により地積規模を判定します。戸建住宅用地として分割分譲する場合に発生する減価を評価額に反映させることが、地積規模の大きな宅地について減額評価をする趣旨であることに照らせば、それが単独所有のものであろうと複数の者による共有のものであろうと価額に及ぼす影響に変わりはないと考えられるためです。

次に小規模宅地等の特例においては、相続人等が取得した宅地等が共有持分である場合には、全体の面積にその共有持分を乗じて、当該相続人の共有持分に応ずる面積（単独所有とした場合の面積）を求め、この面積により小規模宅地等の特例における限度面積の計算をすることとなります。

事例の場合には、丙が相続により取得したのは520㎡のうち甲の共有持分4分の3ですから、丙が取得した宅地等の面積は390㎡（520㎡×3/4）となります。特定居住用宅地等の限度面積は、330㎡ですので、丙が取得した390㎡のうち330㎡について小規模宅地等の特例を適用することができます。

100　特定居住用宅地等の「相続税の申告期限」までの所有継続要件

事　例

　被相続人甲は、東京都内の自宅で死亡しました。甲の配偶者は数年前に亡くなっており、相続人は長男Aのみです。Aは、かつて甲の自宅に甲夫婦と同居していましたが、12年前に大阪の会社に就職し、その後は、大阪市内の社宅に居住しています。Aは、この度の甲の死亡により東京にある甲の自宅の土地家屋を相続しましたが、A自身や妻子の生活拠点が大阪にあることから再び東京に戻る予定はないので、その土地家屋を売却する心積もりでいました。

　この度、その土地の買受け申込みがあり、売却代金も決まりましたが、買主は、その土地上の建物を取り壊して住宅を新築する必要から、できる限り早期に売買契約を締結し、引渡しを受けることを望んでいます。

　Aが相続税の申告書を甲の相続開始後6か月経過のころに提出し、その申告書の提出後にその土地家屋を売却すれば、Aが提出する相続税の申告において、この土地が特定居住用宅地等に該当するものとして小規模宅地等の特例を適用することができると考えますがいかがでしょうか。

回　答

　Aが相続により取得した甲の自宅の土地について、特定居住用宅地等

に該当するものとして小規模宅地等の特例の適用を受けるには、相続税の申告期限（相続の開始があったことを知った日から10月後の月の応当日。以下「申告期限」という。）までの所有継続が要件とされていますので、たとえ、相続税の申告書を提出する時にはその土地の所有を継続していたとしても相続税の申告期限までに譲渡した場合には、「特定居住用宅地等」には該当しません。

解説

相続又は遺贈により被相続人又は被相続人と生計を一にしていた被相続人の親族の居住の用に供されていた宅地等を取得した場合において、その取得者が一定の要件を満たすときには、その宅地等は特定居住用宅地等として小規模宅地等の特例を適用することができます。被相続人に配偶者がおらず、かつ、相続開始の直前において被相続人の居住の用に供されていた家屋に居住していた当該被相続人の相続人（相続の放棄があった場合には、その放棄がなかったものとした場合の相続人）がいない場合に、被相続人の居住の用に供されていた宅地等について小規模宅地等の特例を適用することができるのは、取得者が次の要件を満たすときに限られます（この取得者を俗に「家なき子」と表現することがあります。）。

① 居住制限納税義務者または非居住制限納税義務者のうち日本国籍を有しない者ではないこと。

② 相続開始前3年以内に日本国内にある取得者、取得者の配偶者、取得者の三親等内の親族または取得者と特別の関係がある一定の法人が所有する家屋（相続開始の直前において被相続人の居住の用に供されていた家屋を除きます。）に居住したことがないこと。

③ 相続開始時に、取得者が居住している家屋を相続開始前のいずれの時

においても所有していたことがないこと。

④　その宅地等を相続開始時から相続税の申告期限まで有していること（所有継続要件）。

　この場合の所有継続要件は、「相続開始時から申告期限まで引き続き所有すること」であって、この「申告期限」は実際に相続税の申告書を提出した日をいうことでないことは文理上明らかですから、Aが相続税の申告書をその提出期限が到来する前に提出したとしても、その提出の日が申告期限となるわけではありません。

　この所有継続要件が設けられている趣旨は、相続人等が被相続人が居住用としていた宅地等を承継し、そこに居住し、その後も継続して所有し、居住をしたいと思っているにもかかわらず、相続税納税のためにやむを得ず手放さなければならない事情にある者の担税力に配慮して、そうした相続人を優遇しようとするものですから、長期の所有を要件とするのは当然ですが、税務執行上の事務処理の能率と早期処理の要請から、その継続した所有の期間を申告期限と一致させることとされているものと考えられます。なお、この「家なき子」の特定居住用宅地等については、勤務地等の都合により被相続人と同居することができず、相続開始後もその事情が変わらないために同宅地等を自己の居住の用に供することができない場合が生ずることを考慮して、居住継続要件は設けられておらず、所有継続要件のみとなっています。

　したがって、相続税の期限内申告書提出期限前の実際の提出日をもって、その継続要件期間が満了したことにはなりません。

根拠条文

措法69条の4（用語の意義・特定居住用宅地等）

①、②（省略）

③　この条において、次の各号に掲げる用語の意義は、当該各号に定めるところによる。

一（省略）

二　特定居住用宅地等　被相続人等の居住の用に供されていた宅地等（当該宅地等が２以上ある場合には、政令で定める宅地等に限る。）で、当該被相続人の配偶者又は次に掲げる要件のいずれかを満たす当該被相続人の親族（当該被相続人の配偶者を除く。以下この号において同じ。）が相続又は遺贈により取得したもの（政令で定める部分に限る。）をいう。

イ（省略）

ロ　当該親族（当該被相続人の居住の用に供されていた宅地等を取得した者であって財務省令で定めるもの（著者注１）に限る。）が次に掲げる要件の全てを満たすこと（当該被相続人の配偶者又は相続開始の直前において当該被相続人の居住の用に供されていた家屋に居住していた親族で政令で定める者（著者注２）がいない場合に限る。）。

(1)　相続開始前３年以内に相続税法の施行地内にある当該親族、当該親族の配偶者、当該親族の三親等内の親族又は当該親族と特別の関係がある法人として政令で定める法人が所有する家屋（相続開始の直前において当該被相続人の居住の用に供されていた家屋を除く。）に居住したことがないこと。

(2)　当該被相続人の相続開始時に当該親族が居住している家屋を相続開始前のいずれの時においても所有していたことがないこと。

(3)　相続開始時から申告期限まで引き続き当該宅地等を有していること。

ハ（省略）

　　　　（著者注１）相続税の制限納税義務者のうち日本国籍を有しないもの
　　　　（著者注２）被相続人の民法上の相続人（相続の放棄をした者を含む）
　三、四（省略）
④〜10（省略）

101 亡父が子の所有家屋に１人で居住していた場合の小規模宅地等の特例の適用

事 例

被相続人甲には、既に妻は亡く、相続人は、長男Ａ、次男Ｂ及び長女Ｃの３人です。甲と相続人らとは生計を一にしていませんでした。

Ａは、甲の死亡の３年前に、甲が所有するＰ土地を借り受けて居住用のＱ家屋を建築し、自宅に独り住まいをしていた甲を呼び寄せてＱ家屋に同居しました。しかし、甲とＡの妻との折合いが悪く、１年ほどでＡ夫婦は甲を残して賃貸マンションに転居したので、甲が１人でＱ家屋に居住してきました。甲とＡとの土地家屋の貸借関係は、全て賃料等の授受はなく無償の貸借となっています。

なお、Ａは、甲の死亡後には、甲が住居としてきたＱ家屋に戻って居住しています。また、Ｂは、５年前から自己の所有家屋に居住しており、Ｃは、３年前から夫が購入したマンションに居住しています。

この場合に、相続人らは、甲に係る相続税の申告において、どのようにすれば、小規模宅地等の特例（以下「本件特例」といいます。）を適用することができますか。

回 答

甲の住居であったＱ家屋は、甲の所有でなくＡの所有ですが、その敷地であるＰ土地は、租税特別措置法第69条の４第１項に規定する「被

相続人等の居住の用に供されていた宅地等」に該当します。

　また、Ｐ土地をＡが取得した場合において、Ａが相続税の申告期限までの所有継続要件を満たすときは、租税特別措置法第69条の４第３項第２号ロに掲げる要件に該当し、特定居住用宅地等として限度面積330㎡までにつき、80％評価減額が認められる本件特例を適用することができます。

　しかし、Ｂ又はＣがＰ土地を取得した場合には、いずれも本件特例の適用を受けることはできません。

解　説

　まず、Ｐ土地が租税特別措置法第69条の４第１項に規定する「被相続人等の居住の用に供されていた宅地等」に該当するかどうかについて検討します。

　本件の相続開始直前における事実関係からは、次の事実が認められます。
① 　甲は、自己所有のＰ土地上のＡの所有家屋を甲自身の居住の用に供してきたこと。
② 　Ａは、甲からＰ土地を無償で借り受けて同土地上に家屋を建築して所有し、甲に対して、甲の居住用としてその家屋を無償で貸与してきたこと。

　そうすると、上記に事実関係は、「被相続人等の居住の用に供されていた宅地等」の範囲を定めた租税特別措置法通達69の４－７項(1)に定めるとおり「被相続人等の居住の用に供されていた宅地等」と判定することができます。

　次に、Ｐ土地が租税特別措置法第69条の４第３項第２号に規定する「特定居住用宅地等」に該当するかどうかについて判断します。相続人Ａ、Ｂ及びＣは、いずれも相続開始の直前において被相続人の居住の用に供さ

れていた一棟の建物に居住していた者ではなく、また、被相続人と生計を一にしていた者でもありませんので、同号イ及びハには該当しません。また、同号ロについては、①相続人中に被相続人の配偶者はなく、②相続開始の直前において甲と同居していた相続人（相続の放棄をした者を含みます。）がいなかったこと、の２つの要件は満たしますが、相続人Ｂ及びＣについて、相続開始前３年以内に自己又はその配偶者等一定の者の所有する家屋に居住したことがないことの要件は満たしません。

しかし、租税特別措置法第69条の４第３項第２号ロに規定する「その者又はその者の配偶者の所有する家屋」には、同条項第２号ロ(1)の条文の括弧書にあるように「相続開始の直前において当該被相続人の居住の用に供されていた家屋を除く」旨の規定があることから、結局、Ａは、上記相続開始前３年以内に自己所有家屋に居住したことがない旨の要件を満たすことになります（前問の「根拠条文」参照）。

参考通達　（被相続人等の居住の用に供されていた宅地等の範囲）

措通69の４－７
　措置法第69条の４第１項に規定する被相続人等の居住の用に供されていた宅地等（以下69の４－８までにおいて「居住用宅地等」という。）とは、次に掲げる宅地等（相続の開始の直前において配偶者居住権に基づき使用又は収益されていた建物等の敷地の用に供されていたものを除く（当該宅地等については69の４－７の２参照）。）をいうものとする。
(1)　相続の開始の直前において、被相続人等の居住の用に供されていた家屋で、被相続人が所有していたもの（被相続人と生計を一にしていたその被相続人の親族が居住の用に供していたものである場合には、当該親族が被相続人から無償で借り受けていたものに限る。）又は被相続人の親族が所有していたもの（当該家屋を所有していた被相続人の親族が当該

相続税関係

　　家屋の敷地を被相続人から無償で借り受けており、かつ、被相続人が当該家屋を当該親族から借り受けていた場合には、無償で借り受けていたときにおける当該家屋に限る。）の敷地の用に供されていた宅地等
(2)　（省略）

102 相続人と共有のアパートの敷地に係る小規模宅地等の特例の適用

> **事例**
>
> 被相続人甲及びその妻乙は、15年前に、甲が所有する600㎡の宅地上に共有のアパート1棟（12部屋）を建てて、全室を賃貸していました。このアパートの建築資金は1億円でしたが、甲がその5分の4である8,000万円、乙が5分の1である2,000万円を負担したことから、共有持分は甲が5分の4、乙が5分の1となっています。また、乙は甲に地代を支払っていません。
>
> 今年4月に甲が亡くなり、乙がこのアパート（建物）の共有持分5分の4とその敷地の全部を相続することとなりました。
>
> この敷地全部の自用地としての価額は1億2,000万円であり、この地域の借地権割合は60％、借家権割合は30％です。
>
> 乙は、相続したアパートの敷地について小規模宅地等の特例を適用したいと考えていますが、その対象となる宅地等の選択は、どのように行うのが有利でしょうか。

回答

アパート敷地600㎡のうち、甲のアパート（建物）の共有持分5分の4に対応する部分は貸家建付地として評価することとなり、乙のアパート（建物）の共有持分に対応する部分は自用地として評価することとなりますが、いずれの部分も被相続人等の事業の用に供されていた宅地に該当し

ます。

　この宅地が相続税の申告期限まで貸付事業の用に供されていた場合には、限度面積の範囲内で、特定貸付事業用宅地等として、乙は小規模宅地等の適用を受けることができます。

　事例の場合には、まず自用地として評価される建物乙の共有持分に対応する部分（自用地評価部分）について特例の適用を受け、さらに限度面積に達するまで、貸家建付地として評価される甲の共有持分に対応する部分について同特例を適用することが有利な選択であるといえます。

解　説

　相続財産であるアパートの敷地600㎡は、貸家建付地に該当する部分（甲のアパートの共有持分である5分の4に対応する部分）と自用地に該当する部分（乙のアパートの共有持分である5分の1に対応する部分）に区分できますが、いずれの部分についても、被相続人甲の相続開始の直前において、甲及び甲と生計を一にする親族である乙の事業の用に供されていた宅地となります。したがって、貸付事業用宅地等の要件を満たせば、いずれの部分についても小規模宅地等の特例を適用することができます。

　貸付事業用宅地等とは、被相続人又はその生計一親族の貸付事業の用に供されていた宅地等（ただし、特定同族会社事業用宅地等に該当するもの及び相続開始前3年以内に新たに貸付事業の用に供されたもののうち一定のものは除かれます。）で、次に掲げる要件のいずれかを満たす当該被相続人の親族が相続又は遺贈により取得したものをいいます。

① 　当該親族が、相続開始時から申告期限までの間に当該宅地等に係る被相続人の貸付事業を引き継ぎ、申告期限まで引き続き当該宅地等を有し、かつ、当該貸付事業の用に供していること。

② 当該被相続人の親族が当該被相続人と生計を一にしていた者であって、相続開始時から申告期限まで引き続き当該宅地等を有し、かつ、相続開始前から申告期限まで引き続き当該宅地等を自己の貸付事業の用に供していること。

事例の場合、相続財産であるアパートの敷地は、相続開始前3年以内に新たに貸付事業の用に供されたものではありませんので、この宅地を相続した甲が、相続税の申告書の提出期限まで当該敷地を保有し、その敷地上のアパートの賃貸を継続する限り、甲の貸家建付地に該当する部分（甲のアパートの共有持分である5分の4に対応する部分）は①に該当し、自用地に該当する部分（乙のアパートの共有持分である5分の1に対応する部分）は②に該当することとなります。

乙は、貸家建付地に該当する部分又は自用地に該当する部分のいずれについても限度面積を上限として小規模宅地等の特例を適用することができます。そうしますと、1㎡当たりの価額が高い自用地120㎡（600㎡×1／5＝120㎡）についてまず特例を適用し、貸付事業用宅地等の限度面積である200㎡に達するまでの面積80㎡（200㎡－120㎡＝80㎡）については、貸家建付地について特例を適用するのが有利な選択となります。

根拠条文

措法69条の4第3項（貸付事業用宅地等の定義）
この条において、次の各号に掲げる用語の意義は、当該各号に定めるところによる。
一～三（省略）
四　貸付事業用宅地等　被相続人等の事業（不動産貸付業その他政令で定めるものに限る。以下この号において「貸付事業」という。）の用に供さ

れていた宅地等で、次に掲げる要件のいずれかを満たす当該被相続人の親族が相続又は遺贈により取得したもの（特定同族会社事業用宅地等及び相続開始前3年以内に新たに貸付事業の用に供された宅地等（相続開始の日まで3年を超えて引き続き政令で定める貸付事業を行っていた被相続人等の当該貸付事業の用に供されたものを除く。）を除き、政令で定める部分に限る。）をいう。

イ　当該親族が、相続開始時から申告期限までの間に当該宅地等に係る被相続人の貸付事業を引き継ぎ、申告期限まで引き続き当該宅地等を有し、かつ、当該貸付事業の用に供していること。

ロ　当該被相続人の親族が当該被相続人と生計を一にしていた者であって、相続開始時から申告期限まで引き続き当該宅地等を有し、かつ、相続開始前から申告期限まで引き続き当該宅地等を自己の貸付事業の用に供していること。

103 相続開始前3年以内に取得し貸付事業の用に供した宅地に係る小規模宅地等の特例の適用

事例

　夫甲及び妻乙は、15年前に、S県W市に甲が所有する600㎡の宅地上に共有名義のアパート1棟（12部屋）を建てて、全室を賃貸していました。このアパートについては、甲が4分の3、乙が4分の1の建築資金を負担しましたので、甲4分の3、乙4分の1の共有持分の登記がされています。2年前に、甲は、東京都T区にマンション2部屋を購入し、賃貸を開始しました。甲は、今年9月に亡くなり、遺産分割協議の結果、W市のアパート及びその敷地は配偶者乙が相続し、T区のマンションは長男丙が取得することとなりました。丙が取得したマンションの敷地について、丙は小規模宅地等の特例を適用することができるでしょうか。

回答

　T区のマンションの敷地は、甲の相続開始前3年以内に新たに貸付事業の用に供されたものですが、甲は相続開始前3年を超えて引き続き不動産貸付事業を行っていた者であると認められます。そうしますと丙が取得することとなったT区のマンションの敷地は、貸付事業用宅地等に該当しますので、他の要件を満たす限り小規模宅地等の特例を適用することができます。

相続税関係

解 説

1　小規模宅地等の特例の対象となる貸付事業用宅地等とは、被相続人等の事業（不動産貸付業、駐車場業、自転車駐車場業及び事業と称するに至らない不動産の貸付けその他これに類する行為で相当の対価を得て継続的に行うもの（以下「準事業」といいます。）に限ります。以下、「貸付事業」といいます。）の用に供されていた宅地等で、次の①又は②に掲げる要件のいずれかを満たす当該被相続人の親族が相続又は遺贈により取得したものをいいます。ただし、その宅地等が、相続開始の日まで3年を超えて引き続き準事業以外の貸付事業を行ってはいなかった被相続人等が相続開始前3年以内に新たに貸付事業の用に供したもの(注)である場合には、小規模宅地等の特例の対象となる貸付事業用宅地等には該当しないこととされています。

①　当該親族が、相続開始時から申告期限までの間に当該宅地等に係る被相続人の貸付事業を引き継ぎ、申告期限まで引き続き当該宅地等を有し、かつ、当該貸付事業の用に供していること。

②　当該被相続人の親族が当該被相続人と生計を一にしていた者であって、相続開始時から申告期限まで引き続き当該宅地等を有し、かつ、相続開始前から申告期限まで引き続き当該宅地等を自己の貸付事業の用に供していること。

　(注)　平成30年4月1日から令和3年3月31日までの間に相続又は遺贈により取得する宅地等については、「相続開始前3年以内に新たに貸付事業の用に供したもの」は、「平成30年4月1日以後に新たに貸付事業の用に供したもの」となります（平成30年改正法附則118④）。

2　被相続人等の行っていた貸付けが、準事業又は準事業以外の貸付事業

のいずれに該当するのかについては、社会通念上事業と称するに至る程度の規模で貸付事業が行われていたかどうかにより判定することとなりますが、この判定は次のように行います（措通69の4―24の4）。

① 被相続人等が行う貸付事業が不動産所得を生ずべき事業として行われているときは、当該貸付事業は特定貸付事業に該当し、当該不動産の貸付けが不動産所得を生ずべき事業以外のものとして行われているときは、当該貸付事業は準事業に該当すること。

② 被相続人等が行う貸付事業の対象が駐車場又は自転車駐車場であって自己の責任において他人の物を保管するものである場合において、当該貸付事業が事業所得を生ずべきものとして行われているときは、当該貸付事業は特定貸付事業に該当し、当該貸付事業が雑所得を生ずべきものとして行われているときは、当該貸付事業は準事業に該当すること。

なお、上記①又は②の判定を行う場合においては、所得税基本通達26―9（（建物の貸付けが事業として行われているかどうかの判定））及び27―2（（有料駐車場等の所得））の取扱いによることとなります。

3 所得税基本通達26―9においては、建物の貸付けが不動産所得を生ずべき事業として行われているかどうかは、社会通念上事業と称するに至る程度の規模で建物の貸付けを行っているかどうかにより判定すべきですが、

① 貸間、アパート等については、貸与することができる独立した室数がおおむね10以上であること、

② 独立家屋の貸付けについては、おおむね5棟以上あること

との事実のいずれか一に該当する場合又は賃貸料の収入の状況、貸付資産の管理の状況等からみてこれらの場合に準ずる事情があると認められ

る場合には、特に反証がない限り、事業として行われているものとして取り扱われることが明らかにされています。

　なお、①及び②の判定において、貸間、アパート又は独立家屋が2名以上の者の共有となっている場合には、その室数や棟数に共有持分を乗じて求めた室数や棟数によるのではなく、実際の室数又は棟数によることが相当であると考えられます。

4　質問の場合、T区のマンションは、被相続人が相続開始前3年以内に取得して貸付の用に供したものですが、被相続人は、15年前から12部屋を有するアパートの貸付けを行っていることから事業として建物の貸付けを行ってきた者であると判定することができます。そうしますと被相続人がT区のマンション2室を取得し、貸付事業の用に供したのは相続開始前3年以内ですが、被相続人は相続開始の日まで3年を超えて引き続き準事業以外の貸付事業を行っていた者となりますので、他の要件を満たす限りT区のマンションの敷地についても小規模宅地等の特例を適用することができます。

根拠条文

租税特別措置法69条の4第3項（貸付事業用宅地等の定義）
　この条において、次の各号に掲げる用語の意義は、当該各号に定めるところによる。
一～三（省略）
四　貸付事業用宅地等　被相続人等の事業（不動産貸付業その他政令で定めるものに限る。以下この号において「貸付事業」という。）の用に供されていた宅地等で、次に掲げる要件のいずれかを満たす当該被相続人の親族が相続又は遺贈により取得したもの（特定同族会社事業用宅地等及び相続開始前3年以内に新たに貸付事業の用に供された宅地等（相続開

始の日まで3年を超えて引き続き政令で定める貸付事業を行っていた被相続人等の当該貸付事業の用に供されたものを除く。）を除き、政令で定める部分に限る。）をいう。
- イ 当該親族が、相続開始時から申告期限までの間に当該宅地等に係る被相続人の貸付事業を引き継ぎ、申告期限まで引き続き当該宅地等を有し、かつ、当該貸付事業の用に供していること。
- ロ 当該被相続人の親族が当該被相続人と生計を一にしていた者であって、相続開始時から申告期限まで引き続き当該宅地等を有し、かつ、相続開始前から申告期限まで引き続き当該宅地等を自己の貸付事業の用に供していること。

参考通達

措通69の4—24の4（特定貸付事業の意義）

　措置法令第40条の2第16項に規定する特定貸付事業（以下69の4—24の8までにおいて「特定貸付事業」という。）は、貸付事業のうち準事業以外のものをいうのであるが、被相続人等の貸付事業が準事業以外の貸付事業に当たるかどうかについては、社会通念上事業と称するに至る程度の規模で当該貸付事業が行われていたかどうかにより判定することに留意する。
　なお、この判定に当たっては、次によることに留意する。
(1) 被相続人等が行う貸付事業が不動産の貸付けである場合において、当該不動産の貸付けが不動産所得（所得税法（昭和40年法律第33号）第26条第1項《不動産所得》に規定する不動産所得をいう。以下(1)において同じ。）を生ずべき事業として行われているときは、当該貸付事業は特定貸付事業に該当し、当該不動産の貸付けが不動産所得を生ずべき事業以外のものとして行われているときは、当該貸付事業は準事業に該当すること。
(2) 被相続人等が行う貸付事業の対象が駐車場又は自転車駐車場であって自己の責任において他人の物を保管するものである場合において、当該貸付事業が同法第27条第1項《事業所得》に規定する事業所得を生ずべ

きものとして行われているときは、当該貸付事業は特定貸付事業に該当し、当該貸付事業が同法第35条第1項《雑所得》に規定する雑所得を生ずべきものとして行われているときは、当該貸付事業は準事業に該当すること。
(注) (1)又は(2)の判定を行う場合においては、昭和45年7月1日付直審(所)30「所得税基本通達の制定について」(法令解釈通達)26―9《建物の貸付けが事業として行われているかどうかの判定》及び27―2《有料駐車場等の所得》の取扱いがあることに留意する。

所基通26―9 (建物の貸付けが事業として行われているかどうかの判定)
　建物の貸付けが不動産所得を生ずべき事業として行われているかどうかは、社会通念上事業と称するに至る程度の規模で建物の貸付けを行っているかどうかにより判定すべきであるが、次に掲げる事実のいずれか一に該当する場合又は賃貸料の収入の状況、貸付資産の管理の状況等からみてこれらの場合に準ずる事情があると認められる場合には、特に反証がない限り、事業として行われているものとする。
(1) 貸間、アパート等については、貸与することができる独立した室数がおおむね10以上であること。
(2) 独立家屋の貸付けについては、おおむね5棟以上であること。

所基通27―2 (有料駐車場等の所得)
　いわゆる有料駐車場、有料自転車置場等の所得については、自己の責任において他人の物を保管する場合の所得は事業所得又は雑所得に該当し、そうでない場合の所得は不動産所得に該当する。

104　一時的に空室となっていた部分がある共同住宅の評価及び小規模宅地等の特例

事　例

　母が4か月前に亡くなりました。母が所有していた共同住宅は、独立して居住の用に供することのできる部屋が12部屋ありました。母の相続開始日において、そのうちの3室が空室となっていました。空室だった3室のうち2部屋は、相続開始後に入居者が決まり、現在では賃貸の用に供されています。空室期間は、いずれも約3か月です。ところが、残りの1室は、母が亡くなってから8か月が過ぎた今でも入居者が決まりません。この間に仲介を依頼していた不動産業者を通じて入居申し込みがありましたが、1週間後に、駅に近い別の物件を借りることにしたとの理由で、申込みが取り消されてしまいました。その部屋はいつでも入居できるようにクリーニングも済ませてあり、家賃を引き下げて不動産業者を通じて募集を継続しています。この共同住宅の評価方法及び小規模宅地等の特例の適用はどうなりますか。

回　答

　母の相続開始時には3室が空室でしたが、そのうち2室についてはすぐに入居者が決まったとのことですので、事例の事実関係から、共同住宅の建物及びその敷地の評価上は、この2室部分については賃貸の用に供されているものとして評価して差し支えないものと考えられます。しかしながら、残る1室については、相続開始後8か月を過ぎても賃貸の用に供され

ていないとのことですので、原則どおり、賃貸の用に供されているものとして評価することはできないものと考えられます。

　一方、小規模宅地等の特例における貸付事業の用に供されている宅地等に該当するかどうかの判定においては、未だに空室となっている１室についても、貸付事業を廃止しているわけではなく、引き続き募集が行われているなどの点から貸付事業の用に供しているものと認められますので、同特例の対象とすることができると考えられます。

解　説

1　貸家及びその敷地の評価

　家屋の借家人は、家屋に対する賃借権を有するほか、その家屋の敷地についても家屋の賃借権に基づいてその家屋を利用するための範囲内で一定の権利を有していると考えられます。一方、家屋及びその敷地の所有者は、その借家人の有する権利の範囲内においてその利用についての受忍義務を負うこととされています。このため、その敷地の所有者が、借家人の有する支配権を消滅させるためには、立退料の支払を要する場合があり、また、その借家人の有する権利が付着したままの状態でその家屋及び敷地を譲渡するとした場合には、その権利が付着していないとした場合における価額より低い価額で譲渡することになると考えられます。そこで、借家権の目的となっている家屋及びその敷地の価額は、その家屋及び敷地の自用家屋としての価額及び自用地としての価額から、その借家人に帰属する権利の価額を控除して評価することとされており、具体的には、次の算式により評価することとなります。

①　貸家の敷地の用に供されている宅地（貸家建付地）の評価（評基通26）

$$\begin{matrix}その敷地の\\自用地とし\\ての価額\end{matrix} - \begin{matrix}その敷地の\\自用地とし\\ての価額\end{matrix} \times 借地権割合 \times 借家権割合 \times 貸借割合$$

② 貸家の用に供されている家屋の評価（評基通93）

$$\begin{matrix}その家屋の\\自用家屋と\\しての価額\end{matrix} - \begin{matrix}その家屋の\\自用家屋と\\しての価額\end{matrix} \times 借家権割合 \times 貸借割合$$

　この場合、貸家が、複数の者に対して住宅や店舗等として貸し付けている一棟のアパートやビルなどであって、この一棟のアパートやビルなどのうちにその一部に賃貸の用に供されていない部分があるときには、当該賃貸の用に供されていない部分に対応する家屋及びその敷地については、上記の貸家及び貸家建付地としての評価をすることは合理的ではないと考えられることから、自用家屋及び自用地としての価額で評価することとなります。

　しかしながら、アパート等においては、課税時期においてたまたま一時的に空室が生じているような場合についても、原則どおり当該空室に対応する家屋及び敷地を自用家屋及び自用地として評価することは、不動産の取引実態等に照らし、必ずしも実情に即したものとはいえないとも考えられます。そこで、継続的に賃貸されていたアパート等の各独立部分で、例えば、次のような事実関係から総合的に判断し、アパート等の各独立部分の一部が課税時期において一時的に空室となっていたにすぎないと認められるものについては、課税時期においても賃貸されていたものとして取り扱って差し支えないこととされています。

(1) 各独立部分が課税時期前に継続的に賃貸されてきたものであること
(2) 賃借人の退去後速やかに新たな賃借人の募集が行われたこと
(3) 空室の期間中、他の用途に供されていないこと

(4) 空室の期間が課税時期の前後の例えば１か月程度であるなど一時的な期間であること

(5) 課税時期後の賃貸が一時的なものではないこと

　事例の場合においても総合的な判断が必要です。事例の事実関係を前提とすれば、母の相続開始時に空室だった３室のうち、程なく入居者が決まった２室については、課税時期においても賃貸の用に供されていたものとして評価することができると考えられますが、残りの１室については同様の取扱いをすることはできないと考えられます。

2　小規模宅地等の特例

　小規模宅地等の特例の対象となる貸付事業の用に供されていた宅地等に該当するかどうかは、原則として、課税時期、すなわち相続開始の時において当該宅地等が現実に貸付事業の用に供されていたかどうかにより判定することになります。ところで、従前から行ってきた貸付けが課税時期においてたまたま中断するケース、例えば、アパート等の貸室は毎年３月頃に多くの入退去が発生し、一時的に空室になるケースが生じたときには、その空室部分に係る宅地等の部分が貸付事業の用に供されていた宅地等に該当するかどうか疑義が生じることがあります。しかしながら、貸付事業を行っている以上、入居者の入退去は必然であり、課税時期においてたまたま独立部分の一部について入居者が退去し、空室となっていたとしても、その貸付事業が廃止されたわけではなく、いつでも入居できるような状態が保たれ、新たな入居者を募集しているなど事業活動が継続している限り、当該空室部分も含めて建物およびその敷地全体が貸付事業の用に供されているといえます。

　この点について、租税特別措置法通達69の４−24の２では、宅地等が租税特別措置法第69条の４第３項第４号に規定する被相続人等の貸付事

業の用に供されていた宅地等に該当するかどうかは、当該宅地等が相続開始の時において現実に貸付事業の用に供されていたかどうかで判定しますが、貸付事業の用に供されていた宅地等には、当該貸付事業に係る建物等のうちに相続開始の時において一時的に賃貸されていなかったと認められる部分がある場合における当該部分に係る宅地等の部分が含まれると留意的に明らかにされています。

(注) 財産評価基本通達26(注)2が、「課税時期において、一時的に賃貸されていなかったと認められるものを含むものとして差し支えない」として、本来は、貸家建付地としての評価をすることができない部分についても、貸家建付地に該当するものとして評価することを容認する取扱いであるのに対し、租税特別措置法通達69の4―24の2は、「相続開始の時において一時的に賃貸されていなかったと認められる部分がある場合における当該部分に係る宅地等の部分が含まれることに留意する」として、当該通達の定めの有無にかかわらず、貸付事業が継続している限り、一時的空室となっている部分に対応する敷地についても、当然に小規模宅地等の特例が適用されることを明らかにしているものであり、2つの通達は、一見、同様の定めを設けているようですが、意図するところには違いがあるといえます。

参考通達

財産評価基本通達26（貸家建付地の評価）

　貸家（94《借家権の評価》に定める借家権の目的となっている家屋をいう。以下同じ。）の敷地の用に供されている宅地（以下「貸家建付地」という。）の価額は、次の算式により計算した価額によって評価する

　その宅地の　　その宅地の　　　　　　　　　94《借地権の
　自用地とし － 自用地とし × 借家権割合 × 評価》に定め × 賃貸割合
　ての価額　　ての価額　　　　　　　　　　る借家権割合

　この算式における「借地権割合」及び「賃貸割合」は、それぞれ次による。

(1) 「借地権割合」は、27《借地権の評価》の定めによるその宅地に係る借地権割合(同項のただし書に定める地域にある宅地については100分の20とする。次項において同じ。)による。
(2) 「賃貸割合」は、その貸家に係る各独立部分(構造上区分された数個の部分の各部分をいう。以下同じ。)がある場合に、その各独立部分の賃貸の状況に基づいて、次の算式により計算した割合による。

$$\frac{Aのうち課税時期において賃貸されている各独立部分の床面積の合計}{当該家屋の各独立部分の床面積の合計(A)}$$

(注)1　上記算式の「各独立部分」とは、建物の構成部分である隔壁、扉、階層(天井及び床)等によって他の部分と完全に遮断されている部分で、独立した出入口を有するなど独立して賃貸その他の用に供することができるものをいう。したがって、例えば、ふすま、障子又はベニヤ板等の堅固でないものによって仕切られている部分及び階層で区分されていても、独立した出入口を有しない部分は「各独立部分」には該当しない。

なお、外部に接する出入口を有しない部分であっても、共同で使用すべき廊下、階段、エレベーター等の共用部分のみを通って外部と出入りすることができる構造となっているものは、上記の「独立した出入口を有するもの」に該当する。

2　上記算式の「賃貸されている各独立部分」には、継続的に賃貸されていた各独立部分で、課税時期において、一時的に賃貸されていなかったと認められるものを含むこととして差し支えない。

租税特別措置法通達69の4―24の2　(被相続人等の貸付事業の用に供されていた宅地等)

宅地等が措置法第69条の4第3項第4号に規定する被相続人等の貸付事業(以下69の4-24の8までにおいて「貸付事業」という。)の用に供されていた宅地等に該当するかどうかは、当該宅地等が相続開始の時において現実に貸付事業の用に供されていたかどうかで判定するのであるが、貸付事業の用に供されていた宅地等には、当該貸付事業に係る建物等のうちに

相続開始の時において一時的に賃貸されていなかったと認められる部分がある場合における当該部分に係る宅地等の部分が含まれることに留意する。
�)（省略）

相続税関係

105　贈与税の配偶者控除適用後に適用する店舗兼住宅の敷地に係る小規模宅地等の特例

事　例

　甲は、昨年中に店舗兼住宅の用に供されている家屋及びその敷地の土地（以下「Ｐ土地」といいます。）について、夫乙から持分各２分の１の贈与を受け贈与税の配偶者控除を適用して昨年分の贈与税の申告をしました。甲は、その際に贈与を受けた財産のすべてが居住用不動産に該当するものとして申告したので、納付すべき贈与税額はありませんでした。

　ところが、乙は本年９月に死亡しました。乙の相続人には、甲のほか、甲乙夫婦とは住居と生計を別にしていた長男Ａがいますが、いずれも乙がこの店舗で営んできた事業は承継しません。

　また、甲が贈与を受けた上記の家屋の用途は、その贈与の前後を通じて、店舗及び住宅の供用部分が50％ずつでした。

　遺産分割協議において、甲は、乙が有していたＰ土地及び家屋の各共有持分２分の１についてそれぞれ２分の１（Ｐ土地持分、家屋持分とも４分の１）を相続し、Ａも甲と同様に相続した場合には、Ｐ土地に係る小規模宅地等の特例の適用についてどのように扱われますか。

回　答

　甲が乙の有していた店舗兼住宅の家屋及びＰ土地の各４分の１の持分を相続により取得した場合は、その取得持分に応ずる限度面積330㎡までに

ついて、特定居住用宅地等として80％の減額をすることができます。

また、Aが取得する乙の家屋の持分及びP土地の持分各4分の1に相当する部分について、小規模宅地等の特例の適用はありません。

解　説

　一棟の建物が複数の用途に供されているような場合には、その建物における用途別の範囲又はその建物の敷地の用に供されている土地の用途別の範囲については、その建物の各用途別の延床面積の比によって按分する方法が採られており、この方法が一般的には合理的であると解されています。

　例えば、その建物が店舗兼住宅であって、そのうち店舗用に供されている部分の延床面積の比が60％であり、住宅用に供されている部分の延床面積の比が40％であれば、その建物の譲渡収入や取得価額、減価償却費、固定資産税、損害保険料等の費用等はこの比率により用途別に配分します。その建物の敷地となっている土地についての用途別の区分方法も、同様にその建物の用途別床面積の比によります。

　ところで、贈与税の配偶者控除の適用を受けようとした場合、その住宅である建物が店舗兼住宅となっているときには、受贈配偶者がその建物の住宅部分のみの贈与を受け、その部分につき区分登記をすることができるものでない限り、その建物全体の共有持分の贈与を受けて、その旨の登記を行うより方法がありません。

　しかし、共有による取得では、共有者は、その共有物の全部について使用権限が及び（民法249）、共有物のうち自己所有部分を特定することはできないので、店舗兼住宅の建物やその敷地の土地について持分の贈与を受ければ、店舗部分も住宅部分も同じ共有割合で所有することになり、全体を使用することができることとなります。そうしますと、贈与を受けた財

産の全てについて贈与税の配偶者控除の対象とすることはできないこととなります。

　そこで、贈与税の配偶者控除の適用上では、この制度の趣旨から、受贈配偶者が自己が贈与を受けた持分について優先的に住宅部分から贈与を受けたとして居住用不動産の価額を計算して申告した場合には、その申告を認めることに取り扱われています（相基通21の6－3ただし書）。

　この事例でも、この取扱いにより贈与税の申告書を提出すれば贈与税は課税されず、相続税の申告でも、3年以内の生前贈与財産の加算について同様の計算方法によりその受贈財産の価額相当額（贈与税の配偶者控除額を限度）を特定贈与財産として課税価格加算の対象外とすることができます（相法19①②、相基通19－10）。

　この配偶者控除を適用する場合の居住用不動産の範囲を確定するための用途別の計算方法は、この制度の趣旨から、民法の共有の規定にかかわらず、長期の婚姻期間を経過した配偶者双方の居住用不動産の状況や登記実務を考慮した措置ですから、他の税務一般の取扱いに影響を与えるものではありません。

　この事例では、贈与税の配偶者控除の適用をした後の土地家屋のうち乙の遺産となっているのは、その贈与した土地家屋については贈与した持分を除く残余の持分（土地家屋とも各2分の1）ですが、贈与税の配偶者控除の適用を前提にすると、もはや乙の遺産中の土地家屋には居住用部分はなく、店舗用部分のみであるということになります。

　しかし、民法上の共有の規定やこの土地家屋の乙の死亡直前時の現況では、乙は、店舗用部分及び住宅用部分の各50％の土地家屋について、いずれも持分2分の1を有していたことになります。

　この事例では、乙が甲との共有としていた店舗兼住宅用の家屋及びP土

地の各2分の1持分部分のうちのP土地の用途は、店舗用部分と住宅用部分とがそれぞれ50％の割合で乙の事業用又は居住用に供されていたことになります。このうち、小規模宅地等の特例の対象となる宅地等に該当する可能性のあるものは、この事例の場合においては特定事業用宅地等又は特定居住用宅地等であるものに限定されます（措法69の4①柱書の括弧書）。

しかしながら、乙の事業を承継した者はいないことから、特定事業用宅地等に該当する宅地等は存在しません。また、特定居住用宅地等に該当するものは、P土地中の乙の居住用であった宅地等のうち配偶者である甲が取得した持分の割合に相当する部分又は租税特別法第69条の4第3項第2号の要件に該当する被相続人の親族が取得した持分に相当する部分になります（措法69の4③二柱書、措令40の2⑫）。

そうすると、小規模宅地等の特例については、甲及びAとも、特定事業用宅地等に該当する宅地等はなく、特定居住用宅地等としては、甲が取得したP土地の持分4分の1のうち特定居住用宅地等に該当する部分（4分の1部分の50％相当）について、面積330㎡を上限に80％評価減による小規模宅地等の特例を適用することができます。しかし、Aは、租税特別措置法第69条の4第3項第2号イ、ロ又はハのいずれかの要件を満たす被相続人の親族でないので、小規模宅地等の特例を適用することはできません。

参考通達

措通69の4−9 （店舗兼住宅等の敷地の持分の贈与について贈与税の配偶者控除等の適用を受けたものの居住の用に供されていた部分の範囲）

　措置法第69条の4第1項の規定の適用がある店舗兼住宅等の敷地の用に供されていた宅地等で相続の開始の年の前年以前に被相続人からのその持

分の贈与につき相続税法第21条の6第1項《贈与税の配偶者控除》の規定による贈与税の配偶者控除の適用を受けたもの（相続税法基本通達21の6－3《店舗兼住宅等の持分の贈与があった場合の居住用部分の判定》のただし書の取扱いを適用して贈与税の申告があったものに限る。）又は相続の開始の年に被相続人からのその持分の贈与につき相続税法第19条第2項第2号の規定により特定贈与財産に該当することとなったもの（相続税法基本通達19－10《店舗兼住宅等の持分の贈与を受けた場合の特定贈与財産の判定》の後段の取扱い（筆者注：下記相基通19－10のアンダーライン部分）を適用して相続税の申告があったものに限る。）であっても、措置法令第40条の2第4項《小規模宅地等についての相続税の課税価格の計算の特例》に規定する被相続人等の居住の用に供されていた部分の判定は、当該相続の開始の直前における現況によって行うのであるから留意する。

相基通19－10（店舗兼住宅等の持分の贈与を受けた場合の特定贈与財産の判定）

相続開始の年に当該相続に係る被相続人から贈与により取得した財産が21の6－2の店舗兼住宅等の持分である場合には、法第19条第2項に規定する居住用不動産に該当する部分は21の6－3の本文により計算した部分となるのであるが、当該居住用不動産に該当する部分について21の6－3のただし書に準じて計算した法施行令第4条第2項の規定による申告書の提出があったときは、これを認めるものとする。

相基通21の6－3（店舗兼住宅等の持分の贈与があった場合の居住用部分の判定）

配偶者から店舗兼住宅等の持分の贈与を受けた場合には、21の6－2により求めた当該店舗兼住宅等の居住の用に供している部分の割合にその贈与を受けた持分の割合を乗じて計算した部分を居住用不動産に該当するものとする。

ただし、その贈与を受けた持分の割合が21の6－2により求めた当該店舗兼住宅等の居住の用に供している部分（当該居住の用に供している部分に受贈配偶者とその配偶者との持分の割合を合わせた割合を乗じて計算し

た部分をいう。以下21の6－3において同じ。）の割合以下である場合において、その贈与を受けた持分の割合に対応する当該店舗兼住宅等の部分を居住用不動産に該当するものとして申告があったときは、法第21条の6第1項の規定の適用に当たってはこれを認めるものとする。また、贈与を受けた持分の割合が21の6－2により求めた当該店舗兼住宅等の居住の用に供している部分の割合を超える場合における居住の用に供している部分についても同様とする。

(注) 相続開始の年に当該相続に係る被相続人から贈与により取得した居住用不動産で特定贈与財産に該当するものについて法第21条の6第1項の規定を適用する場合において、19－10により21の6－3のただし書に準じて当該居住用不動産に該当する部分の計算を行っているときは、同項の適用を受ける居住用不動産は21の6－3のただし書により計算するものとする。

相続税関係

106　小規模宅地等の特例の選択特例対象宅地等の選択替え

事例

　被相続人甲の相続人は、A及びBの2人です。

　A及びBは、遺産分割協議により取得した次の①又は②の宅地につき小規模宅地等の特例（以下「本件特例」といいます。）を適用して、相続税の期限内申告をしました。

　その後（法定申告期限後5年以内）において、①又は②に記載の事実が生じた場合には、更正の請求書又は修正申告書を提出することにより、選択特例対象宅地等の選択替えをすることができますか。

① 　Aは、賃貸ビルの敷地のP宅地及び甲主宰の同族会社乙社に賃貸中の建物の敷地Q宅地を取得し、P宅地を貸付事業用宅地等（50％評価減適用）として選択し申告しました。その後に、Q宅地が特定同族会社事業用宅地等に該当することが判明し、Q宅地を本件特例の適用対象とした方が有利であることに気付きました。

　　　この場合、Aは、更正の請求によりP宅地の本件特例適用を撤回し、Q宅地をその適用対象とすることができますか。

② 　遺産中に甲主宰の同族会社丙社に賃貸中のR宅地及びS宅地がありました。遺産分割により、AがR宅地を、BがS宅地を取得しました。A及びBは、R宅地を特定同族会社事業用宅地等として選択しAが本件特例を適用して申告しました。その後に、R宅地は特定同族会社事業用宅地等に該当しないことが判明しました。

　　　この場合、A及びBは、AのR宅地に係る本件特例の適用を撤回し、Bが取得したS宅地を特定同族会社事業用宅地等として本件

特例を適用する更正の請求書及び修正申告書を提出することができますか。

回 答

上記の①及び②の場合は、それぞれ次のとおり取り扱われます。
① Aが申告によりP宅地を貸付事業用宅地等である小規模宅地等として選択した当初の申告税額は、税法の規定に従ったものであり、選択特例対象宅地等をQ宅地に変更することによるAの更正の請求を行うことはできません。
② 期限内申告によるR宅地に係る本件特例の選択は、税法所定の要件を欠くものであって、AがR宅地について選択した本件特例の適用は適法ではありません。そうである以上、期限内申告において本件特例の適用がされていないこととなりますので、修正申告においてS宅地について本件特例を適用することはできます。しかしながら、申告要件を満たすことのない更正の請求による本件特例の適用は認められないと考えられます。

解 説

国税通則法第23条第1項第1号所定の更正の請求は、その者が行った納税申告が課税標準等又は税額等の計算が国税に関する法律の規定に従っていなかったこと又は計算に誤りがあったことにより税額を過大に申告した場合に、その申告の法定申告期限から5年以内に限って行うことが認められます（通則法23①一）。

①の事例は、Aの期限内申告における本件特例の選択をP宅地につき

貸付事業用宅地等（50％評価減適用）としたものであり、この特例対象宅地等の選択は、税法に規定する要件を満たすものであり、また、税額等の計算を誤ったものでもありません。したがって、Aは、Q宅地を選択した方が有利であったとしても、更正の請求の前提要件を満たさないことになり、選択替えのための更正の請求をすることはできません。

　ところで、本件特例では、被相続人等の事業の用又は居住の用に供されていた一定の宅地等（特例対象宅地等）で、相続人等が所定の手続により選択したもの（選択特例対象宅地等）のうち限度面積要件を満たすもの（小規模宅地等）に限って、80％の評価減又は50％の評価減を行うことができることとされています（措法69の4①）。そして、本件特例の適用の選択は、申告書に、上記80％評価減又は50％評価減となる小規模宅地等の区分（特定事業用宅地等、特定居住用宅地等、特定同族会社事業用宅地等、貸付事業用宅地等の別）や、限度面積要件を満たす旨の記載をした書類等を添付して行わなければならないとされています（措令40の2⑤）。

　小規模宅地等の選択は上記の区分を明らかにして行う必要があるところ、②の事例では、R宅地の選択はその区分を誤ったものであり、税法所定の要件を欠き、適法ではないので、本件特例は適用できません。改めて選択するS宅地については、その要件を満たしますが、本件特例は、相続税の期限内申告書、期限後申告書及び修正申告書に本件特例を受けようとする旨の記載があり、必要書類の添付がある場合に限って適用が認められることとされています（措法69の4⑦）。したがって、修正申告においてS宅地について本件特例を適用することはできますが、申告書にS宅地について本件特例を適用する旨の記載がされることのない、更正の請求による適用は認められないものと考えられます。

　なお、税務署長は、相続税の申告書の提出がなかった場合又は申告書に

本件特例の適用を受けようとする旨の記載若しくは必要書類の添付がなかったことについてやむを得ない事情があると認めるときには、その記載をした書類及び必要書類の提出があった場合に限り本件特例を適用することができるとされています（措法69の4⑧）ので、この宥恕規定の適用によりS宅地について本件特例の適用が認められる余地はあると思われます。

　(注)　この問題については、吉本覚著「更正の請求により小規模宅地等の特例を適用することの可否～申告期限内に分割済み宅地の選択替え～」（「国税OBによる税務の主要テーマの重点解説Ⅱ」（平成31年・大蔵財務協会）に収録）が参考になります。

根拠条文

措法69の4（小規模宅地等の特例の適用に関する手続規定）

①～⑤（省略）

⑥　第1項の規定は、第70条の6の8第1項の規定の適用を受けた同条第2項第2号に規定する特例事業受贈者に係る同条第1項に規定する贈与者から相続又は遺贈により取得（第70条の6の9第1項（同条第2項の規定により読み替えて適用する場合を含む。）の規定により相続又は遺贈により取得をしたものとみなされる場合における当該取得を含む。）をした特定事業用宅地等及び第70条の6の10第1項の規定の適用を受ける同条第2項第2号に規定する特例事業相続人等に係る同条第1項に規定する被相続人から相続又は遺贈により取得をした特定事業用宅地等については、適用しない。

⑦　第1項の規定は、同項の規定の適用を受けようとする者の当該相続又は遺贈に係る相続税法第27条又は第29条の規定による申告書（これらの申告書に係る期限後申告書及びこれらの申告書に係る修正申告書を含む。次項において「相続税の申告書」という。）に第1項の規定の適用を受けようとする旨を記載し、同項の規定による計算に関する明細書その他の財務省令で定める書類の添付がある場合に限り、適用する。

相続税関係

⑧〜⑩（省略）

（選択特定対象宅地等に関し申告書に記載・添付すべき書類等）
措令40条の2
①〜④（省略）
⑤　法第69条の4第1項に規定する個人が相続又は遺贈（贈与をした者の死亡により効力を生ずる贈与を含む。以下この条及び次条において同じ。）により取得した同項に規定する特例対象宅地等（以下この項、次項及び第24項において「特例対象宅地等」という。）のうち、法第69条の4第1項の規定の適用を受けるものの選択は、次に掲げる書類の全てを同条第7項に規定する相続税の申告書に添付してするものとする。ただし、当該相続若しくは遺贈又は贈与（当該相続に係る被相続人からの贈与（贈与をした者の死亡により効力を生ずる贈与を除く。）であって当該贈与によって取得した財産につき相続税法21条の9第3項の規定の適用を受けるものに係る贈与に限る。第24項及び次条（第9項を除く。）において同じ。）により特例対象宅地等並びに法第69条の5第2項第4号に規定する特定計画山林のうち同号イに掲げるもの（以下この項及び第24項において「特例対象山林」という。）及び当該特定計画山林のうち同号ロに掲げるもの（以下この項において「特例対象受贈山林」という。）並びに法第70条の6の10第2項第1号に規定する特定事業用資産のうち同号イに掲げるもの（以下この項において「猶予対象宅地等」という。）（一部省略）の全てを取得した個人が1人である場合には、第1号及び第2号に掲げる書類とする。
一　当該特例対象宅地等を取得した個人がそれぞれ法第69条の4第1項の規定の適用を受けるものとして選択をしようとする当該特例対象宅地等又はその一部について同項同号に掲げる小規模宅地等の区分その他の明細を記載した書類
二　当該特例対象宅地等を取得した全ての個人に係る前号の選択をしようとする当該特例対象宅地等又はその一部の全てが法第69条の4第2項に規定する限度面積要件を満たすものである旨を記載した書類
三　当該特例対象宅地等又は当該特例対象山林若しくは当該特例対象受

贈山林を取得した全ての個人の第1号の選択についての同意を証する書類

相続税関係

107 相続の放棄をした者及び孫養子に係る相続税の二割加算の取扱い

事　例

　被相続人甲の相続人は、妻乙、長女B、次男Cと、孫D（長男亡Aの子で甲及び乙の養子）及び孫E（Cの子で甲及び乙の養子）の合計5人ですが、Bは、遺言により相応の財産を取得したので、相続の放棄をしました。

　上記の5人は、すべて甲からの相続又は遺贈により財産を取得していて、各人に相続税額が算出されますが、これらの者のうち、相続税の二割加算が適用される者はいますか。

〈相続関係図〉

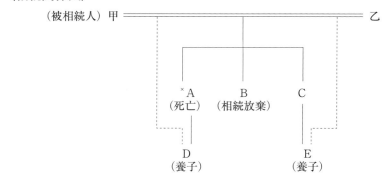

回　答

　被相続人甲に係る相続税の計算において、相続税の二割加算の適用があ

る者は、Eのみであり、乙、B、C及びDについては、その適用がありません。

解　説

　相続税は、同一の被相続人から相続又は遺贈により財産を取得した者の取得財産価額の合計額を基に被相続人に係る法定相続人の数やその構成により、相続税の総額を計算し、その相続税の総額を各財産取得者の取得財産価額の割合に応じて配分した税額を算出して各人の相続税額の基礎とします。その財産の取得者には、被相続人の配偶者や子のように被相続人と密接な関係にあった者のほか、兄弟姉妹や遺贈により財産を取得した親族関係のない第三者が含まれる場合もありますが、被相続人と密接な親族関係にあって被相続人に依拠して生活を維持してきた者も日常生活で関係の希薄な兄弟姉妹や親族関係にない者等も同じ条件で相続税を負担するのは相当ではありません。

　そこで、相続又は遺贈による財産の取得者であっても、被相続人との密接な親族関係にある者とそれ以外の者とに区分して税負担を調整するための措置として「相続税の二割加算」の制度が設けられています。

　すなわち、相続又は遺贈により財産を取得した者が被相続人の一親等の血族及び配偶者以外の者である場合には、その者の相続税額は、算出相続税額にその20％相当額を加算した金額とされます（相法18①）。

　ここでの「一親等の血族」には、代襲相続人に該当する被相続人の直系卑属（孫・ひ孫等）が含まれます。これらの者は、被相続人の一親等の血族ではありませんが、その財産取得に偶然性がなく、第一順位の相続人にも該当しますから、これは当然の取扱いであるといえます。また、被相続人の子が相続の放棄をしても、その者と被相続人との一親等血族としての

身分関係は変わりませんので、その者が相続人でないこととなっても、相続税の二割加算は行われません。

　他方、一親等の血族に該当しても、被相続人の直系卑属（孫）が被相続人の養子となっているような場合には、その直系卑属（いわゆる「孫養子」）には、相続税の二割加算が行われます（相法18②本文）。これは、被相続人が孫を養子にすることによって、実質的に一世代飛ばした財産承継が行われると、課税の公平が保たれないと考えられるからです。被相続人の孫を養子とした場合でも、その養子とした直系卑属が被相続人の子の代襲相続人に該当するときには、課税の公平を害することはないので、一親等の法定血族としての資格をそのまま認め、相続税の二割加算は行いません（相法18②ただし書）。

　念のため、代襲相続人となる孫を養子とした場合には、その養子は、相続税法上の養子の数の制限規定の適用上では実子とみなされますので、法定相続人数計算上の養子の数に含まれません（相法15③二）。

根拠条文　（相続税の二割加算）

相法18条　（相続税額の加算）
① 相続又は遺贈により財産を取得した者が当該相続又は遺贈に係る被相続人の一親等の血族（当該被相続人の直系卑属が相続開始以前に死亡し、又は相続権を失ったため、代襲して相続人となった当該被相続人の直系卑属を含む。）及び配偶者以外の者である場合においては、その者に係る相続税額は、前条の規定にかかわらず、同条の規定により算出した金額にその100分の20に相当する金額を加算した金額とする。
② 前項の一親等の血族には、同項の被相続人の直系卑属が当該被相続人の養子となっている場合を含まないものとする。ただし、当該被相続人の直系卑属が相続開始以前に死亡し、又は相続権を失ったため、代襲し

て相続人となっている場合は、この限りでない。

相続税関係

108 配偶者の税額軽減等の適用のため申告書に添付する相続分不存在証明書の適否

事 例

　Aの相続開始に係る相続税の申告は、相続人である配偶者甲と長男乙で行います。甲は、その申告について税務署に相談した際に、担当官から、「配偶者の税額軽減の適用を受ける場合又は小規模宅地等の特例の適用を受ける場合には、その適用を受ける相続人が取得する財産について、遺産分割協議書を作成し、相続税の申告書にその遺産分割協議書の写しを添付して申告する必要がある。」と言われました。

　Aが所有していた不動産は自宅の土地家屋のみですが、この自宅の土地家屋は、甲が相続して小規模宅地等の特例の適用を受けるつもりです。甲が、旧知の司法書士に尋ねたところ、同司法書士から遺産分割協議書を作成しなくても、もう1人の相続人である乙に相続分不存在証明書を書いてもらい、これを添付して登記申請をすればAの遺産の不動産は甲の単独名義による相続登記をすることができるといわれ、その証明書のひな型をもらってきました。

　配偶者の税額軽減等を受けるための相続税の申告書の添付書類は、遺産分割協議書でなく、乙が作成した相続分不存在証明書でもよいでしょうか。

回 答

　乙がAの遺産のすべてを取得する場合には、相続税の申告書に共同相

続人の全員である甲及び乙が作成した遺産分割協議書の写しを添付する必要があります。しかしながら、これに代わる書類としては、甲が作成した「相続分不存在証明書」、特別受益財産の明細書及び乙が取得した不動産の登記事項証明書があり、これらのすべての書類を遺産分割協議書に代えて添付することで相続税の申告書を提出することもできます。

解 説

　相続税の税額計算の場合の配偶者の税額軽減の適用を受ける場合には、原則として、相続税の申告期限まで遺産の全部又は一部が共同相続人又は包括受遺者によってまだ分割されていない場合には、その分割されていない財産は、この税額軽減を適用する場合の配偶者の課税価格の基礎となる財産には含まれないものとされます（相法19の2②）。

　また、小規模宅地等の特例は、分割されていない宅地等については、適用することができません（措法69の4④）。

　このことから、配偶者の税額軽減や小規模宅地等の特例の適用を受ける場合には、その対象財産が分割された財産であることを証するための書類を申告書に添付して提出することがその手続要件として規定されています（相法19の2③、措法69の4⑦）。

　その分割された財産であることを証する書類としては、相続税法施行規則等に遺言書の写し、財産の分割の協議に関する書類（遺産分割協議書）の写し及びその他の財産の取得の状況を証する書類が掲げられており、遺産分割協議書は、全ての共同相続人及び包括受遺者が自署し、自己の印を押したもので、その印に係る印鑑証明書が添付されているものであることを要します。

　ところで、遺産分割協議を行うについては、遺言のように一定の要件を

備えた書面によることを要すわけではありません。しかし、遺産分割協議に基づく不動産の相続登記等を行う場合には、原則として、その登記申請書に遺産分割協議書を添付して行わなければなりません。また、相続税の申告においても、配偶者の税額軽減や小規模宅地等の特例は、その税負担の軽減割合が大きいことと、これらの優遇措置は、一定の条件に適合する相続人等が一定の財産を確定的に取得した場合に限って認めることとされています。そこで、このことを確認するための証拠書類として遺産分割協議書（写し）等の書類を申告書に添付して提出することが求められています。

「相続分不存在証明書」は、相続分皆無証明書、相続分なき旨の証明書、民法第903条第2項証明書などと呼ばれていますが、要するに「この証明書を作成した相続人は、被相続人から生前に法定相続分以上に相当する財産の贈与を受けているので、遺産についての民法第903条の特別受益者の相続分は存在しない。」旨を証明する趣旨の書類です。

相続財産である不動産を相続人の1人の単独相続登記としたい場合は、登記申請書に添付する遺産分割協議書に代えて、簡便なこの書類を他の相続人に作成してもらい、これを登記原因証書として、特定の相続人への相続登記をすることができるので、登記実務としてこの簡便法が広く行われているようです。しかし、この証明書は、登記申請者以外の相続人に生前贈与等による特別受益が存在することが前提になっていますが、実際にはこの前提事実（生前贈与を受けた事実）がないものが多く、後の紛争を招くこともあり問題のあるところです。このことから、この相続分不存在証明書が相続税法施行規則及び租税特別措置法施行規則に規定する「財産の分割の協議に関する書類」ないし「その他財産の取得の状況を証する書類」に該当するかどうかが問題となります。

この点については、この証明書が「財産の分割の協議に関する書類」に当たらないことはその証明書の記載事項から明らかであり、「その他財産の取得の状況を証する書類」に該当するかどうかについても疑義のあるところです。したがって、相続分不存在証明書ではなく、遺産分割協議書を作成し、この写しを相続税の申告書に添付することが適切でしょう。

　もっとも、相続税申告の実務では、相続分不存在証明書の作成者にとって、真にその作成者が被相続人の贈与等による特別受益があるという事実に基づいて作成されており、かつ、この証明書に基づき各財産が取得されたことが確認できる書類として、特別受益財産の明細を記載した書類のほか、登記事項証明書等の各財産が相続人に名義変更されたことを確認できる書類の提出があれば、これらの提出書類のすべてをもって、適法な書類の添付があったものとする取扱いがされているようです。

　事例の場合でも、上記の要件を満たせば、相続分不存在証明書の添付による申告手続が認められます。

根拠条文

相法19条の2　（配偶者に対する相続税額の軽減）
①、②（省略）
③　第1項の規定は、第27条の規定による申告書（当該申告書に係る期限後申告書及びこれらの申告書に係る修正申告書を含む。第5項において同じ。）又は国税通則法第23条第3項（更正の請求）に規定する更正請求書に、第1項の規定の適用を受ける旨及び同項各号に掲げる金額の計算に関する明細の記載をした書類その他の財務省令で定める書類を添付がある場合に限り、適用する。
④～⑥（省略）

相続税関係

措法69条の4（小規模宅地等についての相続税の課税価格の計算の特例）
①～⑥（省略）
⑦　第1項の規定は、同項の規定の適用を受けようとする者の当該相続又は遺贈に係る相続税法第27条又は第29条の規定による申告書（これらの申告書に係る期限後申告書及びこれらの申告書に係る修正申告書を含む。次項において「相続税の申告書」という。）に第1項の規定の適用を受けようとする旨を記載し、同項の規定による計算に関する明細書その他の財務省令で定める書類の添付がある場合に限り、適用する。
⑧～⑩（省略）

相規1条の6（配偶者に対する相続税額の軽減の特例の適用を受ける場合の記載事項等）
①、②（省略）
③　法第19条の2第3項に規定する財務省令で定める書類は、次に掲げる書類とする。
　一　遺言書の写し、財産の分割の協議に関する書類（当該書類に当該相続に係るすべての共同相続人及び包括受遺者が自署し、自己の印を押しているものに限る。）の写し（当該自己の印に係る印鑑証明者が添付されているものに限る。）その他の財産の取得の状況を証する書類
　二（省略）

措規23条の2（小規模宅地等についての相続税の課税価格の計算の特例）
①～⑦（省略）
⑧　法第69条の4第7項に規定する財務省令で定める書類は、次の各号に掲げる場合の区分に応じ当該各号に定める書類とする。
　一（省略）
　　イ、ロ（省略）
　　ハ〈上記相規1の6③一と同文の規定がある。〉
　　ニ（省略）
　二～七（省略）
⑨（省略）

109 配偶者の税額軽減等の適用対象となる「分割された財産」

事例

被相続人甲の相続人は、妻乙、長男A、次男Bの3人です。

甲の遺産総額は2億円（現金7,000万円、預金8,000万円、不動産5,000万円）です。Aは、相続人の諸事情から相続人間での早期の遺産分割協議の成立は困難とみて、各相続人の合意を得て遺産である上記の現金（甲の死亡時は銀行貸金庫に保管中の現金7,000万円）をその銀行の「甲遺産管理人A」の口座名義による預金としました。

今後の相続税の申告期限後3年以内に次のような事実が確認された場合には、乙の「配偶者の相続税額軽減」の適用についての取扱いはどうなりますか。

① 甲の遺言書で「乙に対し、その法定相続分にかかわらず全遺産を10分の6の割合で遺贈する。」趣旨のものが発見されたとき。

② 仮に、①の甲の遺言書の内容が、上記の不動産を10分の6の割合で相続させる内容のものであったとき。

③ 仮に、甲に遺言がなく、家庭裁判所の審判以外に分割が望めないとき。

回答

本件税額軽減の適用については、原則として相続税の申告期限までに遺産分割等により分割されていない財産は、配偶者の相続税額の軽減額の計

算上の「配偶者の課税価格に相当する金額」の計算の基礎とされる財産に含まれないので、上記各問については、次のとおりとなります。

1　①について

　乙の課税価格計算上の取得財産価額は、その全部が分割されていない財産であるといえますから、乙は、配偶者の相続税額軽減を適用することはできません。

2　②について

　乙は、不動産の10分の6の持分について、配偶者の相続税額軽減を適用することができます。

3　③について

　原則として、配偶者の相続税額軽減を適用することはできません。ただし、配偶者が民法第909条の2の規定に基づき、課税時期における預貯金債権額の3分の1に相当する金額に当該配偶者の法定相続分を乗じた金額を上限とし、法務省令で定められた金融機関ごとの一定額までの払戻しを受けた場合には、この払戻金額については本件税額軽減の対象とすることができます。

解説

民法では、相続人又は受遺者は、相続開始の時から遺産を相続又は遺贈より取得する旨規定しています（民法896本文、985①）。相続税法でも、遺産分割の有無を問わず、相続又は遺贈による財産の取得者に対し、相続の開始時から一定期間内の相続税申告書の提出を義務付けています（相法27①）。

相続税の税額計算上では、配偶者の相続税について格別の優遇措置が設けられていますが、この措置は、配偶者が現実に取得した財産を基礎に適

用することとされていて、相続分等による抽象的な割合での取得段階においては、その適用を認めていません（相法19の2②）。

　配偶者の相続税額軽減では、配偶者の取得財産に係る課税価格について算出された相続税からその軽減税額を控除することとされていますが、その軽減税額は、相続税の総額に、①全員の課税価格の合計額に配偶者の法定相続分を乗じて算出した金額（この金額が1億6,000万円未満の場合には、1億6,000万円）と、②配偶者の課税価格相当額とのうち、いずれか少ない金額が、全員の課税価格の合計額のうちに占める割合を乗じて計算します。この場合の配偶者の課税価格相当額には、上記の分割されていない財産は含まれないものとされています（相法19の2②）。

　本件税額軽減の対象として上記の軽減税額の計算上の配偶者の課税価格相当額に含まれる財産は、「分割された財産」すなわち共同相続人及び包括受遺者による遺産分割により配偶者が取得した財産ですが、遺産分割によるまでもなく配偶者に帰属することが確定する財産についても、この分割された財産に含まれることになります。例えば、①相続人が配偶者のみであって包括受遺者がいない場合の取得財産、②特定遺贈により取得した財産、③相続税法上みなし相続・遺贈財産とされるものなどがこれに該当します（相基通19の2－4）。

　ところで、預貯金等の金銭債権については、法律上当然に分割され、各共同相続人がその相続分に応じてその権利を取得するとするのが従来の判例の考え方でした。ところが、最高裁判所は、平成28年12月19日、預金債権について相続開始と同時に当然に相続分に応じて分割されることはなく、遺産分割の対象となるものと解するのが相当であるとの判断を下しました（平成29年12月19日最高裁大法廷決定）。そのため、遺産分割が行われる前に生活費などの支払に充てるため相続財産である預貯金を引き出すことが

困難となりました。そこで、平成30年民法改正により、家事審判手続を経ることなく、相続開始の時の預貯金債権額の3分の1にその相続人の法定相続分を乗じて求めた金額（ただし、法務省令で定められた金融機関ごとの上限額（150万円）の範囲内の金額）を単独で払い戻すことができることとなりました（民法909の2）。この規定により配偶者が相続財産である預金から引き出した金額は、配偶者の税額軽減措置の対象となる財産に該当します。

根拠条文

民法909条の2　（遺産の分割前における預貯金債権の行使）

　各共同相続人は、遺産に属する預貯金債権のうち相続開始の時の債権額の3分の1に第900条及び第901条の規定により算出した当該共同相続人の相続分を乗じた額（標準的な当面の必要生計費、平均的な葬式の費用の額その他の事情を勘案して預貯金債権の債務者ごとに法務省令で定める額を限度とする。）については、単独でその権利を行使することができる。この場合において、当該権利の行使をした預貯金債権については、当該共同相続人が遺産の一部の分割によりこれを取得したものとみなす。

民法第909条の2に規定する法務省令で定める額を定める省令

　民法第909条の2に規定する法務省令で定める額は、150万円とする。

取扱通達　（配偶者に係る相続税の課税価格に相当する金額の計算の基礎とされる財産）

相基通19の2－4

　法第19条の2第1項第2号ロに規定する「当該相続又は遺贈により財産を取得した配偶者に係る相続税の課税価格に相当する金額」の計算の基礎とされる財産とは、当該配偶者が取得した次に掲げる財産をいうことに留

意する。
(1) 当該相続又は遺贈に係る法第27条の規定による申告書の提出期限までに当該相続又は遺贈により取得した財産のうち分割により取得した財産
(2) 当該相続に係る被相続人の相続人が当該被相続人の配偶者のみで包括受遺者がいない場合における当該相続により取得した財産
(3) 当該相続に係る被相続人の包括受遺者が被相続人の配偶者のみで他に相続人がいない場合における当該包括遺贈により取得した財産
(4) 当該相続に係る被相続人からの特定遺贈により取得した財産
(5) 当該相続に係る被相続人から贈与により取得した加算対象贈与財産
(6) 法の規定により当該相続又は遺贈により取得したものとみなされる財産
(7) 当該相続又は遺贈に係る法第27条の規定による申告書の提出期限から3年以内(当該期間が経過するまでの間に財産が分割されなかったことにつきやむを得ない事情がある場合において、税務署長の承認を受けたときは、当該財産につき分割できることとなった日の翌日から4月以内)に分割された場合における当該分割により取得した財産

参考判例

最高裁平成28年12月19日大法廷決定・民集70巻8号2121頁
　預貯金一般の性格等を踏まえつつ各種預貯金債権の内容及び性質をみると、共同相続された普通預金債権、通常貯金債権及び定期貯金債権は、いずれも、相続開始と同時に当然に相続分に応じて分割されることはなく、遺産分割の対象となるものと解するのが相当である。

110　第一次相続と第二次相続の相続人が1人である場合の第一次相続における配偶者の税額軽減等の適用

事　例

　令和5年9月に父甲が亡くなりました（この相続を「第一次相続」といいます。）。父の相続人は、母乙と私丙の2名でした。父甲の遺産は、両親と私が居住していたA建物（私丙は、今でもA建物に居住しています。）とその敷地、それに銀行預金でした。母乙が入院中であったため、相続税の申告期限までに遺産分割ができませんでしたので、相続税については法定相続分に従って相続税の課税価格を計算して申告及び納税を済ませました。

　その後も父甲の遺産について遺産分割協議ができないまま、令和7年2月に母乙が亡くなってしまいました（この相続を「第二次相続」といいます。）。

　母乙が亡くなってしまったため、父甲の相続人及び父の相続人である母乙の相続人は、私丙一人となってしまい、他に父及び母の相続人はいません。また、父も母も遺言を残していませんでしたので包括受遺者もいません。このような場合、もはや父甲の遺産の分割協議はできないと言われましたが、被相続人父甲の相続税について、配偶者の税額軽減の規定や小規模宅地等の特例を適用することはできないのでしょうか。

回 答

　甲及び乙の相続人は丙１人となってしまいましたから、もはや甲の遺産について分割協議をすることはできません。しかしながら、甲の遺産について分割協議ができないということは、甲の遺産である各財産は、法定相続分の割合であなたと乙の共有財産であることが確定したということになります。

　そうしますと、甲の相続開始時に、質問者が居住しており、その後も引き続き質問者が居住しているＡ建物の敷地は、租税特別措置法第69条の４第３項第２号の特定居住用宅地等に該当しますで、限度面積の範囲内で、配偶者である乙及び同居親族である丙が小規模宅地等の特例の規定を適用することができます。また、甲の相続に係る乙の相続税の計算において配偶者の税額軽減の規定を適用することができます。なお、これらの規定を適用する場合には、更正の請求をすることとなります。

解 説

１　第一次相続の遺産の分割が未了のまま第一次相続の相続人（第一次相続人）が亡くなってしまい（第二次相続）、第一次相続人のうち第二次相続の開始時において生存している者と第二次相続に係る相続人（第二次相続人）が同一の者で、その者以外に第一次相続及び第二次相続に係る相続人がおらず、かつ、両相続に係る包括受遺者がいない場合には、第一次相続の被相続人の遺産を、その１人の者によって分割することはできず、第一次相続人に法定相続分の割合で確定的に帰属することとなります。

２　相続税法は、被相続人の配偶者がその被相続人からの相続又は遺贈に

より財産を取得した場合には、その配偶者の納付すべき相続税額の計算上、相続又は遺贈により取得した財産の価額のうち配偶者の法定相続分相当額又は１億6,000万円までの部分に対応する相続税額を控除する旨を定めています（相続税法19の２①、以下この規定を「配偶者の税額軽減の規定」といいます。）。

ただし、相続税の申告書の提出期限までに、相続又は遺贈により取得した財産の全部又は一部が共同相続人又は包括受遺者によって分割されていない場合には、その分割されていない財産については、配偶者が「相続又は遺贈により取得した財産」には含まれません（相続税法19の２②）。この場合、その分割されていない財産が相続税の申告期限から３年以内（この期間が経過するまでの間に遺産が分割されなかったことについて、相続又は遺贈に関して訴えの提起がされたことその他の一定のやむを得ない事情がある場合において、税務署長の承認を受けたときは、財産の分割ができることとなった日の翌日から４か月以内）に分割された場合には、その分割された財産については、更正の請求等により配偶者の税額軽減の規定を適用することができることとされています（相続税法19の２②ただし書き、③）。

なお、配偶者の税額軽減の規定の適用の対象となる「相続又は遺贈により取得した財産」としては、次のものが該当します（相基通19の２―４）。

①	相続又は遺贈により取得した財産のうち分割により取得した財産
②	被相続人の相続人がその被相続人の配偶者のみで包括受遺者がいない場合におけるその相続により取得した財産
③	被相続人の包括受遺者が被相続人の配偶者のみで他に相続人がいない場合におけるその包括遺贈により取得した財産
④	被相続人からの特定遺贈により取得した財産
⑤	相続税法第19条の規定により相続開始前7年以内に被相続人から贈与により取得した財産の価額が相続税の課税価格に加算された場合におけるその財産
⑥	相続税法の規定により当該相続又は遺贈により取得したものとみなされる財産

　上記のうち、②から⑥は、遺産分割をするまでもなく配偶者に帰属している財産です。

3　租税特別措置法第69条の4第1項は、被相続人又は被相続人と生計を一にしていた親族の事業の用又は居住の用に供されていた宅地等を相続又は遺贈により取得した被相続人の親族が一定の要件を満たす場合に、当該事業の用又は居住の用に供されていた宅地等について、相続税の課税価格に算入する価額を減額する旨を定めています（措法69の4①②③、以下この特例を「小規模宅地等の特例」といいます。）。

　しかしながら、相続税の申告書の提出期限までに、共同相続人又は包括受遺者によって分割されていない宅地等については、この特例を適用することはできません（措法69の4④）。ただし、分割されていない宅地等が相続税の申告期限から3年以内（この期間が経過するまでの間に遺産が分割されなかったことについて、相続又は遺贈に関して訴えの提起がされたことその他の一定のやむを得ない事情がある場合において、税務署長の承認を受けたときは、財産の分割ができることとなった日の

翌日から4か月以内）に分割された場合には、配偶者の税額軽減の規定の場合と同様にその分割された宅地等について更正の請求等によりこの特例を適用することができます。

なお、遺産分割をするまでもなく特定の親族が相続又は遺贈により確定的に取得することとなる宅地等（上記2の表中の②、③及び④のようなケース）については、小規模宅地等の特例の適用対象となります。

4　上記2及び3のとおり、相続人及び包括受遺者の間で遺産分割がされていない財産については、配偶者の税額軽減の規定及び小規模宅地等の特例の規定（以下、この2つの規定を「これらの規定」といいます。）を適用することはできません。これらの規定を適用した後に、遺産分割が行われ、その結果、これらの規定を適用した者以外の者が被相続人の財産を取得することによってこれらの規定の趣旨に反した適用が行われることを防止するためです。

しかしながら、上記2の表中の②、③及び④のようにそもそも遺産分割をすることなく、確定的に配偶者又は特定の相続人や受遺者に帰属することとなる財産については、これらの規定を適用することができると解されます。

第二次相続開始時に生存している第一次相続人と第二次相続人が同一の者で、その者以外に第一次相続人及び第二次相続人や包括受遺者がいない場合には、その1人の者のみによっては、第一次相続に係る被相続人の遺産を分割することはできず、第一次相続に係る被相続人の遺言がない限り、第一次相続に係る遺産は、確定的に、法定相続分の割合により第一次相続人に帰属することとなります。そうしますと、第二次相続の後に、第一次相続の法定相続分とは異なる割合で第一次相続に係る相続人が相続をすることはできないこととなり、これらの規定の趣旨に反

した適用も起こりえないこととなります。このことから、このような場合には、第一次相続における被相続人の配偶者、及び小規模宅地等の特例の要件を満たす親族についてはこれらの規定の適用が認められるものと考えられます。

　なお、このようなケースは更正の請求の特則規定が適用される事由を列挙する相続税法第32条第１項各号（小規模宅地等の特例については租税特別措置法第69条の４第５項で同項を準用）に直接的には規定はされていませんが、同項第１号又は第８号に該当すると解する余地があると考えられます。

参考判例

平成26年３月13日東京地裁判決（裁判所ウェブサイト）
　民法は、相続が死亡によって開始し（同法882条）、相続人は、相続開始の時から、被相続人の財産に属した一切の権利義務を承継すること（同法896条）、さらに、相続人が数人あるときは、相続財産が共同相続人らの共有に属すること（同法898条）を規定しており、相続人が１人である場合は、当該相続人が、相続開始（被相続人の死亡）時に、被相続人の相続財産を承継するものと解するべきことは明らかである。
　そうである以上、原告は、本件第二次相続の開始（亡Ｂの死亡）時において、亡Ｂの遺産を取得しており、原告が、本件第二次相続の開始後、既に自己に帰属している亡Ｂの遺産（亡Ａの遺産に対する相続分）を、改めて自己に帰属させる旨の意思表示（遺産処分決定ないし遺産分割協議）を観念する余地はなく、原告の主張する遺産処分決定は法的には無意味なものといわざるを得ない。また、上記検討によれば、本件第二次相続の開始時に亡Ａの遺産に係る遺産共有状態は解消されており、原告が、亡Ｂの死亡後において、本件第一次相続における亡Ｂの相続人としての地位と、原告固有の相続人としての地位を併有しているということができないことも

明らかである。

111　養子の数の制限がある場合の相続税の未成年者控除及び障害者控除

> **事　例**
>
> 　甲乙夫婦には、実子である長男A（45歳）がいますが、Aの妻B（40歳）と孫D（13歳）を養子とし、また、障害者の甥C（35歳。身体障害者手帳に障害の程度が3級と記載されています。）も養子としています。
>
> 　この度、甲に相続が開始し、相続人の全員が相続により財産を取得しました。
>
> 　相続税の計算上では、相続人中の養子の数の制限規定があり、甲に養子が3人いても1人のみに制限されて2人は除外されると聞きました。そうするとCもDも養子ですから、Cの障害者控除又はDの未成年者控除は、その両方又はどちらかが適用を受けられなくなるのでしょうか。
>
> 〈相続関係図〉
>
>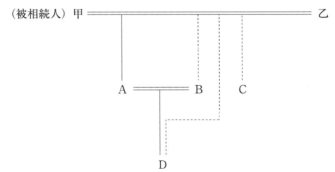

相続税関係

回　答

　甲の相続人は、乙、A、B、C及びDの5人です。

　B、C及びDは養子ですが、遺産に係る基礎控除額の計算上等における法定相続人数をカウントする上では、養子の数は1人に制限されます。しかし、これらの養子3人は民法上の相続人であることに変わりはないので、相続税法の適用上も相続人として取り扱われます。

　相続税の障害者控除及び未成年者控除は、その者が民法上の相続人（相続の放棄があった場合を含みます。）に該当し、相続又は遺贈による財産の取得があった場合において、所定の要件に該当したときに、それぞれ適用されます。

　したがって、C及びDについては、養子の数の制限規定にかかわらず、両人とも民法上の相続人に該当しますから、Cは障害者控除を、Dは未成年者控除をそれぞれ適用することができます。

解　説

　相続税の計算上での養子の数の制限規定では、遺産に係る基礎控除の計算等に用いる法定相続人数（相続税法第15条第2項に規定する相続人の数）をカウントする上で、被相続人の養子の数を実子の有無により1人又は2人までに制限しており、この事例の養子の数は、実子がいるケースなので1人のみとされます。

　この養子の数の制限規定は、相続税の計算上で適用する遺産に係る基礎控除（3,000万円に法定相続人1人につき600万円を加算）や相続税の総額の計算並びにみなし相続財産である生命保険金及び退職手当金から控除する非課税限度額（いずれも法定相続人1人につき500万円）の計算の基礎

とする法定相続人数のカウントのみに適用されます。したがって、相続税法上でも、上記の規定以外の養子の取扱いについては民法の規定と同様であって、養子の数の制限規定による養子の数を超える養子がいる場合であっても、その養子のすべてが相続人として、相続税法が適用されることに変わりはありません。

　したがって、C及びDは甲の相続人であって、相続により財産を取得していることから、Cに障害者控除が、Dには未成年者控除が、それぞれ適用されることになります。

112 父が遺贈を受けて相続税を納付しその後に子が父からの相続により財産を取得した場合の相次相続控除

事例

　被相続人甲は、その兄乙が死亡した際は相続人ではありませんでしたが、乙の遺言による遺贈により、財産を取得して相続税を納付しました。

　乙の死亡から5年を経過しましたが、この度、甲に相続が開始し、甲の子Aが単独相続人として甲の全財産を取得しました。

　この場合、Aは、甲の相続開始に係る相続税の申告に際し、甲が乙の死亡の際に納付した相続税額を基礎とする相次相続控除を適用することができますか。

回答

　相次相続控除は、第二次相続により財産を取得した者の相続税の計算上、第二次相続に係る被相続人が第一次相続により取得した財産につき課税された相続税がある場合において、第一次相続が第二次相続の開始前10年以内に開始したものであるときは、その第一次相続人に課された相続税額のうち一定部分の金額を第二次相続人の算出相続税額から控除する制度です。

　この場合の第一次相続及び第二次相続の財産の取得は、相続によるもの又は被相続人からの相続人に対する遺贈によるものでなければなりません。

　この事例の乙の第一次相続の際の財産の取得は相続人でない者への遺贈によるものですから、Aは、相次相続控除を適用することができません。

解 説

　第一次相続人が被相続人からの相続（第一次相続）により財産を取得すると、第一次相続人に相続税が課税され、更に第一次相続人に相続（第二次相続）が開始して第二次相続人が財産を取得すると、第二次相続人に相続税が課税されます。

　この第一次相続から第二次相続までの期間が短期間である場合には、その期間が長期であった場合に比して、実感としての相続税の負担は過重と感じられることになります。

　相続税制では、このような場合の相続税の負担を調整する見地から、10年以内に2回以上の相続が開始し、実質的に同一財産につき短期に二重の相続税課税が行われるような事態を回避するため、前の相続により課税された相続税額の一定部分を後の相続税額から控除することによる相次相続控除の制度を設けています。

　相次相続控除制度は、上記のような趣旨のものですから、相続（被相続人から相続人に対する遺贈を含みます。）による財産の取得者に限定して適用され、また、控除の基礎となる前回の相続税も、第一次相続人が相続（被相続人から相続人に対する遺贈を含みます。）による財産の取得をした場合のものに限られ、被相続人の死亡による財産の取得であっても、相続人以外の者が偶発的に取得することとなる遺贈による財産の取得は対象外とされています（相法20）。なお、相続人である相続時精算課税適用者が特定贈与者であった被相続人からの贈与による財産の取得は、この「相続による財産の取得」に含まれます（相法20）。

根拠条文

相法20条（相次相続控除）

　相続（被相続人からの相続人に対する遺贈を含む。以下この条において同じ。）により財産を取得した場合において、当該相続（以下この条において「第二次相続」という。）に係る被相続人が第二次相続の開始前10年以内に開始した相続（以下この条において「第一次相続」という。）により財産（当該第一次相続に係る被相続人からの贈与により取得した第21条の9第3項の規定の適用を受けた財産を含む。）を取得したことがあるときは、当該被相続人から相続により財産を取得した者については、第15条から前条までの規定により算出した金額から、当該被相続人が第一次相続により取得した財産（当該第一次相続に係る被相続人からの贈与により取得した第21条の9第3項の規定の適用を受けた財産を含む。）につき課せられた相続税額（延滞税、利子税、過少申告加算税、無申告加算税及び重加算税に相当する相続税額を除く。第1号において同じ。）に相当する金額に次の各号に掲げる割合を順次乗じて算出した金額を控除した金額をもって、その納付すべき相続税額とする。

一〜三　（省略）

113 特別受益者がいて遺産が未分割の場合の相続税の申告（その1）

事 例

被相続人甲の相続人は、長男A、長女B及び次男Cの3人です。甲の遺産額は1億1,000万円ですが、甲は、このうちBに預金2,000万円を相続させる旨の遺言をしていました。そのほか、甲は、死亡の8年前に土地を売却した際にその譲渡代金からAに1,000万円を贈与しましたが、Aはその全額で高級乗用車を購入しました。なお、Aは、その年分の贈与税177万円を申告納税しています。

まだ相続人間で遺産分割協議は調っていませんが、相続税の申告に当たっては、相続人がそれぞれどのようにすればよいでしょうか。

なお、控除すべき債務及び葬式費用はありません。

回 答

相続税の申告では、取得財産価額として、Aが3,000万円、B及びCが各4,000万円を計上しますが、これらの金額が各人の課税価格となります。

解 説

相続税の申告書を提出する場合において、相続財産が共同相続人によってまだ分割されていないときは、その未分割財産は、各共同相続人が民法に規定する相続分（民法第904条の2《寄与分》を除きます。）に従ってその財産を取得したものとして各人の課税価格を計算します（相法55）。

したがって、この場合に適用される相続分は、民法第900条《法定相続分》、第901条《代襲相続人の相続分》、第902条《遺言による相続分の指定》又は第903条《特別受益者の相続分》の各相続分ということになります。

　この事例の場合は、特別受益者の相続分に従って相続財産を取得したものとして課税価格を計算したところにより、相続税の申告書を作成して提出します。

　特別受益者の相続分は、相続人が、特別受益となる生前贈与を受け、又は遺贈を受けた場合に適用される相続分です。特別受益については、遺贈を受けた場合（相続させる旨の遺言により財産を取得した場合を含みます。）はすべての受遺財産が、生前贈与の場合は婚姻、養子縁組のため又は生計の資本としての受贈財産価額が、それぞれ特別受益としてこの相続分の算定に用いられます。

　その贈与が婚姻、養子縁組のために行われたかどうかは、贈与時点や受贈財産の使途、利用形態等から容易に判定できますが、「生計の資本として」の贈与は用語概念が広くて不明確ですから、その認定が困難な場合もあるでしょう。しかし、特別受益者の相続分の制度の趣旨が共同相続人間の相続分の公平な実現を図ったものであることに鑑みると、その贈与目的が不明確であっても、贈与財産価額が高額である場合には、生計の資本としての贈与として特別受益に含めるべきものといえるでしょう。

　特別受益者の相続分は、遺産額に特別受益となる生前贈与財産の価額を加えた価額を遺産とみなし、そのみなし遺産額に法定相続分、代襲相続分及び指定相続分を適用した財産価額から特別受益者について遺贈価額（相続させる旨の遺言により取得した財産の価額）及び特別受益となる生前贈与財産価額を控除した具体的な相続分額です。

したがって、事例では、Bに対する2,000万円の遺贈財産（相続させる旨の遺言により取得した財産）とAに対する1,000万円の生前贈与財産が特別受益となり、このうち生前贈与財産の1,000万円が遺産額に加算され、みなし遺産額は1億2,000万円となります。このみなし遺産額に各人の法定相続分を適用すると、それぞれが4,000万円と計算され、特別受益のないCは4,000万円の相続分額となります。A及びBは、上記4,000万円から特別受益額1,000万円及び2,000万円をそれぞれ控除したものが相続分となりますから、その相続分額は、Aが3,000万円、Bが2,000万円となります。なお、Bは別途に遺贈財産（相続させる旨の遺言により取得した財産）の価額2,000万円を加算した4,000万円が課税価格となります。念のため、Aの特別受益については、その甲からの贈与が生前贈与の加算の期間内のものではないので、贈与財産価額の加算や贈与税額控除の適用はありません。

相続税関係

114 特別受益者がいて遺産が未分割の場合の相続税の申告（その２）

事例

　被相続人甲の相続人は、長男A、長女B及び次男Cの3人です。甲の遺産額は1億1,000万円（時価及び相続税評価額）ですが、甲は生前に相続人全員に対し、婚姻のため又は生計の資本として下表に掲げる財産の贈与をしています。なお、Aは、5年前の土地の生前贈与について相続時精算課税の選択届出書を提出しています。

　この場合の各相続人の具体的相続分（相続分額）は、どれだけですか。

　また、相続税の申告期限までには、遺産分割はまとまらないと思われますが、各相続人の相続税の課税価格はどのようになりますか。

〈生前贈与財産の明細〉　　　　　　　　　　　　　　　（金額単位 万円）

受贈者	贈与時期	贈与財産	贈与時の時価	相続開始時時価
A	5年前	土地	3,000（2,400）	2,500（2,000）
A	10年前	ゴルフ会員権	5,000（3,500）	※ 300（200）
B	8年前	株式	2,000（1,800）	3,000（2,800）
B	1年前	貴金属	1,800（1,500）	※ 1,800（1,500）
C	4年前	現金	2,700（2,700）	2,700（2,700）
C	6年前	絵画	2,200（1,800）	※ 2,000（1,700）

（注）i　贈与時期は、贈与時から相続開始時までの年数を示す。

　　　ii　「贈与時の時価」「相続開始時時価」欄のかっこ書は、相続税評

価額である。

iii ※印は、相続開始時には現存しない財産であり、記載の価額は、相続開始時に現存したとした場合の価額である。

・ Ａのゴルフ会員権は、8年前に4,000万円で譲渡した。
・ Ｂの貴金属及びＣの絵画は、盗難により失った。

回 答

各人の相続分額は、Ａが3,700万円、Ｂが3,500万円、Ｃが3,800万円です。

各人の相続税の課税価格は、Ａが6,100万円、Ｂが5,000万円、Ｃが3,800万円です。

解 説

この事例では、各相続人は甲から特別受益に該当する贈与を受けていますから、その相続分の算定に当たっては、民法第903条《特別受益者の相続分》の規定が適用されます。

この場合に、特別受益として持戻しの対象となる贈与財産の価額は、受贈者の行為によってその目的財産が滅失し、又はその価格の増減があったときでも、相続開始時においてなお原状のままであるものとみなして定めるとされています（民法904）。

そうすると、各相続人の特別受益の額については、①Ａが受贈した土地、Ｂが受贈した株式及びＣが受贈した現金は、その後の価格の変動があっても、いずれも相続開始時の時価が特別受益額となり、②Ａが受贈したゴルフ会員権は、Ａが譲渡してしまったものですから、なお原状の

相続税関係

ままであるものとして相続開始時の時価が特別受益となり、③Ｂが受贈した貴金属及びＣが受贈した絵画は、すでに盗難により失ってしまい現存しませんので、いずれも特別受益に該当しません。

したがって、特別受益者の相続分による各人の相続分額並びに相続時精算課税の贈与及び相続開始前３年以内の贈与による贈与財産価額加算後の相続税の課税価格は、それぞれ次のとおり計算されます。

(1) みなし遺産額の計算

　　　（遺産額）　（Ａの特別受益）（Ｂの特別受益）（Ｃの特別受益）（みなし遺産額）
　　11,000万円 ＋ 2,800万円 ＋ 3,000万円 ＋ 2,700万円 ＝ 19,500万円

(2) 各人の相続分額

　　　（みなし遺産）（相続分）（特別受益）　　（相続分額）
　　19,500万円 × 1/3 － 2,800万円 ＝ 3,700万円……Ａ
　　19,500万円 × 1/3 － 3,000万円 ＝ 3,500万円……Ｂ
　　19,500万円 × 1/3 － 2,700万円 ＝ 3,800万円……Ｃ

(3) 各人の相続税の課税価格

　　　（相続分額）　（精算課税贈与）　（課税価格）
　　3,700万円 ＋ 2,400万円 ＝ 6,100万円 ………………Ａ

　　(注) 令和６年１月１日以後の贈与にあっては、基礎控除額控除後の残額が加算されることとなります。

　　　（相続分額）　（生前贈与加算期間内贈与）　（課税価格）
　　3,500万円 ＋ 　　1,500万円　　＝5,000万円……Ｂ

　（相続分額＝課税価格）
　　3,800万円…………………………………………………Ｃ

　　(注) ２件の贈与は生前贈与加算期間内の贈与ではないものとします。

根拠条文

民法903条（特別受益者の相続分）

① 共同相続人中に、被相続人から、遺贈を受け、又は婚姻若しくは養子縁組のため若しくは生計の資本として贈与を受けた者があるときは、被相続人が相続開始の時において有した財産の価額にその贈与の価額を加えたものを相続財産とみなし、前３条の規定により算定した相続分の中からその遺贈又は贈与の価額を控除した残額をもってその者の相続分とする。

② 遺贈又は贈与の価額が、相続分の価額に等しく、又はこれを超えるときは、受遺者又は受贈者は、その相続分を受けることができない。

③ 被相続人が前２項の規定と異なった意思を表示したときは、その意思表示は、遺留分に関する規定に違反しない範囲内で、その効力を有する。

④ （省略）

民法904条（特別受益者の相続分）

前条に規定する贈与の価額は、受贈者の行為によって、その目的である財産が滅失し、又はその価格の増減があったときであっても、相続開始の時においてなお原状のままであるものとみなしてこれを定める。

相続税関係

115 相続税の申告期限までに相続人の1人が死亡した場合の申告手続

事　例

　被相続人甲は、本年2月10日に死亡しました。甲の相続人は、配偶者乙と長男A及び長女Bの合計3人で、その全員が即日甲の死亡を知りました。

　ところが、相続人らが甲の遺産についての遺産分割協議を行う準備のための財産調査に着手する矢先の7月7日に乙が亡くなりました。

　この場合の遺産分割協議及び相続税の申告は、どのようにすればよいでしょうか。

回　答

　遺産分割協議書の作成については、この事例の場合は、第一次相続に係るもの（甲の遺産分割）と第二次相続に係るもの（乙の遺産分割）の2つが必要となります。

　第一次相続に係る遺産分割協議では、分割協議の当事者のうち乙は死亡しているので、A及びBが甲の遺産を分割することとなります。この場合において、亡乙が配偶者の税額軽減の適用を受けることとするときは、いったん乙に甲の遺産を取得させる分割協議を調えます。

　相続税の申告については、A及びBは、本年12月10日までに、甲の住所地の所轄税務署長に対し、第一次相続に係る相続税の申告書を提出しなければなりません。

また、A及びBは、翌年5月7日までに、甲の住所地の所轄税務署長に対し、第一次相続に係る乙の相続税申告書を提出する必要があります。
　さらに、A及びBは、同じ翌年5月7日までに、乙の住所地の所轄税務署長に対し、第二次相続に係るA及びBの相続税の申告書を提出しなければなりません。

解説

　第一次相続に係る遺産分割協議書では、その作成の当事者は、共同相続人の全員ですから、乙、A及びBの3人ですが、乙はすでに死亡しているので、亡乙の相続人であるA及びBが当事者となり、結局、相続人A、相続人B、相続人亡乙相続人A、相続人亡乙相続人Bが当事者となります。第二次相続に係る遺産分割協議書には、乙が甲から相続した財産に、乙の固有財産を加えた総財産について、A及びBが分割協議をした内容を記載します。
　この場合に、甲乙の子であるA及びBが、第一次相続の遺産分割において乙に遺産を帰属させることなく、直接甲から遺産を取得することもでき、乙への移転を介在させることなく、甲からA又はBへの相続による承継取得の登記をすることができます。
　また、乙に第一次相続についての相続税の配偶者の税額軽減の適用を受けさせたいなどのために必要があれば、いったん配偶者が財産を取得することによる第一次相続の遺産分割協議書を作成して、その旨の相続登記を経由することにします。
　第一次相続に係る相続税の申告書は、A及びBは、甲の相続開始があったことを知った日の翌日から10か月以内に、甲の住所地の所轄税務署長に対し、相続税の申告書を提出しなければなりません（相法27①）。

第一次相続に係る相続税の申告書のうち、その申告期限内に死亡した相続人乙の申告書については、乙について相続税法第19条の2第1項の「配偶者の税額軽減」を適用しないとした場合において相続税が算出されるときには、乙の相続人であるA及びBは、乙の相続開始があったことを知った日の翌日から10か月以内に、甲の住所地の所轄税務署長に対し、相続税の申告書を提出しなければなりません（相法27②、同法附則③）。

 第二次相続に係る相続税の申告書は、乙の相続人であるA又はBのうち乙の財産を取得した者が翌年5月7日までに、乙の住所地の所轄税務署長に提出しなければなりません。

参考法令 （相続税の申告書の提出）

相法27条（相続税の申告書）〈括弧書省略〉

① 相続又は遺贈（当該相続に係る被相続人からの贈与により取得した財産で第21条の9第3項の規定の適用を受けるものに係る贈与を含む。以下この条において同じ。）により財産を取得した者（中略）は、当該被相続人からこれらの事由により財産を取得したすべての者に係る相続税の課税価格（第19条又は第21条の14から第21条の18までの規定の適用がある場合には、これらの規定により相続税の課税価格とみなされた金額）の合計額がその遺産に係る基礎控除額を超える場合において、その者に係る相続税の課税価格（第19条又は第21条の14から第21条の18までの規定の適用がある場合には、これらの規定により相続税の課税価格とみなされた金額）に係る第15条から第19条まで、第19条の3から第20条の2まで及び第21条の14から第21条の18までの規定による相続税額があるときは、その相続の開始があったことを知った日の翌日から10月以内（その者が国税通則法第117条第2項（納税管理人）の規定による納税管理人の届出をしないで当該期間内にこの法律の施行地に住所及び居所を有しないこととなるときは、当該住所及び居所を有しないこととなる日まで）

に課税価格、相続税額その他財務省令で定める事項を記載した申告書を納税地の所轄税務署長に提出しなければならない。
② 　前項の規定により申告書を提出すべき者が当該申告書の提出期限前に当該申告書を提出しないで死亡した場合には、その者の相続人（包括受遺者を含む。第5項において同じ。）は、その相続の開始があったことを知った日の翌日から10月以内（その者が国税通則法第117条第2項の規定による納税管理人の届出をしないで当該期間内にこの法律の施行地に住所及び居所を有しないこととなるときは、当該住所及び居所を有しないこととなる日まで）に、政令で定めるところにより、その死亡した者に係る前項の申告書をその死亡した者の納税地の所轄税務署長に提出しなければならない。
③〜⑥（省略）

相続税関係

116　相続時精算課税に係る贈与と遺留分侵害額請求

事　例

　甲は、K社の代表取締役です。甲の長男Aも同社の取締役です。甲には、すでに妻は亡く、推定相続人はA及び長女Bの2人です。

　K社は、業績が好調に推移していて収益力もあり、現時点でK社の株式の価額を試算してみても、かなり高い価額が算出されます。

　甲は、K社の発行済株式総数及び議決権総数の各60％程度の株式及び議決権を有していますが、AのK社の株式に係る株数及び議決権数は、発行済株式総数及び議決権総数の各5％程度にすぎません。甲は、かねてより、K社の株式を逐次Aに移転する予定でしたが、K社の株式の評価額が高いため贈与税等の負担等を懸念して、いまだに実現していません。

　甲は、この際、保有株式の一部をAに贈与し、Aが相続時精算課税の選択をして贈与税の負担を軽くし、究極的な相続税の負担も、甲がAへの株式の贈与をしない場合の負担よりも軽減したい考えです。

　甲に相続が開始すれば、Bが法定相続分以上の甲の遺産の取得を主張するでしょうが、早めにAにK社の株式を贈与しておけば、その贈与した株式はAに帰属していることを前提に相続税の課税は確定するので、Bの遺留分侵害額請求等で取り戻されることもないはずですし、また、遺留分侵害額請求の対象となる贈与は相続開始前1年以内の贈与に限定されるので、結局、甲からAへの財産移転は確定すると甲は考えています。

　以上の甲の理解に、誤りはありませんか。

回答

　Aが甲からの贈与財産について相続時精算課税を選択する場合には、贈与時の贈与税の負担が軽減されるほか、贈与者に相続が開始した場合には、相続時精算課税制度の趣旨である相続税と贈与税の一体課税の仕組みによりその贈与税額が相続税によって精算されることになります。K社の株式のように、将来価額の上昇が見込めるような財産は、相続時にはその贈与時の価額がそのまま相続税の課税価格に算入されるので、相続による場合よりも税負担が少なくて済むことになります。

　しかし、この相続時精算課税の制度は、贈与税及び相続税の税制上の課税関係であって、民法上の贈与又は相続に関する規定や制度に直接影響を及ぼすことはありません。すなわち、その贈与財産が受贈者である相続人の特別受益に該当する場合には、民法第903条の特別受益者の相続分が適用されます。また、その生前贈与は、原則として他の相続人の遺留分侵害額請求の対象となることを免れることはできません。

　したがって、相続時精算課税の贈与は、他の相続人の遺留分を侵害しない範囲で行うことが望ましいと思われますが、やむを得ず、遺留分を侵害することになる贈与を受ける場合には、その遺留分権利者に、相続開始前の遺留分の放棄をしてもらうことも選択肢の一つです。

解説

　Aが甲からの贈与財産について相続時精算課税を選択した場合には、その年分以後の甲からの贈与について基礎控除後の贈与税の課税価格から累計2,500万円の特別控除額が認められるほか、特別控除額を超える部分についても、一律20％の比例税率による贈与税を納付することとされてい

るので、一般的には、暦年課税の贈与税に比して贈与税の負担は軽くなるといえます。

　また、相続時精算課税に係る贈与者（特定贈与者）に相続が開始した場合には、その贈与税は相続税によって精算されますので、暦年課税の贈与税のように、生前に贈与をしたことによる最終的な贈与税・相続税の負担が贈与をしなかった場合の相続税のみの負担に比して極めて重くなるわけではありません。また、相続時精算課税の適用を受けた贈与財産価額は、贈与者の相続発生の際の相続税の課税価格に算入されて必ず相続税として精算されるので、課税の形態としては、原則として贈与を行わなかった場合の相続税の課税と変わりません。

　しかし、これは、贈与税及び相続税の制度上の課税関係であって、この制度が民法上の贈与又は相続に関する規定や制度に直接的な影響を与えるものではありません。民法上では、精算課税における贈与も一般の贈与と変わらず、相続時精算課税の贈与を行った後に贈与者に相続の開始があっても、その贈与財産が相続財産に変貌することにはなりません。

　したがって、その贈与財産が受贈者である相続人の特別受益に該当する場合には、民法第903条の特別受益者の相続分が適用されるほか、遺留分侵害額請求の対象にもなります。その贈与財産につき相続税としての課税関係がいったん確定しても、そのことによって他の相続人の遺留分侵害額請求が制限されることにもなりません。

　遺留分侵害額請求の対象となる財産は、すべての遺贈が含まれるほか、相続人に対する贈与については、相続開始前の10年間にした贈与の価額（婚姻若しくは養子縁組のため又は生計の資本として受けた贈与の価額に限ります。）のみが対象とされます（民法1044①②③）。しかし、当事者双方が遺留分権利者に損害を加えることを知って行った贈与では、10年前の

日より前にした贈与であっても遺留分侵害額請求の対象となります（民法1044①後段）。このことは、その贈与が相続時精算課税に係る贈与であっても同様です。

　なお、遺留分については、遺留分権利者である相続人の権利の一つですから、相続や遺贈のように放棄をすることができます（民法1049）。この遺留分の放棄は、相続の放棄及び遺贈の放棄とは異なり、相続開始前、すなわち被相続人の生前においても行うことができる点に特色があります。

　しかし、生前における遺留分の放棄は、被相続人が遺留分権利者となる相続人に放棄を強要することもあるので、家庭裁判所の許可を得たときに限り効力を生ずるとして、家庭裁判所にそのような事実等がないかをチェックさせることとしています。同族会社の主宰者がその子に議決権を伴う同社株式の相当部分を贈与するに際し、その贈与が他の相続人の遺留分を侵害するような贈与となる場合、事業承継等のための贈与が確実に行われたことを生前に確認したいようなときは、遺留分権利者となる推定相続人に適法な生前の遺留分の放棄をしてもらうことも選択肢の一つであると思われます。

　また、中小企業における経営の承継の円滑化に関する法律（平成20年法律第33号）の遺留分に関する民法の特例を定めた部分では、非上場株式等の生前贈与等につき、民法の遺留分の規定を緩和した措置が講じられています。

参考条文

民法1049条（遺留分の放棄）
①　相続の開始前における遺留分の放棄は、家庭裁判所の許可を受けたと

きに限り、その効力を生ずる。
② 共同相続人の１人のした遺留分の放棄は、他の各共同相続人の遺留分に影響を及ぼさない。

中小企業における経営の承継の円滑化に関する法律４条（後継者が取得した株式等に関する遺留分の算定に係る合意等）
① 旧代表者の推定相続人及び後継者は、その全員の合意をもって、書面により、次に掲げる内容の定めをすることができる。ただし、当該後継者が所有する当該特例中小企業者の株式等のうち当該定めに係るものを除いたものに係る議決権の数が総株主又は総社員の議決権の100分の50を超える数となる場合は、この限りでない。
一 当該後継者が当該旧代表者からの贈与又は当該特定受贈者からの相続、遺贈若しくは贈与により取得した当該特例中小企業者の株式等の全部又は一部について、その価額を遺留分を算定するための財産の価額に算入しないこと。
二 前号に規定する株式等の全部又は一部について、遺留分を算定するための財産の価額に算入すべき価額を当該合意の時における価額（弁護士、弁護士法人、公認会計士（公認会計士法（昭和23年法律第103号）第16条の２第５項に規定する外国公認会計士を含む。）、監査法人、税理士又は税理士法人がその時における相当な価額として証明をしたものに限る。）とすること。
②～⑤（省略）

117 相続時精算課税適用者が特定贈与者の相続人にならなかった場合

> **事　例**
>
> 　父甲の推定相続人は、長男A、次男B、長女Cのほか、Cの夫Dの合計4人です。Dは、Cとの婚姻後に甲と養子縁組をしています。
> 　これらの推定相続人4人は、全員が平成19年以後の毎年、甲からほぼ平等に財産の贈与を受けています。この4人は、それぞれが甲を特定贈与者とする相続時精算課税選択届出書を提出しており、毎年贈与税の申告をしています。甲は、今後も贈与を継続して、贈与を始める直前の甲の財産の半分程度を各人へ贈与する予定であり、今後3年程度でその贈与を終える旨表明していますが、遺言をするつもりはないようです。
> 　ところが、BはCに対し、このままでは、甲の生前にC及びDの夫婦に甲の全財産の半分超が帰属することになり公平でないと主張しています。そこで、Dは甲の相続時には自分としては相続の放棄をすることを約束する旨を伝えましたが、Bはその約束の履行をいぶかって納得せず、近頃は、Cに対してDが甲と離縁することを働きかけるような発言までしているような状態です。
> 　仮に、Dが甲の相続発生時に相続の放棄をした場合、又は、Dと甲とが協議離縁をした場合には、Dの課税上の取扱いはどうなりますか。

相続税関係

回　答

　Dが甲の相続開始後に相続の放棄をすると、Dは甲の相続人でないことになりますが、Dが相続時精算課税の適用を受けた甲からの贈与財産価額は、Dが遺贈により取得したものとみなされて、Dに相続税が課税されます。
　また、Dが甲との協議離縁により、双方の養親子関係がなくなった場合であっても、甲の相続人でないDは、離縁後に甲から受けた贈与財産を含む相続時精算課税に係る贈与財産価額を、やはり遺贈により取得したものとみなされて、相続税が課税されます。

解　説

　特定贈与者の推定相続人である直系卑属又は孫で、その年の1月1日において18歳以上の者がその年中の特定贈与者からの贈与財産について相続時精算課税選択届出書を提出すると、その届出書を提出した者は、相続時精算課税適用者として、その届出の対象とした贈与年分以後の特定贈与者からのすべての贈与財産について相続時精算課税制度が適用されます（相法21の9①②③、措法70の2の6①）。その相続時精算課税適用者は、その後において特定贈与者の推定相続人でなくなった場合においても、その特定贈与者からの贈与により取得した財産については、なお相続時精算課税制度が適用されることになります（相法21の9⑤）。また、相続時精算課税適用者は、いったん提出した相続時精算課税選択届出書を撤回することはできません（相法21の9⑥）。
　このことから、いったん相続時精算課税選択届出書を提出して相続時精算課税適用者となった者は、特定贈与者の死亡に伴い相続の放棄をしても

（この場合には相続人でなくなります。）、この制度の適用を受けることとなります。

　また、相続時精算課税適用者が、その後に特定贈与者との養子縁組の解消等の事由で推定相続人に該当しなくなっても、やはりこの制度の適用を受けます。

　これらの場合には、特定贈与者から受けた相続時精算課税に係る財産の贈与は、特定贈与者からの遺贈により財産の取得とみなされて相続税が課税されます。このほか、相続の放棄をせず、民法上では相続又は遺贈による財産を取得しない場合も、特定贈与者からの贈与により財産を取得した者は、その財産を相続により取得したとみなされて、相続税が課税されることになります。

　この事例では、Ｄが相続の放棄をしても、相続時精算課税選択届出書の提出に係る平成19年分以後甲の相続開始直前までの間の甲からの贈与財産価額が遺贈による財産取得とみなされて、Ｄに相続税が課税されることになります。

　また、甲とＤとの協議離縁により養親子関係が解消しても、Ｄには、相続放棄の場合と同様に相続税が課税されます。

相続税関係

118 相続時精算課税に係る贈与財産価額の相続税の課税価格算入方法

事 例

　Aは、特定贈与者を父甲とする相続時精算課税選択届出書を提出していますが、その選択届出の対象年分以後に甲からの贈与により取得した財産は、次表のとおりです。これらの贈与による取得財産は、甲に相続が開始した場合には、相続時精算課税としての相続税の計算上で、どの金額が課税財産価額とされますか。

（単位　万円）

	贈与時の価額	相続時の価額	相続時存在の場合	贈与財産が相続時不存在の理由
土地150㎡	1,700	1,500		
株式5,000株	600	—	1,200	既に売却済み
営業資金（現金）	2,000	—	2,000	目的どおり支出
著名画家の絵画	1,500	—	1,800	火災により滅失
満期生命保険金	800	800		
土地低額購入益	1,000	1,000		

(注)1　上表の「贈与時の価額」は、贈与税の課税価格の計算の基礎に算入された価額である。

　2　上表の「相続時存在の場合」の価額は、相続時には存在しないが、仮に存在するとした場合の価額である。

　3　株式5,000株は、800万円で売却済みである。

4　絵画は、火災により減失し、損失が生じた。
 5　満期生命保険金は、甲が保険料の全額を負担していたAを被保険者とする保険で、満期により保険金受取人のAが受領した。
 6　土地低額購入益は、甲から贈与を受けた上記の土地に隣接する部分の土地100㎡を甲から購入した際に、税務署から低額譲受益として時価と対価との差額相当額のみなし贈与課税を受けた価額である。

回答

　Aが行う甲の相続開始による相続税の計算上、Aが甲を特定贈与者とする相続時精算課税に係る贈与により取得した財産については、その贈与時の価額でその贈与年分の贈与税の課税価格の計算の基礎に算入された価額が、そのままAの相続税の課税価格に加算され、又は算入されます。
　したがって、Aが甲から相続時精算課税の贈与として取得した土地、株式、営業資金、絵画のほか、みなし贈与課税の対象となった満期保険金、土地低額購入益のすべての財産について、表の「贈与時の価額」欄の金額が相続税の課税価格に加算され、又は算入されます。

解説

　相続時精算課税適用者が特定贈与者からの贈与により取得した財産の価額は、その相続時精算課税適用者のその年分の贈与税の課税価格に算入されますが、特定贈与者が死亡した場合の相続税の計算上では、特定贈与者の相続開始時のその財産の価額ではなく、贈与時点での価額(その贈与年分の贈与税の課税価格計算の基礎に算入された価額)が相続税の課税価格

に加算され、又は課税価格に算入されることになります（相法21の15①、21の16①③）。

　特定贈与者の相続発生時において、その贈与財産が存在しないような場合でも、その理由のいかんにかかわらず、相続時精算課税適用者が特定贈与者からの贈与により取得した財産については、その相続時精算課税に係る贈与税の課税価格の計算の基礎とされた金額を必ず相続税の課税価格に加算又は算入しなければなりません。

(注)1　令和6年1月1日以降に相続時精算課税適用者が特定贈与者から贈与を受けた財産については、相続時精算課税に係る基礎控除額を控除した残額が相続税の課税価格に加算されます（相法21の15①）。
　　2　相続時精算課税適用者が特定贈与者から贈与受けた土地又は建物が災害により相当の被害を受けた場合には、一定の期間内に税務署長の承認を受けることにより、被害を受けた部分に対応する金額を控除した残額が相続税の課税価格に加算する金額となります（措法70の3の3①）。

根拠条文

相法21条の15
①　特定贈与者から相続又は遺贈により財産を取得した相続時精算課税適用者については、当該特定贈与者からの贈与により取得した財産で第21条の9第3項の規定の適用を受けるもの（第21条の2第1項から第3項まで、第21条の3、第21条の4及び第21条の10の規定により当該取得の日の属する年分の贈与税の課税価格計算の基礎に算入されるものに限る。）の価額を相続税の課税価格に加算した価額をもって、相続税の課税価格とする。
②、③（省略）

相法21条の16
①　特定贈与者から相続又は遺贈により財産を取得しなかった相続時精算

課税適用者については、当該特定贈与者からの贈与により取得した財産で第21条の９第３項の規定の適用を受けるものを当該特定贈与者から相続（当該相続時精算課税適用者が当該特定贈与者の相続人以外の者である場合には、遺贈）により取得したものとみなして第１節の規定を適用する。
② （省略）
③　第１項の規定により特定贈与者から相続又は遺贈により取得したものとみなされた財産に係る第１節の規定の適用については、次に定めるところによる。
　一　当該財産の価額は、第１項の贈与の時における価額とする。
　二　当該財産の価額から第21条の11の２第１項の規定による控除をした残額を第11条の２の相続税の課税価格に算入する。
④ （省略）

119 相続税の申告後に遺産分割協議が成立した場合の相続税額の是正方法

> **事例**
>
> 　被相続人甲の相続人は、長男Ａ、長女Ｂ及び次女Ｃの３人です。甲の相続の開始は６年前でしたが、その相続税の申告期限までに相続人間で遺産分割が調わなかったので、甲の財産債務を法定相続分により各相続人が均分取得したものとして申告書を作成して提出しました。
>
> 　この度、遺産分割協議が成立しましたが、その結果は、Ａの取得財産価額が当初申告よりも減少し、Ｂ及びＣのそれは増加したことになります。
>
> 　この場合、当初の申告よりも取得財産価額が増加することになったＢ及びＣは修正申告をすることになると思いますが、他方、取得財産価額が減少したＡは、更正の請求をしようとしても、既に国税通則法第23条第１項に定める更正の請求の期限である法定申告期限から５年を経過しています。
>
> 　相続人全員は期限内に相続税の申告及び納税を済ませており、相続人全員での取得財産総額や相続税額の合計額では変更がないのに、過少申告加算税や多額の延滞税等も発生する修正申告等が必要となるのでしょうか。

回　答

　Aは、遺産分割協議が成立した日の翌日から4か月以内に、相続税法の特則規定に基づく更正の請求をすることができます。

　他方、B及びCは、遺産分割協議の成立後いつでも、この協議に基づく取得財産により課税価格及び税額を計算して相続税法の特則規定に基づく修正申告書を任意に提出することができます。

　これらの更正の請求や修正申告を行うかどうかは任意であり、これらの手続は行わなくても差し支えありません。しかし、Aが特則規定に基づく更正の請求をしたことにより税務署長がAの課税価格等及び税額等につき減額更正をした場合には、B及びCが特則規定に基づく修正申告を行わないときには、税務署長がB及びCに対して更正をすることになります。

　なお、B及びCが特則規定に基づく修正申告をしても、原則として過少申告加算税は賦課されず、その修正申告の日までに納税すれば、延滞税もかかりません。

解　説

　相続税では、相続又は遺贈により財産を取得した一定の個人に対し、相続の開始があったことを知った日の翌日から10か月以内の相続税の申告書の提出を義務付けています（相法27①）。

　この場合の相続又は遺贈による財産の取得時期は、被相続人又は遺言者の死亡の時ですから、遺産が未分割であっても、上記の期限までの相続税の申告が必要となります。相続税の申告時期にまだ遺産分割がされていない場合には、民法の規定による相続分又は包括遺贈の割合に従って財産を

取得したものとして課税価格を計算して申告することとされています（相法55、民法899）。

　しかし、上記のような相続税の計算は、遺産が未分割であるためのいわば仮計算であって、民法では、共同相続人はいつでもその協議で遺産の分割をすることができる旨が定められていることから（民法906①）、遺産分割が遅れた場合における次の(1)〜(3)の措置が講じられています。

(1) 更正の請求の特則

　すでに確定した申告、更正、決定による相続税の課税価格及び相続税額が下記の一定の事由のいずれかに該当することにより過大となったときは、その事由が生じたことを知った日の翌日から4か月以内に更正の請求をすることができる（相法32一〜九）。

〈一定の事由〉

① 遺産分割協議の成立等により遺産分割が行われたこと

② 認知裁判の確定、相続人廃除の確定、胎児の出生、失踪宣告等による相続人の異動

③ 遺留分侵害額の請求に基づき支払うべき金額が確定したこと

④ 遺贈に係る遺言書の発見、遺贈の放棄

⑤ 取得財産の権利の帰属に関する裁判の判決、遺産分割後の被認知者の価額支払請求額の確定、条件付遺贈の条件の成就等

(2) 修正申告の特則

　既に確定した申告、更正、決定による相続税の課税価格及び相続税額のある者が、上記(1)に掲げる〈一定の事由〉のいずれかの事由が生じたため不足を生じた場合には、修正申告書を提出することができる（相法31①）。

(3) 期限後申告の特則

相続税の申告書の提出期限後において、上記(1)に掲げる〈一定の事由〉のいずれかの事由が生じたために、新たに相続税の申告書を提出すべき要件に該当することとなった者は、期限後申告を提出することができる（相法30①）。

これらの一定の事由が生じた場合の相続税の課税価格及び税額の是正手続である相続税法の特則規定に基づく更正の請求、修正申告及び期限後申告は、いずれも納税者が任意で行うことができるものです。このうち、特則規定による更正の請求には「当該事由が生じたことを知った日の翌日から4か月以内」という制限がありますが、特則規定による修正申告又は期限後申告には申告時期の制限はないので、税務署長の更正又は決定があるまでは、いつでも申告書を提出することができることになります。

このように、上記の〈一定の事由〉が発生しても、更正の請求や修正申告又は期限後申告を行うかどうかは任意なので、原則的にはこれらの手続を行わないからといって税務署長から更正又は決定を受けることもありません。ただし、共同相続人のいずれかが特則規定による更正の請求を行い、これを受けて税務署長が減額更正を行うと、税務署長にはこれに伴う他の相続人に対する特則規定による増額更正・決定を行う権限が付与されますので（相法35③）、修正申告・期限後申告は、特則規定による更正の請求に基づく減額更正があれば、完全な任意ということにならないことに留意が必要です。

なお、特則規定に基づく修正申告又は期限後申告を行った場合、法定納期限の翌日からこれらの申告書の提出日までの期間は延滞税の計算の基礎期間から除外されますので、特則規定に基づく申告書の提出の日までに納税した場合には、延滞税はかかりません（相法51②一ハ）。

また、特則規定に基づく修正申告等による相続税額に係る過少申告加算

税又は無申告加算税についても、国税通則法第65条第4項に規定する「正当な理由」に該当するものとして、賦課されません（平成12年7月3日付課資2―264「相続税、贈与税の過少申告加算税及び無申告加算税の取扱いについて（事務運営指針）」通達参照）。

120　遺産分割後の土地評価額が減少した場合の更正の請求等

> **事　例**
>
> 　被相続人甲の相続人である子A及びBは、約6年前の相続税の申告期限までに遺産分割協議が成立しなかったため、相続税法第55条の規定に基づき、法定相分に基づく均等の割合で財産を取得したものとして相続税の申告書を提出しました。
>
> 　この度、遺産分割協議が調い、その結果、Aが取得する財産の価額は大幅に減少し、他方、Bが取得する財産の価額は大きく増加します。
>
> 　また、甲の遺産であるR土地（500㎡）は、主要道路と側方道路に面する角地ですが、これを250㎡ずつに分割しBが主要道路側の部分（R―1土地）、Aが奥側の部分（R―2土地）を取得することとなりました。当初申告におけるR土地の価額は主要道路に設定された路線価を基に側方路線影響加算を行って評価しましたが、分割後のR―1土地とR―2土地をそれぞれ一の評価単位として評価すると、R―1土地は主要道路に設定された路線価を基に側方路線影響加算を行って評価することとなりますが、R―2土地は側方道路に設定された路線価を基に評価することとなりますので、それぞれの土地の評価額の合計額は、当初申告におけるR土地の評価額を下回ることとなります。
>
> 　さらに、当初申告では葬式費用以外に債務控除をしていませんが、控除可能な債務が存在したことが判明し、Aが負担しました。

相続税関係

　この場合に、Aは、相続税の減額是正のための更正の請求等をすることができますか。また、相続税額が当初申告よりも増加することになるBは、どのようにすればよいでしょうか。

回　答

Aが行うことができる更正の請求等の手続及びBが行うことのできる課税上の手続等は、以下のとおりです。

1　Aは、R土地の分割後のAの取得部分（R－2土地）を1画地の宅地として評価した価額及びその他の分割により取得した財産の価額に計算した課税価格が当初申告に係る課税価格を下回り、当初申告の課税価格及び相続税額が過大となったので、遺産分割が成立した日の翌日から4か月以内に、税務署長に対し、その課税価格及び相続税額につき相続税法第32条に規定する更正の請求をすることができます。

　ただし、この更正の請求において新たに判明した債務でAが負担することにしたものの債務控除を求めることはできません。

　しかし、法定申告期限から5年以内であれば国税通則法第23条第1項に規定する一般の更正の請求により債務控除を求めることができます。

2　Bは、遺産分割に基づき取得した財産に係る課税価格が当初申告に係る課税価格を上回り、当初の申告における確定相続税額に不足を生じたので、相続税法第31条第1項に規定する修正申告書を提出することができます。

　この修正申告書の提出は、任意とされていますが、本件の場合において、Aが上記1の特則規定による更正の請求をし、税務署長がこれを受けてAに対して減額更正をしますと、税務署長にはBに対する増額

更正を行うこととなります。
3　甲に債務があることが判明し、Aがその債務を負担した場合の債務控除については、国税通則法第23条第2項に規定する後発的事由に基づく更正の請求の事由に該当しない限り減額是正を求める方法がありませんが、上記1及び2の更正の請求に基づく更正等が国税通則法第70条の国税の更正決定の除斥期間内（減額更正の場合：法定申告期限後5年以内）に行われる場合には、税務署長の行う減額更正により債務控除が認められる場合があります。

解　説

　相続税の申告書の提出期限までに遺産分割が調っていない場合であっても、相続人は相続開始の時から被相続人の財産に属した一切の権利義務を承継しますから（民法896）、相続人が相続により財産を取得したことは明らかです。そして、相続人が数人あるときは、相続財産はその相続人らの共有となります（民法898）。また、複数の相続人がある場合の各相続人は、その相続分に応じて被相続人の権利義務を承継します（民法899）。

　このことから、相続税の課税では、相続財産の全部又は一部が未分割である場合、遺産分割が成立するまで相続税の課税を留保するのではなく、各共同相続人又は包括受遺者が民法第900条から第903条までに規定する相続分又は包括遺贈の割合に従ってその未分割財産を取得したものとして、相続税の課税価格を計算して課税することにしています（相法55本文）。

　その後において、その未分割の財産について分割があり、共同相続人又は包括受遺者が分割により取得した財産に係る課税価格が、当初課税における法定相続分又は包括遺贈の割合に従って計算した課税価格と異なることとなった場合には、分割により取得した財産に係る課税価格を基礎とし

て、納税者が修正申告、期限後申告若しくは更正の請求を行い、又は税務署長が更正若しくは決定を行うことができることとされています（相法55ただし書）。

この場合の納税者が行う手続としては、相続税法第30条第1項に定める期限後申告、第31条第1項に定める修正申告及び第32条第1号に定める更正の請求があります。この期限後申告及び修正申告は、任意の申告制度となっており、その申告を行えば期限内申告に準じた扱いとされ、特則規定による更正の請求は、国税通則法に定める更正の請求の期間を経過した後においても、遺産分割が行われたことを知った日などの翌日から4か月以内に更正の請求をすることができるとするものです。

民法では、「共同相続人は、次条の規定により被相続人が遺言で禁じた場合を除き、いつでも、その協議で、遺産の分割をすることができる。」と規定し（民法907①）、遺産分割が調わない場合や協議そのものができない場合における各共同相続人の家庭裁判所への分割審判請求権を規定し（民法907②）、更には、家庭裁判所における特別の事由がある場合の「遺産分割の禁止命令」等の規定もあります（民法907③）。

これらの民法の規定を受けて、上記の特則規定によるの期限後申告、修正申告及び更正の請求では、遺産分割が遅延した場合でも、共同相続人間の不公平が生じないように、相続税の取扱上の手続を特則的に規定しているものと思われます。

もっとも、近時においては、早期の遺産分割を行わないと、課税上の特典や有利な取扱いが受けられない場合もあるので、この点留意を要します。相続税の配偶者の税額軽減、小規模宅地等の特例、農地等についての相続税の納税猶予、非上場株式についての相続税の納税猶予などがその例です。

本件では、相続税法第32条第1号に掲げる事由に基づく更正の請求を行

う場合のその更正の請求の対象及び範囲が問題となりますが、第32条第1号の規定の内容は、遺産分割に基因する変動があった場合の相続財産の変動額を捉えて従前の課税内容を是正する趣旨と考えられますから、本件の分割に伴いAが取得した土地の評価額の減少は、この特則規定による更正の請求の範囲内といえます。他方、Aが承継する債務控除の対象となる債務の計上漏れは、遺産分割に伴うものでないことから、この特則規定による更正の請求の対象外ということになります。

相続税関係

121　遺言無効の訴訟が解決金授受の和解で解決した場合

事例

　被相続人甲の相続人は、子であるA、B及びCの3人です。

　甲の主たる財産は、自宅及びその周辺に散在する不動産ですが、甲は、生前にA及びBに対し、すべての財産を特定しA及びBそれぞれに相続させる旨の遺言書を作成していたので、A及びBは、相続開始後間もなく、遺言の対象不動産につき相続登記を経由し、遺言に基づく財産取得があったとして相続税の申告も済ませました。

　Cは、A及びBが遺言に基づく不動産の相続登記をしたことを知り、その遺言の無効確認を求めて訴訟を提起しましたが、その後の裁判所の和解勧告に基づいて和解をしました。その和解内容は、原告Cが、「被告A及びBからそれぞれの取得財産価額に応じた一定の解決金の支払を受ける。」というもので、Cが収受することになる解決金は遺産価額の6分の1相当の金額です。しかし、和解条項には、解決金の内容や算定等の根拠が明示されていません。

　この解決金の授受に関する和解当事者の税務上の処理は、どうすればよいでしょうか。

回答

　甲の遺言が無効であることを示す客観的な事由は示されていませんので、甲の遺言はCの遺留分を侵害するものではあるものの有効であり、甲がした遺言の対象財産のA及びBへの帰属は、甲の死亡によりいったん確

定したと認められますので、この遺言に基づいて行った相続税の申告も問題がありません。

この事例の解決金の支払による和解については、和解当事者である共同相続人間で遺留分侵害額請求により遺留分侵害額に相当する金銭の支払が確定したものとして取り扱うのが相当であると考えられます。

したがって、A及びBは、和解に係る口頭弁論期日の翌日から4か月以内に、既に申告等により確定した相続税の課税価格及び税額等につき特則規定による更正の請求をすることができます。また、Cは、解決金の受領により特則の期限後申告又は修正申告をすることができます。

解説

共同相続人の一部の者に対し「相続させる」旨の遺言があると、その対象財産は、原則として、何らの行為を要しないで、被相続人の死亡時点で直ちに相続により承継されます（最高裁平成3年4月19日第二小法廷判決・民集45巻4号477頁）。

この「相続させる」旨の遺言があると、その相続人は、対象不動産について単独で相続登記をすることができますので、A及びBも、それぞれ単独で（Cや遺言執行者の合意等を取り付けずに）相続登記をしたようです。そこで、実質上財産を取得することができなくなったCは、甲の遺言の無効確認を求めて出訴しましたが、訴訟上の和解によりCがA及びBから「解決金」の支払を受けることで決着をしたものと認められます。

ところで、訴訟上の和解が成立すると、紛争中の民事法律関係は解決し、その効力は確定判決と同一の効力を生ずるので、その訴訟や和解が当事者の馴れ合い等の虚偽の事実に基づくものである場合は格別、民事法律関係を前提とする課税関係も、当然それに従うことになります。

しかし、和解では、判決の場合のように、事実関係を明確に認定した上で、これに法律条項を適用して判断するような手法を採ることはまれであり、要は当事者が互譲の精神で紛争をやめて早期の解決を図ることに重点があるので、その和解条項には、「判決理由」に示されるような事実認定の詳細や法律適用の解釈等が明示されることは少ないようです。

この事例の「解決金」についても、和解条項には、その金額を授受すべき根拠が十分に示されていません。このような場合には、訴訟における当事者の主張及び立証事項のほか、種々の事実関係や事情を参考に正確な事実認定をした上で、課税関係の適用を行う必要があります。

この事例では、Cには、甲の子としての法定相続分の半分（6分の1）の遺留分があるところ、この遺留分を侵害することが明らかな遺贈（相続させる旨の遺言を含みます。）があったわけであり、Cは、この和解によって、受遺者であるA及びBから、Cの個別的遺留分率である6分の1に相当する解決金を収受したことが明らかですから、裁判所は、Cの訴訟提起が遺留分侵害額請求に係るものであり、この解決金の授受については、A及びBに対し、遺留分侵害額に相当する金銭の支払（民法1046①）を行うことが相当であると考えたものと認められます。

したがって、A及びBは、遺留分侵害額の請求に基づき支払うべき金銭の額が確定したことになり、そのことを知った日の翌日から4か月以内に更正の請求をすることができます（相法32三）。また、Cは、特則規定に基づく期限後申告又は修正申告をすることができます（相法30①、31①）。

念のため、A又はBが特則規定に基づく更正の請求を行うかどうかや、Cが特則規定に基づく期限後申告（あるいは修正申告）を行うかどうかは、いずれも任意とされています。しかし、A又はBが特則規定による更正

の請求をして税務署長がその減額更正を行った場合、税務署長はCに対する増額更正又は決定を行うこととなります（相法35③）。

> **根拠条文**
>
> **相法32条（更正の請求の特則）**
> 　相続税又は贈与税について申告書を提出した者又は決定を受けた者は、次の各号のいずれかに該当する事由により当該申告又は決定に係る課税価格及び相続税額又は贈与税額（括弧書省略）が過大となったときは、当該各号に規定する事由が生じたことを知った日の翌日から4月以内に限り、納税地の所轄税務署長に対し、その課税価格及び相続税額又は贈与税額につき更正の請求（括弧書省略）をすることができる。
> 一、二（省略）
> 三　遺留分侵害額の請求に基づき支払うべき金銭の額が確定したこと。
> 四～十（省略）

相続税関係

122 死後認知に関する裁判が確定した場合の相続税の更正の請求等

事例

被相続人甲の相続財産に係る遺産分割協議が共同相続人A、B及びCによって成立し、これらの相続人は、相続税の申告も済ませました。

しかし、その後にXから認知の訴えが提起され、この度、Xの請求が認められてその裁判が確定しました。Xは、すぐに遺産の一部の価額に相当する金銭の支払を求め、現在も裁判中です。

この場合、X及び既に相続税の申告を済ませたA、B、Cは、税務上でどのような手続を行えばよいでしょうか。

回答

Xが認知されたことにより甲の法定相続人が増え、相続税の基礎控除額などが増加することとなりますので、A、B及びCは、Xの認知の裁判が確定したことを知った日の翌日から4か月以内に認知の裁判が確定したことに基づき相続税法の特則規定による更正の請求を行うことができ、その後、その認知の確定によるXの請求に対する弁済すべき額が確定した場合には、その確定したことを知った日の翌日から4か月以内に、再度特則規定による更正の請求を行うことができます。

なお、A、B及びCは、上記2度の更正の請求のうち初回の更正の請求（認知裁判の確定を請求事由とするもの）を行わないで、2回目の更正の請求（価額弁償額の確定を請求事由とするもの）によって一括して請求す

ることも認められています。

　他方、Xは、A、B又はCから弁済を受けた財産を課税価格に算入したところによる特則規定に基づく相続税の期限後申告書を提出することができます。

解説

　認知は、嫡出でない子（非嫡出子＝婚姻の届出をした夫婦間の子でない子）について、父又は母（通常は父）が自己の子であることを認めることをいい、その手続は、戸籍法所定の届出により行われます（民法779、781①）。被相続人となった父に認知された子は、被相続人の子として相続権を有することになります。

　認知は、生前に行わなければならないわけでなく、被相続人が遺言によりすることもできます（民法781②）。

　また、認知は、本来は、父又は母が任意の意思表示によってその子を自己の子と認めるもの（任意認知）ですが、民法は、非嫡出子保護の観点から、裁判による「強制認知」も認めています。すなわち、認知されるべき側の子、子の直系卑属又はこれらの法定代理人は、認知の訴えを提起することができ、その父母の死亡後でも、その死亡の日から3年以内に限り、同様の訴えを提起することができます（民法787）。

　子に係る認知の訴えが認められてその裁判が確定すると、その子は、認知すべきであった者の子としての法律上の権利を取得し、死後認知の場合には、被相続人の相続人としての権利義務を取得することになります。

　ところで、死後認知の裁判の確定により相続人となることが確定した子は、当然に、その被相続人の遺産についての相続権を有することになり、遺産分割協議等の分割手続にも参加することになりますが、その裁判の確

定の時点において、すでに他の共同相続人間で遺産分割協議が調い、分割手続が完了している場合も出てきます。

　一般的に、一部の相続人を欠いて行った遺産分割は無効とされますが、死後認知があったような場合に、当初共同相続人の全員の協議で成立させた遺産分割を無効として新たに被認知者の子を含めて再度の遺産分割協議を行うことは、当事者である共同相続人にとって容易なことでないばかりか、当初の協議が無駄となって相当ではありません。そこで、このような時期において被認知者となる被相続人の子から出される遺産に対する請求については、当初の遺産分割の効力を維持しながら、被認知者には、格別不利とならないように配意して、被相続人の遺産であった財産には手を付けず、すでに遺産を取得した相続人に対する「価額弁償」としての金銭等の価額による請求権のみを認めることとされています（民法910）。

　この事例の場合の相続人が行うべき課税上の手続としては、次のとおりです。

　まず、A、B及びCは、Xが提起した認知の裁判が確定したことにより、非嫡出子である相続人が１人増加したことになり、相続税の基礎控除額が増加することなどにより当初申告の相続税の課税価格及び税額が過大となりますので、その裁判が確定したことを知った日の翌日から４か月以内に特則の更正の請求を行うことができます。その後に、A、B又はCは、Xに対する価額支払額が確定したときは、その弁済すべき金額が確定したことを知った日の翌日から４か月以内に再度特則規定による更正の請求をすることができます（相基通32―3前段）。

　しかしながら、上記の認知の裁判の確定と価額支払額の確定までに時間的な間隔があると、更正の請求を２回行うことになってその手続が煩さである上、当事者は一般には価額支払額の確定時にはじめて紛争が解決した

と認識すると思われることから、この段階で一括して特則規定による更正の請求をすることを認める取扱いがされています。

　すなわち、認知の裁判が確定したことを知った段階では法定相続人の数が増加した事由による特則規定による更正の請求を行わないで、次の段階の弁済すべき金額が確定したことを知った日の翌日から4か月以内に、両方の事由を併せて特則規定による更正の請求があった場合には、当初の相続人の数が増加したことによる事由とその次の価額支払額が確定したことによる事由のいずれの事由による更正の請求も期限内に請求があったものとして取り扱われます（相基通32—3後段）。したがって、認知の裁判が確定したことを事由とする当初の更正の請求は省略しても差し支えないことになります。

　他方、被認知者であるXは、認知裁判の確定後に自己に属する価額支払請求額が確定すれば、そのことにより、特則規定による期限後申告をすることができます。この期限後申告は任意ですが、同じ事由によりA、B又はCが更正の請求をしたことに対応して税務署長がこれらの者に対する減額更正を行うと、税務署長には価額弁償による遺産の請求権を取得したXに対する決定を行う権限が付与されるので（相法35③、32六、相令8二）、Xが期限後申告書を提出しないと、税務署長による決定が行われることになります。

根拠条文　（認知の訴え・相続開始後の被認知者の支払請求権）

民法787条（認知の訴え）
　子、その直系卑属又はこれらの者の法定代理人は、認知の訴えを提起することができる。ただし、父又は母の死亡の日から3年を経過したときは、この限りでない。

民法910条（相続の開始後に認知された者の価額の支払請求権）

相続の開始後認知によって相続人となった者が遺産の分割を請求しようとする場合において、他の共同相続人が既にその分割その他の処分をしたときは、価額のみによる支払の請求権を有する。

相法32条１項（更正の請求の特則）

相続税又は贈与税について申告書を提出した者又は決定を受けた者は、次の各号のいずれかに該当する事由により当該申告又は決定に係る課税価格及び相続税額又は贈与税額（当該申告書を提出した後又は当該決定を受けた後修正申告書の提出又は更正があった場合には、当該修正申告又は更正に係る課税価格及び相続税額又は贈与税額）が過大となったときは、当該各号に規定する事由が生じたことを知った日の翌日から４月以内に限り、納税地の所轄税務署長に対し、その課税価格及び相続税額又は贈与税額につき更正の請求（国税通則法第23条第１項（更正の請求）の規定による更正の請求をいう。第33条の２において同じ。）をすることができる。

一　（省略）
二　民法第787条（認知の訴え）又は第892条から第894条まで（推定相続人の廃除等）の規定による認知、相続人の廃除又はその取消しに関する裁判の確定、同法第884条（相続回復請求権）に規定する相続の回復、同法第919条第２項（相続の承認及び放棄の撤回及び取消し）の規定による相続の放棄の取消しその他の事由により相続人に異動を生じたこと。
三～五　（省略）
六　前各号に規定する事由に準ずるものとして政令で定める事由が生じたこと。
七～十　（省略）

相令８条（更正の請求の対象となる事由）

①　（省略）
②　法第32条第１項第６号に規定する政令で定める事由は、次に掲げる事由とする。
一　（省略）

二　民法第778条の4（相続の開始後に新たに子と推定された者の価額の支払請求権）又は第910条（相続の開始後に認知された者の価額の支払請求権）の規定による請求があったことにより弁済すべき額が確定したこと。
三（省略）
③（省略）

参考通達

相基通32─3（死後認知があった場合の更正の請求）
　被相続人の死亡後に民法第775条又は第787条の規定による嫡出否認又は認知に関する裁判が確定し、その後に同法第778条の4又は第910条の規定による請求に基づき弁済すべき額が確定した場合の更正の請求は、当該認知の裁判が確定したことを知った日の翌日から4月以内に法第32条第1項第2号に規定する事由に基づく更正の請求を行い、その後、当該弁済すべき額が確定したことを知った日の翌日から4月以内に法施行令第8条第2項第2号に規定する事由に基づく更正の請求を行うことになるのであるから留意する。
　なお、民法第775条又は第787条の規定による嫡出否認又は認知に関する裁判が確定したことを知った日の翌日から4月以内に更正の請求が行われず、同法第778条の4又は第910条の規定による請求に基づき弁済すべき金額が確定したことを知った日の翌日から4月以内に、第32条第1項第2号及び法施行令第8条第2項第2号に規定する事由を併せて更正の請求があった場合には、いずれの事由についても更正の請求の期限内に請求があったものとして取り扱うものとする。

相続税関係

123 遺留分侵害額請求に対して遺贈財産の一部を交付することとした場合の課税関係

事 例

3か月前に乙と丙の父甲が亡くなりました。相続人は乙と乙の弟である丙の2名です。甲は、自宅のほか東京都内の3か所に賃貸住宅を所有していましたが、それらのすべてを乙に遺贈する旨の遺言を残していました。そのため丙が乙に対して遺留分侵害額請求をしたところ、乙は、甲から遺贈を受けた賃貸物件のうちS市の賃貸住宅とその敷地を丙に引き渡すこととし、丙もそれで納得しました。この場合、乙及び丙の相続税及び所得税の課税関係はどうなりますか。

回 答

乙が丙に引き渡したS市の賃貸住宅及びその敷地の価額（相続税評価額）は、乙の相続税の課税価格から控除し、当該価額は丙の相続税の課税価格に算入します。

また、丙からの遺留分侵害額請求に対して乙が丙にS市の賃貸住宅及びその敷地を引き渡した行為は、遺留分侵害額請求により生じた債務を代物弁済の方法により弁済したものと考えられますので、譲渡所得課税の問題が生じます。

解 説

1　相続財産の遺贈を受けた受遺者が、遺留分を有する相続人（以下「遺

留分権利者」といいます。）から遺留分侵害額請求を受けたことから、当該遺留分権利者に対し、金銭その他の財産を交付した場合には、当該受遺者の相続税の課税価格の計算上、遺留分権利者に交付した金銭その他の財産の価額を控除することとなります。一方，遺留分侵害額請求により受遺者から金銭その他の財産の交付を受けた遺留分権利者については、当該金銭その他の財産の価額を相続税の課税価格に算入することとなります。

この場合、受遺者が遺留分権利者に交付した金銭等の額が、遺贈の目的となった財産の通常の取引価額を基に算定された金額であるときには、次の算式により、相続税の課税価格から控除する額、又は算入する額を調整する必要があります。

$$\text{交付した金銭等の額(A)} \times \frac{\text{遺留分侵害額請求の基となった財産の相続開始時の価額（相続税評価額）}}{\text{遺留分侵害額請求の基となった財産のAの額を算定した時の価額}}$$

事例のように遺贈に係る財産を遺留分権利者に交付した場合には、相続税の課税価格から控除する額又は算入する額は、当該財産の相続税評価額によることとなります。

2 平成30年の民法改正前においては、遺留分が侵された場合に遺留分権利者が遺留分に関する権利を行使すると、当然に物権的効力が生じ、遺贈の一部が無効となり、原則として、その者の遺留分に関する請求額の限度において、遺贈の対象となった財産は遺留分権者と遺贈を受けた者の共有になるとされていました。ただし、遺贈を受けた者が、遺留分に関する請求の限度において遺留分権利者に遺贈の目的となった財産の価額を弁済することにより遺贈の目的となった財産が共有となることを回避することができました（平成30年改正前民法1041）。

しかしながら、平成30年改正後は、遺留分の侵害があった場合に遺留分権利者は受遺者に対して遺留分侵害額に相当する金銭の請求ができることとされました（改正後民法1046）。つまり、平成30年改正後においては、遺留分侵害額の請求をすることにより、被相続人の遺産の一部が遺留分権利者に帰属することとはならないこととなりました。ただし、当事者の合意により、金銭の支払いに代えて遺贈の目的となった財産を交付することも否定されるものではありません。この場合、金銭の支払いに代えて遺贈の目的となった財産を交付する合意は、代物弁済契約とみることができます。このため、遺留分権利者に対して、遺贈の目的である財産を交付した者については、当該交付が財産の譲渡に当たりますので、譲渡所得が生じることとなるときには所得税が課税されることとなります。遺留分侵害額請求を受けた受遺者が遺贈により取得した財産以外の財産（当該受遺者の固有財産）を遺留分権利者に交付することも可能ですが、上記と同様に所得税が課されることとなります（所基通33－1の6）。

なお、遺留分権利者が、遺留分侵害額に対して譲渡所得の基因となる財産の交付を受けた場合において、当該財産の交付を受けた遺留分権利者が将来当該財産を譲渡したときの譲渡所得の金額の計算上控除する取得費は、原則として、当該交付を受けたことにより消滅することとなった遺留分侵害額請求権の額となります（所基通38－7の2）。

根拠条文

所得税基本通達33―1の6（遺留分侵害額の請求に基づく金銭の支払に代えて行う資産の移転）

　民法第1046条第1項《遺留分侵害額の請求》の規定による遺留分侵害額に相当する金銭の支払請求があった場合において、金銭の支払に代えて、その債務の全部又は一部の履行として資産（当該遺留分侵害額に相当する金銭の支払請求の基因となった遺贈又は贈与により取得したものを含む。）の移転があったときは、その履行をした者は、原則として、その履行があった時においてその履行により消滅した債務の額に相当する価額により当該資産を譲渡したこととなる。

㊟　当該遺留分侵害額に相当する金銭の支払請求をした者が取得した資産の取得費については、38―7の2参照

所得税基本通達38―7の2（遺留分侵害額の請求に基づく金銭の支払に代えて移転を受けた資産の取得費）

　民法第1046条第1項の規定による遺留分侵害額に相当する金銭の支払請求があった場合において、金銭の支払に代えて、その債務の全部又は一部の履行として資産の移転があったときは、その履行を受けた者は、原則として、その履行があった時においてその履行により消滅した債権の額に相当する価額により当該資産を取得したこととなる。

相続税関係

124 遺産中の土地所有権が他人に帰属すること及び遺産分割が確定した場合の相続税の更正の請求

事　例

　被相続人甲の相続人は、長男A、次男B及び長女Cの3人の子です。

　甲は、遺言で、相続税の納付に支障のないよう遺産中のすべての預金を分割して各相続人に取得させる旨と、他の遺産について、被相続人の死亡後5年間分割を禁止するという指示をしていました。

　そこで、相続人らは、取得した預金の価額と、その他の財産について各人3分の1の割合計算した価額を計上して相続税の申告書を提出しました。

　ところが、この度、叔父（甲の弟）の乙から相続人らに対し、甲の遺産中のP土地については、乙が他から購入したものであるとして、その土地の引渡しと、甲名義となっていた同土地の乙名義への更正登記に応ずるよう求めてきました。相続人らは、そのような事実を承知しておらず、乙の主張を争う旨伝えたところ、乙は、このほど、裁判所に対し、同土地の所有権が乙にあることの確認と乙への所有名義の更正登記を求める訴訟を提起しました。

　この場合に、既に済ませた相続税の申告について、現在係争中のP土地について裁判により乙の所有であることが確定した場合又は遺言の対象外の遺産について分割が確定して小規模宅地等の特例適用を求める場合には、相続人らは、既に申告した相続税の減額是正を求めて更正の請求等をすることができますか。

回 答

　相続人らは、乙の訴訟提起による裁判の結果、P土地の所有権が乙にある旨の判決があってそれが確定した場合には、その判決確定の日の翌日から4か月以内に、税務署長に対し、更正の請求をすることができます。

　また、原則として申告期限後3年以内（遺言により5年間の分割禁止がされているようなやむを得ない事情がある場合において、税務署長の承認を受けたときはその財産の分割ができることとなった日まで）に遺産分割が行われ特例対象宅地等を取得した相続人いるときは、その分割による取得の日の翌日から4か月以内に、税務署長に対し、小規模宅地等の特例の適用を求める更正の請求をすることができます。

解 説

　相続税の申告をした相続人等は、その申告税額が、税法の規定に従っていなかったこと又は計算に誤りがあったことにより過大であることが判明した場合には、法定申告期限から5年以内に限り、更正の請求をすることができます（通則法23①一）。

　申告納税方式による国税では、納税者が自己の申告に係る課税標準等又は税額等についての法律上の減額是正手続としては、原則として上記の国税通則法第23条第1項に定める更正の請求のみですが、例外的に上記更正の請求の制限期間後においても、特定の事由が生じた場合に更正の請求ができる制度が設けられています。この特則規定による更正の請求には、国税通則法による「後発的事由による更正の請求」（通則法23②）と各税法の規定による特則・特例の更正の請求とがあります。

　相続税法においては、「更正の請求の特則」として、相続税の更正の請

求（相法32一～九）及び贈与税の更正の請求（相法32十）の各規定があります。

　事例においては、乙の訴訟提起による民事裁判の結果、相続税の申告に含まれていた係争中のP土地の所有権が乙に帰属する旨の判決があり、その判決が確定した場合には、相続税法第32条《更正の請求の特則》に規定する更正の請求をすることができます（相法32六、相令8②一）。すなわち、相続人らは、その判決が確定した日の翌日から4か月以内に、税務署長に対し、更正の請求書を提出することができます。

　ところで、小規模宅地等の特例については、相続税の申告期限までに共同相続人間で特例対象宅地等が分割されていない場合には、適用されません（措法69の4④本文）。ただし、未分割の特例対象宅地等が申告期限から3年以内に分割された場合又はその後であっても分割されていないことにつき、一定のやむを得ない事情がある場合で税務署長の承認を受けたときは、この特例の適用をすることができます（措法69の4④ただし書）。

　申告期限から3年を経過しても分割がされていない理由が、相続又は遺贈について訴えが提起された場合のほか、分割禁止の遺言があったような場合には、やむを得ない事情がある場合に該当しますので税務署長の承認を受けていれば、その後の分割によって、特例適用が認められます（相法69の4④ただし書、措令40の2㉓㉕、相令4の2準用）。

　この場合の手続は、申告期限後3年を経過する日の翌日から2か月を経過する日までに税務署長に対し、「遺産が未分割であることについてやむを得ない事由がある旨の承認申請書」を提出してその承認を受けておくことと、分割がされた場合には、特例の更正の請求によって、小規模宅等の特例を適用して計算した課税価格に基づく相続税額に減額を求めることです（相法32八、措令40の2㉖）。

本件の場合には、申告期限から３年を経過した時点でやむを得ない事由がある旨の承認を受けておき、その後遺産分割により小規模宅地等を取得した相続人又はそのことにより申告相続税額が過大となる者は、その遺産分割の日の翌日から４か月以内に更正の請求をすればよいことになります。

根拠条文　（相続税の更正の請求の特則）

相法32条１項（更正の請求の特則）
　相続税又は贈与税について申告書を提出した者又は決定を受けた者は、次の各号のいずれかに該当する事由により当該申告又は決定に係る課税価格及び相続税額又は贈与税額（当該申告書を提出した後又は当該決定を受けた後修正申告書の提出又は更正があった場合には、当該修正申告書又は更正に係る課税価格及び相続税額又は贈与税額）が過大となったときは、当該各号に規定する事由が生じたことを知った日の翌日から４月以内に限り、納税地の所轄税務署長に対し、その課税価格及び相続税額又は贈与税額につき更正の請求（国税通則法第23条第１項（更正の請求）の規定による更正の請求をいう。第33条の２において同じ。）をすることができる。
一～五（省略）
六　前各号に規定する事由に準ずるものとして政令で定める事由が生じたこと。
七（省略）
八　第19条の２第２項ただし書の規定に該当したことにより、同項の分割が行われた時以後において、同条第１項の規定を適用して計算した相続税額がその時前において同項の規定を適用して計算した相続税額と異なることとなったこと（第１号に該当する場合を除く。）。
九、十（省略）

措法69条の４（小規模宅地等の相続税の課税価格の計算の特例）
①～④（省略）
⑤　相続税法第32条第１項の規定は、前項ただし書の場合その他既に分割された当該特例対象宅地等について第１項の規定の適用を受けていなか

相続税関係

った場合として政令で定める場合について準用する。この場合において、必要な技術的読替えは、政令で定める。

⑥～⑩（省略）

相令8条（更正の請求の対象となる事由）

① （省略）

② 法第32条第１項第６号に規定する政令で定める事由は、次の掲げる事由とする

　一　相続若しくは遺贈又は贈与により取得した財産についての権利の帰属に関する訴えについての判決があったこと。

　二、三（省略）

③ （省略）

措令40条の２（小規模宅地等の課税価格の計算の特例）

①～㉒（省略）

㉓　相続税法施行令（昭和25年政令第71号）第４条の２第１項の規定は、法第69条の４第４項ただし書に規定する政令で定めるやむを得ない事情がある場合及び同項ただし書に規定する分割ができることとなった日として政令で定める日について準用し、相続税法施行令第４条の２第２項から第４項までの規定は、法第69条の４第４項の規定ただし書に規定する政令で定めるところによる納税地の所轄税務署長の承認について準用する。この場合において、相続税法施行令第４条の２第１項１号中「法第19条の２第２項」とあるのは、「租税特別措置法（昭和32年法律第26号）69条の４第４項（小規模宅地等についての相続税の課税価格の計算の特例）」と読み替えるものとする。

㉔　法第69条の４第５項に規定する政令で定める場合は、既に分割された特例対象宅地等について、同条第１項の相続又は遺贈に係る同条第４項に規定する申告期限までに特例対象山林の全部又は一部が分割されなかったことにより同条第１項の選択がされず同項の規定の適用を受けなかった場合において、当該申告期限から３年以内（当該期間が経過するまでに当該特例対象山林が分割されなかったことにつき、やむを得ない事情がある場合において、納税地の所轄税務署長の承認を受けたときは、当該特例対象山林の分割ができることとなった日の翌日から４月以内）

に当該特例対象山林の全部又は一部が分割されたことにより当該選択ができることとなったとき（当該相続若しくは遺贈又は贈与により財産を取得した個人が同項又は法第69条の5第1項の規定の適用を受けている場合を除く。）とする。

㉕　（省略）

㉖　法第69条の4第5項において、相続税法第32条第1項の規定を準用する場合には、同項8号中「19条の2第2項ただし書」とあるのは「租税特別措置法（昭和32年法律第26号）第69条の4第4項ただし書（小規模宅地等についての相続税の課税価格の計算の特例）又は租税特別措置法施行令（昭和32年政令第43号）第40条の2第24項（小規模宅地等についての相続税の課税価格の計算の特例）」と、「同項の分割」とあるのは「これらの規定に規定する分割」と、「同条第1項」とあるのは「同法第69条の4第1項」と読み替えるものとする。

㉗　（省略）

贈与税関係

贈与税関係

125　子が親から無利子で金銭の貸与を受けた場合の取扱い

事例

　Aの父甲は、3年前に亡くなりました。Aは、現在、某大学の医学部に在学中ですが、甲の死亡当時は高校生で、大学の医学部入学を目指していたので、Aの長期にわたる学費等の出費の負担に配意して、遺産分割協議では、甲の遺産中の賃貸マンションを相続することができました。

　しかし、Aは、その賃貸マンションの価額が高額であったことから他の財産を取得せず、相続税の納税資金がなかったので銀行から融資を受けて納付し、その後賃貸料収入の大半を銀行借入金の返済に充ててきました。一方、母乙は、預金等の多くを相続により取得しましたが、預金利子収入はわずかにすぎません。

　Aのマンションの賃貸料収入については、その相当部分が上記銀行借入れの返済に充てられており、その利子負担も大きいことから、Aは、当初の目論見のようにその収入を学費等に有効に使うことができない状況です。

　そこで、Aは、乙に預金を解約してもらい、それを乙から借り受け、銀行借入金の残債額相当額を一括返済し、今後、銀行の月額返済額の元本部分に相当する金額を毎月乙に返済することとしました。

　このような場合には、Aが乙への返済を約定どおり継続するのであれば、借入金相当額がそのまま全額贈与と認定されて贈与税が課税されることはないと思いますが、Aが受ける無利子による経済的利益について贈与税等が課されることになるのでしょうか。

回 答

　Aは、乙から銀行借入金残債額に相当する金銭を無利子で借り受けてその銀行借入金の全額を返済し、その後、Aに元本のみ返済していますが、Aが享受する乙からの経済的利益の供与については、贈与税の課税対象とはされません。

解 説

　Aが、乙からAの銀行借入金残債額に相当する金銭を無利子で借り受けてその銀行借入金の全額を返済し、毎月の賃貸マンションの賃料収入をもって乙からの借入金の元本を返済する行為は、無償の金銭消費貸借であるといえます。これまでAは銀行からの借入金について毎月利子を支払ってきましたが、その残債額の全部について乙から調達した資金をもって一括して返済し、しかも、利子の負担をする必要がなくなったためAは甲から経済的利益を受けることになりました。このような場合、その借入金残債額に相当する金額の贈与があったとみられるケースがないとはいえませんが、本事例においては、Aはその金額を受け取った後にその元金を約定どおり乙に返済しており、今後も引き続き返済していくことが可能であると認められますから、この行為が贈与と認定されることはなく、乙からAに対する無利子での金銭消費貸借であると認めることが相当であると思われます。

　このような無利子での金銭消費貸借が行われた場合には、原則として、無利子で金銭の貸与を受けたことによる経済的利益について、「対価を支払わないで利益を受けた」として相続税法第9条（その他の利益の享受としてのみなし贈与）の規定が適用されます（相基通9―10本文）。

贈与税関係

　ところで、配偶者及び民法第877条《扶養義務者》に規定する直系血族、兄弟姉妹には相互に扶養義務があり（民法877①）、そのほか、家庭裁判所が審判により特別の事情があると認めたときには三親等内の親族にも扶養義務が発生します（民法877②、相法1の2一）。なお、税務の取扱いでは、家庭裁判所の審判がない場合であっても、生計を一にする三親等内の親族について、扶養義務者に該当することとしています（相基通1の2—1）。

　これらの扶養義務者相互間での扶養義務の履行として行われる行為は、それが贈与であっても、現実の課税上では、円滑な家族関係の維持として配慮をすべきであることから贈与税の課税対象からは除かれています（相法21の3①二）。

　また、夫と妻、親と子、祖父母と孫等の各組合せの中の特殊関係者相互間において、無利子の金銭貸与、無償の土地家屋の貸与等があった場合で、その利益を受ける金額が少額である場合又は課税上弊害がないと認められる場合には、利益の享受があったとしての贈与税の課税を強いて行わなくてもよいという取扱いが定められています（相基通9—10ただし書）。

　この事例の場合は、親が子の教育費としての負担に代えて無利子の金銭貸与を行うものであって、必ずしも扶養義務の履行とはいえませんが、間接的に親が子の教育費を援助していると考えることもでき、また元本の贈与でなく利子相当額のみの経済的利益の供与であることを考慮すると、Aが受けるこの経済的利益の享受について贈与税の課税対象としなくても、「課税上弊害がない」といえますから、上記通達に定める取扱いの対象に該当するものとして贈与税は課されないでしょう。

参考通達

相基通 9 —10（無利子の金銭貸与等）

　夫と妻、親と子、祖父母と孫等特殊の関係がある者相互間で、無利子の金銭の貸与等があった場合には、それが事実上贈与であるのにかかわらず貸与の形式をとったものであるかどうかについて念査を要するのであるが、これらの特殊関係のある者間において、無償又は無利子で土地、家屋、金銭等の貸与があった場合には、法第9条に規定する利益を受けた場合に該当するものとして取り扱うものとする。ただし、その利益を受ける金額が少額である場合又は課税上弊害がないと認められる場合には、強いてこの取扱いをしなくても妨げないものとする。

贈与税関係

126 土地を贈与により取得した場合の贈与税の課税時期

事　例

　甲は、今から8年前に、長男Aに対し、将来Aの自宅の敷地として利用すべきことを言い含めて、甲の自宅の近くに所在するR土地200㎡を贈与する意向を伝えたところ、Aは受諾の意思を表明しました。しかし、甲及びAは、その贈与がAとその兄弟との紛争の原因となることを危惧して、当面はR土地の贈与の登記は行わないこととしました。ただその際に、Aは、甲の心変わりを心配して、甲とAとの間でR土地の贈与契約書を作成し、これに公証人役場で確定日付印をもらって保存しています。

　この8年間、R土地は更地のままであり、その維持管理や固定資産税の納付は、従前どおり甲の負担で行ってきました。

　本年4月に至り、R土地についてA名義に贈与登記をしました。

　R土地の贈与に係る贈与税は、どの年分の贈与税として課税されますか。甲とAとの贈与の契約は、その契約書の作成日から8年が経過していていますので、時効のため課税されずに済むことにはなりませんか。

回　答

　8年前の確定日付印のあるR土地の贈与契約書が存在しているとしても、AがR土地を甲の贈与により取得した時期は、その契約書の作成時点ではなく、本年4月であると認められますから、Aに対するR土地の

贈与に係る贈与税は、本年分の贈与税として課税されます。

解説

　贈与税の課税時期とされる贈与による財産取得の時期は、その贈与が贈与契約書等の書面による贈与である場合には、その契約の効力発生の時（一般的には、契約書の作成日付として記載された日）により、書面によらない口約束の贈与等である場合は、その履行の時によるとされています（相基通1の3・1の4共―8(2)）。

　これは、民法第549条《贈与》の規定が、贈与契約を贈与契約の一方の当事者である贈与者の財産の無償による付与の意思表示と他方の当事者である受贈者の受諾による合意とをもって発効する旨を規定した「諾成契約」としているためです。また、書面によらない贈与について履行の時としたのは、民法第550条《書面によらない贈与の解除》に、書面によらない贈与については履行が終わるまで各当事者が解除することができるとする法定撤回権が設けられていることから（民法550本文）、この撤回が制限されることになる「履行の時」としたものと考えられます（民法550ただし書）。

　しかし、贈与は通常直系血族等の近親間や夫婦間で行われますから、殊更に書面を作成しない場合が多く、また、贈与契約書等の書面を作成しても、これが必ずしも真実の取引内容を示すものとは限らないといった事情もあります。

　そこで、実務上の取扱いとして、相続税法基本通達に「財産取得の時期の特例」の定めが設けられています。これによれば、「所有権等の移転の登記又は登録の目的となる財産について上記の取扱い（相基通1の3・1の4共―8(2)）により贈与の時期を判定する場合において、その贈与の時

期が明確でないときは、特に反証のない限り、その登記又は登録があった時に贈与があったものとして取り扱うものとする。」とされています（相基通1の3・1の4共—11）。

　実際には、登記や登録の目的となる不動産や上場株式等の贈与時期は、この特例的取扱いによって、所有権移転登記や名義書換えの時点で贈与があったと判定されることが多いようです。

　この事例のR土地の贈与についても、事実関係を総合的に捉えると当初の甲とAとの贈与の合意時点や贈与契約書の作成日ないし確定日付印の日をもって贈与の時期と判定するには難点があり、贈与登記の日に贈与があったとするのが相当と思われます。

　ちなみに、不動産の贈与について、贈与登記をすることなく、公正証書による贈与契約書を作成しておき、贈与税の決定処分の期間制限（現行法では法定申告期限から6年間）を経過した後に登記を行った事案について、土地建物を贈与する旨の公正証書は、真実贈与の意思で作成されたものではなく、所有権移転登記の時期に贈与が履行されたとして、登記の時をもって贈与の時と認定した判決があります（最高裁平成11年6月24日第一小法廷決定〈上告棄却〉、原審：名古屋高裁平成10年12月25日判決〈控訴棄却〉・訟務月報46巻6号3041頁）。

根拠条文

民法549条（贈与）

　贈与は、当事者の一方が自己の財産を無償で相手方に与える意思を表示し、相手方が受諾をすることによって、その効力を生ずる。

民法550条（書面によらない贈与の解除）

　書面によらない贈与は、各当事者が解除することができる。ただし、履行の終わった部分については、この限りでない。

参考通達

相基通1の3・1の4共―8（財産取得の時期の原則）

　相続若しくは遺贈又は贈与による財産取得の時期は、次に掲げる場合の区分に応じ、それぞれ次によるものとする。
(1) 相続又は遺贈の場合　相続の開始の時（失踪の宣告を相続開始原因とする相続については、民法第31条《失踪の宣告の効力》に規定する期間満了の時又は危難の去りたる時）
(2) 贈与の場合　書面によるものについてはその契約の効力の発生した時、書面によらないものについてはその履行の時

相基通1の3・1の4共―11（財産取得の時期の特例）

　所有権等の移転の登記又は登録の目的となる財産について1の3・1の4共―8の(2)の取扱いにより贈与の時期を判定する場合において、その贈与の時期が明確でないときは、特に反証のない限りその登記又は登録があった時に贈与があったものとして取り扱うものとする。（ただし書き省略）

贈与税関係

127　賃貸中のビルを贈与する場合の預かり保証金等の取扱い

事例

　甲は、賃貸ビルを所有していますが、長男Aが大学を卒業したのを機に、賃料収入をAに帰属させるために、その所有名義をAに変更したいと考えています。このビルは、建築後30年ほどが経っています。

　この建物のみの現況での通常の取引価額は4,500万円ですが、本年度分の固定資産税評価額は3,000万円です。このビルは、立地がよく、常時満室の状態です。また、甲がテナントから預託を受けていて退去時に返還すべき保証金は、総額で2,000万円です。

　甲がAに対してこの賃貸ビルである建物のみを贈与し、その敷地である土地は使用貸借として甲がAに無償で貸与することとした場合のこの取引に係るAの課税関係は、どうなりますか。

　また、甲がこの賃貸ビルの贈与登記時に、Aが預かり保証金の将来の返還に充てるための資金として現金預金2,000万円を併せて贈与した場合には、どうですか。

　なお、この建物が所在する地域の借家権割合は30％です。

回答

　Aが甲から贈与により取得したビル建物の価額は通常の取引価額の4,500万円であり、この金額からAが負担する保証金等返還債務の額2,000万円を控除した2,500万円が、Aが甲からの贈与により取得した価

額となります。これによるAの贈与税額は、810万5,000円です。

この事例の後段の質問では、上記の保証金等の返還債務の実質的承継はないことになるので、単純贈与として、ビル建物の貸家としての相続税評価額2,100万円が取得財産価額となり、贈与税額は630万5,000円となります。

解 説

賃貸ビルの建物を贈与すると、その賃貸人であった贈与者が賃借人との間で締結した建物賃貸借契約に基づき賃借人から預かった保証金や敷金の返還債務も新家主となる受贈者に承継されると解されています（後掲の「参考判例」参照）。

したがって、この事例にあるように、賃貸ビルの所有者がそのビル建物を贈与すると、その贈与を受けた新所有者は、同ビルの所有権の取得に伴い旧所有者の賃貸人の地位も承継するので、その賃料収入は新所有者に帰属するほか、旧所有者が負っていた保証金等の返還債務も承継することになります。

このような賃貸ビルの贈与では、保証金等の返還債務の承継を伴うことから、その贈与は負担付贈与に該当します。そして、負担付贈与に係る贈与財産の価額は、負担がないものとした場合における贈与財産の価額からその負担額を控除した価額によります（相基通21の2－4）。

ところで、負担付贈与又は対価を伴う取引により取得した土地等及び家屋等の価額については、相続税評価額による価額でなく、「通常の取引価額」によって評価するという取扱いがあります（平成元年3月29日付直評5個別通達（いわゆる「負担付贈与通達」）。552ページ「参考通達」参照）。

したがって、負担付贈与と認められる事例前段の質問では、贈与財産の

建物の価額は、通常の取引価額である4,500万円とされますが、単純贈与となる事例後段の質問では、財産評価基本通達に従い次の算式により求められる同建物の相続税評価額である2,100万円になります。

〈算式〉

3,000万円×(1－0.3)＝2,100万円（賃貸ビル建物の評価額）

参考判例 （建物の賃貸人が変更の場合の差入敷金の取扱い）

最高裁昭和44年7月17日第一小法廷判決・民集23巻8号1610頁

　建物賃貸借契約において、当該建物の所有権移転に伴い賃貸人たる地位に承継があった場合には、旧賃貸人に差し入れられた敷金は、未払賃料債務があればこれに当然充当され、残額についてその権利義務関係が新賃貸人に承継される。

大審院昭和11年11月27日判決・民集15巻2110頁
〈要旨〉
　賃貸中の建物の所有権を譲り受けて賃貸人となった者が旧所有者に差し入れてある敷金を引き継がないものとするためには、新旧所有者及び賃借人の間でその旨の合意をしなければならない。

128　祖父が孫に大学入学金資金を贈与した場合の課税

> **事　例**
>
> 　甲は、孫A（18歳）に対し、Aの大学入学金1,000万円を大学の指定銀行口座に振り込むことにより贈与しました。
> 　これは、Aの父で甲の長男である乙が自宅の新築直後で資金の余裕がないことに配慮し、併せてAの入学を祝し学費の一部を支援するために、甲が直接Aに話して行ったものです。
> 　Aが甲からの贈与により取得した資金は、扶養義務者が教育費に充てるためにした贈与で通常必要と認められるものに該当し、贈与税は非課税とされますか。
> 　祖父甲が孫Aの扶養義務者に該当しても、父乙に第一次的な扶養義務があり、入学金は乙が負担すべきであるから、甲の支出金は乙に対する通常の贈与であって、乙に贈与税が課税されるということにはならないでしょうか。
> 　また、乙は、弟丙から「甲の相続時には、この贈与は乙の特別受益となる。」と言われていますが、そういうことになりますか。

回　答

　甲とAとは直系血族ですから、相互に扶養義務者となり、甲がAに対してした入学金資金の贈与は、教育費に充てるための贈与として贈与税の非課税財産に該当します。

　甲は自らがAの扶養義務者としてAに対し贈与したものであって、乙

に対して贈与したものではありませんから、乙に贈与税が課されることはありません。

なお、この資金は、甲が推定相続人でないＡに対して贈与をしたものであって、その後の甲の相続開始時に、それが相続人乙の特別受益となって、乙が取得することができる甲の遺産が減少することにはなりません。

解　説

民法の規定によれば、夫婦、直系血族及び兄弟姉妹には互いに扶養する義務があります（民法752、877①）。このほか、家庭裁判所は、特別の事情があるときは、三親等内の親族に扶養義務を負わせることができるとされています（民法877②）。相続税法は第１条の２第１号において、配偶者及び上記民法877条に規定する親族を「扶養義務者」と定義しており、実務の取扱いでは、上記の者のほか、三親等内の親族で生計を一にする者について、家裁の審判がない場合でも扶養義務者に含めることにしています（相基通１の２－１）。

贈与税の非課税財産については、相続税法第21条の３第１項にその定めがありますが、その第２号に「扶養義務者相互間において生活費又は教育費に充てるためにした贈与により取得した財産のうち通常必要と認められるもの」を規定しています。

事例では、贈与の当事者である甲とＡは直系血族の関係にありますから相互に扶養義務者に該当し互いに扶養義務を負います。また、当事者の扶養義務関係につき父母と子を第１順位とし、祖父母と孫を第２順位とするような法的規定は存在しません。すなわち、民法第878条《扶養の順位》は、扶養義務者が数人いる場合の扶養をすべき者の順序について当事者間の協議によるべきとし、これが調わないときは、家庭裁判所がこれを定め

るとしていますが、贈与税の非課税規定においては、贈与の当事者について「扶養義務者相互間」と定めるのみで、直系血族間では親等の近い者が優先するなどの定めは存在しません。

　また、相続税法第21条の3第1項第2号に規定する「通常必要と認められるもの」については、「被扶養者の需要と扶養者の資力その他一切の事情を勘案して社会通念上適当と認められる範囲の財産をいうものとする。」とされ（相基通21の3－6）、教育費については義務教育に係るものに限らないとされています（相基通21の3－4）。

　したがって、この事例のように扶養義務者である父がいるのに、祖父が孫に対して教育費に充てるために大学入学の手続上必要な多額の入学金資金の贈与をしたとしても、贈与税は非課税となります。

　なお、その資金贈与が乙に対して行われたことが明確でない限り、受贈者Aへの贈与が乙に対する贈与であると認定されることはないでしょう。

　以上述べたように、この入学資金の贈与が甲からAへの贈与であって甲の推定相続人である乙への贈与でないとすれば、将来、甲に相続が開始した時に、この贈与が乙の特別受益とされることはないといえます。

贈与税関係

129　親子間で行う家屋の無償貸借による経済的利益の課税

> **事　例**
>
> 　甲は、かねてより自己の住宅を買い換えたいと考えていたところ、過日、近隣に手頃な新築の戸建住宅が売り出されましたのですぐに購入しました。しかし、種々の事情から現住居を直ちに売却して購入した新築住宅に転居することができないまま数か月が経過しました。
> 　この度、隣町のアパートに住んでいる長男Aの要請により、5年間の予定でその建売住宅をAに貸与することにしました。
> 　この貸与期間中の家賃等について、無償とする場合又は月額6万円を授受する場合について、Aに対する贈与税等の課税は、どのように取り扱われますか。
> 　なお、この付近の類似の家屋を他に賃貸する場合の通常の家賃は、月額15万円程度です。

回　答

　Aが甲からこの住宅を無償で借り受ける場合には、原則として、Aがその借受期間中の各年に通常なら支払うべきである家賃相当額について甲からの経済的利益の享受として、贈与税の課税の対象とされます。しかし、Aが甲からの経済的利益を享受することとなっても、課税上弊害がないと認められる場合には、Aに贈与税は課税されません。

　Aが甲に対して家賃6万円を支払う場合には、Aが甲から供与される経済的利益の金額は少額であると認められると思われますので、Aに贈

与税は課税されません。

解　説

　贈与税は、個人が個人からの贈与により取得した財産を課税の対象としています。

　ところで、「贈与により取得した財産」といっても、相続税法では、その「贈与」の定義ないし範囲について何ら規定していないので、民法第549条以下に定める契約である「贈与」を指すことになります。しかし、この「贈与」以外の法律行為や取引等でも贈与と同様の効果を生ずる財産の無償移転や利益の供与を伴うことがあり、このような取引等を法律上贈与に該当しないことで贈与税の課税の対象外としたのでは、課税の公平が保たれません。

　そこで、相続税法は、それらの贈与以外の取引等を「贈与」と擬制すること（贈与とみなすこと）により、「贈与による財産取得」の範疇にあるものとして贈与税の課税対象に取り込んでいます（相法5～9の6）。

　このうち相続税法第9条《その他の利益の享受》については、この規定に該当する具体的取引等が不明確ですので、その取引等の例が相続税法基本通達に例示されています。

　同通達中の9─10の定めは、後掲の「参考通達」欄に記載のとおりです。

　個人間における贈与の場合についてみると、贈与が無償であり、贈与者のみが義務を負う片務契約であることなどから、親密な親族間で行われるのが通常ですが、この通達9─10の取扱いは、中でも、生計維持面での密接な関係のある夫婦間、親子間、祖父母孫間等の特殊関係者相互間において行われる取引等のうち、間接的な贈与ともいえる経済的利益の供与について、緩和した課税上の取扱いを定めていると理解することができます。

すなわち、この通達9―10では、通達本文による取扱いと通達ただし書による取扱いとに区分することができます。通達本文の取扱いは、一般的な無償による土地家屋の貸与や無利子の金銭貸与による経済的利益が原則的には贈与税の課税対象となることを定めたものであり、この特殊関係者間での取扱いは、添え書き部分の「それが事実上贈与であるのにかかわらず貸与の形式をとったものであるかどうかについて念査を要するのであるが」にその取扱いの意図が示されていますが、相続税法第9条の利益を受けた場合に該当するとの点は、特殊関係者に限る取扱いではありません。

この通達の実際上の意義は、通達ただし書部分、すなわち「特殊関係者相互間の取引等により利益を受ける金額が少額である場合又は課税上弊害がないと認められる場合には、強いて贈与税の課税対象としなくてもよい。」というところにあります。この通達ただし書部分は、家庭生活において直接の扶養関係にある密接な親族相互間での利益の供与や享受には、贈与税制の執行において円滑な家族関係に足を踏み入れない趣旨とも考えられます。

この通達のただし書の取扱いの要件となっている「受益金額が少額」とは、具体的にどこまでの金額をいうのか定かでありません。実務の運用上では年間の受益金額が贈与税の基礎控除額に相当する110万円以下をいうとされているようですが、通常の住宅家屋の家賃程度ならば「少額」の範ちゅうに含まれるという見解もあるようです。

また、「課税上弊害がない」ことについては、これも不確定な要件であってどのような取引行為をもって課税上弊害がないというのか不明ですが、その無償貸与が相続税や贈与税の課税回避や節税の名の下に行われる異常な行為であれば、これに該当するでしょう。具体的には、「課税上弊害がある場合の事例」を想定してみて、そのような行為には該当しないものを「課税上弊害がない」と認定することができるでしょう。

例えば、子に高級なマンションを無償貸与するために、親が子に無償貸与する賃貸マンションを新たに賃借して貸与するような場合や、有利子で多額の借入れをしてその全額を無利子で貸与するなどの例が課税上弊害がある場合と考えられるので、そのような事例に類似しない態様の例では、課税上弊害がないと推認できるでしょうが、その貸与者と借受者の事情等を考慮してケース・バイ・ケースで判断することになると思われます。

　この事例では、甲が購入した土地家屋をＡに対し住居として無償で貸与するとしていますが、この使用貸借は親子間で行われたものであり、甲はＡに無償貸与するためにその土地家屋を購入したものではなく、その貸与期間も５年に限っていることなどの事情を総合勘案しますと、この家屋の無償貸与は課税上弊害がないと認定できそうです。

　なお、通達ただし書の取扱いの前提要件の「受益金額が少額」と「課税上弊害がない」は選択的接続詞の「又は」で繋がっていますので、そのいずれかに該当すれば、他方の要件にも該当するかどうかに関わりなく、その前提要件を満たすことになります。

参考通達

相基通９―10（無利子の金銭貸与等）
　夫と妻、親と子、祖父母と孫等特殊の関係がある者相互間で、無利子の金銭の貸与等があった場合には、それが事実上贈与であるのにかかわらず貸与の形式をとったものであるかどうかについて念査を要するのであるが、これらの特殊関係のある者間において、無償又は無利子で土地、家屋、金銭等の貸与があった場合には、法第９条に規定する利益を受けた場合に該当するものとして取り扱うものとする。ただし、その利益を受ける金額が少額である場合又は課税上弊害がないと認められる場合には、強いてこの取扱いをしなくても妨げないものとする。

贈与税関係

130 親子間で土地の低額売買が行われた場合の課税関係

事例

　父は平成2年にC市の土地を7,000万円で買いました。平成2年当時は、地価が高騰していた時代で、7,000万円という購入価額は、当時としては時価相当の価額でしたが、今にして思えば、買うタイミングが悪かったといえます。父はこの土地の値上がりを待って、譲渡するつもりだったようですが、いわゆる土地バブルの崩壊後、このあたりの地価が大幅に下落してしました。その後、持ち直して、この土地の現在の時価（通常の取引価額）は6,000万円（相続税評価額は4,800万円）です。

　最寄り駅周辺の開発が進んでおり、今後、この土地の値上がりが期待されますので、私が父からこの土地を買い、当面は、駐車場として利用したいと考えています。父は、この土地を2,500万円から3,500万円程度で私に譲ってもいいといっていますが、課税上、注意すべきことがありますか。

回答

　質問者は、著しく低い価額でC市の土地を譲り受けたこととなり、譲受価額と時価6,000万円の差額に対して贈与税が課されることとなります。

　また、父が時価の2分の1未満の価額でC市の土地を譲渡した場合に生じた譲渡損はないものとみなされます。この場合、質問者のC市の土地の取得価額は、父の取得価額である7,000万円が引き継がれることとな

ります。

解説

1　個人が、著しく低い価額の対価で財産の譲渡を受けた場合において、その財産を譲り受けた時において、その財産を譲り受けた者が、その譲受価額とその財産を譲り受けた時におけるその財産の時価との差額に相当する金額をその財産を譲渡した者から贈与により取得したものとみなされます（相法7前段）。

その財産の譲受けが「著しく低い価額の対価で財産の譲渡を受けた場合」に該当するかどうかの具体的な判定基準については、法令上、特に規定は設けられていませんので、「著しく低い価額の対価で財産の譲渡を受けた場合」に該当するかどうかは、個々の取引について取引の事情、取引当事者間の関係等を総合勘案し、実質的に贈与を受けたと認められる金額があるかどうかにより判定することとなります。

贈与税の課税価格の計算上、贈与により取得した土地の価額は、財産評価基本通達に定める評価方法（路線価方式又は倍率方式）により評価した価額（相続税評価額）によることとされています。しかしながら、土地及び土地の上に存する権利（以下「土地等」といいます。）並びに家屋及びその附属設備又は構築物（以下「家屋等」といいます。）のうち、個人間の対価を伴う取引により取得したものの価額は、当該取得時における通常の取引価額に相当する金額によって評価することとされています（負担付贈与通達1本文）。

C市の土地の現在の通常の取引価額が6,000万円であることからすれば、質問者がこの土地を父から2,500万円から3,500万円程度の価額で買い取った場合には「著しく低い価額の対価で財産の譲渡を受けた場合」

に該当し、質問者に贈与税が課されることとなると考えられます。このときの贈与により取得したものとみなされる金額は、その譲受価額とその財産を譲り受けた時におけるその財産の時価（通常の取引価額）との差額に相当する金額となります。したがって、質問者が贈与により取得したものとみなされる金額は、この土地を2,500万円で譲り受けた場合には、この土地の通常の取引価額に相当する金額である6,000万円と2,500万円との差額である3,500万円、この土地を3,500万円で譲り受けた場合には、この土地の通常の取引価額に相当する金額である6,000万円と3,500万円との差額である2,500万円となります。

なお、負担付贈与通達1のただし書きにおいては、譲渡者が取得した土地等及び家屋等に係る取得価額が課税時期における通常の取引価額に相当すると認められる場合には、当該取得価額に相当する金額によって評価することができるとされているところですが、質問の場合には、父の取得価額7,000万円は、課税時期となるＣ市の土地を質問者が譲り受ける時における通常の取引価額に相当する金額とは認められませんので、同通達1のただし書きは適用されません。

2　父は、Ｃ市の土地を譲渡することとなりますので、譲渡所得課税についても検討しておく必要があります。父はこの土地を7,000万円で購入し、質問者に2,500万円から3,500万円程度の価額で譲り渡すとのことですので、譲渡所得は発生しません。ただし、他に土地や建物などの譲渡があり、その譲渡により譲渡益が発生している場合には、Ｃ土地の譲渡により生じた譲渡損の金額と他の譲渡により生じた譲渡益の金額との通算をすることができます。しかしながら、譲渡所得の基因となる資産を時価の2分の1未満の対価により譲渡した場合において、その対価の額が譲渡した資産の取得費及び譲渡費用の額の合計額に満たないときは、

その不足額は譲渡所得の金額の計算上、なかつたものとみなされます（所法59②）ので注意が必要です。

　仮に、父と質問者の売買価額が3,500万円の場合には、この土地の時価6,000万円の2分の1以上の価額での売買となりますので、他に譲渡益の生じる譲渡があれば、Ｃ市の土地の譲渡損とこの譲渡益との通算ができますが、父と質問者の売買価額が2,500万円の場合には、この土地の時価6,000万円の2分の1未満の価額での売買となりますので、他に譲渡益の生じる譲渡があったとしてもＣ市の土地の譲渡損との通算ができません。

3　譲渡所得の基因となる資産を時価の2分の1未満の対価により譲渡した場合において、その対価の額が譲渡した資産の取得費及び譲渡費用の額の合計額に満たないとき、この譲渡により当該資産を取得した者の当該資産の取得価額は、譲渡者の取得価額が引き継がれることとされています（所法60①二）。

　質問者が父からＣ市の土地を3,500万円で取得した場合には、この3,500万円が取得費となりますが、質問者が父からこの土地を2,500万円で取得した場合には、質問者のこの土地の取得価額は2,500万円ではなく、父の取得価額7,000万円が引き継がれることとなります。

参考法令

所得税法第59条（贈与等の場合の譲渡所得等の特例）
　次に掲げる事由により居住者の有する山林（事業所得の基因となるものを除く。）又は譲渡所得の基因となる資産の移転があった場合には、その者の山林所得の金額、譲渡所得の金額又は雑所得の金額の計算については、その事由が生じた時に、その時における価額に相当する金額により、これ

らの資産の譲渡があったものとみなす。
一　贈与（法人に対するものに限る。）又は相続（限定承認に係るものに限る。）若しくは遺贈（法人に対するもの及び個人に対する包括遺贈のうち限定承認に係るものに限る。）
二　著しく低い価額の対価として政令で定める額による譲渡（法人に対するものに限る。）
② 居住者が前項に規定する資産を個人に対し同項第２号に規定する対価の額により譲渡した場合において、当該対価の額が当該資産の譲渡に係る山林所得の金額、譲渡所得の金額又は雑所得の金額の計算上控除する必要経費又は取得費及び譲渡に要した費用の額の合計額に満たないときは、その不足額は、その山林所得の金額、譲渡所得の金額又は雑所得の金額の計算上、なかったものとみなす。

所得税法第60条（贈与等により取得した資産の取得費等）
　居住者が次に掲げる事由により取得した前条第１項に規定する資産を譲渡した場合における事業所得の金額、山林所得の金額、譲渡所得の金額又は雑所得の金額の計算については、その者が引き続きこれを所有していたものとみなす。
一　贈与、相続（限定承認に係るものを除く。）又は遺贈（包括遺贈のうち限定承認に係るものを除く。）
二　前条第２項の規定に該当する譲渡
②、③、④（省略）

所得税法施行令169条（時価による譲渡とみなす低額譲渡の範囲）
　法第59条第１項第２号（贈与等の場合の譲渡所得等の特例）に規定する政令で定める額は、同項に規定する山林又は譲渡所得の基因となる資産の譲渡の時における価額の２分の１に満たない金額とする。

参考通達

負担付贈与通達　　552ページ参照。

贈与税関係

131 長男が他の相続人の相続税を納付する場合の贈与税の課税の取扱い

事 例

　この度、被相続人甲の相続開始に伴う遺産分割についてようやく協議成立のめどがつき、この分割に基づき申告期限内の相続税の申告書の提出ができそうです。

　甲の相続人は、配偶者乙と、長男Ａ、次男Ｂ、長女Ｃの合計4人です。相続税の納税については、乙は、配偶者の税額軽減の適用により納付すべき相続税額は発生しませんので問題はありませんが、Ａ、Ｂ及びＣには、それぞれ多額の納付すべき税額が算出されます。甲の遺産には、現金預金等の財産が少なく、不動産を取得することとなるＢ及びＣは現実に相続税を即納できる自己資金はありません。Ａは、やむを得ない場合は、Ｂ及びＣの相続税を代納してやることも考えていますが、相続税に詳しい人から、他の相続人の相続税を納付するとその相続人には贈与税が課税されるという指摘もあり、困惑しています。

　Ａとしては、自分の固有の預貯金があるので、Ｂ及びＣの相続税を負担することも可能ですが、できれば、相続人間で事前に合意をしておくことにより、将来、贈与税負担等の予期せぬ結果を招かないようにしたいと思っています。

　何かよい方法は、ないでしょうか。

回答

　まず、遺産分割協議の一方法として、当事者であるＡ、Ｂ及びＣが合意することができるそれぞれの取得財産価額を基礎に、Ｂが取得する財産価額のうち、Ｂの相続税額に相当する価額の財産をＡに帰属させ、Ｃが取得できる財産価額のうちＣの相続税額に相当する価額の財産をＡに帰属させることで、Ａ、Ｂ及びＣが甲の遺産中の自己の取得財産価額を確定させ、Ａが、固有財産からＢ及びＣに対しそれぞれの納付すべき相続税額に相当する金額を代償金として交付することによる、代償分割の方法による遺産分割協議を成立させる方法があります。

　他の方法は、共同相続人間で通常の遺産分割協議を行いますが、Ａは、その遺産分割に関係なく、Ｂ及びＣが納付すべき相続税額を納付します。この場合に、Ａは、Ｂ及びＣに対し、Ｂ、Ｃに代わって納付した税額に相当する求償権が生じるので、多少の期間を要してでもその求償額の弁済をしてもらうことにします。この場合には、この求償権の存在の事実を明らかにしておくための確認書や念書等を作成して保存しておくことにします。

　なお、Ｂ及びＣに対するＡが納付した贈与税相当額を対象とする贈与税の課税は、Ａが上記の求償権を放棄した事実があるか、客観的に求償権の放棄があったと認められない限り、行われることはありません。

解説

　相続税では、同一の被相続人から相続又は遺贈により財産を取得した全ての者は、その相続又は遺贈により取得した財産に係る相続税について、その相続又は遺贈により受けた利益の価額に相当する金額の限度で、互いに連帯納付の義務を負います（相法34①）。したがって、共同相続人は、

自己に課された相続税のみならず、他の相続人の相続税をも納付すべき連帯納付義務も負うことになります。

　しかし、相続人の１人が他の特定の相続人の相続税を納付しても、それは本来その者が納付すべき相続税ではなく、本来当該相続税を納付すべき相続人に求償することとなり、したがって、その相続人も直ちに利益を受けたことにならず、贈与税が課されることもありません。この場合、本来相続税を納付すべき者に代わって、相続税を納付をした者が求償権を放棄したときに、贈与税が課されることになります。

　この事例の場合、Ａが、Ｂ、Ｃの相続税を納付したことだけでは、贈与税は課税されず、ＡがＢ、Ｃに対してその求償権を放棄すれば、その時点でＢ及びＣに贈与税が課税されることになります。もっとも、密接な親族間では相続税の納付と同時に求償権の放棄もあったと認定できることも少なくないので、実際に求償して弁済を受ける場合には、書面等によりＡに求償権がある事実を明確にしておくことが大切です。

　なお、Ａがその相続税の納付を代償分割により生じた債務の履行として行ったのであれば、それは相続による分割手続に関するものですから、その代償金が贈与税の課税対象とされることはありません。

132　低額譲受益課税の要件の「著しく低い価額の対価」

事　例

　本年初めに甲の父が死亡し、甲は父の遺産である預金や上場株式など比較的換価が容易な財産約8,000万円を相続し、相続税を負担した後の純財産約6,500万円余を取得できることになりました。

　甲は、自分の将来の生活費等を考慮してこの相続財産を有効利用したいと考え、賃料収入を得ることのできる不動産の購入を検討しましたが、適当な物件が見当たりませんでした。

　そこで、甲の夫乙と相談した結果、甲が乙の所有する貸家2棟のうちの1棟を乙から買い受けることで合意しました。その貸家建物は建築後5年であり、敷地を含むこの貸家の通常の取引価額は8,000万円程度と推定されますが、相続税評価額は6,500万円です。

　この貸家の土地建物の贈与を受けた場合の贈与税の課税価格は6,500万円ですから、これと同額の6,500万円で買い受けた場合には、甲に対して贈与税がかかることはないと思いますが、それでよいですか。

回　答

　甲については、その購入価額が著しく低い場合には、乙から低額譲受けによる経済的利益を受けたものとして、その購入財産の価額と対価の額との差額に相当する金額に対して贈与税が課税されます（相法7）。

　この場合の贈与税の課税要件である「著しく低い価額の対価」について

は、その売買等の対象財産が土地建物等である場合にはいわゆる「負担付贈与通達」が適用され、この「著しく低い対価で財産の譲渡を受けた場合」に該当するかどうか」の判定が個々の取引についての取引の事情、取引当事者間の関係等を総合勘案して、実質的に利益を受けた金額があるかどうかにより行われることとなりますので、実際の土地建物等の取引等については、この低額譲受益に対する贈与税課税について十分に留意する必要があります。

しかし、事例の売買については、相続税評価額相当額を対価とする土地の購入について、その対価が「著しく低い価額の対価」ではないとして通常取引価額と当該対価との差額に相当する低額譲受益に対する贈与税課税を違法とした東京地裁判決（同判決は確定）を参考にするとともに、本件の対象物件が貸家の土地建物であって一般に市場性のある取引が円滑かつ頻繁に行われるようなものでないことをも考慮すると、事例の相続税評価額による対価をもってしては、通常の取引価額に比して社会通念上「著しく低い価額の対価」には該当しないと判断できると思われます。

したがって、本件について、相続税法7条の規定による課税が行われることにはならないと考えられます。

なお、乙は、甲に譲渡する貸家に係る譲渡所得については、その譲渡価額により譲渡所得が課税されることになります。その譲渡価額が通常の取引価額よりも低い場合であっても、乙に問題が生ずることはありません。

解説

相続税法7条に規定するみなし贈与としての「低額譲受け」は、その財産の時価と譲受対価との間に差額が生じている場合にその差額に相当する経済的利益を享受した買主に対しその経済的利益に贈与税を課税するもの

ですが、この課税要件としては、時価と対価との間に差額が生じているのみでは足らず、その対価の額が「著しく低い価額の対価」であることを要することは、その条文の文理解釈上から明らかです。

この要件の趣旨について考えてみますと、現実の取引での当事者相互間に著しく低額な対価により買主等に利益の供与を行うとの認識がないものにまで、直接的な財産の贈与でないにもかかわらず低額譲受けによる経済的利益の供与を受けたとして、この経済的利益を対象に贈与税課税を行うことは、その判定が困難であり、また、一般の納税者の理解を得られにくいとの問題があると考えられます。そこで、明らかな利益供与があった取引等に限り贈与税の課税対象とするため、「著しく低い価額の対価」の要件を付加したものとものと考えられます。

なお、相続税法7条と同様の趣旨で設けられた同法8条（債務免除等）及び同法9条（その他の利益の享受）のみなし贈与課税の規定にも、「著しく低い価額の対価」による行為がその対象とされています。

相続税及び贈与税の課税では、取得財産の時価をもって課税価格の基礎とされますが、土地や株式等の主要財産の多くは、財産評価基本通達に定める評価額をもって課税上の時価としています。

バブル経済当時には、相続税法基本通達による土地等の評価額が実勢価額よりも低いことを利用した租税回避行為が横行し、課税の公平上看過できない状況が生じたことから、国税庁は、平成元年3月29日付直評5「負担付贈与又は対価を伴う取引により取得した土地等及び家屋等に係る評価並びに相続税法第7条及び第9条の規定の適用について」通達（いわゆる「負担付贈与通達」）を発遣し、負担付贈与や個人間の対価を伴う取引における土地家屋等の価額は、相続税評価額でなく通常の取引価額相当額とする旨定め、本法条の「著しく低い価額の対価」の要件適合性について、実

質的に贈与を受けたと認められる金額があれば、これに該当するとしました。

　東京地裁平成19年8月23日判決（確定）（判例タイムズ1264号184頁）は、親族から宅地の持分を購入した事件で、課税庁が「著しく低い対価」の要件を上記個別通達に依拠して行った課税処分について、本件売買は通常取引価額の78％となる相続税評価額を売買対価としたものであり著しく低い価額であるとはいえないとして、当該課税処分を取り消し、納税者の請求を認容しました。

　相続税評価における土地評価額が公示価格の80％水準とされている現在では、相続税評価額以上の対価による土地等の買受けがあった場合の負担付贈与通達の適用の可能性については、上記判決を踏まえ慎重な検討が必要であると思われます。

参考通達

個別通達・平成元年3月29日付直評5
（負担付贈与又は対価を伴う取引により取得した土地等及び家屋等に係る評価並びに相続税法第7条及び第9条の規定の適用について）
＜要旨＞
1　土地等及び家屋等のうち、負担付贈与又は個人間の対価を伴う取引等により取得したものの価額は、当該取得時における通常の取引価額に相当する金額によって評価する。
　　ただし、贈与者又は譲渡者が取得又は新築した当該土地等又は当該家屋等に係る取得価額が当該課税時期における通常の取引価額に相当すると認められる場合には、当該取得価額に相当する金額によって評価することができる。
2　1の対価を伴う取引による土地等又は家屋等の取得が相続税法第7条に規定する「著しく低い価額の対価で財産の譲渡を受けた場合」又は相

続税法第9条に規定する「著しく低い価額の対価で利益を受けた場合」に当たるかどうかは、個々の取引について取引の事情、取引当事者間の関係等を総合勘案し、実質的に贈与を受けたと認められる金額があるかどうかにより判定するのであるから留意する。

(注) その取引における対価の額が当該取引に係る土地等又は家屋等の取得価額を下回る場合には、当該土地等又は家屋等の価額が下落したことなど合理的な理由があると認められるときを除き、「著しく低い価額の対価で財産の譲渡を受けた場合」又は「著しく低い価額の対価で利益を受けた場合」に当たるものとする。

贈与税関係

133 同族会社に借地権の無償設定をした場合

事例

　甲は、所有する宅地1,000㎡を自らが社長を務めるA社に工場建物の敷地として貸し付けることとし、令和6年7月1日に土地の賃貸借契約を締結しました。甲とA社の間で取り交わした賃貸借契約書には、①年間の賃料の額を360万円（通常の地代の額）とすること、②契約期間を令和36年6月30日までの30年とすることが記載されていますが、権利金等の授受や「将来、A社がこの土地を無償で甲に返還する旨」の記載はありません。

　個人が法人に対して、資産を贈与した場合及び著しく低い価額の対価により譲渡した場合には、譲渡の時の時価により当該資産を譲渡したものとして、譲渡所得の課税がされると聞きましたが、甲について借地権を法人に贈与したとしてみなし譲渡課税が行われますか。また、そのほかに課税上の問題が生じますか。

　なお、A社は、多額の欠損金を有しており、借地権の無償設定による経済的利益を益金に加算したとしても、法人税の所得金額は算出されません。また、A社の株式は、全て甲及び甲の配偶者、子及び孫により保有されています。

回答

　所得税法第59条第1項に規定する「譲渡所得の基因となる資産の移転」には、借地権の設定は含まれませんので、甲の借地権の無償設定について

みなし譲渡課税が行われることはありません。

しかしながら、甲による借地権の無償設定に伴いA社の株式の価額が増加した場合には、甲から他の個人株主に対して贈与があったものとみなされて、他の個人株主に贈与税が課税されることとなります。

解説

　法人に対する贈与若しくは遺贈又は法人に対する著しく低い価額の対価（時価の2分の1未満の対価）の額で、譲渡所得の基因となる資産の移転があった場合には、その者の譲渡所得の金額の計算については、その事由が生じた時に、その時における価額に相当する金額により、これらの資産の譲渡があったものとみなされて譲渡所得金額の計算が行われることとなります。

　しかしながら、借地権の設定は、資産の移転には該当しないと考えられることから、無償で借地権の設定がされたとしても、その土地の所有者にみなし譲渡課税が適用されることはありません。

　ただし、借地権の設定に際し権利金の授受が行われる慣行のある地域において借地権の無償設定を受けた法人は、当該借地権の価額に相当する利益については法人税が課されることとなります。

　また、個人が法人に対して無償で借地権を設定した場合において、その法人が同族会社で借地権を無償で設定させた者の親族がその株主であるときなどで、当該借地権の無償設定により当該株主の有する株式の価額が増加することとなると、この価額の増加部分について、借地権を法人に無償で設定させた者から贈与により取得したものとして、贈与税の課税対象となります。

　なお、このような法人税の課税や贈与税の課税を回避するために、借地

権の無償返還の届出書を税務署長に提出することが考えられますが、この取扱いを適用するためには、借地権設定時の契約書において将来借地人がその土地を無償で返還することが定められており、かつ、その旨を借地人及び土地所有者の連名により遅滞なく税務署長に届け出ることが必要となります。

参考通達

相基通9―2（株式又は出資の価額が増加した場合）

同族会社（法人税法（昭和40年法律第34号）第2条第10号に規定する同族会社をいう。以下同じ。）の株式又は出資の価額が、例えば、次に掲げる場合に該当して増加したときにおいては、その株主又は社員が当該株式又は出資の価額のうち増加した部分に相当する金額を、それぞれ次に掲げる者から贈与によって取得したものとして取り扱うものとする。この場合における贈与による財産の取得の時期は、財産の提供があった時、債務の免除があった時又は財産の譲渡があった時によるものとする。

(1) 会社に対し無償で財産の提供があった場合　当該財産を提供した者
(2) 時価より著しく低い価額で現物出資があった場合　当該現物出資をした者
(3) 対価を受けないで会社の債務の免除、引受け又は弁済があった場合　当該債務の免除、引受け又は弁済をした者
(4) 会社に対し時価より著しく低い価額の対価で財産の譲渡をした場合　当該財産の譲渡をした者

法基通13―1―7（権利金の認定見合せ）

法人が借地権の設定等により他人に土地を使用させた場合（権利金を収受した場合又は特別の経済的な利益を受けた場合を除く。）において、これにより収受する地代の額が13―1―2《使用の対価としての相当の地代》に定める相当の地代の額に満たないとき（13―1―5《通常権利金も授受

しない土地の使用》の取扱いの適用があるときを除く。）であっても、その借地権の設定等に係る契約書において将来借地人等がその土地を無償で返還することが定められており、かつ、その旨を借地人等との連名の書面により遅滞なく当該法人の納税地の所轄税務署長（国税局の調査課所管法人にあっては、所轄国税局長。以下13―1―14までにおいて同じ。）に届け出たときは、13―1―3《相当の地代に満たない地代を収受している場合の権利金の認定》にかかわらず、当該借地権の設定等をした日の属する事業年度以後の各事業年度において、13―1―2に準じて計算した相当の地代の額から実際に収受している地代の額を控除した金額に相当する金額を借地人等に対して贈与したものとして取り扱うものとする。

　使用貸借契約により他人に土地を使用させた場合（13―1―5の取扱いの適用がある場合を除く。）についても、同様とする。

㊟（省略）

134　配偶者が所有する家屋を店舗として使用する場合

> **事　例**
>
> 　甲は、昨年3月に勤務先を定年退職しました。甲の妻乙は、昨年9月に父が死亡したことにより、甲の自宅に程近い店舗とその敷地を相続により取得しました。この店舗は、乙の父が自己の営む事業の用に供されていましたが、事業を継承する者がなく、空き家となっていました。
>
> 　甲は、勤務中に関わってきた事務用品の販売経験から同用品の小売店を開業したいと考えていましたが、乙が相続した店舗用の建物は立地がよく、便利な場所にあるので、乙の了解を得た上で、本年初めから、その建物に補修を施した上でこの建物を店舗及び商品倉庫として営業を開始しました。乙は、甲の事業に係る青色事業専従者となっています。
>
> 　ちなみに、乙が所有する建物を賃借する場合の通常の家賃は、月額30万円と認められます。また、乙が納付すべきこの建物及び敷地に係る本年度分固定資産税の額は、24万円です。
>
> 　甲は、乙が所有する建物を借り受けて営業することに関し、乙に対し家賃を支払うかどうかを検討中です。甲が本年分以後に通常の家賃を支払う場合と、その家賃を支払わない場合とについて、甲及び乙の所得税及び贈与税の課税上の取扱いはどのようになりますか。

回答

1　所得税の取扱い

　甲が乙に対し、次の(1)又は(2)のように処理した場合には、税法上ではそれぞれ次のように取り扱われます。

(1)　通常の家賃を支払う場合

　①　甲の事業所得の金額の計算上、支払家賃を必要経費に算入することはできませんが、乙の納付する固定資産税額を甲の必要経費に算入することができます。

　②　乙については、不動産所得の計算上甲から受領した家賃の額及び乙の必要経費となるべき固定資産税額は、いずれもないものとみなされます。

(2)　家賃を支払わない場合

　①　甲は、乙が納付する固定資産税額を甲の事業所得に係る必要経費に算入することができます。

　②　乙が納付する固定資産税額は、乙の不動産所得の計算上では、ないものとみなされます。

2　贈与税の取扱い

　甲から乙に対して支払う家賃や給与の金額が、乙の労務・役務の対価として相当なものであれば、それが贈与であるとはいえず、乙について、贈与税が課税されることはありません。

　また、甲が家賃を支払わない場合、そのことにより甲が受ける利益の金額が少額であるとき又は課税上弊害がないと認められるときには、甲に対する贈与税の課税は行われません。

贈与税関係

解説

　所得税法第56条は、不動産所得、事業所得又は山林所得を生ずべき事業を営む居住者（事業主）と生計を一にする親族が、その事業に従事したことその他の事由によりその事業から対価の支払を受ける場合には、次のように取り扱う旨規定しています。

① その支払われた対価相当額は、事業主の事業に係る各種所得の金額の計算上、必要経費に算入しない。

② その親族が受けた対価に係る各種所得の金額の計算上必要経費に算入されるべき金額は、その事業主の事業に係る各種所得の金額の計算上、必要経費に算入する。

③ その親族が受けた対価の額及びその対価に係る各種所得の金額の計算上必要経費に算入されるべき金額は、いずれもないものとみなす。

　なお、上記の「その他の事由によりその事業から対価の支払を受ける場合」の「その他の事由」には、親族が所有する資産を事業主の事業の用に供したこと等が含まれると思われます。

　本事例にあっては、甲が乙に通常の家賃を支払う場合に上記の①、②及び③の規定が適用されますが、家賃を支払わない場合は、前提要件を欠き、これらの規定は適用されなくなります。しかし、通常、事業主が生計を一にする親族から自己の事業用に供する資産を借り受ける際には対価を支払わないことが多く、そのように親族の有する資産が無償で事業主に貸与されている場合において、対価の授受があったとしたときの「親族が支払う貸付資産に係る必要経費となるべき金額を事業主の事業の所得に係る必要経費に算入する取扱い」を行わないとすると、事業に係る所得につき事業主及び生計を一にする親族グループを課税単位として所得計算をするこの

制度の趣旨にそぐわなくなってしまいます。

そこで取扱いでは、事業主が無償で親族から資産の貸与を受ける場合でも、対価の授受があったとすれば事業主の所得の計算上必要経費に算入される金額を必要経費に算入する取扱いがされています（所基通56―1）。

なお、上記の所得税についての定めは、贈与税の課税関係に直接は影響しません。すなわち、甲が、乙に対して事業の用に供する建物の家賃を支払った場合に、この金額が家賃の額として相当なものである限り、乙について贈与税の課税は生じません。また、甲が乙に支払う家賃の額が低額である場合又は甲が家賃を支払わない場合には、相続税法第9条の規定により甲が乙から受けた経済的利益の額について、甲に贈与税が課されることとなりますが、その利益を受ける金額が少額である場合又は課税上弊害がないと認められる場合には、贈与税の課税は行われません（相基通9―10）。

根拠条文（事業から対価を受ける親族がある場合の必要経費の特例）

所法56条
　居住者と生計を一にする配偶者その他の親族がその居住者の営む不動産所得、事業所得又は山林所得を生ずべき事業に従事したことその他の事由により当該事業から対価の支払を受ける場合には、その対価に相当する金額は、その居住者の当該事業に係る不動産所得の金額、事業所得の金額又は山林所得に金額の計算上、必要経費に算入しないものとし、かつ、その親族のその対価に係る各種所得の金額の計算上必要経費に算入されるべき金額は、その居住者の当該事業に係る不動産所得の金額、事業所得の金額又は山林所得の金額の計算上、必要経費に算入する。この場合において、その親族が支払を受けた対価の額及びその親族のその対価に係る各所所得の金額の計算上必要経費に算入されるべき金額は、当該各種所得の金額の

計算上ないものとみなす。

参考通達 （事業から対価を受ける親族がある場合の必要経費の特例関係）

所基通56―1（親族の資産を無償で事業の用に供している場合）
　不動産所得、事業所得又は山林所得を生ずべき事業を営む居住者と生計を一にする配偶者その他の親族がその有する資産を無償で当該事業の用に供している場合には、その対価の授受があったものとしたならば法第56条の規定により当該居住者の営む当該事業に係る所得の金額の計算上必要経費に算入されることとなる金額を当該居住者の営む当該事業に係る所得の金額の計算上必要経費に算入するものとする。

135 低廉な家賃での住宅の借受けについての課税関係

> **事例**
>
> 甲は、自己所有の土地上に住宅用家屋を数棟建築して賃貸事業の用に供しています。
>
> 昨年12月にその貸家のうちの1棟が賃借人の退去により空き家となりましたが、甲の長男Aが昨年末に結婚したため、Aの新居としてこの家屋をAに貸与することにしました。Aは、既に本年1月から入居しています。
>
> 甲及びAは、この貸借の期間を5年以上とし、家賃は、対象の土地家屋の固定資産税額の月割り額に相当する月額家賃2万円とすることで合意しています。なお、この貸家の直前の入居者の家賃は11万円でした。
>
> この事実から、今後Aに対して、どのような課税関係が生じますか。低廉家賃による家屋の借受けが長期間となる場合に、その利益が一括して課税されるようなことはないでしょうか。

回答

本件の事実関係から判断しますと、Aは、甲から貸家1棟を借り受けるについて、本年中において、甲から通常の賃貸借の家賃年額から実際の支払金額との差額に相当する108万円の経済的利益を受けたことになりますが、この経済的利益の享受について、本年分以後の各年分の贈与税が課税されることはないと考えられます。

贈与税関係

解　説

　贈与税は、個人からの贈与により個人が取得した財産を課税対象としています。民法上の贈与（民法第549条以下）に該当する行為により取得した財産が課税の対象とされますが、民法上の贈与に該当しない取引等により取得した財産又は享受する利益であっても、それが贈与と同様の効果の生ずるものは「贈与による取得財産とみなす」ことによって、贈与税の課税対象に取り込むこととしています。

　相続税法は、財産の低額譲受けによる利益や債務免除による利益などいくつかのみなし贈与に関する規定を設けていますが（相法3～8、9の2～9の6）、対価を支払わないで又は著しく低い価額の対価で利益を受けた場合の経済的利益に対するみなし贈与課税について包括的に規定しています（相法9）。

　事例は、甲の子Aが、父甲の所有する家屋を低廉な家賃により借り受ける貸借契約に関するものですが、この契約をもって、直ちに民法上の贈与に該当するとはいえません。

　しかし、事例の貸借契約は、適正賃料と実際賃料との差額部分を甲からAに贈与するのと同様の経済的利益の移転がされたものとみることができることから、これを甲からAへの経済的利益の享受を捉えて、相続税法第9条の「その他の利益の享受」と判断することができます。

　ところで、使用貸借は目的物を無償で使用収益した後に返還する無償・片務・要物の契約ですが、このように借主の一方的な利益となる取引内容ですから、貸借中の目的物から生ずる通常の必要費（維持管理費）は、賃貸借の場合と異なり借主の負担と定められています（民法595①）。判例では、建物の賃貸借に関し、借主が家賃の支払に代えてその土地建物の固定

資産税を負担しても、その貸借は、賃貸借でなく使用貸借であると判示したものがあります（最高裁昭和41年8月5日判決）。そうすると、本件の甲A間の貸借関係も、賃貸借でなく使用貸借であるといえます。

相続税法基本通達9―10は、相続税法第9条の「その他の利益の享受」に該当する例として、夫婦間、親子間・祖父母孫間で行われる無利子の金銭貸与、土地家屋の使用貸借を例示し、これらの行為があった場合には、原則として相続税法第9条に規定する「その他の利益の享受」に該当するとの解釈を示しています（同通達本文）。この事例の経済的利益とは、通常の年間家賃の額から実際の年間家賃の額を控除した残額に相当する利益金額で108万円になると思われます。

＜算式＞　110,000円×12－20,000円×12＝1,080,000円

ただし、上記通達は、その受けた利益の金額が少額である場合又は課税上弊害がない場合には、強いてこの取扱いをしなくても妨げない旨を定めています（同通達ただし書）。

また、「使用貸借に係る土地についての相続税及び贈与税の取扱いについて」通達（昭和48年直資2―189）の運用通達（同年直資2―190）では、特殊親族間での土地等の使用貸借による経済的利益の享受については、上記基本通達9―10ただし書にいう「課税上弊害がない場合」に該当するとしていました。

さらに、同運用通達では、その「利益を受ける金額が少額である場合」については、その利益金額がおおむね40万円以下であるときにこの要件に該当するとしていました。ちなみに、この通達の発遣された当時の贈与税の基礎控除額は40万円でしたから、この通達の解釈基準を援用すれば、現時点においては、享受した利益金額が110万円以下であれば、「利益を受ける金額が少額」であると考えることができるでしょう。

上記の「課税上弊害がない場合」と「利益を受ける金額が少額である場合」の各要件は選択的接続詞の「又は」を用いて結ばれていますから、その前後の要件のいずれかを満たせば、同通達ただし書の取扱いが可能となるものと考えられます。

　なお、Ａが契約の全期間の経済的利益を一括して受けるものとして、契約後の各年の経済的利益の現在価額の合計額を対象として、Ａが贈与税の課税を受けることはありません。

参考通達　（特殊関係者間の無償・無利子の不動産・金銭の貸与等）

相基通9－10（無利子の金銭貸与等）

　夫と妻、親と子、祖父母と孫等特殊の関係がある者相互間で、金銭の貸与等があった場合には、それが事実上贈与であるのにかかわらず貸与の形式をとったものであるかどうかについて念査を要するのであるが、これらの特殊関係のある者間において、無償又は無利子で土地、家屋、金銭等の貸与があった場合には、法第9条に規定する利益を受けた場合に該当するものとして取り扱うものとする。ただし、その利益を受ける金額が少額である場合又は課税上弊害がないと認められる場合には、強いてこの取扱いをしなくても妨げないものとする。

136 夫が購入した土地上に妻がアパートを建築する場合の課税関係

事　例

　甲は、デベロッパーとの間で建築条件付土地売買契約を締結して、市街地の分譲宅地のうち隣接する3区画330㎡を一括購入しました。その条件は、土地売買契約後3か月以内に売主と建物建築請負契約を結ぶことです。甲は、甲の妻乙が建築主として売主と建物建築請負契約を結ぶことについて売主の了解を取り付け、乙が、自己資金によりその土地上に10世帯用2階建アパートを新築し、乙名義でこのアパートの保存登記を行い、全室を賃貸します。

　乙は、アパート用の建物が自己所有となることから、アパート収入は乙自身に帰属すると思っていますが、それでよいですか。

　また、甲からその建物の敷地を借り受けることについて、乙には権利金を支払うつもりはありませんが、通常の借地の場合の地代を支払うかそれとも無償とするか迷っています。この土地の借受けについて、乙に対する課税関係は、どのようになりますか。

　なお、この地域では、新築建物の敷地として他人から土地を賃借する場合は、土地価額の60％程度の権利金を授受する慣行があります。

回　答

　乙はアパート用建物を自己の所有としていますので、その建物から発生する賃貸収入は、乙に帰属します。

贈与税関係

　乙が自己のアパート用建物の敷地とするため、甲から使用貸借により土地を借り受けた場合、その権利金に相当する金額の支払をしないことによる経済的利益の享受について、贈与税は課税されませんし、乙が甲に地代を支払わないことによる利益の享受についても、その額が少額である場合や課税上の弊害がないと認められる場合には、贈与税は課税されません（相基通9―10）。甲が納付し又は支払ったこの土地に係る固定資産税等の必要経費は、乙の不動産所得の必要経費とすることができます。

　また、乙が甲に地代を支払い、その土地を賃借する場合には、乙は、甲から当該土地の価額の60％に相当する権利金の支払を免除されたものとしてこの利益に対して贈与税が課税されます。

　乙が地代を支払う場合のその地代の額は、乙のアパート収入に係る不動産所得の必要経費に算入することはできませんが、甲が納付し又は支払うその土地に係る固定資産税等の必要経費となるべき金額は、乙の不動産所得の必要経費となります。他方、甲が収受する地代の額や甲が支払う固定資産税等の必要経費は、甲の不動産所得の金額の計算上ではないものとみなされます。

解　説

　アパート用建物の所有者は、自らが賃貸人である当事者として、居住者となる賃借人との間で建物賃貸借契約を締結することになるところから、その賃貸収入は、建物所有者である賃貸人に帰属します。したがって、乙は、単独でその賃貸収入を得ることになります。

　この事例では、建物所有目的での土地の借受けについて、①使用貸借の場合には権利金相当額の受益と地代相当額の受益に対する贈与税の課税の問題、及び②賃貸借の場合には権利金相当額の受益の贈与税の課税と支払

地代に係る所得税の計算上の取扱いの問題があります。

(1) **使用貸借により土地を借り受ける場合**

　建物又は構築物（建物等）の所有を目的として使用貸借による土地の借受けがあった場合においては、借地権の設定に際してその対価として通常権利金その他の一時金を支払う取引上の慣行がある地域においても、その土地の使用貸借に係る使用権の価額は、零として取り扱われます（昭和48.11.1直資2-189「使用貸借に係る土地についての相続税及び贈与税の取扱いについて」通達（使用貸借通達））。

　この事例では、乙は自己のアパート用建物の敷地とするために甲から土地を借り受けていますが、その借受けは賃貸借ではなく使用貸借に基づくものですから、借主の乙に借地借家法第2条1号に規定する借地権が発生することにはなりません。

　この使用貸借による権利には、借地権のような強力な法的保護は与えられておらず、当事者の人間関係に基づいたものであることなどから、上記の土地の使用貸借通達では、土地の使用貸借による使用権の価額はないものと取り扱うこととしています。

(2) **土地を賃借するが権利金は支払わない場合**

　建物所有を目的とする土地の賃貸借は、上記借地借家法第2条第1号に規定する「借地権」に該当し、通常、賃借権者に借地権が発生します。建物の所有を目的として土地を賃借する場合に権利金等の授受をする慣行のある地域の土地について賃借人が地主との間で建物所有の目的で賃借をする際には、通常の地代を支払うのみでは足りず、その賃貸借開始時に権利金を支払うべきことになります。

　したがって、乙が、借地権の設定とみられる土地の賃貸借を開始すると、地代の支払のほか、権利金等の支払をも要することになりますが、その権

利金を支払わないままで貸借関係が発生すると、乙は、甲から権利金の支払を免除されたことになり、その権利金の額に相当する経済的利益を供与されたことになって、贈与税の課税を受けることになります。

(3) 地代の取扱い

所得税法第56条は、所得税特有の措置として、事業主及び生計を一にする親族間での事業に関する対価の授受について、要約すると次のような取扱いを規定しています。

① 事業主と生計を一にする配偶者等の親族が事業主の営む不動産所得、事業所得又は山林所得を生ずべき従事したことその他の事由によりその事業から対価の支払を受ける場合には、その対価に相当する金額は、事業主の事業に係る不動産所得の金額、事業所得の金額又は山林所得の金額の計算上、必要経費に算入しない。

② その親族の受領した対価に係る各種所得の金額の計算上必要経費に算入されるべき金額は、事業主の事業に係る不動産所得の金額、事業所得の金額又は山林所得の金額の計算上、必要経費に算入する。

③ この場合、その親族が受領した対価の額と、その親族の対価に係る各種所得の金額の計算上必要経費に算入されるべき金額は、いずれもないものとみなされる。

すなわち、①親族に支払う給料や賃借料等の対価は事業主の事業に係る所得の必要経費不算入とし、②その対価に係る親族の必要経費は事業主の必要経費とし、③親族の対価収入・必要経費は、いずれもないものとみなす、というものです。

なお、この規定の取扱いとして、事業主と生計を一にする親族が、その所有する資産を無償で事業主の事業用に供している場合には、その対価の授受があったとしたならば、上記の所得税法第56条の規定（上記②の取扱

い）により事業主の事業の必要経費に算入されることとなる金額をその必要経費に算入する運用がされています（後掲所基通56—1参照）。

したがって、使用貸借の場合には、乙はアパートの建物の敷地である甲の土地に係る固定資産税等を、乙のアパート経営に係る必要経費に算入することができます。

参考通達（事業から対価を受ける親族がある場合の必要経費の特例）

所基通56—1（親族の資産を無償で事業の用に供している場合）
　不動産所得、事業所得又は山林所得を生ずべき事業を営む居住者と生計を一にする配偶者その他の親族がその有する資産を無償で当該事業の用に供している場合には、その対価の授受があったものとしたならば法第56条の規定により当該居住者の営む当該事業に係る所得の金額の計算上必要経費に算入されることとなる金額を当該居住者の営む当該事業に係る所得の金額の計算上必要経費に算入するものとする。

贈与税関係

137　配偶者居住権の消滅及び放棄があった場合の課税関係

事　例

　Aは、配偶者Bとともに居住の用に供している建物について、存続期間を20年とする配偶者居住権をBに遺贈するとともに、この配偶者居住権の設定された建物については子Cに遺贈する旨の遺言書を作成しようと思いましたが、配偶者居住権の存続期間中にBが死亡した場合に配偶者居住権がBの相続財産としてBの唯一の相続人となる子Cの相続税に影響を与えるのではないかと気がかりになりました。

　たとえば、Bが配偶者居住権を取得後5年で亡くなった場合には、Cの相続税の計算上、配偶者居住権を相続財産としてその価額を課税価格に計上することになるのでしょうか。その場合の配偶者居住権の評価額はどのように計算するのでしょうか。また、配偶者居住権の存続期間中にBが老人ホームに入所することとなり、その時点で配偶者居住権を放棄した場合にはどのような課税関係が生じるのでしょうか。

回　答

　配偶者が死亡した場合には、民法の規定により配偶者居住権は消滅することとなります。この場合、建物の所有者はその建物について使用収益をすることが可能となりますが、民法の規定に基づいて配偶者居住権が消滅するのであって、配偶者から建物の所有者に相続を原因として移転する財

産ではないことから、相続税の課税関係は生じないと考えられます。配偶者居住権の存続期間が終身ではなく、一定の期間として定められた場合においてその期間が満了したことにより配偶者の死亡前に配偶者居住権が消滅することとなった場合についても、同様に贈与税の課税関係は生じません（相基通9─13の2㊟）。

これに対して、配偶者が配偶者居住権の存続期間中において配偶者居住権を放棄したり、配偶者と建物所有者の合意により配偶者居住権を消滅させたなどの場合には、建物の所有者は、期間満了前に建物の使用収益をすることが可能になりますが、これらの場合には、上記の場合とは異なり、生存配偶者の配偶者居住権の放棄あるいは両者の合意により配偶者居住権を消滅させたことにより当該建物所有者に建物を使用収益する権利が移転したものと考えられますので、この経済的利益に対して相続税法第9条の規定により配偶者から贈与があったものとみなして当該建物所有者に贈与税が課税されます（相基通9─13の2）。

解説

相続税法第23条の2《配偶者居住権等の評価》の規定は、相続が開始し、配偶者居住権が設定された場合の配偶者居住権等の価額の評価方法を定めたものであり、配偶者居住権を放棄等したことにより建物所有者が受ける経済的利益の額（配偶者居住権が消滅したことにより当該建物所有者が建物を使用収益することのできる権利の額）の評価方法については、法令及び通達に特段の定めはありません。

しかし、配偶者居住権の消滅に伴う建物所有者に対するみなし贈与課税においても、同条の定めに準じてその経済的利益の金額を算定することが合理的であると考えられます。具体的には、次により計算した配偶者居住

権が設定されていた建物に係る経済的利益と居住建物の敷地に係る経済的利益の額の合計額が、贈与税の課税対象になると考えられます。

イ　配偶者居住権が設定されていた建物（以下「居住建物」という。）に係る経済的利益の金額

$$\left(\text{配偶者居住権消滅時の居住建物の時価} - \text{配偶者居住権消滅時の居住建物の時価} \times \frac{\text{配偶者居住権消滅時の残存耐用年数} - \text{配偶者居住権消滅直前の配偶者居住権の残存年数}}{\text{配偶者居住権消滅時の残存耐用年数}}\right)$$

$$\times \text{配偶者居住権消滅直前の配偶者居住権の残存年数に応じた民法の法定利率による複利現価率}$$

(注)　配偶者居住権消滅時の居住建物の価額は、その建物に配偶者居住権が設定されていないものとした場合のその居住建物の相続税評価額です。

ロ　居住建物の敷地に係る経済的利益の額

$$\text{配偶者居住権消滅時の土地等の時価} - \text{配偶者居住消時の土地等の時価} \times \text{配偶者居住権消滅直前の配偶者居住権の存続年数に応じた民法の法定利率による複利現価率}$$

(注)　配偶者居住権消滅時の土地等の価額は、その土地等の上に存する建物に配偶者居住権が設定されていないものとした場合のその土地等の相続税評価額です。

(注)　配偶者居住権に関する民法及び相続税法の規定は、令和2年4月1日以後に開始する相続について適用されます。

138 居住用不動産の低額譲受益に配偶者控除を適用することの可否

> **事例**
>
> 甲は、不動産仲介業者が通常の売買価額を4,300万円と評価する自宅の土地家屋を所有し、この家屋に妻乙と住んでいます。
>
> 乙は、常々甲からこの土地家屋の贈与を受けて贈与税の配偶者控除の適用をしたいと思っていましたが、過日に税務署に出向いて相談し、自らもその相談担当者の説明に基づき調査をしたところ、この土地家屋の相続税評価額は3,500万円であり、乙が贈与を受けて配偶者控除の適用をした場合でも贈与税が約450万円もかかることが判明し、その計画は断念しました。
>
> ところが、このほど乙の父が死亡し、乙は遺産分割によって亡父の預金を相続しました。その預金から自己の相続税を納付した後の預金残額が3,000万円ありますので、乙は、甲から自宅の土地家屋を3,000万円で買い受け、代金をその預金から支払うことにしました。
>
> このことを前回相談した税務職員に話したところ、その場合には、甲から乙に対し、通常の売買価額4,300万円と実際の売買代金3,000万円との差額1,300万円に相当する低額譲受益の供与があったとして贈与税が課税されることになるとの説明を受けました。
>
> 乙は、大変困惑し、どうすればよいか分かりませんが、何かよい方法がありますか。

贈与税関係

回 答

　乙が甲から通常の取引価額4,300万円の居住用不動産を3,000万円で買い受ける場合には、乙は、甲からその差額の1,300万円に相当する低額譲受けによる利益供与を受けたものとして贈与税が課税されます。この贈与税の課税対象となるものは、低額譲受けによる差額相当額の利益であって居住用不動産そのものではありませんが、実質的に、差額等部分の居住用不動産の贈与を受けたとみることもできます。

　このため、乙は、甲から、その差額金額部分に相当する居住用不動産の贈与を受けたものとして配偶者控除の適用を受けることができます。

解 説

　相続税法第7条は、みなし贈与課税の一態様として「低額譲受け」を掲げています。

　すなわち、著しく低い対価で財産の譲渡を受けた場合においては、原則として、その財産の譲渡を受けた者が、その対価とその譲渡時点における財産の時価との差額に相当する金額をその財産を譲渡した者から贈与により取得したものとみなされて贈与税が課税されることとなります（相法7本文）。なお、その財産の譲渡が遺言によりなされた場合には、その譲渡を受けた者が、遺贈により取得したものとみなされて相続税が課税されます。

　この低額譲受益のみなし贈与課税が適用されるのは、その財産の譲受対価が著しく低い場合です。その財産の時価は、贈与税の課税の場合の時価ですから通常は相続税評価額になるところですが、「対象財産が土地等又は家屋等で、負担付贈与又は個人間の対価を伴う取引により取得したもの

の価額は、取得時の通常の取引価額により評価する。」こととされています。（平成元年3月29日付直評5通達。「負担付贈与又は対価を伴う取引により取得した土地等及び家屋等に係る評価並びに相続税法第7条及び第9条の規定の適用について」通達（負担付贈与通達））があります（552頁「参考通達」参照）。

　この負担付贈与通達によれば、個人間の土地等又は家屋等の売買等では、その対象物件の「時価」は相続税評価額でなく、通常の取引価額であり、相続税法第7条に規定する「著しく低い価額の対価」要件については、この通常の取引価額を基に「実質的に贈与を受けたと認められる金額がある場合」にはその要件を満たすと解するとされています。したがって、土地等又は家屋等の場合の個人間売買では、相続税評価額を基に「著しく低い価額の対価」の判定をすると予期せぬ課税が生じるおそれがあります。これは、この通達の「趣旨」に述べられているように、この通達が経済バブル期における土地等の取引価額と相続税評価額との開きに着目して行われる贈与税の負担回避行為に対して税負担の公平を図るために所要の措置の講ずるもの」であるからです。

　事例では、この負担付贈与通達に基づき、通常の取引価額と対価との差額に相当する利益供与について相続税法第7条の規定による贈与税課税が行われることになると考えられ、その課税対象は、譲渡財産の時価と対価との差額相当額の利益金額であって、居住用不動産そのものではありません。

　しかし、乙は、その贈与税の課税対象となる低額譲受益の供与によってその利益金額に相当する部分の居住用不動産の取得をすることができたことになりますから、実質的は、1,300万円相当の居住用不動産の贈与を受けたと考えることができます。

贈与税関係

　すなわち、甲乙間において居住用不動産に該当する自宅土地家屋の時価4,300万円のうち3,000万円部分につき売買が行われ、残余の1,300万円部分につき贈与が行われたとみて、この残余部分の贈与について贈与税の配偶者控除の適用をすることができると考えられます（国税庁質疑応答事例：相続税・贈与税「低額譲受けによる利益相当額についての贈与税の配偶者控除の適用」参照）。

139 みなし贈与の対象となる受領保険金を原資として居住用不動産を取得した場合の贈与税の配偶者控除の適用

事例

　甲は、妻乙の年齢が15歳年下のため、将来の乙の生活等に配慮した方策を考え、実行してきました。

　甲は、自宅として使用している土地建物を乙に贈与して贈与税の配偶者控除の適用を受けることも計画しましたが、その自宅家屋は老朽化が著しいため近く取り壊すとともに、現在甲が更地として保有する近隣の土地上に約2,000万円の費用で自宅を新築することを考えていますので、上記の配偶者控除の計画は実行していません。

　また、甲は、S生命保険会社と、甲死亡の場合の保険金の受取人を乙とする養老保険契約を結んでいるほか、T生命保険会社とは、被保険者及び満期保険金の受取人を乙とする養老保険契約を結んでいます。その保険料は、いずれも甲が負担しています。この度、T生命保険会社の養老保険が満期となって乙に保険金2,000万円が支払われることとなりました。T生命保険会社の説明では、乙には贈与税が695万円も課税されるとのことです。

　乙のこの保険金の受領を甲から保険金という形での金銭の贈与があったものと解し、この保険金を自宅の新築費用に充てるならば、乙は甲から金銭の贈与を受け、これを資金として新住居家屋を建築したことになって、贈与税の配偶者控除の要件を満たすと思われますが、このような認定はできませんか。

贈与税関係

回答

　乙は、取得したT保険の満期保険金2,000万円の全額をもって居住用不動産である住居家屋を新築取得し、これを乙の居住の用に供した場合には、乙が取得した満期保険金は相続税法第21条の6第1項に規定する「金銭」に含まれるものと解して、贈与税の配偶者控除の適用を受けることができます。

解説

　贈与税の配偶者控除は、贈与により婚姻期間が20年以上である配偶者から専ら居住の用に供する土地若しくは土地の上に存する権利若しくは家屋で相続税法施行地にあるもの（以下「居住用不動産」といいます。）又は当該配偶者から贈与により金銭を取得した者が、その取得の日の属する年の翌年3月15日までにその居住用不動産をその者の居住の用に供し、かつ、その後引き続き居住の用に供する見込みである場合、又は金銭の取得の日の属する翌年3月15日までにその金銭をもって居住用不動産を取得して、これをその者の居住の用に供し、かつ、その後引き続き居住の用に供する見込みである場合においては、その年分の贈与税については、課税価格から2,000万円（その贈与により取得した居住用不動産の価額に相当する金額とその贈与により取得した金銭のうち居住用不動産の取得に充てられた部分の金額との合計額が2,000万円に満たない場合には、その合計額）を控除する制度です（相法21の6①）。

　本件の場合には、乙が夫甲からの贈与により取得した財産は、相続税法第21条の6第1項に規定する居住用不動産ではありません。

　事例の場合に問題となるのは、みなし贈与課税の課税要件を充足する乙

の受取保険金が上記の「金銭」に該当するかどうかという点です。厳密に用語例から判断すれば、贈与税の課税対象とした「生命保険金」と本条項に規定する「金銭」とでは明らかに別概念のように思えます。しかし、本条項でいう「金銭」は、要するに居住用不動産そのものを贈与により取得した場合と、居住用不動産を直接には取得しないで、その取得資金を贈与により取得した場合とに区別してその要件を規定していることが明らかですから、贈与による取得とみなされる生命保険金の受領も上記規定の贈与により取得した「金銭」に含まれると解するのが、その立法趣旨ないし目的論的解釈からは、相当であると考えられます（国税庁質疑応答事例：相続税・贈与税「贈与により取得したものとみなされる保険金で配偶者が居住用不動産を取得した場合の贈与税の配偶者控除」参照）。

したがって、乙が取得したＴ生命保険会社の満期保険金の2,000万円相当額は、居住用不動産の取得資金である「金銭」に該当するものとして、乙に贈与税の配偶者控除を適用することができることになります。

140 自己資金で貸家を建築し夫から住宅建築資金の贈与を受ける場合の贈与税の配偶者控除

事　例

　乙は、昨年父が死亡したことにより、その遺産の預金等2,000万円を相続しました。乙は、かねてより老後の経常収入を確保するために貸家を取得したいと思っていましたので、その好適地とみられる地区に所在する夫甲の所有地300㎡の一部に1棟2世帯用の貸家を建築したいと考えて甲に相談したところ、甲は、その土地に自宅を建築する予定があることを明らかにしました。話合いの結果、この際、貸家とともに乙名義で自宅も同時に建築することとし、甲乙の婚姻期間は20年以上になりますので、自宅の建築費2,000万円の資金は、甲が乙に贈与し、乙は、本年分の贈与税の申告の際に配偶者控除の適用を受けるということになりました。

　そこで、乙は、建築業者に依頼し、貸家と自宅の建物のいずれもが2,000万円となる具体的設計案を提出させた上で、本年3月に建築請負契約を結び、同時着工により施工させて、本年9月に両建物は完成しました。両建物の建築代金はそれぞれ2回に分割して支払うこととなっていました。乙は、貸家の分は乙が相続により取得した預金から支出し、自宅の分について甲からの贈与資金を充てる予定でしたが、甲の贈与資金の調達が遅延したこともあって、各建物の1回目の支払は、乙の預金を優先して支払に充て、各建物の2回目の支払を甲からの贈与資金で賄うという結果となりました。

　この場合でも、乙は、贈与資金2,000万円のすべてを居住用不動産

の取得に充てたとして、贈与税の配偶者控除の適用を受けることができるでしょうか。

回答

　乙が自己の居住の用に供する家屋の新築費用に充てた資金は、甲から贈与を受けた金銭以外の自己資金も含まれていると認められますが、甲から贈与を受けた金銭は優先的に居住用不動産である自宅家屋の取得に充てられたものとして取り扱うことができますので、乙は、甲からの贈与による金銭の全額について贈与税の配偶者控除の適用を受けることができます。

解説

　贈与税の配偶者控除の制度は、贈与時における婚姻期間が20年以上である配偶者からの贈与により、専ら居住の用に供する土地等若しくは家屋（居住用不動産）を取得した者が、その翌年3月15日までにその居住用不動産をその者の居住の用に供し、かつ、その後引き続き居住の用に供する見込みである場合、又は、上記の配偶者から贈与により金銭を取得した者が、その翌年3月15日までにその金銭をもって居住用不動産を取得して、これをその者の居住の用に供し、かつ、その後引き続き居住の用に供する見込みである場合に、その適用があります。

　したがって、婚姻期間20年以上となる配偶者から居住用不動産に該当する家屋を取得するための新築資金として金銭の贈与を受けた受贈配偶者は、その金銭をもって居住用不動産を取得した部分について配偶者控除の適用を受けることができることになります。この「金銭をもって居住用不動産を取得」するとは、贈与を受けた金銭がひも付きで居住用不動産の建築代

金に充てられたことを指すと思われますが、居住用不動産の取得資金として配偶者から金銭の贈与を受けた者が、自己資金とそれ以外の資金とで、居住用不動産のほか、同時に居住用不動産以外の財産も取得した場合について、その配偶者控除の適用上の取扱いが定められています。この取扱いは、配偶者からの贈与金銭は、まず居住用不動産の取得に充てられたとするものです（後掲の「参考通達」参照）。

ところで、贈与税の配偶者控除の適用要件についてみますと、居住用不動産の取得に充てた金銭を適用対象としていますが、居住用財産そのものの贈与を受けた場合と同様に贈与を受けた金銭も適用対象としたことは相当といえます。また、その贈与を受けた金銭が居住用財産の取得に充てられたことが要件とされるのは当然ですが、金銭につきその使途に関してひも付きの証明等を求めても、金銭は元来ひも付きで流通するものではないので、課税上の扱いによっては不公平となることもあり得ます。そこで、実務の取扱いでは、居住用不動産と居住用不動産以外に財産を「同時に」取得した場合に限って、贈与金銭が居住用不動産の取得に優先充当されたとみることとしているものと思われます。したがって、この「同時に」の概念は、時間的な一致を厳格にみる趣旨でなく、この取扱いを適用するのが適切と考えられる支払期等がほぼ同時期と判断される取引上の認識で判定すれば差し支えないでしょう。

> **参考通達**
>
> **相基通21の6－5（居住用不動産と同時に居住用不動産以外の財産を取得した場合）**
>
> 　配偶者から贈与により取得した金銭及び当該金銭以外の資金をもって、居住用不動産と同時に居住用不動産以外の財産を取得した場合には、法第21条の6第1項の規定の適用上、当該金銭はまず居住用不動産の取得に充てられたものとして取り扱うことができるものとする。

141 土地の賃貸借契約を更新せず借地権の無償返還を受けた場合

> **事　例**
>
> 　甲は、乙との間で、昭和42年（1967年）7月1日に、乙の木造新築住宅の敷地とするために、乙から権利金を収受して、同日から昭和62年（1997年）6月30日までの期間について、S宅地に係る土地賃貸借契約を締結しました。また、契約期間の満了時の昭和62年6月にその契約は更新され、更新後の土地賃貸借の契約期間は平成29年（2017年）6月30日までとなりました。
>
> 　しかし、S宅地は、更新後の契約期間の満了時には乙が近隣にある新築マンションを購入し居住していたこともあり、再度の更新契約書は作成されませんでした。なお、甲は乙から引き続き地代を受け取っており、乙は、その建物を物置きとして利用し、使用を継続しています。
>
> 　この度、乙から甲に対して、この数年中に急速にその建物の老朽化が進み、雨漏りや土台の腐食等があって修理費を投入しても使用に耐えられないとして、S宅地に係る借地権の返還をしたい旨申出がありました。甲は、乙が借地権を返還しても立退料や土地明渡料等は支払わないことを伝えて無償での借地権返還を要請したところ、乙はこれに応じるといいます。
>
> 　この場合、甲乙間で借地契約の再更新の土地賃貸借契約書を取り交わしていないので、乙には借地権がないとして、甲が乙から借地権の無償返還を受けても、甲に贈与税等が課税されないと考えてもよいの

でしょうか。

　なお、乙の建物が存在する限り後日になって乙が借地権の存在を主張しては困るので、甲は、この際、乙の建物の所有名義を甲名義に無償で移転登記してもらう予定ですが、問題はありませんか。

回答

　甲乙間の借地契約は、平成29年6月の契約期間満了後も法定更新されたと認められますが、その後の乙の建物の朽廃により乙が有していた借地権は消滅したとみられますので、甲が乙からその土地の無償返還を受けても、甲に贈与税等の課税関係が発生することはありません。

　また、甲が乙からその建物について、贈与等を登記原因とする所有名義の変更登記を受けた場合も同様です。

解説

　土地について、借地権を設定して、建物の所有を目的とするその土地の賃貸借が行われると、その土地の賃借人は、その土地について借地権を有することになります（借地借家法2一、旧借地法1）。この借地借家法及び旧借地法において対象とする借地権については、民法の賃貸借契約の特則として、主として長期の契約期間とその期間満了後の更新を保障するなどの強行規定を設け、賃借人である借地人を手厚く保護しており、その結果、その土地賃借権については借地権としての価額が発生します。

　他方、自己の土地所有権に種々の利用制限を受けることになる地主側では、新たに自己所有の更地を他の者の建物所有のために賃貸する場合には、その土地の賃料のほかにその土地の価額減少額に見合う金銭等を権利金等

として収受しないと採算がとれません。そのことから、各地域ごとに利用価値に応じた土地価額の一定割合による権利金が授受される慣行が定着することになります。

　この権利金の収受は、地主にとっては、自己の土地のうちの利用権部分を譲渡した対価であると認識することができますが、所得税の課税においても、一定の借地権の設定の際に受け取った権利金については、不動産所得でなく譲渡所得として課税することとしています。

　したがって、原則的には、借地権の発生時には、地主に権利金の収受に係る譲渡所得又は不動産所得についての課税関係が発生します。このほか、借地人が借地上の建物を他に譲渡する場合には、建物の譲渡に伴い借地権も移転するのが通常ですから、借地人に借地権の譲渡に係る譲渡所得についての課税関係が発生し、借地権の返還の場合も、立退料等を受け取ったときは、同様の課税関係が生ずると考えられます。また、無償での借地権が返還された場合には、地主に対して贈与税等の課税関係が発生することもあります。

　しかし、借地の返還が、借地権が消滅したために行われることもあり、この場合には、消滅した借地権にその価額はないので、借地人及び地主の双方に課税関係が発生することはありません。

　ところで、借地権に関しては、平成4年8月に現行の借地借家法が施行されましたが、借地借家法施行前に借地契約をした借地権については、原則的には旧借地法の規定がそのまま適用されることとなっています。

　例えば、この事例のように、借地契約存続期間満了後に借地権者がその土地の使用を継続した場合には、借地借家法上、建物が存在すれば、従前契約と同一条件での更新がされたとみなす「法定更新」の規定があり（借地借家法5②）、旧借地法でも、借地権者が借地権の消滅後も土地の使用

を継続する場合において、地主が遅滞なく異議を述べないときは、前契約と同一条件での更新があったとみなす「法定更新」の規定がありました（旧借地法6①）。

　また、旧借地法では、建物の構造区分ごとに借地権の存続期間を規定していましたが、その存続期間内でも、「建物が朽廃した場合」には、その借地権が消滅する旨の規定がありました（旧借地法2ただし書）。しかし、現行の借地借家法には、建物の朽廃を借地権の消滅原因とする規定は存在せず、原則的には、建物が朽廃してもなお借地権は存続し、当該借地権の更新も可能となります。

　なお、借地借家法の経過規定では、「この法律の施行前に設定された借地権に係る契約の更新に関しては、なお従前の例による。」と規定しているほか（借地借家法附則6）、旧借地法第2条ただし書の「建物朽廃による借地権消滅」の規定により、借地借家法の施行前に設定された借地権の目的である建物の朽廃による借地権の消滅に関しても、なお従前の例による旨を規定しています（借地借家法附則5）。

　そうすると、この事例の借地契約は、再更新がされたとみなされて、平成29年7月以後も借地権は存在することになりますが、その後建物が朽廃したのであれば、その時点で借地権は消滅したことになります。

　そうしますと乙の有していた借地権は、消滅してもはやその価額はないことに帰着し、甲が乙から借地権の無償返還を受けても、課税関係は発生しません。

　また、乙所有の建物について登記上の所有名義が甲に変更されて、甲がその建物を滅失させても、殊更に課税関係が発生することにはなりません。

> **根拠条文**（借地借家法・旧借地法（平成3年法律第90号による廃止前の借地法をいう。）の各規定と経過規定）
>
> **借地権の意義**
> ○ 本法ニ於テ借地権ト称スルハ建物ノ所有ヲ目的トスル地上権及賃借権ヲ謂フ（旧借地法1）
> ○ 借地権　建物の所有を目的とする地上権又は土地の賃借権をいう。（借地借家法2一）。
>
> **借地権の存続期間**
> 　……但シ建物カ此ノ期間満了前朽廃シタルトキハ借地権ハ之ニ因リテ消滅ス（旧借地法2）
>
> **借地借家法の経過規定**
> 〈附則5条〉《借地上の建物の朽廃に関する経過措置》
> 　この法律の施行前に設定された借地権について、その借地権の目的である土地の上の建物の朽廃による消滅に関しては、なお従前の例による。
> 〈附則6条〉《借地契約の更新に関する経過措置》
> 　この法律の施行前に設定された借地権に係る契約の更新に関しては、なお従前の例による。

142 父所有の家屋に子が増築をした場合の課税関係

事例

父甲は、自己所有の土地上に平家建ての居住用家屋(以下「旧家屋」という。)を建築して、夫婦で居住してきました。甲の子Aは、従前は旧家屋に両親と同居していましたが、数年前に遠隔地の支店勤務となった際に転出し、勤務地近くの社宅に住んでいます。

この度、Aは、本社への異動が内定したので、再び両親と同居するつもりです。

Aは、旧家屋に2階部分を増築する工事を行い、その費用1,400万円を負担することにします。甲の旧家屋の時価は600万円であり、これを他に譲渡する場合の譲渡所得の計算上の取得費(減価の額を控除した後の取得費)も、同額の600万円です。

旧家屋が甲所有であったことから、増築完了後の家屋(以下「新家屋」といいます。)についてはその増築部分も含め全体が甲の所有となり、甲には、無償でその増築部分を取得したとして贈与税が課税されると聞きましたが、本当でしょうか。

また、甲に対する贈与税課税を含む甲及びA双方の課税関係が生じないようにするには、新家屋について、どのように登記等の手続をすればよいでしょうか。

回答

甲は、増築部分を含む新家屋全体の所有権を有することとなりますが、

その増築費用はＡが負担したので、Ａから1,400万円相当額の利益供与を受けたことになり、甲に対して贈与税が課税されます。

そこで、新家屋について、甲の旧家屋の時価及びＡの拠出した増改築費用の割合により甲10分の3、Ａ10分の7の各共有持分とする登記をすれば、相互に利益の供与はありませんので贈与税の課税関係は生じないことになります。

検　討

甲が所有する旧家屋にＡが増築工事を施した場合には、新家屋のうちの増築部分の所有権も、旧家屋の所有者甲に帰属することになります（民法242《不動産の付合》）。

このように、甲は、その増築部分の所有権を取得することから新家屋の全部を所有することになりますが、Ａには甲への不当利得に準ずる償金請求権が発生することになります（民法248）ので、甲は増築費用を負担したＡに対してその費用の返還をすべきです。

したがって、甲がＡからその請求を受けず、工事費用の償還をしないと、甲は、Ａから増改築費に相当する資金の贈与を受けたとして贈与税が課されることとなります。

この課税を受けないための方策としては、新家屋について、甲が有していた旧家屋の価額とＡが拠出した増改築費用の額との比に相当する持分によって甲及びＡが共有登記を行えば、新家屋について甲が有することになる価額とＡが拠出負担した費用の額とが新家屋の各持分価額と一致することになって、甲Ａ相互間に財産価額の変動がなかったことになります。

本件では、甲の旧家屋の価額が600万円、Ａが負担した増築費用が1,400

万円ですから、この割合で甲Ａが新家屋をそれぞれ所有することにすれば、この増築の前後において、甲Ａ間に財産価額としての増減が生じません。

よって、甲が10分の３、Ａが10分の７の各持分となる登記を行うことにより、甲及びＡのいずれにも、贈与税の課税原因となる行為は生じなかったと認められます。

また、甲は、付合によりＡが工事費用を負担した増築部分を含む新家屋の全体の所有権を有することとなりますが、この登記を行うことにより、甲は新家屋のうち10分の７相当額をＡに譲渡したこととなり、その対価の額はＡが負担した増築費用1,400万円です。つまり甲の新家屋の共有持分10分の７の譲渡に係る収入金額は1,400万円になります。この新家屋の10分の７に係る取得費は、旧家屋の減価の額を控除した後の取得費600万円と増築費用1,400万円の合計額である2,000万円の10分の７に相当する1,400万円となり、収入金額と同額になりますので、結局、甲の新家屋の共有持分の譲渡については、譲渡益が算出されません。

ちなみに、仮に上記の譲渡所得の計算において譲渡益が発生した場合には、その譲渡は、直系血族への譲渡である上に、共有とするための譲渡ですから、居住用財産譲渡の場合の3,000万円特別控除及び軽減税率の各特例は適用されないことになります（措法35①、31の３①、措令20の３①、23②、措通31の３－11、35－６）。

根拠条文

民法242条（不動産の付合）

　不動産の所有者は、その不動産に従として付合した物の所有権を取得する。ただし、権原によってその物を附属させた他人の権利を妨げない。

民法248条（付合、混和又は加工に伴う償金の請求）

　第242条から前条までの規定の適用によって損失を受けた者は、第703条及び第704条の規定に従い、その償金を請求することができる。

（筆者注）

　「第242条から前条までの規定」

　　　　242条：上掲民法242条の条文（不動産の付合）

　　　　243条：（動産の付合）

　　　　244条：（同上。主従の区別不能の場合には付合時の価格割合により合成物を共有）

　　　　245条：（混和）

　　　　246条：（加工）

　　　　247条：（付合、混和又は加工の効果）

143 未成年者に対する土地の贈与とその贈与税等の納付資金の贈与

事例

　甲（75歳）は、将来遠縁の乙の長男に甲家の墓地の管理等をしてもらうことを期待して、甲が30年前まで住んでいた旧住宅の跡地の土地を現在15歳の乙の長男に贈与したいと考えました。

　甲には、親子兄弟はすでに亡く、乙の住所地近くにはこの土地以外の残余財産等もない上、適当な血縁者もいないので、旧自宅の近くに住む乙に事情を話して、当面は乙に甲家の墓地の面倒をみてもらい、乙の長男にもその管理を承継してもらうことで乙の了承を得ました。

　実際に、乙又は乙の長男が甲家の墓地の管理等を行うについては、乙家の墓地の管理等の際に隣接する甲の墓地の管理も併せて行うことになるので、格別の費用、手間暇を費やすことにはなりません。それでも、甲としては、乙の長男が長期間円滑にこの管理等を継続してくれることを期待するとともに、乙の好意に報いるため、上記の土地の贈与を実行することにしました。

　甲は、本年中に乙の長男に土地の贈与をするつもりですが、15歳である者への贈与は法律行為として有効でしょうか。

　この土地の贈与に問題がなければ、別途来年の春ころに、乙の長男に不動産取得税と贈与税の合計納付額に相当する現金（約100万円）を再度贈与したいと思いますが、この贈与には贈与税はかからないと考えてよいでしょうか。

贈与税関係

回 答

　甲が本年中に行う乙の長男に対する贈与については、法律行為としての贈与契約は適法に成立します。

　来年になってから、その贈与によって受贈者が納付した不動産取得税及び贈与税の合計額を確認した上で、その合計額に相当する現金を再度贈与したとしても、その金額が110万円以下であって他に来年中に贈与による取得財産がなければ、贈与税はかかりません。

解 説

　民法第5条第1項は、未成年者が法律行為を行うについて、形式的に未成年であること（成年（18歳）に達しないこと）をもってその資格（行為能力）を制限しています。すなわち、未成年者が法律行為をするについては、原則として、法定代理人（一次的には親権者、親権者がいないときなどでは未成年後見人）の同意を得なければならず、単独で法律行為を行うことはできません（民法5①本文）。また、同条第2項はこれに反する未成年者の法律行為は取り消すことができると規定しています。

　しかし、民法第3条第1項は、「私権の享有は、出生に始まる。」と規定していて、未成年者が法律行為を行うについて未熟であるからといって、憲法第14条の「法の下の平等」の基本理念のらち外として扱われるわけではありません。この民法の行為能力の制限規定は、未成年者の権利を制限する趣旨でなく、保護するために設けられているものです。

　上記の民法第5条第2項の規定からは、未成年者が法定代理人の同意を得ずして行った法律行為は取消しの対象となりますが、その取消権を有する者は、制限行為能力者本人又はその代理人、承継人若しくは同意をする

ことができる者に限定されるので（民法120①）、制限行為能力者が未成年者の場合の取消権者は、原則として、その法律行為をした未成年者又はその法定代理人である親権者若しくは未成年後見人ということになります。

また、未成年者等の制限行為能力者が単独で行った法律行為であっても、その法律行為の内容が、単に利益を得るか、義務を免れるものであるときは、未成年者等の制限行為能力者に不利益となることはないことから、これらの法律行為については、行為を制限される法律行為から除外されています（民法５①ただし書）。

この「単に権利を得、又は義務を免れる法律行為」に、例えば単純贈与契約における受贈者となる行為があります。

したがって、この事例では、土地の贈与契約の受贈者となる乙の長男は、その贈与を受ける代わりに特別の負担義務を負うことはないので、単独でその贈与に係る受贈者として法律行為をすることができます。

この場合、乙の長男は15歳であり、受贈者としての意思能力はあると考えられますから、この法律行為は有効に成立します。

最後に、甲が来年に行う予定の贈与については、本年中に当事者である甲と乙の長男との間で何らの合意がされたものではないので、本年分の贈与財産とは切り離し、来年分の贈与財産として贈与税の課税対象となりますが、その贈与金額が贈与税の基礎控除額以下であれば、来年分の贈与税は課税されません。

参考法令

民法 3 条（権利能力）
① 私権の享有は、出生に始まる。
② （省略）

民法 5 条（未成年者の法律行為）
① 未成年者が法律行為をするには、その法定代理人の同意を得なければならない。ただし、単に権利を得、又は義務を免れる法律行為については、この限りでない。
② 前項の規定に反する行為は、取り消すことができる。
③ 第 1 項の規定にかかわらず、法定代理人が目的を定めて処分を許した財産は、その目的の範囲内において、未成年者が自由に処分することができる。目的を定めないで処分を許した財産を処分するときも、同様とする。

民法120条（取消権者）
① 行為能力の制限によって取り消すことができる行為は、制限行為能力者（他の制限行為能力者の法定代理人としてした行為にあっては、当該他の制限行為能力者を含む。）又はその代理人、承継人若しくは同意をすることができる者に限り、取り消すことができる。
② 錯誤、詐欺又は強迫によって取り消すことができる行為は、瑕疵ある意思表示をした者又はその代理人若しくは承継人に限り、取り消すことができる。

144 有利発行の募集株式引受権が株主に与えられずその親族等に与えられた場合の課税

> **事例**
>
> 同族会社甲社（資本金1,000万円、発行済株式数20万株、1株当たり資本金額50円）は、この度、資本金を2,000万円とする増資を行うこととし、1株当たり払込金額を50円とする新株20万株を発行しました。甲社の株主及び増資による各株主への新株割当数等は、次表③のとおりであり、本年中に新株の払込みを完了しました。
>
> | 株主 | ① 旧株の所有株数 | ② 旧株比例割当てによる新株数 | ③ 実際の新株割当て数 | ④ 過不足新株数（③－②） |
> |---|---|---|---|---|
> | A | 120,000株 | 120,000株 | 30,000株 | △ 90,000株 |
> | B | 60,000 | 60,000 | 30,000 | △ 30,000 |
> | C | 20,000 | 20,000 | 120,000 | ＋100,000 |
> | D | 0 | 0 | 20,000 | ＋ 20,000 |
> | 計 | 200,000 | 200,000 | 200,000 | 0 |
>
> (注) i 株主Aは甲社の代表取締役であり、BはAの配偶者、CはA及びBの長男であって、いずれも同社の取締役である。
>
> ⅱ Dは、A、B、Cと親族関係になく、甲社の役員・従業員や取引先でもない。
>
> ⅲ 甲社の増資直前における株式の価額（相続税評価額）は、1株当たり800円であるとする。
>
> この場合に、各株主の課税関係はどうなりますか。
>
> 仮に、Dが甲社の従業員であって、Dは、同社の業績に貢献した

ことによる報奨として募集株式引受権を取得したものである場合には、その課税関係はどうなりますか。

回 答

Cは、株主権に基づく割当てを超える募集株式引受権が与えられ、他方、Cの親であるA及びBは、株主権に基づく割当数に満たない募集株式引受権が与えられ、それぞれその新株の取得をしたので、Cは、A及びBから次の募集株式引受権の贈与を受けたものとみなされ、贈与税が課税されることとなります。

(1) Cが贈与を受けたとみなされる募集株式引受権の株数

イ Aからの贈与株数

$$100,000株 \times \frac{90,000株}{90,000株 + 30,000株} = 75,000株$$

ロ Bからの贈与株数

$$100,000株 \times \frac{30,000株}{90,000株 + 30,000株} = 25,000株$$

(2) 募集株式引受権の価額（1株当たり）

〈新株1株当たりの価額〉

$$\frac{800円 + 50円 \times 1}{1株 + 1株} = 425円$$

〈募集株式引受権の価額〉

（1株当たり価額）　（1株当たり払込金額）
　　425円　　－　　　50円　　＝　375円

(3) Cのみなし贈与財産価額

〈Aからの受贈財産価額〉　375円×75,000株＝28,125,000円

〈Bからの受贈財産価額〉 375円×25,000株＝9,375,000円

また、Dは、甲社から付与された募集株式引受権2万株分について、一時所得として所得税が課税されます。仮に、Dが甲社の従業員であるとした場合には、一時所得ではなく、給与所得として所得税が課税されます。

なお、Dが所得税の課税を受ける場合の募集株式引受権の価額は、一時所得又は給与所得のいずれの場合でも、贈与税課税の場合と異なり、甲社株式の1株当たりの純資産価額を参酌して通常取引されると認められる価額を基に算定します（所基通23～35共—9）。

解　説

贈与税は、個人からの贈与により財産を取得した個人に課税されますが、民法上の贈与に該当しない取引や行為でも贈与と同様の効果を生ずるものがあるため、相続税法は、これらの取引・行為に伴い財産を取得し又は利益を享受した一定の場合には、贈与による財産取得があったものとみなして贈与税の課税対象とすることとしており、同法第5条以下にその特定取引・行為が規定されています。

そのうち同法第9条では、みなし贈与に該当する「その他の利益の享受」として「対価を支払わないで、又は著しく低い価額の対価で利益を受けた場合」を掲げていますが、その具体的内容が明確でないところから、相続税法基本通達は、この規定による具体的なみなし贈与となる取引行為を例示しています（相基通9—2～9—13）。その一つが同族会社の募集株式引受権に関するものです（相基通9—4、9—7）。この取扱いは、法人がその機関である取締役会・株主総会により決定したその法人の増資等の行為にとらわれず、個人の親族株主間等における経済的価値の移転に

着目して贈与税の課税を行うこととしているものです。

　一方、所得税では、みなし贈与のような擬制による課税でなく、株式発行法人の行為を前提にした課税が行われます。すなわち、個人が株式発行法人から募集株式引受権を付与された場合（株主等として与えられた場合〈株主としての地位に基づき平等に与えられた場合〉を除く。）における各種所得に係る収入金額は、払込期日における新株の価額からその新株の発行価額を控除した金額によるとされています（所令84、所基通23～35共―8）。その場合の所得区分は、通常は一時所得ですが、役員又は従業員に対し、その地位・職務等に関し付与されたものは給与所得となり、これらの者の退職に基因して付与されるものは退職所得となります（所基通23～35共―6）。

　なお、所得税の課税対象となる募集株式引受権の価額は、贈与税課税の場合と異なり、相続税評価額によらないで、所得税基本通達の23～35共―9の定めるところにより評価した価額を基に算定します。この場合、個人が法人に対し取引相場のない株式を贈与又は低廉譲渡（時価の2分の1未満の価額による譲渡）をしたときの所得税法第59条のみなし譲渡所得課税に係る株式の時価の算定方法を定めた同通達の59―6が参考になります。

参考通達　（同族会社の募集株式引受権の取扱い）

相基通9―4　（同族会社の募集株式引受権）
　同族会社が新株の発行（当該同族会社の有する自己株式の処分を含む。以下9―7までにおいて同じ。）をする場合において、当該新株に係る引受権（以下9―5までにおいて「募集株式引受権」という。）の全部又は一部が会社法（平成17年法律第86号）第206条各号《募集株式の引受け》に掲げる者（当該同族会社の株主の親族等（親族その他法施行令第31条に定める特別の関係がある者をいう。以下同じ。）に限る。）に与えられ、当該募集

株式引受権に基づき新株を取得したときは、原則として、当該株主の親族等が、当該募集株式引受権を当該株主から贈与によって取得したものとして取り扱うものとする。ただし、当該募集株式引受権が給与所得又は退職所得として所得税の課税対象となる場合を除くものとする。

相基通9－5（贈与により取得したものとする募集株式引受権数の計算）

9－4において、だれからどれだけの数の募集株式引受権の贈与があったものとするかは、次の算式により計算するものとする。この場合において、その者の親族等が2人以上あるときは、当該親族等の1人ごとに計算するものとする。

$$A \times \frac{C}{B} = \text{その者の親族等から贈与により取得したものとする募集株式引受権数}$$

(注) 算式中の符号は、次のとおりである。

Aは、他の株主又は従業員と同じ条件により与えられる募集株式引受権の数を超えて与えられた者のその超える部分の募集株式引受権の数

Bは、当該法人の株主又は従業員が他の株主又は従業員と同じ条件により与えられる募集株式引受権のうち、その者の取得した新株の数が、当該与えられる募集株式引受権の数に満たない数の総数

Cは、Bの募集株式引受権の総数のうち、Aに掲げる者の親族等（親族等が2人以上あるときは、当該親族等の1人ごと）の占めているものの数

145 贈与者に相続が発生しても受贈者に相続税の課税見込みがない場合の贈与財産に係る相続時精算課税の適用

> **事 例**
>
> 　甲（80歳）は、病気入院中です。甲の推定相続人は、妻乙（73歳）長男丙（48歳）及び長女丁（45歳）です。甲の財産は約3,000万円で、現状では、甲に相続が開始しても相続税が課される見込みはありません。
>
> 　甲は、自己を被保険者とし、死亡保険金額を1,800万円、保険金受取人を乙とする生命保険を掛けているほか、早くに妻を亡くして子もいない弟の戊を被保険者としその死亡保険金を1,000万円、保険金受取人を丙とする生命保険も掛けています。なお、いずれの保険も、甲がその保険料の全額の支払を済ませています。
>
> 　本年7月5日に戊が死亡し、丙は、保険金1,000万円を受け取りましたが、友人の税理士に聞いた説明によると、この保険金は甲からの贈与とみなされて丙に贈与税177万円が課税されるとのことで、大変驚いています。
>
> 　甲の病状では、今後数年のうちに死亡に至る事態も予測されます。その場合に、相続税や上記の2つの生命保険金の課税関係はどのようになりますか。また、丙にとって、生命保険金の課税関係等に対する有効な対策はありませんか。

回 答

　丙が受け取った戊の死亡による保険金には、原則として暦年課税による贈与税177万円が課税されます。戊が例えば3年後の7月5日までに死亡し丙がその遺産を取得した場合には、保険金額1,000万円に相当する金額が丙の相続税の課税価格に算入されますが、相続人全員の相続税の課税価格の合計額が基礎控除額（4,800万円）以下である場合には算出相続税額がないので177万円の贈与税額控除をすることはできません。

　乙が甲死亡の際に受け取る死亡保険金1,800万円については、乙の相続税の課税価格に非課税限度額1,500万円控除後の300万円が算入されますが、上記のとおり相続税はかからないことになります。

　このように、事例の推定相続人両人には相続税はかかりませんが、このままでは丙の贈与税負担は免れないことになります。

　そこで、丙が来年2月1日から3月15日までの本年分贈与税の申告期間内に、甲を特定贈与者とする相続時精算課税の選択届出書を提出し、併せて本年分の贈与税の申告書を提出すれば、丙は贈与税の課税は生ぜず、その後の被相続人甲に係る相続税も生じないことになります。

解 説

　保険金受取人が、自らは保険料を負担せず、他の個人が保険料を負担した保険金を取得したときは、その保険金は、受取人が当該保険料負担者（死亡保険金の被保険者を除く。）から贈与により取得したものとみなされて、贈与税の課税対象となります（相法5①）。

　事例の場合丙が受け取った戊の死亡による保険金は、その保険料の全額を甲が負担していたので、甲からのみなし贈与財産となって（相法5①）、

丙に暦年課税の贈与税177万円が課されることになります。

　この課税を受けないためには、丙が本年分以後の甲からの贈与財産について相続時精算課税制度を選択することが最善の方法であると思われます。そのためには、丙は次の手続をしなければなりません。

　すなわち、丙は、来年２月１日から３月15日までの贈与税の申告期間内に、税務署長に対し本年分の贈与税の申告書とともに所定の事項を記載した相続時精算課税選択届出書を提出します。この届出書を提出して相続時精算課税適用者となった丙は、本年分以後に特定贈与者である甲から受ける贈与財産のすべてが相続時精算課税の対象になります。

　そうしますと、丙の本年分の相続時精算課税の贈与税は、その贈与財産価額1,000万円が贈与税の課税価格となり、相続時精算課税に係る贈与税の基礎控除額110万円と特別控除額810万円（特別控除枠2,500万円のうち本年分の適用額）を控除しますと、本年分の贈与税額は生じないこととなります。

　また、生命保険金は、保険契約者と保険会社との契約により、保険事故が発生した場合に保険会社から保険契約者が指定した「保険金受取人」に支払われるもので、保険契約者が保険料を負担し、かつ被保険者となっていた死亡保険金を特定の相続人が受け取っても、これは民法上の相続により取得した財産でないと解されており、その死亡保険金受取人の固有財産であるとされます。

　しかし、相続税法では、これをみなし相続財産として相続税の課税対象としています（相法３①一）。事例において、甲の死亡により甲の相続人である乙が死亡保険金1,800万円を取得すると、その保険金のうち300万円（非課税限度額1,500万円を控除後のもの）が相続税の課税財産となります。

　仮に甲がこの保険金の支払後７年以内に死亡すると、丙が取得した保険

金は、相続開始前7年以内の贈与財産として相続税法第19条第1項の規定により丙の相続税の課税価格に加算されます（加算対象となる贈与財産のうち当該相続の開始前3年以内に取得した財産以外の財産にあっては、その財産の価額の合計額から100万円を控除した残額が加算される金額となります。）が、乙、丙及び丁が甲の相続により取得した財産価額にみなし相続財産の価額や相続開始前7年以内の贈与財産の価額を加算しても、相続税の課税価格の合計額が遺産に係る基礎控除額以下となりますので、相続税が発生しません。そのため丙が、課税された暦年課税の贈与税額177万円を控除することはできなくなります（相法19）。

　しかしながら、丙が本年中に甲からの贈与により取得した財産である保険金1,000万円につき、来年2月1日から3月15日までの本年分の贈与税の申告期間内に、納税地の所轄税務署長に対し甲を特定贈与者とする相続時精算課税の選択届出書を提出すれば、上記のとおり本年分の贈与税は課税されないことになり、また、将来甲に相続の開始があっても、甲の遺産価額にみなし相続財産の価額及び相続時精算課税適用者丙への贈与財産価額を加算した合計額が遺産に係る基礎控除額以下であれば、相続税もかかりません。

贈与税関係

146 贈与税の期限後申告書を提出した場合の相続時精算課税の取扱い

事 例

　Aは、令和2年分贈与税の期限内申告書を提出する際に、併せて、父甲を特定贈与者とする適法な相続時精算課税選択届出書を提出し、甲からの令和2年中の贈与財産価額500万円に相当する相続時精算課税の特別控除額を控除して贈与税の申告をしました。

　Aは、令和5年中にも父から上場株式1,000万円の贈与を受けたので、相続時精算課税による贈与税の申告をする予定でしたが、勤務先会社から令和6年3月10日から1週間の緊急な用務での出張を命じられ、用務を終えて帰宅後直ちに、その申告書を提出するため税務署に電話連絡をしました。しかし、税務署係官から、期限後申告では特別控除の適用がないといわれ、1,000万円の特別控除をしないで計算した200万円の贈与額を申告・納税しました。

　Aが令和5年分の贈与税の申告書を期限内にすることができなかったのは、上記のような事情があったためであり、申告期限後すぐに申告しましたが、特別控除は認められませんか。

　また、期限内申告をしない場合には、その後の特別控除も認められなくなったり、相続時精算課税そのものが全く適用されなくなるのか、すでに申告した令和2年分の贈与税はどうなるのかなどの点が不明で、Aとしては、今後も甲から相続時精算課税による贈与を受けたいので不安です。

　Aの相続時精算課税の取扱いは、どのようになるでしょうか。

回答

　Aは、令和5年分の贈与税の期限内申告書を提出しなかったので、同年分の贈与税の申告において相続時精算課税の特別控除を適用することはできません。そのため、Aは、甲からの贈与財産価額1,000万円に20%の税率を乗じた200万円を令和5年分の贈与税として申告納税しなければなりませんでした。

　なお、Aは、令和6年分以後の甲からの贈与については、各年中の贈与財産価額（ただし、相続時精算課税に係る基礎控除額を控除した後の額）から特別控除額2,500万円に達するまでの金額（令和2年分の贈与税の申告を行った後の残額2,000万円）を特別控除として控除することができます。

解説

　平成15年以後の各年に特定贈与者から財産の贈与を受けた相続時精算課税適用者は、特定贈与者ごとの贈与税の課税価格からその課税価格を限度に累積額で2,500万円までの特別控除額を控除することができます（相法21の12①）。この特別控除の適用が受けられるのは、その年分の贈与税の期限内申告書を提出した場合に限られる上に、その申告書に特別控除額の明細のほか、一定事項の記載をしなければなりません（相法21の12②）。

　しかし、その期限内申告書に上記の記載がなかった場合においても、税務署長がそのことにつきやむを得ない事情があると認めるときは、その記載をした書類を提出すれば、特別控除が認められるとの宥恕規定があります（相法21の12③）。

　このように、特別控除の適用は、期限内申告書を提出した場合であって、

かつ、その期限内申告書に所定の記載事項を記載したときに限られることが明らかです。

　一般に、租税特別措置等に規定のある課税の特例制度には、その特例の適用のための実体的な要件のほか、一定事項の申告書への記載や要件に該当することが証明できる書類等を申告書に添付するなどの手続的な要件が規定されています。しかし、手続要件は、その特例が適用できる内容を備えた実体要件を満たした上に、納税者に申告上で更なる手続を要求するものですから、その法定の手続要件を履践しなかった者を救済するための「宥恕規定」が置かれていることも少なくありません。

　ところが、相続時精算課税における贈与税の特別控除の制度での宥恕規定は、期限内申告書を提出できず、期限後申告書を提出した納税者を救済する規定ではなく、期限内申告書を提出したがその申告書への記載が不備であった者に対する救済規定であることが明文化されています。

　それゆえ、たとえ、Aに期限内申告書を提出できない「やむを得ない事情」があったことが認められても、税務署長には特別控除の適用を認める根拠がないことから、Aの令和5年分の贈与税については、特別控除が認められる余地はないといえます。

　しかし、この規定は、期限後申告に係る年分についての特別控除の適用ができないというにとどまり、20％の税率適用や、甲からの贈与財産価額についての相続開始時までの非課税枠である2,500万円の特別控除の全部又は一部の適用を否認するものでないばかりか、最終的には、Aの課された贈与税額は、甲の相続時に精算されるものですから、Aにとって、究極的に不利益となるわけではありません。

147 両親共有の自宅の贈与を受け、父からの贈与のみ相続時精算課税を適用した場合

事 例

父母及び私は、父母が共有（建物及びその敷地とも父が5分の4、母が5分の1の持分）の住宅に居住しています。令和7年2月2日に、両親からこの自宅の贈与を受けました。贈与税の申告に当たっては、父からの贈与については相続時精算課税を適用し、母からの贈与についてはいわゆる暦年贈与により贈与税の申告をしたいと考えていますが、両親からの贈与について、異なった課税方法を選択することができるのでしょうか。また、父又は母が亡くなった場合の相続税を申告する際に、この贈与はどのように扱われることとなるのでしょうか。

回 答

父からの贈与については相続時精算課税を選択し、母からの贈与については相続時精算課税を選択せずに、いわゆる暦年課税による贈与税の申告をすることができます。

父に相続が開始した場合には、父からの贈与で相続時精算課税を適用したものの価額（ただし、基礎控除額を控除した残額）が相続税の課税価格に加算又は算入されます。

母に相続が開始した場合で、かつ、質問者が相続又は遺贈により母の財産を取得するときには、母からの贈与が母の相続開始前7年以内の贈与に該当すれば、当該贈与に係る財産の価額を相続税の課税価格に加算するこ

ととなります。ただし、その贈与が母の相続開始前3年より前に受けた贈与であるときには、母の相続開始前3年より前に受けた贈与財産の価額の合計額から100万円を控除します。

解 説

1 　相続時精算課税は、相続時精算課税を最初に適用しようとする年分の贈与税の申告書に相続時精算課税適用届出書を添付して提出することにより、その年分以降に同じ者から贈与を受けたすべての贈与について適用されることとなります。この相続時精算課税選択届出書は、贈与者ごとに選択しますので、ある者からの贈与について相続時精算課税選択届出書を提出して相続時精算課税を適用したとしても、それ以外の者からの贈与について同届出書を提出していなければ、当該贈与についてはいわゆる暦年課税により贈与税の申告をすることとなります。

2 　相続時精算課税は、一定額以上の財産を贈与により取得した際の贈与税の負担が軽減される一方で、その財産の価額(令和6年分以降の贈与については基礎控除額を控除した残額)が、贈与者に相続が開始したときに相続税の課税価格に加算又は算入されるとともに、算出相続税額から相続時精算課税を適用した年分以降のその贈与者からの贈与に係る贈与税額を控除して納付すべき相続税額を求め、控除しきれない贈与税額は還付を受けることができるという制度です。質問者が、父から贈与を受けた自宅建物とその敷地の価額の各5分の4の持分に相当する額(ただし基礎控除額を控除した残額)は、贈与の時から相続開始の時までの年数にかかわらず、相続税の課税価格に加算又は算入することとなります。この制度の下では、贈与又は相続(遺贈)の対象となる財産の価額が一定である限り、贈与及び相続の時期にかかわらず贈与と相続を通じ

た税負担が同じになります。しかしながら、相続税の課税価格に加算される贈与財産の価額は、贈与時の価額が基となりますので、贈与時から相続開始までの間に贈与財産の価額が上昇した場合には、相続時精算課税を適用して早期に贈与を行ったことが有利な結果につながったということになります。

3 　暦年贈与においては、贈与者の相続開始前7年以内にその贈与者から贈与を受けた財産の価額を相続税の課税価格に加算する必要があります(注)。相続時精算課税の場合とは異なり、加算する金額は被相続人から贈与を受けた財産の価額であって、基礎控除額を控除した後の金額ではありません。ただし、相続税の課税価格に加算すべき被相続人からの贈与のうち、相続開始前3年より前に受けた贈与については、その合計額から100万円を控除した後の金額を相続税の課税価格に加算することとされています。相続税の課税価格に加算される贈与に係る贈与税額は算出された相続税額から控除されますが、当該贈与税額が当該相続税額を上回ったとしても、その上回る金額が還付されることはありません。事例の場合、令和14年2月2日以前に母が亡くなった場合には、母から贈与を受けた財産の価額を相続税の課税価格に加算する必要があります（ただし、令和10年2月3日以後に相続が開始した場合には、100万円を控除した後の金額）が相続税の課税価格に加算され、母の相続開始が令和14年2月3日以後であれば、相続税の課税価格に加算する必要はありません。

　なお、その受贈者が、被相続人から相続又は遺贈により財産を取得しない場合には、被相続人からの生前贈与に係る贈与財産の価額を相続税の課税価格に算入する必要はありません。

(注)　令和5年の相続税法第19条第1項の改正により、被相続人の相続開始前

贈与税関係

7年以内に被相続人から贈与により取得した財産の価額が相続税の課税価格に加算するとされましたが、同改正前においては、被相続人の相続開始前3年以内に被相続人から贈与により取得した財産の価額を相続税の課税価格に加算するとされていました。この改正は令和6年1月1日以後に贈与により取得する財産について適用し、令和5年12月31日以前に贈与により取得した財産については、同改正前のとおりの課税が行われることとなるなど次の経過措置が設けられています。

相続又は遺贈により財産を取得した日	加算対象贈与財産に係る期間	「相続の開始前3年以内に取得した財産以外の財産」に係る期間
令和6年1月1日から令和8年12月31日まで	相続の開始の日から遡って3年目の応当日から当該相続の開始の日までの間	
令和9年1月1日から令和12年12月31日まで	令和6年1月1日から相続の開始の日までの間	令和6年1月1日から相続の開始の日から遡って3年目の応当日の前日までの間
令和13年1月1日以後	相続の開始の日から遡って7年目の応当日から当該相続の開始の日までの間	相続の開始の日から遡って7年目の応当日から、当該相続の開始の日から遡って3年目の応当日の前日までの間

(注)　「相続の開始前3年以内に取得した財産以外の財産」については、当該財産の価額の合計額から100万円を控除した残額が相続又は遺贈により財産を取得した者の相続税の課税価格に加算される。

参考条文

相続税法19条1項（相続開始前7年以内に贈与があった場合の相続税額）
相続又は遺贈により財産を取得した者が当該相続の開始前7年以内に当

該相続に係る被相続人から贈与により財産を取得したことがある場合においては、その者については、当該贈与により取得した財産（第21条の2第1項から第3項まで、第21条の3及び第21条の4の規定により当該取得の日の属する年分の贈与税の課税価格計算の基礎に算入されるもの（特定贈与財産を除く。）に限る。以下この条及び第51条第2項において同じ。）（以下この項において「加算対象贈与財産」という。）の価額（加算対象贈与財産のうち当該相続の開始前3年以内に取得した財産以外の財産にあって、当該財産の価額の合計額から100万円を控除した残額）を相続税の課税価格に加算した価額を相続税の課税価格とみなし、第15条から前条までの規定を適用して算出した金額（加算対象贈与財産の取得につき課せられた贈与税があるときは、当該金額から当該財産に係る贈与税の税額（第21条の8の規定による控除前の税額とし、延滞税、利子税、過少申告加算税、無申告加算税及び重加算税に相当する税額を除く。）として政令の定めるところにより計算した金額を控除した金額）をもって、その納付すべき相続税額とする。

所得税法等の一部を改正する法律（令和5年法律第3号）第19条（相続税法の一部改正に伴う経過措置）

① 第4条の規定による改正後の相続税法（以下「新相続税法」という。）第19条第1項、第21条の15第1項及び第2項並びに第21の16第2項及び第3項の規定は、令和6年1月1日以後に贈与（贈与をした者の死亡により効力を生ずる贈与を除く。以下同じ。）により取得する財産に係る相続税について適用し、同日前に贈与により取得した財産に係る相続税については、なお従前の例による。

② 令和6年1月1日から令和8年12月31日までの間に相続又は遺贈（贈与をした者の死亡により効力を生ずる贈与及び当該相続に係る被相続人からの贈与により取得した財産で相続税法第21条の9第3項の規定の適用を受けるものに係る贈与を含む。以下この条において同じ。）により財産を取得する者については、前項の規定にかかわらず、新相続税法第19条第1項の規定を適用する。この場合において、同項中「7年」とあるのは、「3年」とする。

③ 令和9年1月1日から令和12年12月31日までの間に相続又は遺贈により財産を取得する者に係る新相続税法第19条第1項の規定の適用については、同項中「当該相続の開始7年以内」とあるのは、「令和6年1月1日から当該相続の開始の日までの間」とする。

148 みなし贈与財産に係る贈与税申告の直前における相続時精算課税の選択

> **事　例**
>
> 　甲は66歳であり、その推定相続人は、妻乙（60歳）、長男Ａ（36歳）、長女Ｂ（30歳）の合計3人です。
>
> 　Ａは、甲が所有するＭ市の市街地周辺部に所在する土地（原野500㎡、時価3,000万円）について、甲に対してＡの所有とするよう要望してきましたが、昨年8月に、同土地の所有権を甲からＡに移転してもＡに贈与税がかかることがないように配意し、同土地を昨年分の相続税評価額に相当する1,910万円から基礎控除額110万円を控除した残額1,800万円で売買し、売買による所有権移転登記もしました。ところが、今年2月に税務署に出向いて確認したところ、担当者からその土地の時価と売買代金との差額に相当する1,200万円の利益供与があったとして贈与税246万円が課税されるとの説明を受けました。
>
> 　また、昨年10月には、甲が保険料を負担していた期間20年の生命保険が満期となり、保険金受取人に指定されていたＢが保険金1,000万円を受領しました。この生命保険は、甲が契約時にＢを被保険者及び受取人としていたものです。Ｂは、今年2月に国税局税務相談室に電話相談をしたところ、その受取保険金は甲からの贈与とみなされて贈与税177万円が課税されるといわれました。Ａはその土地売買の当時に、Ｂは保険契約中から保険金の受領まで、いずれも贈与税の課税を考えたことはなく、戸惑っています。

贈与税関係

　贈与税の課税対象とされる財産は、相続時精算課税の対象とすれば相続税課税の際にはその贈与税額が精算され、相続税の課税として再計算されるということですが、昨年中に贈与があったとされる財産について、今年の3月に行う昨年分贈与税の申告において、相続時精算課税の対象としてもらえるでしょうか。
　なお、近い将来において甲に相続が開始した場合には、その財産の規模からみて、相続税は発生しないか、発生したとしても少額となる見込みです。

回　答

　Aが甲からの土地の低額譲受けにより受けた経済的利益及びBが受け取った生命保険金はいずれもみなし贈与財産として、本年2月1日から3月15日までの期間中に贈与税の申告をする必要があります。
　しかし、A及びBのそれぞれが、昨年中に取得したみなし贈与財産について、上記の贈与税の申告期間中に贈与税の申告書とともに、甲を特定贈与者とする相続時精算課税選択届出書を提出すれば、A及びBは、上記のみなし贈与財産について、相続時精算課税適用者としてその制度の適用を受けることができることとなり、相続時精算課税に係る贈与税の特別控除を適用することにより、贈与税は発生しません。

解　説

　相続時精算課税制度は、その年の1月1日における年齢が60歳以上の者から財産の贈与を受けた一定の者がその制度の選択をする旨の所定の届出書（相続時精算課税選択届出書）を納税地の所轄税務署長に提出した場合

に適用があります。

　その届出書を提出することができる受贈者は、その届出の対象とした贈与者（特定贈与者）の推定相続人である直系卑属又は孫である者のうち、贈与があった年の1月1日における年齢が18歳以上のものに限られます。この制度の適用を受けようとする者は、特定贈与者からその年中に贈与により取得した財産について、その年分の贈与税の申告期間（贈与年の翌年2月1日から3月15日までの期間）中に、その年分の贈与税の申告書に、この制度の適用を受けようとする旨その他所定の事項を記載した届出書を添付して提出しなければなりません（相法21の9①②、措法70の2の6）。

　その届出をした者は、相続時精算課税適用者として、その届出に係る年分以後の特定贈与者からの「贈与による取得財産」について、相続時精算課税制度が適用されます。上記の「贈与による取得財産」には、贈与により取得したとみなされる財産（みなし贈与財産）も含まれます。

　ところで、土地等及び家屋等で、個人間の対価を伴う取引により取得したものの価額は、その取引時点における「通常の取引価額」に相当する金額で評価することとされます。この取扱いは、平成元年3月29日付直評5「負担付贈与又は対価を伴う取引により取得した土地等及び家屋等に係る評価並びに相続税法第7条及び第9条の規定の適用について」通達（いわゆる「負担付贈与通達」。552ページの「参考通達」参照）により運用されています。負担付贈与による贈与財産の価額については、その「負担がないものとした場合における当該贈与財産の価額から当該負担額を控除した価額によるものとする。」とされていることから（相基通21の2－4）、土地家屋等の相続税評価額と通常の取引価額との価額の乖離を利用して、贈与の目的物の相続税評価額から負担債務の実額を控除する方法により、贈与税を負担することなく実質的に土地家屋等の一部の贈与を実現するよう

な節税行為が行われるようになりましたが、このような場合に、受贈者に帰属する実質的な贈与による経済的利益が贈与税の課税対象外となってしまい公平ではないので、贈与目的財産の土地家屋等の価額を通常の取引価額とすることにより、その受益額を顕在化させて課税することとする取扱いがされているわけです。また、低額の対価による個人間取引もその内容は負担付贈与に類似することから、同様の取扱いがされています。

したがって、この事例のAが甲から購入した土地の贈与価額は、相続税評価額の1,800万円と評価するのでなく、通常の取引価額の3,000万円が評価額となり、この価額から対価の1,800万円を控除した1,200万円が相続税法7条に規定する低額譲受による利益としてのみなし贈与財産となります。

また、Bが取得した生命保険金1,000万円は、甲が保険料の全部を負担してきたものですから、受取保険金の全額が保険料負担者である甲からのみなし贈与財産に該当します（相法5①）。

しかし、A及びBは、昨年中に取得した上記のみなし贈与財産について、本年2月1日から3月15日までの期間に、昨年分の贈与税の申告書とともに、甲を特定贈与者とする相続時精算課税選択届出書を提出すれば、相続時精算課税適用者としてその制度の適用を受けることができます。

A及びBは、いずれも相続時精算課税に係る昨年分の贈与税の期限内申告において、それぞれが昨年分の贈与税の課税価格に相当する1,200万円（A）又は1,000万円（B）の特別控除額を控除することができますので、昨年分の贈与税は発生しないことになります。

なお、将来甲に相続が開始した場合において、その純遺産価額がこの相続時精算課税に係る贈与財産価額を加算しても遺産に係る基礎控除額に満たないなどの事由により相続税額が算出されないときは、A及びBに相

続税も課税されないことになります。

149 60歳未満の父から浴室等の修繕用資金の贈与を受けた場合の住宅取得等資金に係る相続時精算課税の適用

事 例

　Aは、昨年中に、それまで8年間勤務した会社を退社し、独立して事業を立ち上げました。この事業は順調ですが、更なる進展を図るための資金不足に対処するため、父甲から早期に資金援助を得たいと思っています。

　そこで、Aは相続時精算課税による贈与を利用したいと考えましたが、甲の年齢は55歳であり、特定贈与者としての年齢要件の60歳以上にはまだ間があります。税務署で聞いたところでは、Aが甲から住宅の取得や修繕のための資金の贈与を受ける場合の相続時精算課税では、贈与者の60歳以上の年齢要件がなくなるということです。

　Aは、すでに持ち家があり大修理も当面は必要がありませんが、かねてより200万円程度を支出して浴室、洗面所、トイレ等の水回りについて、利便性の高い設備等を施した改修をしたいと思っていました。そこで、本年中に、甲からその資金の贈与を受け、次いで事業用資金の贈与も受けたいと思います。

　仮に、本年中に改修費用資金の贈与を受けてその工事を完成させても、事業用資金の贈与にも精算課税を適用するには、甲が60歳になってから贈与を受けなければならないのでしょうか。もし、事業資金の贈与にも年齢制限がないのなら、本年中に浴室等の改修資金200万円とは別途に、事業用資金1,500万円の贈与を受けても構いませんか。

回 答

　Ａが甲から浴室等の改修資金として本年中に200万円の贈与を受け、住宅取得等資金の贈与に係る相続時精算課税の適用を受ける場合には、甲の年齢について60歳以上の要件は適用されません。この特例の適用を受けた場合には、相続税法21条の9の規定が適用されることとなり、Ａは、本年分以後の甲からのすべての贈与について相続時精算課税が適用されますので、今後の甲からＡへの贈与について、相続時精算課税に係る年齢制限要件が問題になることはありません。

　Ａは、甲からの本年分の贈与財産中の浴室等の改修資金の贈与額及び事業用資金の贈与額から特別控除額1,700万円を控除することができますので、所定の申告等の手続をすれば、本年分の贈与税は発生しません。

　なお、相続時精算課税の特別控除枠の残額800万円は、翌年分以後に甲からの贈与があった場合に、その財産価額に適用することができます。

解 説

　相続時精算課税対象者となる者は、贈与者が贈与をした年の1月1日においてその年齢が60歳以上である者であり、受贈者が贈与者の推定相続人である直系卑属又は孫であって、その贈与を受けた年の1月1日における年齢が18歳以上である場合のその受贈者です。

　このほか、直系卑属である推定相続人や孫に対して住宅の新築・取得、大修繕等の費用の資金贈与を行う場合については、相続時精算課税制度の制定前から贈与税課税上での優遇措置が講じられていたことと、引き続き持ち家の早期実現を税制上もサポートすべきとの観点から、住宅取得等資金の贈与については、別途に相続時精算課税に係る贈与税の非課税枠を設

けるとともに、贈与者である親の年齢制限もなくした相続時精算課税制度が租税特別措置法に設けられています。

この住宅取得等資金の贈与に係る相続時精算課税が認められると、その後の特定贈与者からの贈与財産については、受贈者は相続税法の規定により相続時精算課税を選択した場合と同様の取扱いがされることになります（措法70の3①②）。

したがって、Aは、本年中に甲から受けた浴室等の改修が租税特別措置法70条の3第3項4号、同法施行令40条の5第4項に規定する「増改築等」に該当し、その資金が同法条3項5号ハに規定する「住宅取得等資金」に該当するときは、住宅取得等資金の贈与による相続時精算課税の適用があり、その贈与金額について相続時精算課税の特別控除を適用することができます。

この住宅取得等資金の贈与に係る相続時精算課税制度を活用することにより、特定贈与者が60歳に達するまでにはまだ相当の年数があるような時期においても、相続時精算課税適用者となる特定贈与者の推定相続人である直系卑属又は孫が18歳以上であれば、相続時精算課税の制度の適用が可能となり、早期の財産移転を実現できるメリットが生じます。

財産評価関係

150 宅地の評価単位の判定基準

> **事例**
>
> 宅地を評価する際の評価単位について、よく理解できません。
> 　自己所有の1区画の土地上に自己所有の2棟の建物（自宅と貸家）がある場合でも、各建物の敷地ごとに別個の土地として評価する場合があり、自己所有の土地とこれに隣接する他人の土地を借地した両方の土地上に自己所有建物があるような場合には、その敷地となっている自用宅地と借地権とを合わせて一括評価するなど複雑です。
> 　宅地評価単位の判定には、何か基準のようなものがありますか。

回答

　宅地の評価単位は、評価対象の宅地の状況によって、例えば、次のように判定します。

1　所有する宅地を自ら使用している場合には、居住用か事業用かの用途にかかわらず、その全体を1画地の宅地とする。

2　所有する宅地の一部について普通借地権又は定期借地権等を設定させ、他の部分を自己が使用している場合には、それぞれの部分を1画地の宅地とする。

3　所有する宅地の一部を貸家の敷地とし、他の部分を自己が使用している場合は、それぞれの部分を1画地の宅地とする。

4　所有する宅地の一部につき普通借地権又は定期借地権等を設定させ、他の部分を貸家の敷地の用に供している場合には、それぞれの部分を1

画地の宅地とする。

5　所有する宅地に隣接している他人の土地を賃借しその両方の土地上に自己所有の建物を建築して店舗用に供している場合は、その自用地及び借地権の全体を1画地として評価する（自用地・借地権の評価額の区分は土地面積の按分による。）。

6　普通借地権又は定期借地権等の目的となっている宅地を評価する場合において、貸付先が複数あるときには、同一人に貸し付けている部分ごとに1画地の宅地とする。

7　貸家建付地を評価する場合において、貸家が数棟あるときには、原則として、各棟の敷地ごとに1画地の宅地とする。

8　2以上の者から隣接している土地を借りて、これを一体として利用している場合には、その借主の普通借地権又は定期借地権等の評価に当たっては、その全体を1画地の宅地として評価する。この場合、貸主側の貸宅地の評価に当たっては、各貸主の所有する部分ごとに区分して、それぞれを1画地の宅地として評価する。

9　共同ビルの敷地の用に供されている宅地は、その全体を1画地の宅地として評価する。

解　説

　土地の評価単位の確定は、評価作業の前提となる重要な事項です。この評価単位の確定方法いかんによって、結果としての土地評価額に大きな差異を生ずる場合があるので、十分検討して判断する必要があります。

　財産評価基本通達では、宅地の評価単位を「1画地の宅地」、すなわち「利用の単位となっている1区画の宅地」と定めています（評基通7－2(1)）。しかし、「利用の単位となっている1区画の宅地」と定義しても、こ

れだけでは判定基準としては、必ずしも十分であるとはいえません。

そこで、国税庁では、ホームページ上に質疑応答事例として具体的な判断事例を示しています（国税庁質疑応答事例：財産の評価「宅地の評価単位」、「宅地の評価単位―自用地と借地権」）。この質疑応答事例に示された具体的判定基準をまとめたものが、上記の「回答」欄の１～９に掲げた基準です。宅地の評価単位は、この基準を具体的評価事例に適用することにより、おおむね判定することができると思われます。

しかし、この基準のすべてを理解し、網羅的に記憶しておくことは難しいかも知れません。そこで、これらの各事例に関する判定基準に共通した判断要素が存在しないかを検証してみることにします。

まず、前掲の基準の中で示された宅地の状況とその判定結果を関連づけて検討してみます。

例えば、１では、自己所有地に居住用建物と店舗用建物の２棟を建築し、いずれの建物も自己が使用している場合であり、５では、自己使用の建物を自己所有地と同土地に隣接する他人からの借地の上に跨って建築しているようなケースです。

この場合、１の区画の土地は居住用部分と事業用部分とに区分することができ、５の区画の土地は自己所有の自用宅地と借地権とに区分されますが、その使用状況は、１の区画、５の区画のいずれの土地も、土地全部について自己が使用しているものです。

また、６又は７では、貸宅地又は貸家建付地を評価する場合に貸付先や貸家が複数あるときは、その貸宅地や貸家が隣接していても借地人や借家ごとに別個に評価するとされていることから、その宅地が他人の権利の目的となっているときは、その権利者ごとに別の評価単位にしていることが分かります。

要するに、宅地の評価単位となる「1画地の宅地」は、その宅地の最終的な使用権者ごとに1画地と判定するというのが宅地の評価単位を判定する上での基本であるといえます。
　したがって、このことを念頭に評価単位の判定を行えば、的確な判定結果が得られるものと考えられます。

財産評価関係

151 基準容積率が400％未満の場合の地積規模の大きな宅地の評価

事 例

　Aの父Bが今年8月に亡くなりました。Bは、S県H市に間口距離30m、奥行距離40m、地積1,100㎡の長方形の宅地を有していました。この宅地は、第一種中高層住居専用地域にあって、指定容積率は400％ですが、この宅地に接する道路の幅員が6mしかないため、この宅地の基準容積率は240％です。

　この宅地を評価するときに、地積規模の大きな宅地として評価減をすることができますか。

回 答

　「地積規模の大きな宅地」として評価することのできる宅地は、容積率が400％未満（東京都の特別区においては300％未満）の地域に所在する宅地に限られます。この場合の容積率とは、建築基準法第52条1項に定める指定容積率をいいます。

　したがって、指定容積率が400％以上（東京都の特別区においては300％以上）である場合には、同条第2項に定める前面道路の幅員に基づく容積率（基準容積率）が400％未満（東京都の特別区においては300％未満）であったとしても、容積率の要件を満たしません。

解 説

　地積規模の大きな宅地の評価方法は、平成29年の財産評価基本通達の改正により、従来の広大地の評価方法に代えて設けられた評価方法です。従来の広大地の評価に係る広大地補正率は、個別の土地の形状等とは関係なく面積に応じて比例的に減額するものであるため、広大地の形状によっては、それを加味して決まる取引価額と相続税評価額が乖離する場合が生じており、また、従来の広大地の評価の適用要件は、定性的なものであったことから、広大地に該当するか否かの判断が困難なケースが多いとの問題が生じていました。このため、広大地の評価について、従来の面積に比例的に減額する評価方法から、各土地の個性に応じて形状・面積に基づいて評価する方法に見直すとともに、適用要件を明確化することとされ設けられたのが「地積規模の大きな宅地」の評価方法です。その適用要件については定量的なものとし、その明確化が図られました。

　地積規模の大きな宅地として減額評価することができる宅地の要件は次のとおりです。

① 三大都市間においては500㎡以上、それ以外の地域においては1,000㎡以上の地積を有していること

② 市街化調整区域（都市計画法第34条第10号又は第11号の規定に基づき宅地分譲に係る開発行為を行うことのできる区域を除きます。）に所在する宅地ではないこと

③ 都市計画法の用途地域が工業専用地域に指定されている地域に所在する宅地ではないこと

④ 建築基準法52条1項に規定する容積率が400％（東京都の特別区においては300％）以上の地域に所在する宅地ではないこと

⑤　路線価地域に所在する宅地にあっては、普通商業・併用住宅地区又は普通住宅地区に所在する宅地であること

　建築基準法上の容積率には、同法第52条第1項の規定に基づき都市計画に合わせて指定されるもの（指定容積率）と同条第2項の規定によりその宅地の前面道路の幅員によって定まるもの（基準容積率）がありますが、地積規模の大きな宅地として評価することができる宅地の要件は、「同条第1項に規定する容積率が400％（東京都の特別区においては300％）以上の地域に所在する宅地ではないこと」とされていることから、指定容積率の要件を満たさない限り、前面道路の幅員によって定まる基準容積率が400％（東京都の特別区においては300％）未満であっても、地積規模の大きな宅地の評価をすることはできません。

根拠条文

建築基準法第52条（容積率）

　建築物の延べ面積の敷地面積に対する割合（以下「容積率」という。）は、次の各号に掲げる区分に従い、当該各号に定める数値以下でなければならない。（ただし書き　省略）

一　第一種低層住居専用地域、第二種低層住居専用地域又は田園住居地域内の建築物（第6号及び第7号に掲げる建築物を除く。）　10分の5、10分の6、10分の8、10分の10、10分の15又は10分の20のうち当該地域に関する都市計画において定められたもの

二　第一種中高層住居専用地域若しくは第二種中高層住居専用地域内の建築物（第6号及び第7号に掲げる建築物を除く。）又は第一種住居地域、第二種住居地域、準住居地域、近隣商業地域若しくは準工業地域内の建築物（第5号から第7号に掲げる建築物を除く。）　10分の10、10分の15、10分の20、10分の30、10分の40又は10分の50のうち当該地域に関する都市計画において定められたもの

三　商業地域内の建築物（第6号及び第7号に掲げる建築物を除く。）　10分の20、10分の30、10分の40、10分の50、10分の60、10分の70、10分の80、10分の90、10分の100、10分の110、10分の120又は10分の130のうち当該地域に関する都市計画において定められたもの

四　工業地域内の建築物（第6号及び第7号に掲げる建築物を除く。）又は工業専用地域内の建築物　10分の10、10分の15、10分の20、10分の30又は10分の40のうち当該地域に関する都市計画において定められたもの

五～八（省略）

2　前項に定めるもののほか、前面道路（前面道路が2以上あるときは、その幅員の最大のもの。以下この項及び第12項において同じ。）の幅員が12メートル未満である建築物の容積率は、当該前面道路の幅員のメートルの数値に、次の各号に掲げる区分に従い、当該各号に定める数値を乗じたもの以下でなければならない。

一　第一種低層住居専用地域、第二種低層住居専用地域又は田園住居地域内の建築物　10分の4

二　第一種中高層住居専用地域若しくは第二種中高層住居専用地域内の建築物又は第一種住居地域、第二種住居地域若しくは準住居地域内の建築物（高層住居誘導地区内の建築物であって、その住宅の用途に供する部分の床面積の合計がその延べ面積の3分の2以上であるもの（当該高層住居誘導地区に関する都市計画において建築物の敷地面積の最低限度が定められたときは、その敷地面積が当該最低限度以上のものに限る。第56条第1項第2号ハ及び別表第3の4の項において同じ。）を除く。）　10分の4（特定行政庁が都道府県都市計画審議会の議を経て指定する区域内の建築物にあっては、10分の6）

三　その他の建築物　10分の6（特定行政庁が都道府県都市計画審議会の議を経て指定する区域内の建築物にあっては、10分の4又は10分の8のうち特定行政庁が都道府県都市計画審議会の議を経て定めるもの）

参考通達

評基通20―2　（地積規模の大きな宅地）

　地積規模の大きな宅地（三大都市圏においては500㎡以上の地積の宅地、それ以外の地域においては1,000㎡の地積の宅地をいい、次の(1)から(3)までのいずれかに該当するものを除く。以下本項において「地積規模の大きな宅地」という。）で14-2《地区》の定めにより普通商業・併用住宅地区及び普通住宅地区として定められた地域に所在するものの価額は、15《奥行価格補正》から前項までの定めにより計算した価額に、その宅地の地積の規模に応じ、次の算式により求めた規模格差補正率を乗じて計算した価額によって評価する。

(1)　市街化調整区域（都市計画法第34条第10号又は第11号の規定に基づき宅地分譲に係る同法第4条《定義》第12項に規定する開発行為を行うことができる区域を除く。）に所在する宅地

(2)　都市計画法第8条《地域地区》第1項第1号に規定する工業専用地域に所在する宅地

(3)　容積率（建築基準法（昭和25年法律第201号）第52条《容積率》第1項に規定する建築物の延べ面積の敷地面積に対する割合をいう。）が10分の40（東京都の特別区（地方自治法（昭和22年法律第67号）第281条《特別区》第1項に規定する特別区をいう。）においては10分の30）以上の地域に所在する宅地

（算式）
　（省略）

152　貸地の評価（借地権の及ぶ範囲1・店舗の敷地等）

> **事例**
>
> 　甲は、かねてより市街地から数km離れた県道沿いに広い一団の土地（本件土地）を所有していましたが、5年前に市内の著名なうなぎ店の経営者から本件土地上に営業店舗を建築したいとの要望を受け、この土地をその店舗敷地として賃貸しています。
>
> 　本件土地の形状は、県道に面した間口30m、奥行45mの長方形の土地ですが、建物は、この店舗独特の仕様で建築されていて、この土地の中央よりもやや前方に位置しています。来客専用駐車場は、駐車区画と通路をペンキ表示しただけのもので、建物敷地と区別する障壁等は設けておらず、駐車スペースは、建物の三方をコの字に囲むように建物前方と建物片側方に各1列と建物後方に2列を配置されています。この店の利用客の大部分は自家用車を利用する者であり、店の近隣には無料又は便利な駐車場はありません。
>
> 　この土地の利用の状況は、建物敷地部分が約25％で、通路を含む駐車場部分が約75％です。
>
> 　仮に、甲に相続が開始した場合において、本件土地を評価するときには、駐車場部分の土地を含むこの土地の全部について借地権価額を控除することができますか。

回答

甲がうなぎ店に賃貸している本件土地については、その全部について、

借地権の価額を控除して貸宅地としての評価を行うことができると考えられます。

解説

　貸宅地の評価は、その宅地の自用地としての価額からその宅地上に存する権利の価額を控除して評価するとされていますので、その権利が借地権であれば、その借地権の価額を控除して評価します（評基通25(1)）。この場合の借地権とは、建物の所有を目的とする地上権又は土地の賃借権をいい、定期借地権や一時使用目的の借地権を除きます（評基通9(5)、借地借家法2一）。

　そうすると、この事例のうなぎ店の店舗建物の敷地となっている部分の土地は、当然に借地権の目的となっている貸宅地に該当すると思われます。

　他方、駐車場部分については、その現況地目は雑種地であり、一見すると建物の所有を目的とするものではないので、原則として借地権以外の賃借権の目的となっている土地に該当すると認められることになるでしょう。

　ところで、一団の土地の中に建物の敷地部分の土地とその他の土地とがあり、これらが一体として利用されており、両方の土地がその建物の所有に不可欠であるようなときは、建物敷地以外に利用される土地にもその借地権は及ぶと解されています。この一体利用を認めて建物の敷地部分以外の土地にも借地権を認めた判例には、後掲の自動車学校の土地の事例以外にも、建物への通路部分の土地、工場の荷揚場、仕入れセンターの物品置き場等の土地について判断したものがあります。

　なお、自動車学校の土地についての判例は、賃借人がゴミ捨て場を平坦地となるよう造成工事を施し、その土地上に校舎、講堂、車庫、従業員住宅等の建物を建築していて、その賃借に際しての投下資本が非常に多額で

あって、借地権者の行った投下資本の保護という旧借地法の立法目的に合致した判断が要請されたことも一因と思われるので、その点を考慮する必要があり、この判例をもって、おしなべて自動車学校の借地には運転コースを含めたすべての土地に借地権が及ぶとまではいい切れないと思われます。また、建物敷地部分とその他の部分とを別々の賃貸借契約により賃貸したり、その他の部分の土地につき別の地主が賃貸人となるような場合についても、それらの土地の全部に借地権が及ぶとは解されないでしょう。

そのほか、一団の土地内にも建物所有の目的部分の土地とその他の目的部分の土地とを区分して認識することができる場合には、その借地権は、建物所有の目的部分の土地にのみ発生し、その他の目的部分の土地には及ばないと解されます。判例では、紙漉工場と紙漉場、住居と搾乳場の2例について、これらを区分し、紙漉工場、住居のみに借地権を認めています。

このように借地権の及ぶ範囲については、必ずしも建物敷地に限られるものではなく、一律に借地権の及ぶ範囲を定めることは、実情に沿いません。借地権の及ぶ範囲は、借地契約の内容、例えば、権利金や地代の算定根拠、土地利用の制限等に基づいて判定することが合理的であると考えられます。

事例の場合、借主のうなぎ店経営者は、この土地に自己が建物を建築し所有する目的で乙から同土地を賃借したもので、その土地の地積の25％程度を同建物の敷地とし、その他の75％程度を通路を含む来客駐車場の用途に供しています。この営業店舗は、客の大部分が自動車で来店するので、駐車場の存在が不可欠であり、近隣に適当な駐車施設がないことから、この土地に駐車場の設置が必要なことは賃借前から分かっていたと思われます。したがって、その駐車場がないと、その店舗における営業は成り立たず、建物の継続所有が困難となり、結局、「建物の所有目的」が果たせな

くなります。

　したがって、甲の「建物の所有」目的であるうなぎ店の経営を実現するためには、駐車場部分の土地が不可欠であると認められますので、この土地に係る借地権はこの駐車場部分の土地にも及ぶと判断することができます。

　つまり、本件土地にはその全部について借地権が及ぶと考えられますから、本件土地のすべてについて借地権の価額を控除して評価することができると考えられます。

参考判例　（借地権は、建物所有目的が主目的である場合及び主目的と一体として主目的を果たしている土地に及ぶ。）

最高裁昭和58年9月9日第二小法廷判決・判例時報1092号59頁
（自動車学校の用地の賃貸借につき運転教習コースを含むすべての賃貸土地について借地権の存在が認められた事例）

　契約当事者は、単に自動車運転教習コースのみならず、自動車学校経営に必要な建物所有をも主たる目的として本件賃貸借契約を締結したことが明らかであり、かつ、自動車学校の運営上、運転技術の実地練習のための教習コースとして相当規模の土地が必要であると同時に、交通法規等を教習するための校舎、事務室等の建物が不可欠であり、その両者が一体となってはじめて自動車学校経営の目的を達しうるのであるから、自動車学校経営のための本件賃貸借は、借地法1条にいわゆる建物の所有を目的とするものにあたり、本件土地全体について借地法の適用がある。

153　貸地の評価（借地権の及ぶ範囲2・中古車展示場等）

> **事例**
>
> 甲は、一昨年秋に土地を収用等により買い取られ、その代替地として、昨年春に市街地の主要道路に面した広い店舗跡地を購入しました。甲は、その土地について、購入後間もなく自動車販売業を営むA社との間で、A社の中古車展示場用地として賃貸する旨の土地賃貸借契約を締結しました。その展示場には、A社が鉄骨プレハブ平家建て建物を建築して、営業時間内に限りA社の販売員が常駐して、来客に対する案内、説明、飲み物サービス等のほか、販売契約手続等を行っています。なお、甲とA社との土地賃貸借契約書には、対象土地である展示場用地の一部にこの建物の所有を目的とする賃貸借部分が含まれることが記載されています。
>
> 甲に相続が開始した場合の相続税の申告における、この土地の評価上、貸地として借地権の価額を控除することができるでしょうか。

回答

甲がA社に賃貸している土地は、そのすべてを中古車展示場用地として貸し付けられている雑種地の評価をします。具体的には、財産評価基本通達86の定めにより、同通達87による賃借権の価額を控除するなどして評価します。

なお、A社の建物の敷地部分の土地についても、借地権の価額を控除することはできません。

財産評価関係

解　説

　中古車展示場用の土地の現況地目は、雑種地に該当します。雑種地の価額は、原則としてその土地と状況が類似する付近の土地についての評価方法に準じて評価することになりますので、事例の土地は、宅地の評価方法に準じて評価することとなります（評基通82本文）。

　また、貸宅地の評価は、その宅地の自用地としての価額からその宅地上に存する権利の価額を控除して評価します（評基通25）。したがって、宅地上に存する権利が借地権であればその借地権の価額を控除し、定期借地権等であれば定期借地権等の価額を控除しますが（評基通25の(1)～(5)）、貸し付けられている雑種地を評価する場合には、原則として当該雑種地上に存する賃借権の価額を控除することになります（評基通86(1)、87）。

　なお、上記の評価基本通達における「借地権」とは、借地借家法第2条第1号に規定する借地権（定期借地権等を除く。）をいう旨定めており（評基通9(5)）、その借地借家法第2条第1号は、借地権につき「建物の所有を目的とする地上権又は土地の賃借権をいう。」と規定しています。

　この事例の土地賃貸借契約の目的となる土地は、建物の所有を目的とする賃貸部分と、中古車展示場用地としての賃貸部分とがあって、前者の土地上には借地権があり、後者の土地上には中古車展示を目的とする賃借権が存在すると考えられるのであれば、前者の部分は貸宅地として借地権の価額を控除して評価し、後者の部分は貸し付けられている雑種地としてその雑種地上の賃借権の価額を控除するなどして評価することになると思われます。

　しかしながら、上記の借地借家法にいう「建物の所有を目的とする」とは、土地使用の主たる目的がその土地上に建物を建築しこれを所有するこ

とにある場合をいい、借地人がその土地上に建物を建築し所有しようとする場合であっても、それが土地使用の主たる目的ではなく、従たる目的にすぎないときは「建物の所有を目的とする」ものに該当しないと解されています（後掲の「参考裁決」及び「参考判例」参照）。

　事例の中古車展示場用の土地の賃貸借では、その展示場用部分の土地は「建物の所有を目的とする」ものでないことは明白ですが、建物敷地部分の土地についてはその使用目的には、「建物の所有」が存在することは否めません。しかし、その土地の賃貸借の主たる目的は、中古車展示場を設けそこで来客に購入対象となる中古車を見せて販売することにあり、建物を所有する目的は、その従たる目的にすぎないといえます。

　そうすると、この展示場の土地は、建物の敷地部分を含めてその全部が、借地権の目的となるものでないことになります。

　このように、土地の賃貸借について建物の所有を目的とする部分が存在しても、その目的が従たるものであるとして借地権の存在を否定した判例は、中古車展示場用の土地のほか、後掲の「参考裁決」及び「参考判例」に掲げた①バッティングセンター用の土地や、②露天造船所用の土地、③資材置き場の土地、④ゴルフ練習場用の土地等があります。そのほかの判例として、⑤自動車運転練習場、⑥ゴルフ場、⑦駐車場又は簡易車庫、⑧養魚場、⑨釣り堀等に係る賃貸借の土地があります。

　結局、この事例の中古車展示場の土地は、建物の敷地部分を含む土地の全部について、財産評価基本通達86の定めにより、雑種地として賃借権の価額を控除して評価することになります。

参考裁決

国税不服審判所 平成12年6月27日裁決・裁決事例集59号—332頁)
〔裁決要旨〕バッティングセンター用の土地は、その一部に待合フロアー等の建築物が存在しても、建物所有を目的とする借地権の対象土地に当たらないとされた事例
〔裁決書（抜粋）〕

3　判断（「⑴更正処分について」の「イ　本件敷地の借地権について」）

㈠　原処分関係資料及び当審判所の調査によれば、次の事実が認められる。

　A　本件土地は、バッティングセンター、駐車場及び本件構築物の敷地として利用され、バッティングセンター及び本件待合フロアーは、本件土地の隣接地（第三者所有）にまたがって建築されている。なお、Fは、隣接地においてコンビニエンスストアも経営している。

　　バッティングセンターは、周囲に鉄製支柱が12本立てられ上面及び側面をビニールネットで覆われており、待合フロアー側に打撃席が、対面側には投球用機械がそれぞれ設置されている。本件待合フロアーは、昭和53年ころに建築された鉄骨波形鋼板葺平家建て（地下1階付倉庫）で、本件土地の隣接地にまたがる部分も含めた床面積は180.93平方メートル（うち本件敷地上の建物は約66平方メートル）である。

　　本件店舗は、鉄骨波形鋼板葺平家建て総床面積71.50平方メートルで、すべて本件敷地上に建築され、本件待合フロアーとは障壁を隔てずにつながっており、バッティングセンターの利用客は、両建築物を自由に行き来して待合フロアーで休憩をしたり、店舗で野球用品を購入することができるようになっている。また、本件倉庫は、プレハブ式平家建て床面積35平方メートルであり、すべて本件敷地上に建築されている。

　　なお、本件建築物のいずれについても登記がされていない。

　B　Fは、昭和53年ころから被相続人より本件土地を賃借してバッティングセンターを経営していたところ、本件賃貸借契約は昭和62年1月10日更新された。本件賃貸借契約の内容は、要旨次のとおりである。

(A)　被相続人は、本件土地をＦに対して建築物所有の目的で賃貸し、その賃貸の期間は、昭和62年1月1日から昭和82年1月1日までの20年間とする。
　(B)　土地の形状を変更したり、建物を増築、改築又は新築するときは、事前に被相続人の承諾を受けなければならない。
　(C)　賃貸人が必要としたときは、無償で返還を受けることができる。
　Ｃ　被相続人とＦとの間で権利金の授受はなく、また、本件土地について賃借権設定の登記はされていない。
(ロ)　ところで、評価通達9の(5)は、同通達にいう借地権とは、借地借家法第2条第1号に規定する建物の所有を目的とする地上権又は土地の賃借権をいう旨定めているところ、この「建物の所有を目的とする」とは、借地使用の主たる目的がその地上に建物を建築し、これを所有することにある場合をいい、借地人がその地上に建物を建築し所有しようとする場合であっても、それが借地使用の主たる目的ではなく、その従たる目的にすぎないときは、「建物の所有を目的とする」ものに該当しないと解される。
(ハ)　以上を本件についてみると、前記事実を総合すれば、賃借人Ｆは、本件敷地を含む本件土地を昭和53年ころから本件相続開始日まで引き続いてバッティングセンター経営の事業用地として利用し、本件待合フロアー及び本件店舗は、バッティングセンターと構造上一体となっており、本件倉庫も含めて本件構築物は、いずれもバッティングセンターの経営に必要な附属建築物として建築されたものと認められるから、本件土地の賃貸借の主たる目的は、バッティングセンターとして使用することにあるといえる。そうすると、Ｆが本件建築物を建築し所有していたとしても、それは本件土地をバッティングセンターとして使用するための従たる目的にすぎないというべきであるから、本件土地の賃貸借は、借地借家法第2条第1号に規定する建物の所有を目的とする賃貸借に該当せず、したがって、本件敷地には評価通達9の(5)に定める借地権は存在しない。

〈裁決の結論〉
　審査請求では、請求人は、本件土地の価額の算定に当たっては、本件敷

地上に存在する借地権の価額を控除すべきである旨主張したが、裁決は、本件土地上には借地権が存在しないとし、本件土地の現況地目が雑種地であるところから、評価通達86（貸し付けられている雑種地の評価）の定めにより、本件土地の雑種地の自用地としての価額から賃借権の価額（地上権に準ずる権利として評価）を控除して、本件土地の価額を認定している。

参考判例 （「建物の所有の目的」が従たる目的であるとして借地権の存在を否定した判決事例）

大審院昭和15年11月27日判決・民集19巻2110頁

Yガ812坪ヲ露天造船用ノ目的ヲ以テ賃貸シタルモノナルコトハ原審ノ確定スルトコロナレバ、仮令右地上ニ事務所等ノ附属ノ家屋ヲ建設シタリトスルモソハ造船事業ノ目的ノ為ニ従トシテ使用セラルルニ過ギザルガ故ニ、之ヲ以テ借地法1条ニ所謂建物ノ所有ノ目的ヲ以テ賃借シタリト做スベキニ非ズ。

最高裁昭和38年9月26日第一小法廷判決・裁判集民事67号669頁
（資材置き場としての土地賃貸借について判断したもの）

Y（先代）において前示365坪の土地及び本件土地上に事務所並びに倉庫等附属の建物を建設したとしても、それは、前示のような土地使用の目的のために従として使用されていたに過ぎないから、これを以て、本件土地に関する賃借権は借地法1条にいわゆる建物の所有を目的とするものとは云えない。

最高裁昭和42年12月5日第三小法廷判決・民集21巻10号2545頁

ゴルフ練習場として使用する目的で土地の賃貸借がされた場合には、たとえ当初からその土地上にゴルフ練習場の経営に必要な事務所用等の建物を築造、所有することが予定されていたとしても、特段の事情のないかぎり、その土地の賃貸借は、本条（注・旧借地法1条）にいう「建物ノ所有ヲ目的トスル」賃貸借ということはできない。

最高裁昭和50年10月2日第一小法廷判決・判例時報797号103頁
　バッティング練習場として使用する目的の土地の賃貸借契約は、右土地上にバッティング練習場の経営に必要な管理人事務所用の小規模の仮設建物を建築、所有することが許されていたとしても、本条（注・旧借地法1条）にいう「建物ノ所有ヲ目的トスル」賃貸借に当たらない。

154　子の居住用となっている被相続人所有の土地家屋の評価

事　例

　被相続人甲の相続人は、長男A及び次男Bの2人です。A及びBは、かつて、甲の自宅で甲と同居していました。数年前にAが近隣の分譲住宅を購入したので、甲はAとともにその住宅に転居しました。その際、Bが甲の旧住宅に残ることになり、その後も引き続き住居として使用してきました。

　Bは、甲とAの家族が転居した後には、広い住宅スペースを使用できることとなったことと、甲の老後の生活費を考慮して、甲との間で改めて建物賃貸借契約書を取り交わして、通常の家賃に相当する月額10万円を支払ってきました。なお、Bは、甲及びAのいずれとも生計を一にしていません。

　また、Bは、この度行われた遺産分割協議では、現住居である土地家屋を取得することになりました。

　ちなみに、甲は、生前にはBからの受取家賃につき毎年不動産所得の申告をしてきました。

　Bは、相続税の申告に当たって、その家屋についての貸家としての評価、土地についての貸家建付地としての評価をすることができますか。

回　答

　Bが居住の用に供している甲の所有であった家屋及びその敷地の評価に

ついては、その甲からBへの家屋の貸付け及びBから甲への家賃の支払が賃貸借契約に基づくものと認められない特別の事情がない限り、その家屋について貸家の評価（評基通93）、その敷地について貸家建付地の評価（評基通26）をすることができます。

解　説

　Bが甲の家屋を賃貸借契約に基づき借り受けていたと認められれば、Bがその家屋に借家権を有することとなり、貸家としてその家屋の自用家屋の価額から、その価額に借家権割合を乗じた価額を控除した金額によりその家屋を評価することになり、その貸家の敷地の土地については、貸家建付地として、その土地の自用地としての価額から、その家屋の借家人（賃借人）の当該土地の敷地利用権の価額（その土地の自用地としての価額に、借地権割合及び借家権割合を連乗して求めた価額）を控除して評価します。

　家屋につき貸家の評価をすることができるかどうか、及びその敷地について貸家建付地の評価をすることができるかどうかは、その家屋の貸付けに伴い借家人に借家権が存在することとなったかどうかの点がその判断要素となり、換言すれば、その貸借関係が賃貸借であるかどうかがポイントとなります。

　事例の場合、甲のBに対する家屋の貸付けが賃貸借とは認められないような事情としては、①親が子に対して居住用家屋を貸与する場合に使用貸借とするのが通常であるとの前提の下で、Aが甲を自己の家屋に引き取ってその生計を支援し身の回りの世話や介護等をしている場合に、Bが甲の生活費の援助として、又は長男の負担に対するB自身の応分の負担として家賃名目での支払をしていると認められるときや、②家賃の額が通常の家賃に比して著しく高額（贈与）であるか、低額（賃貸借といえな

い）である場合などを考えなければなりませんが、事例の事実関係からは、そのような事情はうかがわれません。したがって、Bが甲との間で建物賃貸借契約書を取り交して、家賃の支払を開始した以降は、家屋に係るBの借家権の存在を認定して差し支えないと思われます。

　なお、Bが甲の所有していた土地家屋を取得すると、Bが有していたその家屋の借家権は、混同により消滅しますが（民法520）、この借家権はBの固有の財産であって、甲からの承継財産ではないことから、家屋の評価上は借家権の価額を控除し、敷地の評価上でも、上記の貸家建付地の評価方法によることができます。

155　夫所有の土地上に夫婦共有のアパートを建築した場合の敷地の評価

> **事例**
>
> 　甲が所有していた更地350㎡を有効に利用するため、その土地上に甲及び妻乙の共有のアパートを建築することとしました。
>
> 　建築費の総額は5,000万円でしたが、その資金は、甲が3,000万円、乙が2,000万円をそれぞれ拠出したので、その建物は、建築資金の拠出割合に見合うように、甲が5分の3、乙が5分の2の各持分による共有とし、全室を賃貸しています。
>
> 　この度、甲が死亡したため、乙がアパートの土地建物を相続しました。この敷地の路線価は10万円であり、借地権割合は60％、借家権割合は30％で、評価上で画地調整をすべき事情はありません。
>
> 　この土地は、どのように評価すればよいでしょうか。

回答

　この土地は、全体を1画地として求めた自用地の価額を基に、この土地上の建物について夫と妻が有する各持分によって按分し、夫の持分5分の3に相当する部分は貸家建付地として評価し、妻の持分5分の2に相当する部分は自用地として評価します。

　つまり、この土地の1画地の自用地としての価額は3,500万円となりますので、夫甲の持分5分の3に相当する2,100万円部分は貸家建付地として評価した1,722万円となります。また、妻乙の持分5分の2に相当する

1,400万円部分は自用地として評価しますので、それらの合計金額3,122万円がこの土地の評価額となります。

解説

使用貸借により土地を借り受けている場合は、財産評価上では、その借主の権利（使用借権）は財産価値としての価額をゼロ円とし、使用貸借により貸し付けている地主の土地は、原則として自用地として評価します（使用貸借通達1及び3）。

この事例では、甲の建物の持分5分の3に応ずる土地部分の価額は、アパート敷地である貸家建付地として評価しますので、自用地としての価額（2,100万円）から378万円（2,100万円×0.6×0.3）を控除して算出した1,722万円となります。残余の建物の持分5分の2に応ずる土地部分も、アパートの敷地ですが、この部分の土地は、甲が乙に使用貸借により貸し付けていたものですから、その評価に当たり控除すべき権利の価額はなく、自用地として評価した価額（1,400万円）となります。

参考通達

「使用貸借に係る土地についての相続税及び贈与税の取扱いについて」通達
3 （使用貸借に係る土地等を相続又は贈与により取得した場合）
　　使用貸借に係る土地又は借地権を相続（遺贈及び死因贈与を含む。以下同じ。）又は贈与（死因贈与を除く。以下同じ。）により取得した場合における相続税又は贈与税の課税価格に算入すべき価額は、当該土地の上に存する建物等又は当該借地権の目的となっている土地の上に存する建物等の自用又は貸付けの区分にかかわらず、すべて当該土地又は借地権が自用のものであるとした場合の価額とする。

156　他人が無断で使用している土地の評価方法

> **事　例**
>
> 　被相続人甲の所有土地のうち、次のような宅地（本件土地）は、どのように評価すればよいでしょうか。
> ①　本件土地上には、20年以上前から、親族関係のないＡが、甲に無断で建物を建てて居住している。
> ②　本件土地は遠隔地にあるため、甲は、当初Ａが行った建物の建築や居住の事実を知らず、それを知った直後に、口頭でＡに建物収去土地明渡しを申し入れたが、Ａは、不法占拠を続けたままであり、地代も全く支払っていない。
> ③　本件土地の貸借に関しては、甲がＡとの間で契約書を作成した事実はなく、口頭による使用許可を与えたことはない。
> ④　本件土地に係る固定資産税は、甲が引き続き納付している。
> ⑤　甲の相続人は、相続税の申告期限までに、Ａを被告として建物収去土地明渡しを求める訴訟を提起する予定である。
> 　この宅地の価額は、自用宅地としての評価となりますか。あるいは、現実に他人の建物の敷地として使われていることから貸宅地として評価するのですか。Ａの時効取得期間が経過しているので、そもそも本件土地は甲の遺産にならないと考えることはできませんか。

回　答

　本件の事実関係からしますと、甲はＡから本件土地に係る地代を収受

していませんし、賃貸借契約を締結したこともありませんので、本件土地を貸宅地として評価することには問題があり、自用地評価額を基本とし、客観的事情により合理的な斟酌ができるかどうかを検討すべきでしょう。

解　説

　本件の土地使用関係は賃貸借でなく、また、甲・A間において土地使用貸借契約書が作成されたことはなく、実際にも、甲・A間で使用貸借の合意がされた事実はないようです。甲が本件土地の現実の無償使用を黙認し、あるいは追認したと認められれば、本件土地につき使用貸借関係が存在するものと判断することもできますが、甲又は甲の権利の承継をすべき者がこのような土地の貸与を容認せず、建物収去による土地の明渡しを求める準備をしているような状況では、これが使用貸借中の土地であるとはいえません。

　また、土地の時効取得は、占有者(A)が所有の意思をもって善意で（甲の所有であると知らずに）、占有開始時に過失がなく、平穏かつ公然と10年以上の期間占有した場合に成立し（民法162②）、悪意でも（甲の所有であることを知っていても）平穏かつ公然と20年以上の期間占有した場合に成立します（民法162①）。しかるに、本件土地の使用関係は、甲がAの占有を不法占拠であるとして争っているのであって、このような場合には、Aの土地占有が「平穏かつ公然と行う占有」とは到底いえず、その占有状態が継続しても、時効取得に係る占有とはいえません。また、時効取得に該当する占有状態が継続し時効期間が経過しても、Aが時効の援用をしなければその効力は生じませんが（民法145）、Aはそのような主張又は抗弁もしていません。したがって、事例の場合、Aは時効取得による権利を有するともいえません。

そうすると、本件土地は、貸宅地としての評価をすることはできず、自用宅地としての評価を基本とし、Aとの交渉の経緯その他の客観的観察を考慮したところにより、係争中の土地としての事情を加味した個別評価による評価を行うことができるかどうかを検討すべきでしょう。

> **参考法令** （所有権の取得時効・時効の援用）
>
> **民法162条**（所有権の取得時効）
> ① 20年間、所有の意思をもって、平穏に、かつ、公然と他人の物を占有した者は、その所有権を取得する。
> ② 10年間、所有の意思をもって、平穏に、かつ、公然と他人の物を占有した者は、その占有の開始の時に、善意であり、かつ、過失がなかったときは、その所有権を取得する。
>
> **民法145条**（時効の援用）
> 　時効は、当事者（消滅時効にあたっては、保証人、物上保証人、第三取得者その他権利の消滅について正当な利益を有する者を含む。）が援用しなければ、裁判所がこれによって裁判をすることができない。

> **参考通達** （訴訟中の権利）
>
> **評基通210**　訴訟中の権利の価額は、課税時期の現況により係争関係の真相を調査し、訴訟進行の状況をも参酌して原告と被告との主張を公平に判断して適正に評価する。

157 借地権の無償返還届出書が提出されている場合の宅地等の評価

事例

甲は、11年前に所有する宅地1,000㎡を自らが社長を務めるA社に工場建物の敷地として貸し付けました。地代の年額は200万円で、この地域における相場だと思われます。なお、貸付けに当たり権利金の授受はなく、土地の賃貸借契約書には将来A社はこの宅地を無償で甲に返還する旨がうたわれており、甲とA社の連名で所轄税務署長に「借地権の無償返還に関する届出書」が提出されています。

本年6月に甲が亡くなりました。甲の遺産は、工場用地としてA社に貸し付けている宅地1,000㎡（自用地としての価額は3億4,000万円）、A社の株式24,000株、預貯金1億円です。相続税の申告に当たり、工場用地としてA社に貸し付けている宅地はどのように評価したらよいですか。そのほか相続税の申告に際して評価上注意すべき点はありますか。

回答

工場建物の敷地としてA社に貸し付けている宅地は、自用地としての価額に100分の80を乗じて計算した価額により評価することとなります。

また、A社の株式を純資産価額方式で評価する場合には、A社が工場建物の敷地として借り受けている土地の自用地としての価額の20％相当額を借地権の価額として計上する必要があります。

なお、工場建物の敷地としてA社に貸し付けている宅地が、特定同族会社事業用宅地等又は貸付事業用宅地等の要件に該当する場合には、小規模宅地等の特例を適用することができます。

解 説

借地権が設定されている土地について、「土地の無償返還に関する届出書」が提出されている場合のその土地の価額は、その土地の自用地としての価額の100分の80に相当する金額によって評価することとされています。

一方、「土地の無償返還に関する届出書」が提出されている場合の借地権の価額は、零として取り扱われます。

しかしながら、被相続人が同族関係者となっている同族会社に対し土地を貸し付けている場合には、その土地の自用地としての価額の20％に相当する金額（借地権の価額）を当該同族会社の株式評価上、同社の純資産価額に算入することとなります。この取扱いの趣旨については、「借地権の価額を被相続人が所有する株式会社の株式評価上、同社の純資産価額に算入することは、被相続人が同社の同族関係者である場合においては、土地の評価額が個人と法人を通じて100％顕現することが、課税の公平上適当と考えられるからである」と説明されているところです。

事例の場合、甲の相続財産である宅地は、次のように評価します。

　　（自用地としての価額）
　　　3億4,000万円　×　0.8　＝　2億7,200万円

また、A社の株式を純資産価額方式で評価する際には、次により求めた金額を借地権の価額として、資産の価額（相続税評価額）に計上する必要があります。

（自用地としての価額）
3億4,000万円　×　0.2　＝　6,800万円

　なお、工場建物の敷地としてA社に貸し付けている宅地が、特定同族会社事業用宅地等又は貸付事業用宅地等の要件に該当する場合には、小規模宅地等の特例を適用することができます。

参考通達

「相当の地代を支払っている場合等の借地権等についての相続税及び贈与税の取扱いについて」（法令解釈通達）
（「土地の無償返還に関する届出書」が提出されている場合の借地権の価額）
5　借地権が設定されている土地について、平成13年7月5日付課法3―57ほか11課共同「法人課税関係の申請、届出等の様式の制定について」（法令解釈通達）に定める「土地の無償返還に関する届出書」（以下「無償返還届出書」という。）が提出されている場合の当該土地に係る借地権の価額は、零として取り扱う。

（「土地の無償返還に関する届出書」が提出されている場合の貸宅地の評価）
8　借地権が設定されている土地について、無償返還届出書が提出されている場合の当該土地に係る貸宅地の価額は、当該土地の自用地としての価額の100分の80に相当する金額によって評価する。
　　なお、被相続人が同族関係者となっている同族会社に対し土地を貸し付けている場合には、43年直資3-22通達の適用があることに留意する。この場合において、同通達中「相当の地代を収受している」とあるのは「「土地の無償返還に関する届出書」の提出されている」と読み替えるものとする。
　（注）使用貸借に係る土地について無償返還届出書が提出されている場合の当該土地に係る貸宅地の価額は、当該土地の自用地としての価額によって評価するのであるから留意する。

相当の地代を収受している貸宅地の評価について（昭和42年7月10日付東局直資第72号による上申に対する指示）

　標題のことについて、課税時期における被相続人所有の貸宅地は、自用地としての価額から、その価額の20％に相当する金額（借地権の価額）を控除した金額により、評価することとされたい。

　なお、上記の借地権の価額は、昭和39年4月25日付直資56相続税財産評価に関する基本通達32の(1)の定めにかかわらず、被相続人所有のI株式会社の株式評価上、同社の純資産価額に算入することとされたい。

（理由）

　地代率との相関関係から借地権の有無につき規定している法人税法施行令第137条の趣旨からすれば、本件の場合土地の評価に当たり借地権を無視する考え方もあるが、借地借家法の制約賃貸借契約にもとづく利用の制約等を勘案すれば、現在借地慣行のない地区についても20％の借地権を認容していることとの権衡上、本件における土地の評価についても借地権割合を20％とすることが適当である。

　なお、本件における借地権の価額を被相続人が所有するI株式会社の株式評価上、同社の純資産価額に算入するのは、被相続人が同社の同族関係者である本件の場合においては、土地の評価額が個人と法人を通じて100％顕現することが、課税の公平上適当と考えられるからである。

財産評価関係

158 配偶者居住権等の評価

> **事 例**
>
> 　平成30年の民法（相続法）の改正により、配偶者の居住の権利を保護するための配偶者居住権の制度が導入されたとのことです。私は、私たち夫婦の居住用家屋及びその敷地を長男に相続させるつもりでしたが、私の死亡後も妻がこれまでどおりの生活を続けられるよう新しい制度を利用して配偶者居住権を妻に遺贈したいと考えています。
>
> 　ところで妻に遺贈する配偶者居住権は相続税の課税対象になるのでしょうか。配偶者居住権が相続税の課税対象になるのであれば、その価額はどのように評価するのでしょうか。また、配偶者居住権の設定されている家屋やその敷地はどのように評価すればよいのでしょうか。次の場合について配偶者居住権等の評価方法を教えてください。
>
> 〔事例１〕
> 　私が、令和６年７月１日に死亡したと仮定して、次の条件で配偶者居住権や配偶者居住権の設定されている家屋の敷地の価額を試算してください。
> 　相続開始日　　令和６年７月１日
> 　相続開始日における妻の年齢　　　70歳
> 　相続開始日における妻の平均余命　20年
> 　（第23回生命表（完全生命表）によります。１年未満の端数は切り捨てました。）
> 　建物の構造　鉄筋コンクリート造

法定耐用年数　　　　　　　　　　　47年

法定耐用年数に1.5を乗じて計算した年数　70年

（1年未満の端数は切り捨てます。）

築後経過年数　　　　　　　　　　　10年

残存耐用年数　70年－10年＝60年

存続年数　　20年

期間20年、年利率3％の複利現価率　0.554

（小数3位未満を四捨五入します。）

(注)　民法第404条に定める法定利率は、令和8年3月31日までは3％となります。

建物の時価（相続税評価額）　　5,000,000円

土地等の時価（相続税評価額）　30,000,000円

〔事例2〕

　私の友人に配偶者居住権制度について話をしたところ、友人のケースでも配偶者居住権等の価額の試算をしてもらいたいとのことでした。

　友人が、令和6年7月1日に死亡し、友人の妻に配偶者居住権を遺贈したと仮定して、次の条件で配偶者居住権や配偶者居住権の設定されている家屋の敷地の価額を試算してください。友人の自宅は、木造建築で配偶者居住権の存続年数に比して、残存耐用年数が小さい点が、事例1とは異なる点です。

相続開始日　令和6年7月1日

相続開始日における妻の年齢　　　65歳

相続開始日における妻の平均余命　24年

（第23回生命表（完全生命表）によります。1年未満の端数は切り

財産評価関係

捨てました。)

建物の構造　木造

法定耐用年数　　　　　　　　　　　　22年

法定耐用年数に1.5を乗じて計算した年数　33年

(1年未満の端数は切り捨てます。)

築後経過年数　　　　　　　　　　　　20年

残存耐用年数　33年－20年＝13年

存続年数　　24年

期間24年、年利率3％の複利現価率　0.492

(小数3位未満を四捨五入します。)

建物の時価（相続税評価額）　　2,000,000円

土地等の時価（相続税評価額）　20,000,000円

回答

配偶者居住権や配偶者居住権に基づく居住建物の敷地の利用に関する権利は相続税の課税対象となります。

配偶者居住権の価額及び配偶者居住権が設定されている家屋の価額並びに配偶者居住権に基づく居住建物の敷地の利用に関する権利の価額及び配偶者居住権が設定された建物の敷地の所有権等の価額については、平成31年度税制改正により相続税法中に次のとおり評価方法が定められました。この規定に従って評価をすることとなります。

イ　配偶者居住権

$$\text{建物の時価} - \text{建物の時価} \times \frac{\text{残存耐用年数} - \text{存続年数}}{\text{残存耐用年数}} \times \text{存続年数に応じた民法の法定利率による複利現価率}$$

ロ 配偶者居住権が設定された建物(以下「居住建物」といいます。)の所有権

建物の時価－配偶者居住権の価額

ハ 配偶者居住権に基づく居住建物の敷地の利用に関する権利

土地等の時価－土地等の時価×存続年数に応じた民法の法定利率による複利現価率

ニ 居住建物の敷地の所有権等

土地等の時価－敷地の利用に関する権利の価額

(注1) 上記の「建物の時価」及び「土地等の時価」は、それぞれ配偶者居住権が設定されていない場合の建物の時価又は土地等の時価とします。

(注2) 上記の「残存耐用年数」とは、居住建物の所得税法に基づいて定められている耐用年数(住宅用)に1.5を乗じて計算した年数から居住建物の築後経過年数を控除した年数をいいます。

(注3) 上記の「存続年数」とは、次に掲げる場合の区分に応じそれぞれ次に定める年数をいいます。

(イ) 配偶者居住権の存続期間が配偶者の終身の間である場合　配偶者の平均余命年数

(ロ) (イ)以外の場合　遺産分割協議等により定められた配偶者居住権の存続期間の年数(配偶者の平均余命年数を上限とします。)

(注4) 残存耐用年数又は残存耐用年数から存続年数を控除した年数が零以下となる場合には、上記イの「(残存耐用年数－存続年数)／残存耐用年数」は、零とします。

事例1の場合の配偶者居住権等の価額は、上記の計算式に従い次のように算出されます。

(1) 配偶者居住権及び配偶者居住権に基づく居住建物の敷地の利用に関する権利の価額は次のように評価します。

イ 配偶者居住権の評価額

$$5,000,000円 - 5,000,000円 \times \frac{60年 - 20年}{60年} \times 0.554 = 3,153,334円$$

　　ロ　配偶者居住権に基づく居住建物の敷地の利用に関する権利の評価
　　　$30,000,000円 - 30,000,000円 \times 0.554 = 13,380,000円$

(2)　「配偶者居住権が設定された建物（居住建物）の所有権」及び「居住建物の敷地の所有権」は次のように評価します。

　　イ　配偶者居住権が設定された建物（居住建物）の所有権の評価
　　　$5,000,000円 - 3,153,334円 = 1,846,666円$

　　ロ　居住建物の敷地の所有権の評価
　　　$30,000,000円 - 13,380,000円 = 16,620,000円$

　事例2の場合の配偶者居住権等の価額は、次のように算出されます。

(1)　配偶者居住権及び配偶者居住権に基づく居住建物の敷地の利用に関する権利の価額は次のように評価します。

　　イ　配偶者居住権の評価額
　　　$2,000,000円 - 2,000,000円 \times 0 \times 0.492 = 2,000,000円$

　（注）残存耐用年数（13年）から存続年数（24年）を控除した年数が零以下となることから、算式の「（残存耐用年数－存続年数）／残存耐用年数」は、零となります。したがって、この場合には、配偶者居住権の価額は、建物の価額と等しくなります。

　　ロ　配偶者居住権に基づく居住建物の敷地の利用に関する権利の評価額
　　　$20,000,000円 - 20,000,000円 \times 0.492 = 10,160,000円$

(2)　「配偶者居住権が設定された建物（居住建物）の所有権」及び「居住建物の敷地の所有権」は次のように評価します。

　　イ　配偶者居住権が設定された建物（居住建物）の所有権の評価額

2,000,000円 − 2,000,000円 = 0円
ロ　居住建物の敷地の所有権の評価額
　20,000,000円 − 10,160,000円 = 9,840,000円

解説

　「民法及び家事審判法の一部を改正する法律」が平成30年7月6日に成立し、同月13日に公布されました。この改正により、被相続人の死亡後も配偶者が被相続人の生前と同様の生活環境の下で安心して生活することができるようにとの趣旨で、配偶者居住権の規定が設けられました。この規定は、令和2年4月1日以後の相続・遺贈に適用されます。

　相続税においては、金銭に見積もることができる経済的価値のあるすべてのものが課税対象となります（相法11の2、相基通11の2－1）。配偶者居住権は、配偶者が当該配偶者の終身又は遺産分割若しくは遺言等により定められた存続期間において、遺産である建物に被相続人の相続開始後も引き続き無償で使用及び収益をすることができる権利であり、その権利には経済的価値があると考えられますので、相続税の課税対象となります。また、配偶者が配偶者居住権を取得したことに伴い、配偶者居住権に基づく居住建物の敷地の利用に関する権利が生じますが、これについても同様に相続税の課税対象となります。

　配偶者居住権は、平成30年の民法改正により新たに創設された権利であるため、財産評価基本通達等の既存の定めによって配偶者居住権の価額及び配偶者居住権が設定されている家屋の価額並びに配偶者居住権に基づく居住建物の敷地の利用に関する権利の価額及び配偶者居住権が設定された建物の敷地の所有権等の価額を評価することはできません。

　相続税の課税上、「時価」とは、それぞれの財産の現況に応じ、不特定

多数の当事者間で自由な取引が行われる場合に通常成立すると認められる価額、すなわち、客観的な交換価値をいうものと解されているところですが、配偶者居住権の譲渡は禁止されていることから客観的交換価値を求めることは困難なこと、また、制度が創設されたばかりの現段階では配偶者居住権の評価額についての解釈が確立されているとはいえない状況にあることなどから財産評価基本通達に評価方法を定めることは適当ではないと考えられたため、平成31年度税制改正において相続税法中に配偶者居住権等の評価方法が定められました。

(注) 配偶者居住権に関する民法及び相続税法の規定は、令和2年4月1日以後に開始する相続について適用されます。

根拠条文

民法1028条（配偶者居住権）
① 被相続人の配偶者（以下この章において単に「配偶者」という。）は、被相続人の財産に属した建物に相続開始の時に居住していた場合において、次の各号のいずれかに該当するときは、その居住していた建物（以下この節において「居住建物」という。）の全部について無償で使用及び収益をする権利（以下この章において「配偶者居住権」という。）を取得する。ただし、被相続人が相続開始の時に居住建物を配偶者以外の者と共有していた場合にあっては、この限りでない。
一 遺産の分割によって配偶者居住権を取得するものとされたとき。
二 配偶者居住権が遺贈の目的とされたとき。
　②、③（省略）

民法1030条（配偶者居住権の存続期間）
　配偶者居住権の存続期間は、配偶者の終身の間とする。ただし、遺産の分割の協議若しくは遺言に別段の定めがあるとき、又は家庭裁判所が遺産の分割の審判において別段の定めをしたときは、その定めるところによる。

相法23条の2 （配偶者居住権等の評価）

配偶者居住権の価額は、第1号に掲げる価額から同号に掲げる価額に第2号に掲げる数及び第3号に掲げる割合を乗じて得た金額を控除した残額とする。

一 当該配偶者居住権の目的となっている建物の相続開始の時における当該配偶者居住権が設定されていないものとした場合の時価（当該建物の一部が賃貸の用に供されている場合又は被相続人が当該相続開始の直前において当該建物をその配偶者と共有していた場合には、当該建物のうち当該賃貸の用に供されていない部分又は当該被相続人の持分の割合に応ずる部分の価額として政令で定めるところにより計算した金額）

二 当該配偶者居住権が設定されたときにおけるイに掲げる年数をロに掲げる年数で除して得た数（イ又はロに掲げる年数が零以下である場合には、零）

　　イ　当該配偶者居住権の目的となっている建物の耐用年数（所得税法の規定に基づいて定められている耐用年数に準ずるものとして政令で定める年数をいう。ロにおいて同じ。）から建築後の経過年数（6月以上の端数は1年とし、6月に満たない端数は切り捨てる。ロにおいて同じ。）及び当該配偶者居住権の存続年数（当該配偶者居住権が存続する年数として政令で定める年数をいう。次号において同じ。）を控除した年数

　　ロ　イの建物の耐用年数から建築後の経過年数を控除した年数

三 当該配偶者居住権が設定された時における当該配偶者居住権の存続年数に応じ、法定利率による複利の計算で現価を算出するための割合として財務省令で定めるもの

2　配偶者居住権の目的となっている建物の価額は、当該建物の相続開始の時における当該配偶者居住権が設定されていないものとした場合の時価から前項の規定により計算した当該配偶者居住権の価額を控除した残額とする。

3　配偶者居住権の目的となっている建物の敷地の用に供される土地（土地の上に存する権利を含む。以下この条において同じ。）を当該配偶者居

住権に基づき使用する権利の価額は、第1号に掲げる価額から第2号に掲げる金額を控除した残額とする。
一　当該土地の相続開始の時における当該配偶者居住権が設定されていないものとした場合の時価（当該建物の一部が賃貸の用に供されている場合又は被相続人が当該相続開始の直前において当該土地を他の者と共有し、若しくは当該建物をその配偶者と共有していた場合には、当該建物のうち当該賃貸の用に供されていない部分に応ずる部分又は当該被相続人の持分の割合に応ずる部分の価額として政令で定めるところにより計算した金額）
二　前号に掲げる価額に第1項第3号に掲げる割合を乗じて得た金額
4　配偶者居住権の目的となっている建物の敷地の用に供されている土地の価額は、当該土地の相続開始の時における当該配偶者居住権が設定されていないものとした場合の時価から前項の規定により計算した権利の価額を控除した残額とする。

159　遺産である株式が未分割の場合の評価方法

> **事　例**
>
> 甲社の株主構成は次のとおりであり、いずれも議決権のある株式です。
>
> | 株主 | Aとの関係 | 保有株式数 | 甲社での役職 |
> |---|---|---|---|
> | A | 本人 | 1,800 | |
> | C | 子 | 300 | |
> | F | 兄 | 6,000 | 社長 |
> | G | 甥（Fの子） | 1,200 | 副社長 |
> | その他（親族関係なし） | | 700 | |
> | 合計 | | 10,000 | |
>
> 今年9月にAが亡くなりました。Aの相続人は、Aの配偶者B、長男C、長女D及び二男Eの4名です。
>
> 相続税の申告書の提出期限までに遺産分割協議が調う見込みがないことから、相続税法第55条の規定に従い法定相続分により各財産を取得したものとして相続税の申告を行う予定です。この場合、Aの相続財産である甲社の株式1,800株は、どのように評価したらよいのでしょうか。

回答

相続税の申告書を提出するときに共同相続人及び包括受遺者の間で、

遺産分割が行われていない場合には、共同相続人及び包括受遺者が、民法の規定（ただし第904条の2を除きます。）に従って未分割の財産を取得したものとして、その課税価格を計算することになります。したがって、被相続人Ａが保有していた甲社の株式1,800株は、法定相続分の割合に従い、配偶者Ｂが900株、子であるＣ、Ｄ及びＥがそれぞれ300株ずつ取得したものとして相続税の課税価格の計算をすることとなります。

しかしながらその評価方法については、各共同相続人又は包括受遺者が、被相続人の遺産である株式の全てを取得したものとして判定することとなります。事例の場合、Ａの遺産である甲社の株式1,800株の全てを各相続人が取得したものとして評価方法の判定を行うこととなります。すなわちＢ、Ｃ、Ｄ及びＥは甲社の同族株主であり、それぞれがＡの保有していた株式1,800株のすべてを取得したとするとそれぞれの議決権保有割合は5％を超えることとなります（Ｂ，Ｄ及びＥは18％、すでに300株を保有しているＣは21％）ので、原則的評価方式により評価することとなります。

解説

同族株主のいる会社の同族株主が取得した株式は、原則的評価方式により評価します。ただし、取得後の議決権保有割合が5％未満である株主がいる場合には、評価方法の判定が複雑になります。まず、その者が課税時期において評価対象株式の発行会社の役員であるか、法定申告期限までに役員となった者であれば、その者の取得した株式については原則的評価方式により評価することとなります。次に、評価対象株式の発行会社に中心的な同族株主が存在しない場合には、取得

後の議決権保有割合が５％未満である株主についてもその取得した株式は原則的評価方式により評価することとなります。また、評価対象株式の発行会社に中心的な同族株主が存在する場合には、その者が中心的な同族株主に該当する場合に限って、原則的評価方式により評価することとなります。

(注)　「中心的な同族株主」とは、同族株主のいる会社の株主で、課税時期において同族株主の１人並びにその株主の配偶者、直系血族、兄弟姉妹及び１親等の姻族（これらの者の同族関係者である会社（法人税法施行令第４条第２項に掲げる会社をいいます。）のうち、これらの者が有する議決権の合計数がその会社の議決権総数の25％以上である会社を含みます。）の有する議決権の合計数がその会社の議決権総数の25％以上である場合におけるその株主をいいます。

事例の会社は、Ｂ、Ｃ、Ｄ、Ｅ、Ｆ及びＧで形成される同族株主グループで全議決権の93％の議決権を保有していますので、全員が同族株主のいる会社の同族株主となります。また、Ｆ及びＧは中心的な同族株主に該当し、一方、Ｂ、Ｃ、Ｄ及びＥは中心的な同族株主に該当しませんし、甲社の役員でもありません。したがって、Ｂ、Ｃ、Ｄ及びＥの甲社の株式取得後の議決権保有割合が５％未満であれば、その株式は原則的評価方式ではなく、特例的評価方式である配当還元方式により評価することとなります。

Ａの保有していた甲社の株式1,800株を法定相続分どおりに取得したとしますと、Ｂは900株（議決権保有割合９％）、Ｃは300株（従前から保有している株式に係る議決権と併せて議決権保有割合は６％）、Ｄ及びＥは各300株（議決権保有割合３％）となり、Ｄ及びＥの議決権保有割合は５％未満となります。しかしながら、今後、遺産分割の結果しだいでは、ＤやＥが500株以上（議決権保有割合５％以上）を取得することもあり得ます。当初申告においては、特例的評価方式により評価をし、遺産分割の結

果、5％以上の議決権を有することとなれば、その際に評価方法の是正を図ればよいとも考えられますが、遺産分割協議の結果、当初申告書の課税価格と異なることとなったとしても、それを是正するための更正の請求や修正申告書の提出は任意であることから、課税漏れの事態が生じるおそれがあります。そのため、相続税の課税価格の計算上、取得する株式の数は、法定相続分によることとなりますが、その評価方法は、被相続人の有していた株式のすべてを取得したものとして判定することとされています（平成2年12月27日付直評23ほか「相続税及び贈与税における取引相場のない株式等の評価明細書の様式及び記載要領等について」の「取引相場のない株式（出資）の評価明細書の記載方法等」の「第1表の1」の3(5)イ)。

なお、遺産分割の結果、議決権保有割合が5％未満となり、特例的評価方式により評価することができることとなった相続人等は、更正の請求又は修正申告においてその是正を図ることとなります。

根拠条文

評基通188（同族株主以外の株主等が取得した株式）

178《取引相場のない株式の評価上の区分》の「同族株主以外の株主等が取得した株式」は、次のいずれかに該当する株式をいい、その株式の価額は、次項の定めによる。
(1) 同族株主のいる会社の株式のうち、同族株主以外の株主の取得した株式

この場合における「同族株主」とは、課税時期における評価会社の株主のうち、株主の1人及びその同族関係者（法人税法施行令第4条《同族関係者の範囲》に規定する特殊の関係のある個人又は法人をいう。以下同じ。）の有する議決権の合計数がその会社の議決権総数の30％以上（その評価会社の株主のうち、株主の1人及びその同族関係者の有する議

決権の合計数が最も多いグループの有する議決権の合計数が、その会社の議決権総数の50％超である会社にあっては、50％超）である場合におけるその株主及びその同族関係者をいう。

(2)　中心的な同族株主のいる会社の株主のうち、中心的な同族株主以外の同族株主で、その者の株式取得後の議決権の数がその会社の議決権総数の５％未満であるもの（課税時期において評価会社の役員（社長、理事長並びに法人税法施行令第71条第１項第１号、第２号及び第４号に掲げる者をいう。以下この項において同じ。）である者及び課税時期の翌日から法定申告期限までの間に役員となる者を除く。）の取得した株式

　　この場合における「中心的な同族株主」とは、課税時期において同族株主の１人並びにその株主の配偶者、直系血族、兄弟姉妹及び１親等の姻族（これらの者の同族関係者である会社のうち、これらの者が有する議決権の合計数がその会社の議決権総数の25％以上である会社を含む。）の有する議決権の合計数がその会社の議決権総数の25％以上である場合におけるその株主をいう。

(3)、(4)　（省略）

財産評価関係

160　直後期末の数値による取引相場のない株式の評価

事　例

　甲社の代表取締役であり、同社の筆頭株主であったＡが、令和6年6月25日に亡くなりましたので、相続税の申告をするために相続人であるＢは同社の株式の評価をしなければなりません。Ｂは、従前から保有している甲社の株式に、Ａからの相続により取得した株式を加えると同社の発行済株式の90パーセントを有することとなりますので同社の同族株主に該当します。また、財産評価基本通達の定めによれば、甲社は中会社に該当しますので、類似業種比準方式と純資産価額方式を併用して評価をすることになります。甲社の決算期は毎年6月30日であり、相続開始直後の令和6年6月30日に決算日を迎えました。

　そこで、類似業種比準方式及び純資産価額方式により同社の株式を評価する場合に、相続開始直後の令和6年6月30日を基準とした比準数値や同日における資産負債を基に評価を行ってもよいでしょうか。

　なお、甲社の発行済み株式数は10万株で、そのすべてが議決権のある株式です。

回　答

　甲社の株式をいわゆる併用方式で評価するに当たり、類似業種比準方式によって評価する際には、直前期末（令和5年6月期）の比準数値を用いなければなりません。他方、純資産価額方式によって評価する際には、課

税時期が直後期末に極めて近接していることから、課税時期から直後期末までの間に大きな資産及び負債の内容や金額にほとんど変わりがなく、課税上の弊害がないと認められる限り、直後期末（令和6年6月期）における資産及び負債の金額を基に評価額を算出することも許容されるものと考えられます。

解説

　類似業種比準方式は、上場会社の事業内容を基に定められている業種目のうち、評価会社の事業内容に類似するものの株価、1株当たりの配当金額、1株当たりの利益金額及び1株当たりの純資産価額（帳簿価額によって計算した金額）を比準要素として、類似業種比準価額を求めることにより、評価対象会社の株式の価額を算出する方法です。

　類似業種比準価額の計算において、「1株当たりの配当金額」は、課税時期の直前期末以前2年間におけるその会社の剰余金の配当金額の合計額の2分の1に相当する金額を、「1株当たりの利益金額」は、直前期末以前1年間における法人税の課税所得金額（固定資産売却益、保険差益等の非経常的な利益の金額を除きます。）にその所得の計算上益金に算入されなかった剰余金の配当等の金額及び損金に算入された繰越欠損金の控除額を加算した金額（納税義務者の選択により、直前期末以前2年間の各事業年度について、それぞれ法人税の課税所得金額を基に計算した金額の合計額の2分の1に相当する金額）を、「1株当たりの純資産価額（帳簿価額によって計算した金額）」は、直前期末における資本金等の額及び法人税法第2条第18号に規定する利益積立金額に相当する金額の合計額をそれぞれ課税時期の直前期末における発行済株式数（1株当たりの資本金等の額が50円以外の金額である場合には、直前期末における資本金等の額を50円

で除して計算した数によるものとします。）で除して計算した金額とすることとされています（評基通183(1)(2)(3)）。

　類似業種比準価額を算定する場合の比準数値について、直前期末以前の数値によることとしているのは、類似業種の株価や１株当たりの配当金額等の比準要素算定の基となる標本会社の比準要素と、評価対象会社の比準要素をできる限り近接した時点の数値により比較することが、より適正な比準価額の算定を可能にすると考えられるからです（類似業種の１株当たりの配当金額等の数値は、例年、６月頃に公表されますが、国税庁の部内の作業に要する時間等を考慮すると、標本会社の数値は、公表時から相当程度遡った時点までに決算を了した事業年度の数値に基づいているものと考えられます。）。

　また、比準要素である１株当たりの配当金額等に対する課税時期後における影響要因、特に意図的な要因を排除することをも考慮したものと考えられます。

　これらの点から、仮に直後期末の方が課税時期に近い場合であっても、類似業種比準価額の算定においては、直後期末の比準要素の数値によることは認められません。

　一方、純資産価額方式は、課税時期における各資産を財産評価基本通達の定めるところにより評価した価額の合計額(注)から、課税時期における各負債の金額の合計額及び評価差額に対する法人税額等に相当する金額を控除した金額を、課税時期における発行済株式数で除して１株当たりの純資産価額を求めることにより、評価対象会社の株式の価額を算出する方法です。

　(注)　評価対象会社が課税時期前３年以内に取得し又は新築した土地等又は家屋等を有する場合には、その価額は、課税時期における通常の取引価額に

相当する金額(当該土地等又は家屋等の帳簿価額が課税時期における通常の取引価額に相当すると認められる場合には、当該帳簿価額に相当する金額によることができます。)によって評価します。

純資産価額方式においては、課税時期における各資産の評価額及び各負債の金額を基に純資産価額を算出することとされていることから、同方式により評価額を算定するためには、仮決算を行って課税時期における資産及び負債の内容及びその金額を確定させなければなりません。

しかしながら、課税時期において仮決算を行うには多大の労力を必要としますので、全ての場合にこれを求めることは必ずしも現実的なことではありません。そこで、評価対象会社が課税時期において仮決算を行っていないため、課税時期における資産及び負債の内容及びその金額を確定することができない場合において、直前期末から課税時期までの間に資産及び負債について著しい増減がなく評価額の計算に与える影響が少ないと認められるときは、課税時期における各資産及び各負債の金額は、次により計算しても差し支えないこととされています。

イ 課税時期の直前期末の資産及び負債について課税時期の相続税評価額(財産評価基本通達の定めによって評価した価額)を計算する。

ロ 評価差額を求める際の帳簿価額は、課税時期の直前期末の資産及び負債の帳簿価額とする。

ハ イ及びロの場合において、帳簿に負債としての記載がない場合であっても、次の金額は、負債として取り扱う。

① 未納公租公課、未払利息等の金額

② 直前期末日以前に賦課期日のあった固定資産税及び都市計画税の税額のうち、未払となっている金額

③ 直前期末日後から課税時期までに確定した剰余金の配当等の金額

④ 被相続人の死亡により、相続人その他の者に支給することが確定した退職手当金、功労金その他これらに準ずる給与の金額

　純資産価額方式において、このような簡便法が認められるのは、課税時期における資産及び債務の金額を基に評価額を算出するのを原則としつつ、評価実務に配慮し、一定の割切りをしたものであると考えられます。しかし、この方法が許容されるのは、直前期末の資産及び負債の額が、課税時期における資産及び負債の額を推認させるものであるためであることを考慮すると、課税時期が直後期末に極めて近く、課税時期から直後期末までの間に資産及び負債の金額についてほとんど増減がなく、資産や負債の額に操作が行われていないなどの課税上の弊害がないと認められる場合には、直後期末の資産及び負債の金額を課税時期における資産及び負債の金額として計算をしても差し支えないものと考えられます。

161　役員の死亡に伴い支払いを受けた生命保険金で退職金を支払った場合の株式の評価

> **事　例**
>
> 　A社の社長であった甲が亡くなったため、甲を被保険者としてA社が契約していた生命保険契約の死亡保険金1億円をA社が受け取りました。A社は、この保険金の中から5,000万円を死亡退職金として甲の遺族に支払いました。
> 　A社の株式を純資産価額方式で評価する場合、この保険金及び甲の遺族に支払った死亡退職金はどのように取り扱えばよいでしょうか。
> 　なお、甲の死亡時におけるこの保険金に係る保険積立金の額は4,000万円でした。また、A社に繰越欠損金はありません。

回　答

　A社の株式を純資産価額方式により評価する場合、死亡保険金1億円を資産の部の「相続税評価額」欄及び「帳簿価額」欄に記載するとともに、甲の遺族に支払った死亡退職金の額を負債の部の「相続税評価額」欄及び「帳簿価額」欄に記載します。

　さらに、受取保険金の額から、保険積立額とAの遺族に支払った死亡退職金の額の合計額を控除した残額（A社に繰越欠損金額がある場合には、さらにその金額を控除した残額）に対する法人税等相当額を負債の部の「相続税評価額」欄及び「帳簿価額」欄に記載します。

　なお、A社が仮決算を行わずに直前期末における資産及び負債の金額

を基に純資産価額を計算する場合においても、同様の処理をします。

　事例の場合には、保険積立金に代えて、死亡保険金1億円を資産に計上し、死亡退職金を負債に計上します。また、仮決算を行わず、直前期末の資産及び負債を基に純資産価額を計算する場合であっても、保険差益1,000万円（死亡保険金額1億円から死亡退職金の額5,000万円と保険積立金の額4,000万円を控除した残額）に係る法人税等の額を負債に計上します。

解　説

1　被相続人の死亡を保険事故として、評価会社が受け取った生命保険金は、保険事故の発生によりその請求権が具体的に確定するものですから、生命保険金請求権として資産に計上することになります。「取引相場のない株式（出資）の評価明細書」の「第5表　1株当たりの純資産価額（相続税評価額）の計算明細書」の記載に当たっては、「相続税評価額」欄及び「帳簿価額」欄のいずれにも記載します。この場合、その保険料が資産に計上されているときは、その金額を資産から除きます。

　また、その生命保険金を原資として被相続人に係る死亡退職金を支払った場合、その死亡退職金の損金算入時期は、その債務が確定した日となりますので、例えば、総会の決議により確定する役員の死亡退職金などについては、株式評価のために行う仮決算では、本来、債務として計上することはできませんが、死亡退職金は、相続税法第3条第1項第2号によるみなし相続（遺贈）財産として相続税の課税対象とされることから、取引相場のない株式を純資産価額方式によって評価する場合には、いわゆる二重課税を回避するために死亡退職金の額を債務に計上することとされています（平成2年12月27日直評23ほか「相続税及び贈与税に

おける取引相場のない株式等の評価明細書の様式及び記載方法等について」通達の「取引相場のない株式（出資）の評価明細書の記載方法等」の「第5表 1株当たりの純資産価額（相続税評価額）の計算明細書」（以下「第5表記載要領」といいます。）の2の(3)のハ）。

なお、純資産価額方式の適用に当たり仮決算を行う場合には、相続開始の日を含む事業年度の開始の日から当該相続開始日までの期間に対応する法人税等の金額を債務に計上します（第5表記載要領2(3)ニ）が、その際には生命保険金額は益金に算入され、保険積立金は損金に、さらに死亡退職金の額も損金に算入します。

2　純資産価額方式の適用上、評価会社が課税時期において仮決算を行っていないため、課税時期における資産及び負債の金額が明確でない場合において、直前期末から課税時期までの間に資産及び負債について著しく増減がないため評価額の計算に影響が少ないと認められるときは、課税時期における各資産及び各負債の金額は、直前期末の資産及び負債の金額に基づき評価をすることができます（第5表記載要領2(4)）。

この場合、被相続人の死亡により評価会社が生命保険金を取得する場合には、その生命保険金請求権（未収保険金）の金額を、評価明細書第5表の「資産の部」の「相続税評価額」欄及び「帳簿価額」欄のいずれにも記載します。

また、被相続人の死亡により、相続人等に支給することが確定した死亡退職金は負債となります（第5表記載要領2(4)ロ(注)(4)）。これは上記1の場合と同様に二重課税を回避するために設けられた取扱いです。したがって、事例のように評価会社が取得する生命保険金から被相続人の死亡退職金を支払った場合には、当該死亡保険金の額を評価明細書第5表の「負債の部」の「相続税評価額」欄及び「帳簿価額」欄に記載する

こととなります。

　さらに、課税時期における仮決算を行わずに、直前期末の資産及び負債の金額に基づき純資産価額を計算する場合、課税時期を含む事業年度の法人税等の控除はできませんが、被相続人の死亡により生命保険金を取得し、その生命保険金を原資として被相続人に係る死亡退職金を支払った場合には、次の算式により求めた保険差益について課されることとなる法人税額等についても負債に計上することとなります。なお、保険差益に対応する法人税額等は、この保険差益によって課税所得金額が算出される場合のその課税所得の37％相当額によって差し支えないこととされています。

《保険差益の計算方法》

保険差益 ＝ 死亡保険金の額 － (保険積立金の額 ＋ 死亡退職金の額) － 繰越欠損金の額

162 株式等保有特定会社と判定されることを回避するための評価会社の資産構成の変更

> **事　例**
>
> 　甲が発行済株式総数の90％を有するＡ社の直前期末の資産構成は次のとおりであり、株式等の保有割合が50％以上となることから同社は株式等保有特定会社に該当してしまいます。
>
> （種類）　　　（金額）　　　（構成比）
> 土地　　　２億8,000万円　　28％
> 家屋　　　　　2,000万円　　 ２％
> 株式　　　５億5,000万円　　55％
> 預貯金　　１億2,000万円　　12％
> その他　　　　3,000万円　　 ３％
>
> 　仮に甲に相続が開始したとすると、Ａ社は大会社であるにもかかわらず、同社の株式を類似業種比準方式により評価することはできず、純資産価額方式又は$S_1＋S_2$方式により評価することとなります。
>
> 　そこで、取引銀行からのアドバイスもあり、同行から２億円を借り入れ、賃貸不動産を購入し、株式保有割合を50％未満に引き下げたいと考えていますが、問題はないでしょうか。

回　答

　課税時期におけるＡ社の株式等保有割合が50％未満であったとしても、課税時期前において合理的な理由もなく同社の資産構成に変動があり、そ

の変動が株式等保有特定会社と判定されることを免れるためのものと認められるときは、その変動はなかったものとしてその判定を行うこととされますので、A社は、株式等保有特定会社と判定されると思われます。

　しかしながら、課税時期前の評価会社の資産構成の変動が、他の理由によるものであり、その理由に合理性があると認められる場合には、株式等保有特定会社と判定されることはありません。

解　説

　課税時期において評価会社の有する各資産をこの通達に定めるところにより評価した価額の合計額のうちに占める株式、出資及び新株予約権付社債（会社法第2条第22号に規定する新株予約権付社債をいいます。）の価額の合計額の割合が50％以上である評価会社（ただし、土地保有特定会社、開業後3年未満の会社等、開業前又は休業中の会社及び清算中の会社のいずれかに該当するものを除きます。）を株式等保有特定会社といい、その株式の価額は、純資産価額方式又はS_1+S_2方式により評価することとされています（評基通189(2)、189－3）。

　取引相場のない株式の原則的評価方式のうち、類似業種比準方式は、評価会社の業種に類似する上場会社（類似業種）の株価を基に、評価会社と類似業種の配当金額、利益金額及び純資産価額（帳簿価額により計算した金額）を比較することにより評価会社の株式の価額を評価する方法です。そのため、保有する資産の構成が、類似業種を構成する上場会社と比べて、特定の資産に著しく偏っている評価会社の株式について、類似業種比準方式を適用することは合理的ではないと考えられます。財産評価基本通達は、そのような会社の類型の一つとして、株式等保有割合（総資産価額に占める株式等の価額の割合）が50％以上の会社を「株式等保有特定会社」と定

め、これに該当する会社の株式については、上記のとおり純資産価額方式、又は選択により株式等以外の資産に対応する部分についてのみ類似業種比準方式に準じた計算を行う S_1+S_2 方式により評価をすることとしています。

ある取引相場のない株式について、類似業種比準方式で評価した場合と純資産価額方式で評価した場合の各評価額について比較すると、純資産価額方式により評価した価額の方が高くなるケースが多いといわれています。そのため、評価会社が株式等保有特定会社と判定されることを回避し、一般の会社として類似業種比準方式を適用することができるように、相続又は贈与に先んじて評価会社の保有する資産の構成を変えることにより株式等保有割合を引き下げる行為に及ぶことは容易に想定することができるところです。特に同族会社においては、同族関係者からの借入れにより不要不急の資産を購入したり、評価会社が保有する株式等を同族関係者に売却することなどにより、比較的簡単に株式等保有割合を引き下げることができます。このことによって評価会社の実態やその株式の価値が大きく変動するとは考えられませんが、財産評価基本通達の定めを画一的に適用すると、評価方法の相違から評価額に大きな開差が生じることとなってしまいます。

財産評価基本通達は、このような行為に対処するため、評価会社が株式等保有特定会社に該当する会社であるかどうかを判定する場合において、課税時期前において合理的な理由もなくその資産構成に変動があり、その変動が株式等保有特定会社と判定されることを免れるために行われたものであると認められるときは、その変動はなかったものとして判定を行うものとしています（以下この取扱いを「資産構成割合変動否認の取扱い」といいます。）（評基通189なお書き）。

資産構成割合変動否認の取扱いは、合理的な理由もなく評価会社の資産

構成に変動があった場合に適用されることとされていますので、資産構成の変動に合理的な理由があればこの取扱いが適用されることはありません。例えば、会社が保有する工場が老朽化したため、銀行借入れにより調達した資金で工場を建て替えること、あるいは、保有する上場株式を売却して譲渡代金を借入金の返済に充てることなどにより、株式等保有割合が下がることとなりますが、これら一連の取引が、評価会社の中長期的な経営戦略や財務体質の強化の一環として行われたものであれば、資産構成の変動に合理性があったといえるでしょう。

評価会社内で、中長期的な経営戦略に根ざした事業計画を立て、それに基づいて資産の譲渡又は取得が行われたものであること、資産の処分又は取得について積極的な理由があったことなどを客観的な資料に基づいて説明できることが重要でしょうし、事業計画の策定等においては会社内部での意思決定の過程を記録として残すことも必要です。

事例の場合、銀行からの借入金により賃貸物件を取得することにより、Ａ社の株式等保有割合は50％を下回ることとなりますので、同社は財産評価基本通達189(2)に定義する株式等保有特定会社には該当しないこととなります。この一連の行為が、合理的な理由もなく評価会社の資産構成を変動させるものであって、その変動が株式等保有特定会社に該当する評価会社と判定されることを免れるためのものと認められるとすると、課税時期における株式保有割合が50％未満であるとしても、Ａ社は株式等保有特定会社に該当するものとして、純資産価額方式又はS_1+S_2方式によりその株式を評価することとなります。事例の場合には、そのリスクは低くはないと思われます。賃貸物件の取得が、評価会社の安定的な収益の確保のために計画されたものであることなど当該賃貸物件を取得するに至った理由、預貯金を取り崩すことなく銀行からの借入金によった理由、意思決定

のプロセスなどを客観的に説明できるように準備しておく必要があるでしょう。

> **参考通達**
>
> **評基通189（特定の評価会社の株式）**
> 　178《取引相場のない株式の評価上の区分》の「特定の評価会社の株式」とは、評価会社の資産の保有状況、営業の状態等に応じて定めた次に掲げる評価会社の株式をいい、その株式の価額は、次に掲げる区分に従い、それぞれ次に掲げるところによる。
> 　なお、評価会社が、次の(2)又は(3)に該当する評価会社かどうかを判定する場合において、課税時期前において合理的な理由もなく評価会社の資産構成に変動があり、その変動が次の(2)又は(3)に該当する評価会社と判定されることを免れるためのものと認められるときは、その変動はなかったものとして当該判定を行うものとする。
> (1)　比準要素数１の会社の株式
> 　　　183《評価会社の１株当たりの配当金額等の計算》の(1)、(2)及び(3)に定める「１株当たりの配当金額」、「１株当たりの利益金額」及び「１株当たりの純資産価額（帳簿価額によって計算した金額）」のそれぞれの金額のうち、いずれか２が０であり、かつ、直前々期末を基準にして同項の定めに準じそれぞれの金額を計算した場合に、それぞれの金額のうち、いずれか２以上が０である評価会社（次の(2)から(6)に該当するものを除く。以下「比準要素数１の会社」という。）の株式の価額は、次項の定めによる。
> 　(注)　配当金額及び利益金額については、直前期末以前３年間の実績を反映して判定することになるのであるから留意する。
> (2)　株式等保有特定会社の株式
> 　　　課税時期において評価会社の有する各資産をこの通達に定めるところにより評価した価額の合計額のうちに占める株式、出資及び新株予約権付社債（会社法第２条《定義》第22号に規定する新株予約権付社債をい

う。)(189―3《株式等保有特定会社の株式の評価》において、これらを「株式等」という。)の価額の合計額(189―3《株式等保有特定会社の株式の評価》において「株式等の価額の合計額(相続税評価額によって計算した金額)」という。)の割合が50％以上である評価会社(次の(3)から(6)までのいずれかに該当するものを除く。以下「株式等保有特定会社」という。)の株式の価額は、189―3《株式等保有特定会社の株式の評価》の定めによる。

(3) 土地保有特定会社の株式

　課税時期において、次のいずれかに該当する会社(次の(4)から(6)までのいずれかに該当するものを除く。以下「土地保有特定会社」という。)の株式の価額は、189―4《土地保有特定会社の株式又は開業後3年未満の会社等の株式の評価》の定めによる。

　イ　178《取引相場のない株式の評価上の区分》の定めにより大会社に区分される会社(同項の定めにより小会社に区分される会社(同項に定める総資産価額(帳簿価額によって計算した金額)が、評価会社の事業が卸売業に該当する場合には20億円以上、卸売業以外に該当する場合には15億円以上のものに限る。)を含む。)で、その有する各資産をこの通達の定めるところにより評価した価額の合計額のうちに占める土地等の価額の合計額の割合(以下「土地保有割合」という。)が70％以上である会社

　ロ　178《取引相場のない株式の評価上の区分》の定めにより中会社に区分される会社(同項の定めにより小会社に区分される会社(同項に定める総資産価額(帳簿価額によって計算した金額)が、評価会社の事業が卸売業に該当する場合には7,000万円以上、小売・サービス業に該当する場合には4,000万円以上、卸売業、小売・サービス業以外に該当する場合には5,000万円以上で、上記イに該当しないものに限る。)を含む。)で、土地保有割合が90％以上である会社

(4) 開業後3年未満の会社等の株式

　課税時期において次に掲げるイ又はロに該当する評価会社(次の(5)又は(6)に該当するものを除く。以下「開業後3年未満の会社等」という。)の株式の価額は、189―4《土地保有特定会社の株式又は開業後3年未満

の会社等の株式の評価》の定めによる。
　　イ　開業後3年未満であるもの
　　ロ　183《評価会社の1株当たりの配当金額等の計算》の(1)、(2)及び(3)に定める「1株当たりの配当金額」、「1株当たりの利益金額」及び「1株当たりの純資産価額（帳簿価額によって計算した金額）」のそれぞれの金額がいずれも0であるもの
　　　(注)　配当金額及び利益金額については、直前期末以前2年間の実績を反映して判定することになるのであるから留意する。
(5)　開業前又は休業中の会社の株式
　　開業前又は休業中である評価会社の株式の価額は、189—5《開業前又は休業中の会社の株式の評価》の定めによる。
(6)　清算中の会社の株式
　　清算中である評価会社の株式の価額は、189—6《清算中の会社の株式の評価》の定めによる。

評基通189—3　（株式等保有特定会社の株式の評価）

　189《特定の評価会社の株式》の(2)の「株式等保有特定会社の株式」の価額は、185《純資産価額》の本文の定めにより計算した1株当たりの純資産価額（相続税評価額によって計算した金額）によって評価する。この場合における当該1株当たりの純資産価額（相続税評価額によって計算した金額）は、当該株式の取得者とその同族関係者の有する当該株式に係る議決権の合計数が株式等保有特定会社の185《純資産価額》のただし書に定める議決権総数の50％以下であるときには、上記により計算した1株当たりの純資産価額（相続税評価額によって計算した金額）を基に同項のただし書の定めにより計算した金額とする。ただし、上記の株式等保有特定会社の株式の価額は、納税義務者の選択により、次の(1)の「S1の金額」と(2)の「S2の金額」との合計額によって評価することができる。
　（以下省略）

163　評価対象会社が法人税の税務調査を受け申告漏れが判明した場合の株式の評価額の是正

事　例

　被相続人甲はＡ社の株式5,500株を保有しており、相続人である長男乙がそのうち4,000株を、長女丙が残りの1,500株を相続しました。Ａ社は財産評価基本通達の定めによると大会社に該当しますので、相続人らは類似業種比準方式によりＡ社の株式１株当たりの価額を34,000円と評価して相続税の期限内申告をしました。その後、Ａ社の法人税の税務調査が実施され、甲の相続開始日の属する事業年度の直前期に多額の申告漏れがあることが判明し、Ａ社は法人税の修正申告を行いました。

　この法人税の修正申告の内容を基に、再度、類似業種比準方式によりＡ社の株式を評価したところ、１株当たりの評価額は、39,000円になりました。甲の相続人のうち長男乙は同社の社長ですが、長女丙は遠方に住んでおり同社の経営には従事していないため、相続税の申告書の提出時におけるＡ社の法人税の申告書の記載内容に従って同社の株式の価額を適正に評価した以上、Ａ社の株式を１株当たり34,000円と過少に評価して相続税の申告を行ったことについて、責められる理由はないと思っています。

　甲の相続人らが、Ａ社の株式１株当たりの評価額を39,000円として相続税額を再計算し、相続税の修正申告を行った場合、乙及び丙に過少申告加算税が賦課されることになるのでしょうか。

回 答

　原則として乙及び丙には過少申告加算税が賦課されるものと思われます。なお、その修正申告が、相続税についての調査があったことにより相続税の更正処分が行われることを予知してされたものでない場合（その相続税についての調査の事前通知が行われる前に行われた修正申告に限ります。）には、過少申告加算税は賦課されません。

解 説

　類似業種比準価額の計算上、「1株当たりの年利益金額」や「1株当たりの純資産価額」は、課税時期の直前期末以前1年間における法人税の課税所得金額等や直前期末における資本金等の額及び法人税申告書別表五㈠「利益積立金及び資本金等の額の計算に関する明細書」記載の金額を基に計算することになります。

　通常は、これらの金額は、相続税の申告書を提出する際に提出されている法人税の申告書に記載された金額によることとなります。しかしながら、法人税の申告書が提出されていない場合や、提出された法人税の申告書に誤りがある場合には、法人税の申告書が正しく作成されたならば記載されると認められる金額によるべきであると考えられます。

　相続税の申告書の提出後に、法人税の申告に誤りがあることが判明した場合には、正しい金額により、当該法人の株式の価額を評価し、既に行った相続税の申告書に記載された税額が過少であるときには、相続税の修正申告等により、また、既に行った相続税の申告書に記載された税額が過大であるときには、更正の請求の手続を経るなどして、その是正が図られなければなりません。

財産評価関係

　相続税の修正申告が行われた場合又は税額を増額する相続税の更正処分が行われた場合には、当該修正申告又は更正処分により増加した相続税額については、過少申告加算税又は重加算税が賦課されることとなります（通法65、66）。

　ただし、修正申告等により納付することとなる税額の計算の基礎となった事実のうちにその修正申告等の税額の計算の基礎とされていなかったことについて正当な理由があると認められるものがある場合には、その正当な理由があると認められる事実に基づく税額については過少申告加算税の賦課対象とはなりません（通法65④）。この正当な理由があると認められる場合とは、過少申告となったことについて真に納税者の責めに帰することのできない客観的な事情があり、過少申告加算税の趣旨に照らして、その納税者に過少申告加算税を賦課することが不当又は酷になる場合をいうものと解されています。このような正当な理由の有無については個々の事例ごとに判断されることとなりますが、非上場会社の同族株主である者など評価会社に対して一定程度の支配権を有していると認められる者については、当該会社の経営状況や法人税の申告内容に関する情報を把握することができる立場にあることに照らせば、評価会社の法人税の過少申告の事実について知らなかったとの主張のみでは正当な理由があったとまではいえないと思われます。事例の場合については、乙については、乙がA社の社長であることから正当な理由はないと考えられますが、丙についても評価会社の経営には関与しておらず、遠方に住んでいることのみをもって、正当な理由があるとはいえないと思われます。

　なお、その修正申告が、相続税についての調査があったことにより相続税の更正処分が行われることを予知してされたものでない場合（その相続税についての調査の事前通知が行われる前に行われた修正申告に限りま

す。）には、過少申告加算税は賦課されません（通法65⑤）。

> **根拠条文**
>
> **国税通則法（過少申告加算税）**
> 第65条　期限内申告書（還付請求申告書を含む。第3項において同じ。）が提出された場合（期限後申告書が提出された場合において、次条第1項ただし書又は第7項の規定の適用があるときを含む。）において、修正申告書の提出又は更正があったときは、当該納税者に対し、その修正申告又は更正に基づき第35条第2項（期限後申告等による納付）の規定により納付すべき税額に100分の10の割合（修正申告書の提出が、その申告に係る国税についての調査があったことにより当該国税について更正があるべきことを予知してされたものでないときは、100の5の割合）を乗じて計算した金額に相当する過少申告加算税を課する。
> 2、3（省略）
> 4　次の各号に掲げる場合には、第1項又は第2項に規定する納付すべき税額から当該各号に定める税額として政令で定めるところにより計算した金額を控除して、これらの項の規定を適用する。
> 　一　第1項又は第2項に規定する納付すべき税額の計算の基礎となった事実のうちにその修正申告又は更正前の税額（還付金の額に相当する税額を含む。）の計算の基礎とされていなかったことについて正当な理由があると認められるものがある場合　その正当な理由があると認められる事実に基づく税額
> 　二　第1項の修正申告又は更正前に当該修正申告又は更正に係る国税について期限内申告書の提出により納付すべき税額を減少させる更正その他これに類するものとして政令で定める更正（更正の請求に基づく更正を除く。）があった場合　当該期限内申告書に係る税額（還付金の額に相当する税額を含む。）に達するまでの税額
> 5　第1項の規定は、修正申告書の提出が、その申告に係る国税についての調査があったことにより当該国税について更正があるべきことを予知してされたものでない場合において、その申告に係る国税についての調

査に係る第74条の９第１項第４号及び第５号（納税義務者に対する調査の事前通知等）に掲げる事項その他政令で定める事項の通知（次条第６項において「調査通知」という。）がある前に行われたものであるときは、適用しない。

（著者紹介）
梶野研二（かじの　けんじ）（税理士）

平成11年7月　　国税庁課税部資産評価企画官付企画専門官
平成12年7月　　同庁同部資産課税課課長補佐
平成15年7月　　東京地方裁判所裁判所調査官
平成17年7月　　品川税務署副署長
平成18年7月　　四谷税務署副署長
平成19年7月　　国税不服審判所本部国税審判官
平成21年7月　　東京国税局課税第一部資産評価官
平成23年7月　　玉川税務署長
平成24年7月　　国税庁課税部財産評価手法研究官
平成25年6月　　税理士登録

（編著書）
「農地の相続税・贈与税」（大蔵財務協会）（共著）
「贈与税の申告の実務─相続時精算課税を中心として」（大蔵財務協会）
（共著）
「新版　公益法人の税務」（公益法人協会）（共著）
「土地評価の実務（平成22年版）」（大蔵財務協会）（共著）
「株式・公社債評価の実務（平成23年版）」（大蔵財務協会）（共著）
「判例・裁決例にみる　非公開株式評価の実務」（新日本法規出版）（共著）
「ケース別　相続土地の評価減」（新日本法規出版）
「非公開株式評価実務マニュアル」（新日本法規出版）
「相続土地評価実務マニュアル」（新日本法規出版）
「財産評価質疑応答集（令和6年版）」（法令出版）（共著）
「プロフェッショナル相続税・贈与税・財産評価の実務」（清文社）

一般財団法人大蔵財務協会は、財務・税務行政の改良、発達およびこれらに関する知識の啓蒙普及を目的とする公益法人として、昭和十一年に発足しました。
　爾来、ひろく読者の皆様からのご支持をいただいて、出版事業の充実に努めてきたところであります。
　今日、国の財政や税務行政は、私たちの日々のくらしと密接に関連しており、そのため多種多様な施策の情報をできる限り速く、広く、正確かつ分かり易く国民の皆様にお伝えすることの必要性、重要性はますます大きくなっております。
　このような状況のもとで、当協会は現在、「税のしるべ」（週刊）、「国税速報」（週刊）の定期刊行物をはじめ、各種書籍の刊行を通じて、財政や税務行政についての情報の伝達と知識の普及につとめております。
　また、日本の将来を担う児童・生徒を対象とした租税教育活動にも、力を注いでいるところであります。
　今後とも、公益法人としての自覚のもとに、国民・納税者の方々のニーズを的確に把握し、より質の高い情報を提供するとともに、各種の活動を通じてその使命を果たしてまいりたいと考えておりますので、ご叱正・ご指導を賜わりますよう、宜しくお願い申し上げます。

　　　　　　　　　　　一般財団法人
　　　　　　　　　　　　　大蔵財務協会
　　　　　　　　　　　　　　理事長　木村　幸俊

令和7年版　Q&A資産税重要実務事例詳解

令和7年2月20日　印刷
令和7年3月12日　発行

　　　　　　　　　著　者　　梶　野　研　二

　　　　　　　　　　　　（一財）大蔵財務協会　理事長
　　　　　　　　　発行者　　木　村　幸　俊

不許複製

　　　　　　一般財団法人　大 蔵 財 務 協 会
　　　　　　〔郵便番号 130-8585〕
　発 行 所　東京都墨田区東駒形1丁目14番1号
　　　　　　（販　売　部）TEL 03(3829)4141・FAX 03(3829)4001
　　　　　　（出版編集部）TEL 03(3829)4142・FAX 03(3829)4005
　　　　　　https://www.zaikyo.or.jp

乱丁・落丁の場合は、お取替えいたします。　　　　　印刷　三松堂(株)
ISBN 978-4-7547-3305-6